本书的出版得到广西贺州空心村社会治理研究中心（基地）、贺州学院社会工作硕士专业学位点建设项目、"问题教学法"在马克思主义基本原理概论课中的应用研究课题资助。

GONGJIAN
QUANMIAN SHENHUA GAIGE
ZONGTI ZHANLUE YANJIU

唐踔◎著

攻坚

全面深化改革总体战略研究

人民日报出版社

图书在版编目（CIP）数据

攻坚 / 唐踔著 . —北京：人民日报出版社，
2016.4
ISBN 978－7－5115－3713－3

Ⅰ.①攻… Ⅱ.①唐… Ⅲ.①体制改革—研究—中国
Ⅳ.①D61

中国版本图书馆 CIP 数据核字（2016）第 058130 号

书　　　名：	攻　坚
著　　　者：	唐　踔
出 版 人：	董　伟
责任编辑：	曹　腾　高　亮
封面设计：	中联学林
出版发行：	人民日报出版社
社　　　址：	北京金台西路 2 号
邮政编码：	100733
发行热线：	（010）65369527　65369846　65369509　65369510
邮购热线：	（010）65369530　65363527
编辑热线：	（010）65369523
网　　　址：	www.peopledailypress.com
经　　　销：	新华书店
印　　　刷：	北京欣睿虹彩印刷有限公司
开　　　本：	710mm×1000mm　1/16
字　　　数：	330 千字
印　　　张：	18.5
印　　　次：	2016 年 5 月第 1 版　2016 年 5 月第 1 次印刷
书　　　号：	ISBN 978－7－5115－3713－3
定　　　价：	55.00 元

前 言

十八大以来，习近平总书记就全面深化改革发表了一系列重要讲话。系列讲话系统总结回顾了中国改革开放的伟大历程和历史经验，精辟地阐述了中国特色社会主义建设过程中为什么要全面深化改革、怎么样全面深化改革等重大理论和现实问题，立意高远，内涵丰富。习近平全面深化改革思想拓展了中国共产党关于改革的理论视野和实践深度，深化了中国共产党对于社会主义现代化建设规律的认识，为正确有序协调推进改革指明了方向、提供了遵循，具有直接的现实意义。深入研究和探讨习近平全面深化改革思想、认真学习领会、深入贯彻落实这些重要论述，对于深入贯彻落实党的十八大和十八届三中全会决策部署，深刻理解全面深化改革的历史必然性和现实重要性，充分认识全面深化改革的紧迫性和艰巨性，系统把握全面深化改革的内在规律和重点任务，不断增强全面深化改革的思想自觉和行动自觉，积极稳妥推进重点领域和关键环节改革，以此带动全面深化改革的全局，努力实现"两个百年"的奋斗目标，实现中华民族伟大复兴的中国梦，具有重要指导意义。

概括而言，深入研究习近平全面深化改革思想至少具有如下数个方面的意义。有助于认识和把握全面深化改革的重要性；有助于坚持和把握全面深化改革的总目标；有助于坚持全面深化改革的"三个进一步解放"；有助于始终坚持全面深化改革的正确方向；有助于理解和把握全面深化改革的出发点和落脚点；有助于坚持全面深化改革的科学方法和正确路径；有助于理解全面深化改革是一个系统工程的思想；有助于坚持按照中国改革的内在规律领导改革的思想；有助于理解加强党对全面深化改革领导的重要性。

习近平全面深化改革思想深邃，内涵丰富，思维缜密，立意高远，是我国在新时期改革伟大事业，全面推进政治、经济、文化、社会和生态文明"五位一体"建设，全面建成小康社会，实现中华民族伟大复兴中国梦的行动指南。因此，为推进改革开放的伟大事业、全面建成小康社会，为实现中华民族伟大复兴的中国梦，必须认真学习、研究、领会习近平全面深化改革思想和精神，并以此作为推动全面改革、实现国家治理体系和治理能力现代化，全面建设小康社会，建成富强民主文明和谐的社会主义现代化国家，实现中华民族伟大复兴的中国梦的基本遵循和行动指南。

正是基于这样思考，笔者萌发了撰写一本专门研究全面深化改革思想的专著的想法。在参阅和研读了大量文献包括习近平总书记原话原文的基础上，经过近一年的思考、积累、构思、讨论、写作、修改，努力和汗水终于浇灌出青涩的果实——《攻坚——全面深化改革总体战略研究》。

拙著《攻坚——全面深化改革总体战略研究》围绕习近平关于全面深化改革论述展开研究写作，但不局限和拘泥于原话，而是有适当的挖掘和拓展，也就是学界在研究马克思主义经典原著时常用到的一句话，不满足于"我注六经"的梳理入微式的"照着说"，而是还敢于大胆进行"六经注我"的挖掘扩张其理论张力的"接着说"。

本书的主要内容共分为十三章。它们是：第一章，全面深化改革的意义；第二章，全面深化改革的总目标；第三章，全面深化改革要坚持的方向；第四章，全面深化改革要加强和改善党的领导；第五章，全面深化改革与实现"中国梦"；第六章，全面深化改革与"三个进一步解放"；第七章，全面深化改革与社会公平正义；第八章，全面深化改革与社会主义核心价值观；第九章，全面深化改革与推进反腐倡廉建设；第十章，全面深化改革与依法治国；第十一章，全面深化改革与生态文明建设；第十二章，全面深化改革必须处理好若干重大关系；第十三章，全面深化改革必须坚持正确的方法论。

本书在写作过程中参考、引用了专家学者大量文献和研究成果，都在书中一一标出或说明，在此对他们的辛勤付出表示衷心的感谢！

另外，由于时间匆忙、学识有限，书中疏漏和不足之处在所难免，还请专家和读者见谅和不吝指教！

目 录
CONTENTS

第一章　全面深化改革的意义 …………………………………… 1
　一、全面深化改革是改革自身系统性的内在要求 ……………… 1
　二、全面深化改革是中国大踏步赶上时代的重要法宝 ………… 3
　三、全面深化改革开放是决定当代中国命运的关键一招 ……… 6
　四、全面深化改革是实现伟大复兴中国梦的迫切要求 ………… 9

第二章　全面深化改革的总目标 ………………………………… 16
　一、深刻理解和准确把握全面深化改革的总目标 ……………… 16
　二、正确理解全面深化改革与国家治理现代化的辩证关系 …… 24
　三、提出全面深化改革总目标的现实意义 ……………………… 29
　四、努力探索全面深化改革、推进国家治理现代化的实现路径 …… 31

第三章　全面深化改革要坚持的方向 …………………………… 45
　一、全面深化改革必须坚持社会主义市场经济改革方向 ……… 45
　二、如何坚持社会主义市场经济的改革方向 …………………… 53

第四章　全面深化改革要加强和改善党的领导 ………………… 65
　一、全面深化改革为何要加强和改善党的领导 ………………… 65
　二、加强和改善党对全面深化改革的领导的着力点 …………… 75

第五章　全面深化改革与实现"中国梦" ………………………… 95
　一、"中国梦"推动全面深化改革进程 …………………………… 95

二、全面深化改革为实现"中国梦"注入强大动力 …………………… 97
  三、以实现中国梦为坐标全面深化改革开放 ……………………… 102
  四、高举改革开放旗帜，为实现中国梦而奋斗 …………………… 104

第六章　全面深化改革与"三个进一步解放"……………………… 107
  一、"三个进一步解放"的关系 ……………………………………… 107
  二、全面深化改革与"三个进一步"的关联 ……………………… 113

第七章　全面深化改革与社会公平正义 …………………………… 116
  一、全面深化改革以促进社会公平正义为出发点和落脚点 ……… 116
  二、当前我国社会公平正义面临的挑战 …………………………… 123
  三、通过全面深化改革促进社会公平正义 ………………………… 126

第八章　全面深化改革与社会主义核心价值观 …………………… 136
  一、社会主义核心价值观对全面深化改革的意义 ………………… 136
  二、以社会主义核心价值观为指导全面深化改革 ………………… 141
  三、促进深化改革与践行社会主义核心价值观的有机结合 ……… 148

第九章　全面深化改革与推进反腐倡廉建设 ……………………… 150
  一、习近平深化反腐倡廉建设思想 ………………………………… 150
  二、加强反腐倡廉制度建设 ………………………………………… 163

第十章　全面深化改革与依法治国 ………………………………… 171
  一、改革与法治双轮驱动、两翼齐飞 ……………………………… 171
  二、全面深化改革需要法治保障 …………………………………… 173
  三、改革与法治良性互动的主要路径 ……………………………… 178

第十一章　全面深化改革与生态文明建设 ………………………… 185
  一、习近平生态文明建设思想的基本内涵及特点 ………………… 185
  二、生态文明建设改革的鲜明特点 ………………………………… 201
  三、习近平生态文明建设思想的理论意义及现实要求 …………… 204
  四、贯彻落实习近平生态文明建设思想的现实要求和着力点 …… 208

第十二章　全面深化改革必须处理好若干重大关系 ········· 217
一、必须坚持"摸着石头过河"与"加强顶层设计"的统一 ········· 217
二、必须坚持胆子要大与步子要稳的统一 ········· 220
三、必须坚持解放思想与实事求是的统一 ········· 222
四、必须坚持整体推进与重点突破的统一 ········· 225
五、必须坚持改革、发展、稳定的统一 ········· 228
六、必须坚持人民主体性与党的领导方向性的统一 ········· 230
七、必须坚持问题倒逼改革与全面深化改革的统一 ········· 232
八、必须坚持战略思维与底线思维的统一 ········· 233

第十三章　全面深化改革必须坚持正确的方法论 ········· 235
一、全面深化改革的科学思维方法 ········· 235
二、全面深化改革的科学领导方法 ········· 257

参考文献 ········· 264

第一章

全面深化改革的意义

党的十八届三中全会通过了《中共中央关于全面深化改革若干重大问题的决定》（以下简称《决定》），全面总结了改革开放35年来的伟大历程，《决定》明确指出"改革开放是党在新的时代条件下带领全国各族人民进行的新的伟大革命，是当代中国最鲜明的特色"，《决定》强调"面对新形势新任务，全面建成小康社会，进而建成富强民主文明和谐的社会主义现代化国家、实现中华民族伟大复兴的中国梦，必须在新的历史起点上全面深化改革，不断增强中国特色社会主义道路自信、理论自信、制度自信"。这些重大论述深刻揭示了全面深化改革的重大意义。

一、全面深化改革是改革自身系统性的内在要求

"物不因不生，不革不成"。马克思主义创始人早就明确指出："所谓'社会主义社会'不是一种一成不变的东西，而应当和任何其他社会制度一样，把它看成是经常变化和改革的社会。"① 社会主义中国的改革是我们党在新的时代条件下带领全国各族人民进行的新的伟大革命，是当代中国最鲜明的特色，是决定当代中国命运的关键抉择，更是党和人民事业大踏步赶上时代的重要法宝。35年前，以邓小平为核心的党的第二代中央领导集体清醒地认识到，"不改革就没有出路"②；"……再不实行改革，我们的现代化事业和社会主义事业就会被葬送"③。基于这样的深刻认识和忧患意识，毅然作出了把党和国家工作重心转移到经济建设上来、实行改革开放的历史性决策。回首中国改革的伟大征程，每一次重大的改革都给党和国家的发展注入了新的活力，给中国特色社会主义事业的前进增添强大动力。"党和人民事业就是在不断深化改革中波浪式向前推

---

① 《马克思恩格斯选集》第4卷，人民出版社1995年版，第693页。
② 《邓小平文选》（第3卷），人民出版社1993年版，第237页。
③ 《邓小平文选》（第2卷），人民出版社1994年版，第150页。

进的，就是在改革从试点向推广拓展、从局部向全局推进中不断发展的"。① 习近平指出："改革开放是一个系统工程，必须坚持全面改革，在各项改革协同配合中推进。改革开放是一场深刻而全面的变革，既包括经济体制又包括政治体制、文化体制、社会体制、生态体制，既涉及生产力又涉及生产关系，既涉及经济基础，又涉及上层建筑，每一项改革都会对其他改革产生重要影响，每一项改革又都需要其他改革协同配合"② 这一论述深刻揭示了改革的特点，阐明了必须全面深化改革的内在规定性。从性质上来看，改革就是要完善不适应生产力发展的生产关系、完善不适于经济基础的上层建筑，更好发挥社会主义制度的优越性。经济、政治、文化、社会、生态各领域改革和党的建设改革紧密联系、相互交融，任何一个领域的改革都会牵动其他领域，同时也需要其他领域改革密切配合。如果各个领域的改革措施和政策不配套，各方面改革相互牵扯甚至掣肘，全面深化改革就很难推进下去，即使勉强推进，效果也会大打折扣。比如说，要进行经济体制改革，发展社会主义市场经济，必须同时进行政治体制改革，转变政府职能，减少行政的直接干预，更多地运用法律、财政和货币政策来加强宏观调控，完善法律体系。

从历史的角度看，我国的改革经历了由点到面、由农村到城市、由经济体制向政治和其他领域改革逐步推开的过程。中国的改革最早是在农村取得突破，进而对城市的经济体制改革提出要求。1984年10月，党的十二届三中全会通过了《中共中央关于经济体制改革的决定》，对加快以城市为重点的经济体制改革作出部署。随着经济体制改革的推进，对政治体制改革的要求也更加迫切。1986年，邓小平再次提出了政治体制改革的设想。他指出："现在经济体制改革每前进一步，都深深感到政治体制改革的必要性。不改革政治体制，就不能保障经济体制改革的成果，不能使经济体制改革继续前进，就会阻碍生产力的发展，阻碍四个现代化的实现。"③ 党的十三大提出了政治体制改革的总体思路，政府职能加快转变，基层民主，党内民主等进一步发展。因此，改革自身具有很强的系统性和复杂性，各项改革举措之间的关联性、耦合性非常高。随着改革的深入，改革的关联性和互动性明显增强，这就要求我们必须站在全局的高度运用系统的思维，科学谋划改革方案和具体举措，加强统筹协调，注意把握

---

① 本报评论员：《深刻认识全面深化改革的重大意义》，载《解放军报》，2013年11月14日。

② 中央文献研究室编：《习近平关于全面深化改革论述摘编》，中央文献出版社，2014年版，第35页。

③ 《邓小平文选》（第3卷），人民出版社1993年版，第176页。

和处理好全面深化改革的各种重大关系，更加注重各项改革的相互促进、良性互动，加强各项改革之间的协调配合、有机衔接，使之产生共振效果，形成强大合力，放大改革效应，确保改革的成功。

二、全面深化改革是中国大踏步赶上时代的重要法宝

改革是决定当代中国命运的关键抉择，是党和人民事业大踏步赶上时代的重要法宝。习近平在中共中央政治局第二次集体学习时指出："历史、现实、未来是相通的。历史是过去的现实，现实是未来的历史。要把党的十八大确立的改革开放重大部署落实好，就要认真回顾和深入总结改革开放的历程，更加深刻地认识改革开放的历史必然性，更加自觉地把握改革开放的规律性，更加坚定地肩负起深化改革开放的重大责任。"① 在这里既提出了一个认识任务，也提供了一种思维方法。这就是历史的思维方法。将改革实践置于30多年的长时程进行考察，则其功能和作用会更加清晰和明显。习近平用历史的眼光审视改革，指出：改革开放是我们党的历史上一次伟大觉醒，正是这个伟大觉醒孕育了新时期从理论到实践的伟大创造。"改革开放是当代中国发展进步的活力之源，是我们党和人民大踏步赶上时代前进步伐的重要法宝，是坚持和发展中国特色社会主义的必由之路。""改革开放是决定当代中国命运的关键一招，也是决定实现'两个一百年'奋斗目标、实现中华民族伟大复兴的关键一招。"② 从历史的视角看，改革的巨大功能和伟大作用主要体现在以下三个方面：

（一）改革是国家发展进步的活力之源，改革的伟大实践造就了日益强大的综合国力。实践和历史证明，改革这一创造性的伟大实践，深刻改变了中国经济社会的面貌。我国经济总量从世界第六位跃升到第二位，社会生产力、经济实力、科技实力迈上一个大台阶，人民生活水平、居民收入水平、社会保障水平迈上一个大台阶，综合国力、国际竞争力、国际影响力迈上一个大台阶，国家面貌发生新的历史性变化③。35年来，改革的伟大实践，带来了我国政治、经济、文化、教育、科技、社会、生活等各个领域的深刻变革，带来了人们精神面貌、价值观念、生活方式的重大变化。在过去的35年里我国国内生产总值年均增长9.8%，经济总量位居世界第二，人均国民总收入由190美元上升至

---

① 《习近平强调：以更大的政治勇气和智慧深化改革》，载新华网，2013年1月1日。
② 中央文献研究室编：《习近平关于全面深化改革论述摘编》，中央文献出版社2014年版，第3页。
③ 王立胜：《中国特色社会主义改革理论的新发展——学习习近平关于全面深化改革的论述》，载《东岳论丛》，2014年第7期，第62-69页。

5680美元，由低收入国家跃升为中等收入国家，创造了人类经济发展史上的新奇迹，而同期世界经济年均增速只有2.8%。改革开放带来的巨变，无论在中国历史上，还是在世界历史上，都是少有的，也是举世公认的。[①] 可以说，坚持和推进改革这场新的伟大革命，成为我们党领导全国各族人民在新时期中所进行的最伟大的实践。

（二）改革实践是发展中国、发展社会主义、发展马克思主义的活力和源泉。中国的改革实践为发展社会主义、发展马克思主义的丰厚土壤和永恒源泉。中国特色社会主义理论体系最深层的根据，就是中国改革开放和社会主义现代化建设这一伟大实践。党的十一届三中全会以来，从农村改革到城市改革，从建立深圳、厦门、珠海、汕头四个经济特区到全方位对外开放，从发展个体私营经济到国有企业改制，从计划经济到社会主义市场经济，这些都是中国人民的伟大创造。中国特色社会主义理论体系，正是在这些崭新实践提供的经验基础之上形成和发展起来的。正是在这样伟大而富有成效的实践中，我们党先后提出了社会主义本质理论、社会主义初级阶段理论、改革开放理论、社会主义市场经济理论、社会主义政治文明理论、社会主义先进文化理论、社会主义和谐社会理论等充满创新智慧的重大思想理论，不断为中国特色社会主义理论体系增添新鲜内容[②]。回顾30多年的改革开放历史，我们得出的结论是：中国过去30多年的快速发展靠的是改革开放，只有改革开放才能发展中国，发展社会主义，发展马克思主义。

（三）改革是选择中国特色社会主义道路的逻辑起点和推进中国特色社会主义的强大动力。习近平指出，中国特色社会主义道路，是科学社会主义的理论逻辑和当代中国社会发展的历史逻辑的有机统一。而在实现"理论逻辑"和"历史逻辑"有机统一过程中，改革开放发挥了不可或缺的"逻辑起点"作用。中国特色社会主义前无古人，又无成功模式可以模仿，因而这条道路的不断拓展，并非一帆风顺，而是充满着困难与曲折、也伴随着争论与交锋。如何澄清模糊认识，统一人们思想，将中国特色社会主义道路不断开拓前进？中国共产党面临着一次又一次严峻考验。回答前进道路上的重大问题，澄清人们在中国特色社会主义道路上的疑虑，把中国特色社会主义不断推向前进，归根到底仍

---

① 马光明：《全面深化改革与推进反腐倡廉建设》，载《观察与思考》，2014年第1期，第8-11页。

② 王立胜：《中国特色社会主义改革理论的新发展——学习习近平关于全面深化改革的论述》，载《东岳论丛》，2014年第7期，第62-69页。

然靠改革开放这一重要法宝。习近平在十八届三中全会所做的关于《中共中央关于全面深化改革若干重大问题的决定》的说明中，特别引用了1992年邓小平南方谈话中的一段话："不坚持社会主义，不改革开放，不发展经济，不改善人民生活，只能是死路一条。"① 此举意味深长。习近平紧接着指出："回过头来看，我们对邓小平同志这番话就有更深的理解了。所以，我们讲，只有社会主义才能救中国，只有改革开放才能发展中国、发展社会主义、发展马克思主义。"② 从改革开放30多年的历史经验看，党的十一届三中全会作出把党和国家工作中心转移到经济建设上来、实行改革开放历史性决策以来的30多年，中国人民的面貌、社会主义中国的面貌、中国共产党的面貌能发生如此深刻的变化，我国能在国际社会赢得举足轻重的地位，靠的就是坚持不懈推进改革开放。30多年来，从农村到城市、从经济到政治、从文化到社会，全面改革进程势不可挡地展开了；从沿海到沿江沿边、从东部到中部西部，对外开放大门毅然决然地打开了。这场历史上从未有过的大改革大开放，极大地调动了亿万人民的积极性，成功开启和推进了中国特色社会主义。实践是检验真理的唯一标准。30多年来的中国经历的历史性巨变，雄辩地证明：没有改革开放，就没有中国特色社会主义道路的选择；没有改革开放，也就没有中国特色社会主义道路的拓展。我们要坚定不移走中国特色社会主义道路，实现全面建成小康社会、建设富强民主文明和谐的社会主义现代化宏伟目标，既不能走封闭僵化的老路，也不能走改旗易帜的邪路，而必须坚定不移走改革开放的正路。

改革开放也是不断拓展中国特色社会主义道路的强大动力。党的十一届三中全会之后。十一届三中全会开启了当代中国改革开放序幕，从那时起到现在，改革开放就与中国特色社会主义不可分割地联系在一起，成为中国特色社会主义最鲜明特征和最强大动力，贯穿中国特色社会主义每一步发展历程和每一个发展阶段。正如十八届三中全会决定深刻指出："改革开放最主要的成果是开创和发展了中国特色社会主义，为社会主义现代化建设提供了强大动力和有力保障。事实证明，改革开放是决定当代中国命运的关键抉择，是党和人民事业大踏步赶上时代的重要法宝。"③

---

① 《邓小平文选》第3卷，人民出版社1993年版，第370页。
② 习近平：《关于〈中共中央关于全面深化改革若干重大问题的决定〉的说明》，载《人民日报》，2013年11月16日。
③ 《中共中央关于全面深化改革若干重大问题的决定》，载《人民日报》，2013年11月16日。

三、全面深化改革开放是决定当代中国命运的关键一招

人类历史并不是只经历一次选择、经历一次改革就可以一劳永逸,今天,发展面临新的阶段性特征,唯有改革才有突破,才有新的发展。在新的历史起点上进一步拓展中国特色社会主义道路,必须坚持全面深化改革。当前国内外环境都在发生极为广泛而深刻的变化,我国发展正处在十分重要的关键时期。要顺利实现"两个一百年"奋斗目标和中华民族伟大复兴中国梦,必须准备进行具有许多新的历史特点的伟大斗争。其中能否通过全面深化改革,破除深层体制的弊端和利益固化的藩篱,直接关系到中国特色社会主义道路能否进一步开拓前进。正是从这个历史经验和现实需要的高度,党的十八大以来以习近平为总书记的党中央高举改革开放旗帜,坚定不移推进各项改革事业,十八届三中全会进一步作出了全面深化改革的重大战略部署。正如习近平深刻指出:"改革开放是决定当代中国命运的关键一招,也是决定实现'两个一百年'奋斗目标、实现中华民族伟大复兴的关键一招,实践发展永无止境,解放思想永无止境,改革开放也永无止境,停顿和倒退没有出路,改革开放只有进行时、没有完成时。"①

(一)解决我国发展面临的一系列突出矛盾和问题,实现经济社会持续健康发展,不断改善人民生活,要求全面深化改革。习近平指出,"我党抓革命、搞建设、干革命事业从来都是为了解决国家发展过程中遭遇的种种现实问题与困境。"② 在过去的35年里,中国已经步入了工业化的发展道路,经济发展速度突飞猛进,年平均增长率保持在9.8%左右。在1978—2012年间,GDP总量也由最初的3645.2亿元人民币快速增长到519322亿元人民币,GDP总量占全球GDP的比重由2005年的5.0%增长到2012年的9.5%,人均GDP水平在2012年已超过6000美元大关,这使得我国在国际市场上占有重要的一席之地,国家综合国力得到了持续增强,国民经济发展水平和生活质量也得到了显著提升,国际上称其为"中国奇迹"。改革开放30多年以来,中国经济发展历经了翻天覆地的变化,以经济体制改革为核心的行政改革,促成了社会主义市场经济体制的基本确立,也使得市场化水平大幅提高,而且对市场规律的认识和驾驭能力也得到了进一步提升;然而,我们党也清醒地认识到中国发展道路上仍然潜

---

① 习近平:《关于〈中共中央关于全面深化改革若干重大问题的决定〉的说明》,载《人民日报》,2013年11月16日。

② 习近平:《改革是由问题倒逼而产生》,载《新京报》,2013年11月14日。

伏和隐藏着一系列的矛盾与危机。习近平立足于国家长远发展,明确指出,"国家发展道路是艰辛和曲折的,遭遇各种矛盾和挑战是在所难免的,尤其是在国家未来发展道路上,将会面临更多的艰难困苦。譬如:国家经济发展方式和产业结构亟待转变;发展过程中面临的公平、公正、协调、可持续等问题亟须解决;城乡二元经济结构体制的根本转变,城乡区域发展水平的空间差异及居民收入分配的明显差距等;国家科技创新能力不高;一些关乎人民群众根本利益的现实问题——教育、治安、生命安全、环境、就业、住房、医疗保障等亟待解决,一些贫困山区和农村群众的生活水平较低,社会矛盾愈加严峻;在政府部门内部,目前仍然存在着贪污腐败的现象,某些领域的严重腐败已成为制约社会发展的毒瘤,反腐大旗需要高高举起,并且政府工作人员的服务意识和工作作风也需不断改进……解决以上问题和矛盾的关键抓手就是全面深化改革。"① 30多年来,我们用改革的办法解决了党和国家事业发展中的一系列问题。同时,旧的问题解决了,新的问题又会产生,制度总是需要不断完善,因而改革既不可能一蹴而就、也不可能一劳永逸。事实就是这样。我国改革开放经过30多年快速发展,在增长方式和发展方式上的问题越来越突出。党的十六大召开后不久,党中央就提出了科学发展观的问题。十七大又明确提出了"三个转变",即经济增长由主要依靠投资、出口拉动向消费、投资、出口协调拉动转变,由主要依靠第二产业带动向主要依靠第一、第二、第三产业协同带动转变,由主要依靠增加物质资源消耗向主要依靠科技进步、劳动者素质提高、管理创新转变。应该讲,这些思路是正确的。问题是,怎么样按照科学发展观的要求,调整经济结构,加快转变经济发展方式。我们曾经采取增加农民收入、减轻农民负担、给农民提供买家用电器的优惠,激发广大农民的消费能力,来拉动经济;我们曾经考虑通过完善社会保障体系,使老百姓无后顾之忧,减少储蓄额,来促进消费;我们曾经下达一个又一个支持民营经济发展的文件,帮助他们克服发展中的困难;我们曾经通过组建一个又一个国有大企业集团,增加经济竞争力,带动国民经济发展;我们也曾经通过政府强有力的经济刺激办法,来应对危机,推动国民经济持续较快发展;等等,等等。这些措施,有的立即见效,有的成效很少。有的地方,原来的问题没有解决,新的问题又发生了。这几年,各地因征地、拆迁、污染等问题,发生的一些群体性事件,越闹越大,也引起了我们思考。之所以出现这样的情况,发生这样的问题,原因是

---

① 习近平:《关于〈中共中央关于全面深化改革若干重大问题的决定〉的说明》,载《人民日报》,2013年11月16日。

多方面的。这里，有思想观念的障碍，有体制机制的痼疾，有利益固化的藩篱。归结起来，就是要继续解放思想，解放和发展生产力，解放和增强社会活力，就是要深化改革。① 而且，根据几年改革发展的实践，光靠单项改革也无法解决这些盘根错节、错综复杂的问题，因此，不仅要改革，还要各项改革相互配套、协同推进的全面改革。所以，习近平提出全面深化改革这一重要思想，不是偶然的，是我国进入发展转型期和改革攻坚期的社会现实对我们党提出的客观要求。当前，改革进入深水区，解决思想观念的束缚、利益固化的藩篱变得更为复杂艰难。比如：发展中不平衡、不协调、不可持续问题依然突出，城乡区域发展差距和居民收入分配差距依然较大，社会矛盾明显增多，教育、就业、社会保障、医疗、住房、生态环境、食品药品安全、安全生产、社会治安、执法司法等关系群众切身利益的问题较多，部分群众生活困难，等等。② 诚如习近平总书记所说的，"容易的、皆大欢喜的改革已经完成了，好吃的肉都吃掉了，剩下的都是难啃的硬骨头"。③

要解决我们面临的突出矛盾和问题，仅仅依靠单个领域、单个层次的改革难以奏效，必须要全面深化改革，不断增强各项改革的关联性、系统性、协同性。习近平指出："改革是由问题倒逼而产生，又在不断解决问题中而深化。"解决我国发展面临的一系列突出矛盾和问题，实现经济社会持续健康发展，不断改善人民生活，必须向改革要办法、要动力。这也是我国改革开放的重要历史经验。实践发展永无止境，改革开放也永无止境，停顿和倒退没有出路。改革开放只有进行时、没有完成时。我们必须以更大的决心和勇气，全面深化改革，着力解决发展中面临的一系列突出矛盾和问题，不断推进中国特色社会主义制度自我完善和发展，进一步形成公平竞争的发展环境，进一步增强经济社会发展活力，进一步提高政府效率和效能，进一步实现社会公平正义，进一步促进社会和谐稳定④。

（二）全面深化改革的重要性、迫切性，尤其体现在中国特色社会主义道路的进一步拓展上。实践要求，要进一步拓展中国特色社会主义经济发展道路，必须紧紧抓住"政府和市场"的关系这一核心问题全面深化经济体制改革，更

---

① 李君如：《习近平的全面深化改革思想》，载人民网，2013年12月25日。
② 习近平：《关于〈中共中央关于全面深化改革若干重大问题的决定〉的说明》，载《人民日报》，2013年11月16日。
③ 《习近平接受俄媒体专访引用〈时间都去哪儿了〉》，载新华网，2014年2月9日。
④ 马光明：《全面深化改革与推进反腐倡廉建设》，载《观察与思考》，2014年第1期，第8－11页。

加充分地发挥市场在资源配置中的决定性作用,更加规范地发挥政府宏观调控和促进社会治理的作用;要进一步拓展中国特色社会主义政治发展道路,必须紧紧抓住"权力和权利"的关系这一核心问题全面深化政治体制改革,更加充分地保障和实现人民当家作主权利,更加有效地加强对权力运作的制约与监督;要进一步拓展中国特色社会主义文化发展道路,必须紧紧抓住"个性和共性"的关系这一核心问题全面深化文化体制改革,以更加广阔的世界视野提升中国文化境界,建设社会主义核心价值,增强文化软实力和竞争力;要进一步拓展中国特色社会主义社会发展道路,必须紧紧抓住"管治和共治"的关系这一核心问题全面深化社会体制改革,更加充分地发挥社会机体在加强社会治理中的作用,加快形成多元化的社会治理体制和充满活力的社会发展机制;要进一步拓展中国特色社会主义生态文明发展道路,必须紧紧抓住"人和自然"的关系这一核心问题全面深化生态体制改革,加快建立生态文明制度,更加树立尊重自然、顺应自然、保护自然的生态文明理念,推动形成人与自然和谐发展现代化建设新格局。总之,当前中国特色社会主义道路每一个方面的拓展,都迫切要求以深化改革为动力。实践发展永无止境,道路拓展永无止境,改革永无止境。

四、全面深化改革是实现伟大复兴中国梦的迫切要求

(一)全面建成小康社会,进而建成富强民主文明和谐的社会主义现代化国家、实现中华民族伟大复兴的中国梦,迫切要求全面深化改革。党的十八大报告首次提出了21世纪上半叶"五位一体"社会主义现代化建设总体布局,标志着中国迈向"全面现代化"时代。改革走过35年,我们不仅要借鉴西方、超越西方,更要总结自己的经验,吸取自己的教训,从而实现自我完善、自我超越。十八届三中全会精神的第一个关键词是"全面深化改革",十八届三中全会精神的第二个关键词是"升级"。至少有三重含义:一是指经济升级版。中国已经是世界第二大经济体了,正在向世界第一大经济体迈进,经济体量与质量还要进一步升级。二是指开放升级版。全面提高对外开放水平,创造开放新红利。三是指改革升级版亦即"改革2.0版本"①。改革开放要解放和发展生产力,其本质是解放和发展人的生产力,即释放人的创造力、创业力和创新力。全面建成小康社会,建成富强民主文明和谐的现代化国家、进而实现中华民族伟大复兴的中国梦意味着在未来7年左右的时间里,我国经济社会发展必须在原有基础

---

① 胡鞍钢:《"全面深化改革"的非凡意义》,载《北京日报》,2013年11月18日。

上实现新的全面提升,使经济更加发展、民主更加健全、科教更加进步、文化更加繁荣、社会更加和谐、人民生活更加殷实。实现全面提升,涉及生产关系和上层建筑的调整,涉及经济结构调整和发展方式转变,涉及收入分配制度和社会保障体系的创新,涉及城乡区域发展格局的完善,涉及人与自然和谐发展现代化建设新格局的构建,涉及党的建设制度的改革,这些必须依靠全面深化改革才能完成①。

(二)改革开放将推动中国与全世界分享"改革红利"。十八届三中全会召开之际,面对世界,中国共产党已经胸有成竹地制定了"中国大战略",为中国未来十年的改革规划了清晰的路线图。过去十年,通过持续的改革开放,中国由世界第六大经济体成为世界第二大经济体;未来十年,改革开放将继续推动中国由世界第二大经济体变为世界第一经济体。中国将承担越来越多的国际责任,积极参与全球治理,与全人类、全世界分享"改革红利"。

(三)全面深化改革是提高党的领导水平和执政能力的强大推力。改革的伟大实践证明,中国共产党在引领当代中国发展进步中始终走在时代前列,是实现中华民族伟大复兴中国梦的历史担当者和卓越领导者。坚持党的领导,这既是历史经验,也是基本原则。但是,我们也看到,在新的历史背景下,中国共产党肩负的责任无比重大,机遇和挑战交织在一起,特别是当前形式主义、官僚主义、享乐主义和奢靡之风问题突出,一些领域消极腐败现象易发多发,反腐败斗争形势依然严峻,这些都对党的领导水平和执政能力是一个新的巨大考验。全面深化改革,首先就必须坚持党的领导,进一步加强和改善党的领导。坚持解放思想、实事求是、与时俱进、求真务实,不断完善党的领导方式和执政方式,既集中精力抓大事,又支持各方独立负责、步调一致地开展工作,更好地发挥党总揽全局、协调各方的领导核心作用②。坚持党要管党、从严治党,坚定不移转变作风,坚定不移惩治腐败,切实增强党拒腐防变和抵御风险的能力,更好地发挥党在全面深化改革中的作用。

(四)全面深化改革是推进国家治理体系和治理能力现代化的必然要求。改革开放以来,中国共产党开始以全新的角度思考国家治理体系问题,强调领导制度、组织制度问题更带有根本性、全局性、稳定性和长期性。国家治理体系

---

① 游伯笙:《全面深化改革只有进行时没有完成时——学习习近平同志关于全面深化改革论述》,载《福州党校学报》,2014年第5期,第5-9页。

② 马光明:《全面深化改革与推进反腐倡廉建设》,载《观察与思考》,2014年第1期,第8-11页。

和治理能力是一个国家的制度和制度执行能力的集中体现。国家治理体系是在党领导下管理国家的制度体系，包括经济、政治、文化、社会、生态文明和党的建设等各领域体制机制、法律法规安排，也就是一整套紧密相连、相互协调的国家制度。国家治理能力则是运用国家制度管理社会各方面事务的能力，包括改革发展稳定、内政外交国防、治党治国治军等各个方面。中国的国家治理体系和治理能力总体上是好的，有着独特优势，能够适应我国国情和发展要求。同时，相比我国经济社会发展要求、人民群众期待、当今世界日趋激烈的国际竞争和实现国家长治久安，我们在国家治理体系和治理能力方面还有许多不足，有许多亟待改进的地方①。

历史和实践证明，真正实现经济持续发展、社会和谐稳定、国家长治久安，必须要靠制度，靠高超的国家治理能力。当前，我们党面临的一项重大历史任务，就是推动中国特色社会主义制度更加成熟更加定型，为党和国家事业发展、为人民幸福安康、为社会和谐稳定、为国家长治久安提供一整套更完备、更稳定、更管用的制度体系，也就是要推进国家治理体系和治理能力现代化。推进国家治理体系和治理能力现代化，就是要适应时代变化，既改革不适应实践发展要求的体制机制、法律法规，又不断构建新的体制机制、法律法规，使各方面制度更加科学、更加完善，实现党、国家、社会各项事务治理制度化、规范化、程序化。要更加注重治理能力建设，增强按制度办事、依法办事意识，善于运用制度和法律治理国家，把各方面制度优势转化为管理国家的效能，提高党科学执政、民主执政、依法执政水平。这项工程极为宏大，必须全面深化改革②。

（五）进一步完善中国特色社会主义理论体系必须全面深化改革。在党的十八届三中全会讲话中，习近平从"举什么旗、走什么路"的高度，深刻阐明全面深化改革对中国特色社会主义的决定性意义。他指出："改革开放以来历次三中全会都研究讨论深化改革问题，都是在释放一个重要信号，就是我们党将坚定不移高举改革开放的旗帜，坚定不移坚持党的十一届三中全会以来的理论和路线方针政策。说到底，就是要回答在新的历史条件下举什么旗、走什么路的问题。""党的十八届三中全会以全面深化改革为主要议题"，是"坚定不移高

---

① 方涛：《为什么要全面深化改革？——学习习近平总书记关于改革的重要论述》，载《柴达木开发研究》，2014年第3期，第31-33页。

② 方涛：《为什么要全面深化改革？——学习习近平总书记关于改革的重要论述》，载《柴达木开发研究》，2014年第3期，第31-33页。

举改革开放大旗的重要宣示和重要体现。"① 习近平这一系列精辟论述，深刻地昭示：改革开放是我们党的基本理论形成与发展的实践源泉和实践基础；新的历史起点上的全面深化改革，必将对中国特色社会主义理论体系的进一步丰富发展，发挥强大的实践源泉和实践推动作用。实践是产生理论的根本源泉，也是不断完善与发展理论的基础和动力。对于科学社会主义理论来说尤其如此。正如列宁在社会主义建设初期就深刻指出："现在一切都在于实践，现在已经到了这样一个历史关头：理论在变为实践，理论由实践赋予活力，由实践来修正，由实践来检验；马克思说的'一步实际运动比一打纲领更重要'这句话，显得尤其正确了"。"理论是灰色的，而生活之树是常青的"。② 中国共产党在领导推进改革开放实践中逐步形成和发展中国特色社会主义理论体系的过程，深刻印证了马克思主义经典作家关于实践与理论关系的重要思想。中国特色社会主义理论体系，是马克思主义中国化新飞跃的伟大理论成果；而这一新飞跃和新成果，直接源于当代中国改革开放实践。

依据不同的时代主题和时代需要，研究不同时代条件下社会主义运动的实践经验和特殊规律，回答和解决时代变化和实践发展提出的特殊历史任务和现实问题，从而形成既一脉相承又与时俱进的马克思主义发展的不同历史阶段，这是马克思主义中国化的本质与规律。马克思主义中国化第一次历史性飞跃，是在帝国主义战争和无产阶级革命深入发展的时代条件下和社会实践中进行的。这次飞跃所解决的核心问题，是在半殖民地半封建的中国进行什么样的革命、怎样进行革命这一根本问题，成功开辟了一条中国特色新民主主义革命道路，并初步探索了社会主义建设道路。这次历史性飞跃，形成了毛泽东思想这一伟大理论成果。马克思主义中国化第二次历史性飞跃，是在世界格局发生重大变化、和平与发展的时代主题日渐形成并深入发展的时代条件下和社会实践中进行的③。这次飞跃所解决的核心问题，是在社会主义初级阶段的中国建设什么样的社会主义？怎样建设社会主义以及建设什么样的党？怎样建设党？实现什么样的发展？怎样发展？等重大理论和实际问题，成功开辟了一条中国特色社会主义道路。这次历史性飞跃，形成了包括邓小平理论、"三个代表"重要思想和科学发展观在内的中国特色社会主义理论体系。

---

① 习近平：《关于〈中共中央关于全面深化改革若干重大问题的决定〉的说明》，载《人民日报》，2013年11月16日。
② 《列宁选集》（第3卷），人民出版社1995年版，第381页。
③ 包心鉴：《全面深化改革：决定当代中国前途和命运的关键抉择》，载《中国延安干部学院学报》，2014年第1期，第32-46页。

中国特色社会主义理论体系的每一个部分、每一个基本观点，都无不来自于改革开放实践，都无不是对改革开放和经济社会发展实践进行深入总结和系统提炼的结晶。依据20世纪70年代末到90年代初的改革开放实践，借鉴世界社会主义历史经验，邓小平创造性地提出了和平与发展时代主题论、社会主义初级阶段论，奠定了中国特色社会主义发展的理论基石；明确形成了社会主义本质论、社会主义发展战略论、社会主义改革动力论、社会主义市场经济论、社会主义民主法制论、社会主义精神文明论等一系列重大思想理论，揭示了中国特色社会主义发展的基本规律；精辟论述了解放思想与实事求是的关系、提出了"三个有利于"判断标准，确立了中国特色社会主义发展的科学方法。正是这些来自于改革开放实践、又经过改革开放实践检验的正确理论，构成了邓小平理论的主体内容，为中国特色社会主义理论体系的形成作出了基础性、架构性伟大贡献①。面向逐步形成的经济全球化，着眼世界格局新变化和中国新发展，以江泽民为核心的党的第三代中央领导集体依据走向21世纪的改革开放实践，鲜明提出了"三个代表"重要思想，进一步深化了对共产党执政规律、社会主义建设规律、人类社会发展规律的认识，丰富和发展了中国特色社会主义理论体系。深入总结改革开放以来的实践经验特别是进入全面建设小康社会新时期的新鲜经验，以胡锦涛为总书记的党中央明确提出了科学发展观，对中国特色社会主义发展规律作出了进一步科学揭示，为中国特色社会主义理论体系完善发展作出了新的理论贡献。

（六）进一步增强中国特色社会主义制度的生机活力，必须全面深化改革。中国特色社会主义制度，是当代中国发展进步的根本制度保障，集中体现了中国特色社会主义的特点和优势。中国特色社会主义制度逐步定型、不断完善的过程，从决定性意义上说就是不断改革开放的过程。正如习近平深刻指出："35年来，我国用改革的办法解决了党和国家事业发展中的一系列问题。同时，在认识世界和改造世界的过程中，旧的问题解决了，新的问题又会产生，制度总是需要不断完善，因而改革既不可能一蹴而就，也不可能一劳永逸。"②

中国特色社会主义制度，是科学社会主义基本原则在当代中国实际运用的伟大成果；改革开放是实现理论原则与现实实践相结合的重要法宝。科学社会

---

① 包心鉴：《全面深化改革：决定当代中国前途和命运的关键抉择》，载《中国延安干部学院学报》，2014年第1期，第32—46页。

② 习近平：《关于〈中共中央关于全面深化改革若干重大问题的决定〉的说明》，载《人民日报》，2013年11月16日。

主义基本原则有许多条，其中最重要的是两条：一是解放生产力，发展生产力；二是消除两极分化，实现共同富裕。正是在这两个最基本的方面，中国特色社会主义制度深刻体现了理论与实践相结合、原则与现实相统一。一方面，以解放生产力、发展生产力作为基本出发点和根本任务。解放生产力，发展生产力，既是社会主义的首要本质，又是社会主义的根本任务，更是社会主义制度优越性的重要体现。另一方面，以消除两极分化、实现共同富裕为根本价值目标。35 年来的改革开放，从一定意义上说就是不断解放生产力、发展生产力和不断提高人民生活水平、逐步实现共同富裕相统一的过程。正是由于我们党领导人民在改革开放实践中致力于将解放生产力、发展生产力和消除两极分化、实现共同富裕有机地统一起来，从而使中国特色社会主义制度逐步完善并生机勃勃地向前发展。中国特色社会主义制度，是坚持社会主义基本制度的"不变性"与革除体制性障碍的"可变性"有机统一的过程；改革开放是实现"不变性"与"可变性"相统一的重要法宝。一方面，我们党明确强调，社会主义的基本制度不可动摇、基本原则不能改变；另一方面，我们党明确指出，改革不是对原有制度和体制细枝末节的修补，而是一场新的革命。正是由于我们党在持续 30 多年的改革开放实践中坚持"不变"与"可变"的有机统一，带领人民逐步探索和形成了中国特色社会主义的经济、政治、文化、社会和生态制度[①]。中国特色社会主义制度，是在自主选择和开放包容有机统一中逐步走向成熟和完善的；改革开放是在自主选择基础上增强我国制度开放包容性的重要法宝。人类文明发展史表明，世界制度文明存在着多样性，不同国家的社会实践创造出多样化的制度文明，不同的制度文明犹如涓涓支流，融通汇集成世界制度文明的磅礴大潮，共同谱写人类文明壮丽篇章。判断一个国家的制度是否优越、是否文明，关键是要看它是否与这个国家的国情相适应、是否与优秀文化传统相适应、是否促进了这个国家的繁荣发展。在当今全球化时代，不同制度文明之间应当超越不同文化价值观的差异，广泛沟通与交流，以相互借鉴、取长补短，实现自我完善与发展。正是由于我们党秉持了这样一种制度文明观，将制度的自主选择与制度的对外开放有机统一起来，以放眼世界的视野和开放包容的姿态不断推动制度改革和完善，从而使中国特色社会主义制度在剧烈的国际竞争和全球化大潮中愈益显示出内在生命力和巨大优越性，愈益成为伫立时代潮头、

---

① 包心鉴：《全面深化改革：决定当代中国前途和命运的关键抉择》，载《中国延安干部学院学报》，2014 年第 1 期，第 32－46 页。

引领时代潮流的一种文明社会制度。① 中国特色社会主义制度的本质是人民当家作主中国特色社会主义制度的民主本质，包含以下科学内涵：其一是人民作为国家和社会主人的地位和权利的真实实现，为中国特色社会主义制度的形成奠定了根本基础；其次是广大人民积极性、主动性、创造性的充分调动与发挥，是中国特色社会主义制度不断完善的主体依靠力量；第三是人民群众根本利益的维护与实现，是中国特色社会主义制度建设与发展的根本价值取向；最后是人民高兴不高兴、满意不满意，是衡量制度优劣的根本标准，是促进中国特色社会主义制度不断走向完善的根本动力。改革是有效实现和发展人民民主的重要法宝。

---

① 包心鉴：《全面深化改革：决定当代中国前途和命运的关键抉择》，载《中国延安干部学院学报》，2014年第1期，第32－46页。

第二章

全面深化改革的总目标

推进国家治理体系和治理能力现代化是全面深化改革的总目标。习近平指出,"邓小平同志在一九九二年提出,再有三十年的时间,我们才会在各方面形成一整套更加成熟更加定型的制度。这次全会在邓小平同志战略思想的基础上,提出要推进国家治理体系和治理能力现代化。这是完善和发展中国特色社会主义制度的必然要求,是实现社会主义现代化的应有之义。"① 中国共产党十八届三中全会在改革的关节点上对全面深化改革做出战略性安排部署,并进而提出全面深化改革的总目标——"完善和发展中国特色社会主义制度,推进国家治理体系和治理能力现代化。"习近平指出:"我们之所以决定这次三中全会研究全面深化改革问题,不是推进一个领域改革,也不是推进几个领域改革,而是推进所有领域改革,就是从国家治理体系和治理能力的总体角度考虑的。"② 正确理解全面深化改革与国家治理现代化的辩证关系,认真分析全面深化改革进程中国家治理现代化所必须明确的现实问题,努力寻求全面深化改革和推进国家治理现代化的有效实现路径,这对于实现中华民族伟大复兴的中国梦,具有非常重要的现实意义。

一、深刻理解和准确把握全面深化改革的总目标

十八届三中全会提出,全面深化改革的总目标是"完善和发展中国特色社会主义制度,推进国家治理体系和治理能力现代化"。这是改革开放以来,党中央首次明确改革的总目标,引起了理论界的广泛关注。由于"国家治理体系和治理能力现代化"是第一次讲,是一个新论断,所以学术界更多的是关注总目

---

① 习近平:《完善和发展中国特色社会主义制度 推进国家治理体系和治理能力现代化》,载《人民日报》,2014年2月18日。
② 习近平:《切实把思想统一到党的十八届三中全会精神上来》,载《人民日报》,2014年1月1日。

标的后一句话，而忽视了前一句话，有的甚至只讲第二句话，而不讲第一句话，这就导致对全面深化改革总目标的解读和理解的偏差。鉴于此，习近平总书记在省部级主要领导干部学习贯彻十八届三中全会精神全面深化改革专题研讨班和庆祝全国人民代表大会成立60周年大会上的讲话中，强调必须完整理解和把握全面深化改革的总目标。这对于推进改革和坚持正确方向具有重要意义。

（一）全面深化改革的总目标是完善和发展中国特色社会主义制度，推进国家治理体系和治理能力现代化。这个总目标是根据邓小平同志提出的战略任务来确定的。邓小平在1992年初南方谈话中提出，恐怕再有30年的时间，我们才能在各方面形成一套更加成熟、更加定型的制度①。《决定》在邓小平提出的战略目标基础上，进而提出推进国家治理体系和治理能力现代化，进一步丰富了"完善和发展中国特色社会主义制度"目标的内涵和要求。我们讲过很多现代化，包括农业现代化、工业现代化、科技现代化、国防现代化等，国家治理体系和治理能力现代化是第一次讲。深刻理解和准确把握这个总目标，是贯彻落实各项改革举措的关键。全面深化改革，全面者，就是要统筹推进各领域改革，就需要有管总的目标，也要回答推进各领域改革最终是为了什么、要取得什么样的整体结果这个问题。总目标立起来了，才能统领全局，才能"立治有体，施治有序"。过去，我们也提出过改革目标，但大多是从具体领域提的。比如，我们讲过，政治体制改革总的目标是巩固社会主义制度，发展社会主义社会的生产力，发扬社会主义民主，调动广大人民的积极性。党的十四大提出，我国经济体制改革的目标是建立社会主义市场经济体制。党的十八届三中全会提出全面深化改革的总目标，并在总目标统领下明确了经济体制、政治体制、文化体制、社会体制、生态文明体制和党的建设制度深化改革的分目标。这是改革进程本身向前拓展提出的客观要求，体现了我们党对改革认识的深化和系统化②。

（二）全面深化改革的总目标体现了我们党对社会主义建设规律认识的深化。怎样治理社会主义这样全新的社会，在以往的世界社会主义运动中没有很好解决。马克思、恩格斯没有遇到全面治理一个社会主义国家的实践；列宁在俄国十月革命后不久就过世了，没来得及深入探索这个问题；苏联在这个问题上进行了探索，取得了一些实践经验，但也犯下了严重错误，没有解决这个问

---

① 《十八届三中全会精神学习问答（续一）》，载《黄埔》，2014年第2期，第51-52页。
② 孙业礼：《正确把握全面深化改革的方向、总目标和方法论——学习〈习近平关于全面深化改革论述摘编〉》，载《求是》，2014年第13期，第19-22页。

题。我们党在全国执政以后，不断探索这个问题，虽然也发生了严重曲折，但在国家治理体系和治理能力上积累了丰富经验、取得了重大成果，改革开放以来的进展尤为显著。同时我们必须看到，相比我国经济社会发展和人民群众的要求，相比当今世界日趋激烈的国际竞争，相比实现国家长治久安，我们在国家治理体系和治理能力方面还有许多亟待改进的地方，我们的制度还没有达到更加成熟更加定型的要求。制度执行力、治理能力已经成为影响我国社会主义制度优势充分发挥、党和国家事业顺利发展的重要因素。

从形成更加成熟更加定型的制度看，我国社会主义实践的前半程已经走过了，前半程我们的主要历史任务是建立社会主义基本制度，并在这个基础上进行改革，现在已经有了很好的基础。后半程，我们的主要任务就是完善和发展中国特色社会主义制度，为党和国家事业发展、为人民幸福安康、为社会和谐稳定、为国家长治久安提供一整套更完备、更稳定、更管用的制度体系。这项工程极为宏大，零敲碎打调整不行，碎片化修补也不行，必须是全面的系统的改革和改进，是各领域改革和改进的联动和集成，在国家治理体系和治理能力现代化上形成总体效应、取得总体效果①。邓小平同志在1992年提出，再有30年的时间，我们才会在各方面形成一整套更加成熟更加定型的制度。党的十八届三中全会提出要推进国家治理体系和治理能力现代化，就是邓小平同志这一战略思想的继承发展和延伸。这是完善和发展中国特色社会主义制度的必然要求，是实现社会主义现代化的应有之义。

（三）全面深化改革的总目标体现了新一届党中央治国理政的新方略。从长远看，真正实现社会和谐稳定、国家长治久安，还是要靠制度，靠我们在国家治理上的高超能力。没有有效的国家治理体系和治理能力，就不能有效解决社会矛盾和问题，各种社会矛盾和问题日积月累、积重难返，必然带来严重政治后果。习近平同志对国家治理体系和治理能力有明确的论述和界定：国家治理体系和治理能力是一个国家制度和制度执行能力的集中体现。国家治理体系是在党领导下管理国家的制度体系，包括经济、政治、文化、社会、生态文明和党的建设等各领域体制机制、法律法规安排，也就是一整套紧密相连、相互协调的国家制度；国家治理能力则是运用国家制度管理社会各方面事务的能力，包括改革发展稳定、内政外交国防、治党治国治军等各个方面。怎样推进国家治理体系和治理能力建设，主要应该抓些什么工作呢？对此习近平也有明确要

---

① 孙业礼：《正确把握全面深化改革的方向、总目标和方法论——学习〈习近平关于全面深化改革论述摘编〉》，载人民网，2014年7月1日。

求：推进国家治理体系和治理能力现代化，就是要适应时代变化，既改革不适应实践发展要求的体制机制、法律法规，又不断构建新的体制机制、法律法规，使各方面制度更加科学、更加完善，实现党、国家、社会各项事务治理制度化、规范化、程序化。要更加注重治理能力建设，增强按制度办事、依法办事意识，善于运用制度和法律治理国家，把各方面制度优势转化为管理国家的效能，提高党科学执政、民主执政、依法执政水平[1]。

（四）国家治理现代化是全面深化改革总目标内容的有机组成部分。能够把"推进国家治理体系和治理能力现代化"明确定位于全面深化改革总目标的重要内容，这是党的十八届三中全会的重大历史性贡献之一。"国家治理体系和治理能力现代化"，这应当是继我们党提出"四个现代化"之后，又新提出的一个特有的政治理念，充分表明我们党对社会政治发展规律有了崭新的认识。国家治理是现代国家所特有的一个概念，有其特定的发展过程，是在扬弃国家统治和国家管理基础上形成的。国家治理理念凸显了政权的管理者向政权的所有者负责并且可以被后者问责这一问题的特殊意义，强调政权的所有者、管理者和利益相关者等多元主体力量合作管理的重要性，而且把增进公共利益同维护公共秩序放在了同等重要的地位，实现这两个目的的能力是国家治理能力最重要的体现[2]。实践中的国家治理体系和治理能力，是一个国家制度和制度执行力的集中体现，它们是一个有机整体，是同一政治过程中相辅相成的两个方面。具体讲，国家治理体系是国家治理的制度架构，目的是实现可持续发展、普遍提高国民生活质量和实现可持续的稳定。国家治理能力是国家治理体系发挥作用的集中表现，现实中我们只有不断提高国家治理能力，才能够充分发挥出国家治理体系的效能。在它们二者之间，构建现代化的国家治理体系具有基础性的重要意义。

（五）总目标中的两句话是紧密联系的统一整体。对于全面深化改革的总目标，必须完整理解和把握，不可偏废其一。总目标是由两句话组成的一个整体。完善和发展中国特色社会主义制度，不仅规定了全面深化改革的根本方向即走中国特色社会主义道路，也规定了推进国家治理体系和治理能力现代化的根本方向。这就是说，推进国家治理体系和治理能力现代化，根本上还是为了促进

---

[1] 孙业礼：《正确把握全面深化改革的方向、总目标和方法论——学习〈习近平关于全面深化改革论述摘编〉》，载人民网，2014年7月1日。

[2] 陈可：《全面深化改革与国家治理现代化的理性思考》，载《山东行政学院学报》，2014年第9期，第1-7页。

社会主义制度的自我完善和发展,为了更好地坚持和完善中国特色社会主义制度,坚持和丰富中国特色社会主义理论体系,坚持和拓展中国特色社会主义道路。"推进国家治理体系和治理能力现代化"规定了在根本方向指引下完善和发展中国特色社会主义制度的鲜明指向。一方面,"完善和发展中国特色社会主义制度"规定了"推进国家治理体系和治理能力现代化"的根本方向。另一方面,"推进国家治理体系和治理能力现代化"有利于"完善和发展中国特色社会主义制度"。如此,方能完整地、全面地理解和把握改革的总目标。全面深化改革,关键要有新的谋划、新的举措。目标明确,才能定位好前进的方向;任务清晰,才能把握好奋斗的路径。十八届三中全会再一次设定历史航标,把"完善和发展中国特色社会主义制度,推进国家治理体系和治理能力现代化"作为全面深化改革的总目标。这一目标深刻反映了改革发展的趋势和要求,综合考虑了国际国内的形势和条件,回应了人民群众的期盼和关切,为在新的历史起点上全面深化改革指明了总的方向。

(六)推进国家治理现代化,包括治理体系现代化和治理能力现代化两个方面。习近平明确指出:"国家治理体系和治理能力是一个国家的制度和制度执行能力的集中体现,两者相辅相成,单靠哪一个治理国家都不行。""国家治理体系和治理能力是一个有机整体,相辅相成,有了好的国家治理体系才能提高治理能力,提高国家治理能力才能充分发挥国家治理体系的效能。""治理国家,制度是起根本性、全局性、长远性作用的。然而,没有有效的治理能力,再好的制度也难以发挥作用。同时,还要看到,国家治理体系和国家治理能力虽然有紧密联系,但又不是一码事,不是国家治理体系越完善,国家治理能力自然而然就越强。纵观世界,各国各有其治理体系,而各国治理能力由于客观情况和主观努力的差异又有或大或小的差距,甚至同一个国家在同一种治理体系下不同历史时期的治理能力也有很大差距。正是考虑到这一点,我们才把国家治理体系和治理能力结合在一起提。"[①] 习近平着重强调:当前,无论是国家治理体系还是国家治理能力,都还有许多亟待改进的地方。"我们的制度还没有达到更加成熟更加定型的要求,有些方面甚至成为制约我们发展和稳定的重要因素。所以,我们必须适应国家现代化进程,提高党科学执政、民主执政、依法执政水平,提高国家机构履职能力,提高人民群众依法管理国家事务、经济社会文化事务、自身事务的能力,实现党、国家、社会各项事务治理制度化、规范化、

---

① 中共中央文献研究室编:《习近平关于全面深化改革论述摘编》,中央文献出版社 2014 年版,第 27 – 28 页。

程序化，不断提高运用中国特色社会主义制度有效治理国家的能力。"①

（七）治理体系和治理能力现代化既是全面深化改革的目标也是方法。在治理国家方面，我们党提出了新的更高的要求：国家治理体系不仅要完备而且要现代化，治理能力的现代化是国家现代化建设的重要目标。一方面，推进治理体系和治理能力现代化是全面深化改革的基本条件，另一方面，全面深化改革要检验治理体系和治理能力的适应程度，全面深化改革也必将推进中国治理体系和治理能力的现代化。习近平总书记指出："这次三中全会研究全面深化改革问题，不是推进一个领域改革，也不是推进几个领域改革，而是推进所有领域改革"，面对复杂艰巨的形势和任务，我们在国家治理体系和治理能力方面还有许多亟待改进的地方，我们的制度还没有达到更加成熟更加定型的要求，有些方面甚至成为制约我们发展和稳定的重要因素。所以，我们必须适应国家现代化总进程，提高党科学执政、民主执政、依法执政水平，提高国家机构履职能力，提高人民群众依法管理国家事务、经济社会文化事务、自身事务的能力，实现党、国家、社会各项事务治理制度化、规范化、程序化，不断提高运用中国特色社会主义制度有效治理国家的能力②。这说明，全面深化改革必将持续提升国家治理体系和治理能力的现代化水平，实现党确定的奋斗目标，全面深化改革对国家治理体系和治理能力提出了新的要求，要求我们运用治理体系和治理能力现代化建设取得的新成果作为全面深化改革的崭新方法。

（八）准确把握全面深化改革总目标，必须处理好价值体系与制度体系这对国家现代化中的重要关系，两者相得益彰，才能印证文化价值观念与政治制度模式的统一。国无德不兴，人无德不立。任何一种社会制度的背后，都有其核心价值观，全面深化改革既是制度完善、治理推进的过程，也是价值彰显、精神构建的过程。社会主义核心价值体系这一兴国之魂，决定着中国特色社会主义发展方向，也是推进国家治理现代化的最重要力量。一个国家的价值体系和制度体系应该是高度一致的。制度安排是价值取向的体现。没有自己的精神独立性，制度的独立性也就失去了根基。现代化的国家治理，需要核心价值体系

---

① 中共中央文献研究室编：《习近平关于全面深化改革论述摘编》，中央文献出版社2014年版，第28-29页。
② 李新市：《科学把握和运用全面深化改革的方法——学习习近平总书记"用改革开放的办法解决改革开放中的矛盾"重要论述》，载《环渤海经济瞭望》，2015年第1期，第3-7页。

的导航定向，需要坚如磐石的精神和信仰①。从这个角度看，我们培育和践行社会主义核心价值观，有效整合社会意识，是社会系统得以正常运转、社会秩序得以有效维护的重要途径，也是国家治理体系和治理能力的重要体现。"富强、民主、文明、和谐"，沿着这样的国家目标推进改革；"自由、平等、公正、法治"，通过这样的社会理想凝聚共识；"爱国、敬业、诚信、友善"，遵循这样的公民准则检视行为，才能为国家治理树立正确的价值引领、营造良好的思想氛围、提供不竭的精神动力。

（九）国家治理体系和治理能力是一个国家制度和制度执行能力的集中体现。国家治理体系是在党领导下管理国家的制度体系，包括经济、政治、文化、社会、生态文明和党的建设等各领域体制机制、法律法规安排，也就是一整套紧密相连、相互协调的国家制度；国家治理能力则是运用国家制度管理社会各方面事务的能力，包括改革发展稳定、内政外交国防、治党治国治军等各个方面。国家治理体系和治理能力是一个有机整体，相辅相成，有了好的国家治理体系才能提高治理能力，提高国家治理能力才能充分发挥国家治理体系的效能。全会确立这一总目标，是完善和发展中国特色社会主义制度的必然要求，是实现社会主义现代化的应有之义②。准确把握全面深化改革总目标，必须认识到国家治理体系和治理能力是一个国家的制度和制度执行能力的集中体现，两者相辅相成，单靠哪一个治理国家都不行。一方面，制度是起根本性、全局性、长远性作用的。从本质上说，现代化的进程也是治理体系的现代化进程。制度是决定社会发展与文明进步的关键性因素，只有不断推进制度的变革，推进治理体系的完善，才能打破旧的社会局面，给社会生活以新方向，给现代化进程以新突破。③ 另一方面，没有有效的治理能力，再好的制度也难以发挥作用。不是国家治理体系越完善，国家治理能力自然而然就越强。综观世界，各国各有其治理体系，而治理能力却有或大或小的差距，甚至同一个国家在同一种治理体系下不同历史时期的治理能力也有很大差距。有严密的制度，还要有严格的执行；有严肃的纪律，还要有严格的遵守；有严谨的设计，还要有严格的落实。不能落细、落小、落实，制度只会束之高阁、形同虚设，其作用终将荡然

---

① 任仲平：《标注现代化的新高度 论把握全面深化改革总目标》，载《人民日报》，2014年4月14日。

② 本报评论员：《人民日报：把握全面深化改革总目标——二论认真贯彻落实十八届三中全会精神》，载《人民日报》，2013年11月15日。

③ 任仲平：《标注现代化的新高度 论把握全面深化改革总目标》，载《人民日报》，2014年4月14日。

无存①。与治理现代化的要求比,我们的治理体系建设与制度化、规范化、程序化的标准还存在较大差距,一些制度远未成熟和定型。而在提高治理能力方面,我们的制度执行力、治理能力已经成为影响我国社会主义制度优势充分发挥、党和国家事业顺利发展的重要因素,因此需要下更大的力气。通过全面深化改革,尽快把各级干部、各方面管理者的思想政治素质、科学文化素质、工作本领都提高起来,我们才能补齐治理短板,让国家治理体系更加有效运转。

(十)推进国家治理体系和治理能力现代化,是实现社会主义现代化题中应有之义。推进国家治理体系和治理能力现代化,就是要适应时代变化,既改革不适应实践发展要求的体制机制、法律法规,又不断构建新的体制机制、法律法规,使各方面制度更加科学、更加完善,实现党、国家、社会各项事务治理制度化、规范化、程序化。要更加注重治理能力建设,增强按制度办事、依法办事意识,善于运用制度和法律治理国家,把各方面制度优势转化为管理国家的效能,提高党科学执政、民主执政、依法执政水平。完善和发展中国特色社会主义制度,目的是为了更好地提高党带领人民管理经济社会事务的能力;推进国家治理体系和治理能力现代化,是为了更好发挥制度优势,把制度优势转化为管理经济社会事务的效能。两者一脉相承、有机统一②。国家治理体系实际上就是我国经济社会管理制度体系,既包括人民代表大会制度这一根本政治制度和中国共产党领导的政治协商制度、民族区域自治制度、基层群众自治制度等基本政治制度,中国特色社会主义法律体系,公有制为主体、多种所有制经济共同发展的基本经济制度,也包括经济、政治、文化、社会、生态文明等各领域的制度安排、体制机制。治理能力则是我们运用这些制度和体制机制管理经济社会事务的能力。有了好的治理体系,才能提高治理能力;提高治理能力,才能发挥治理体系的效能。推进国家治理体系和治理能力现代化,是继"四个现代化"后我们党提出的又一个"现代化"战略目标,是推进社会主义现代化题中应有之义,是完善和发展中国特色社会主义制度的必然要求。

(十一)推进国家治理体系和治理能力现代化,是新的时代条件下加强党的执政能力建设的必然要求。对一个国家、一个政党来讲,治理体系和治理能力是制度建设和制度执行力的集中体现。新中国成立以来,无论是在制度建设还是在管理经济社会事务方面都取得了巨大成就,积累了许多经验。特别是改革

---

① 任仲平:《标注现代化的新高度 论把握全面深化改革总目标》,载《人民日报》,2014年4月14日。
② 《十八届三中全会精神学习问答(续一)》,载《黄埔》,2014年第2期,第51-52页。

开放以来，我国以世界上少有的速度持续快速发展起来，人民生活显著改善，城乡面貌发生翻天覆地变化，充分说明我们党在制度建设和管理经济社会事务上的智慧和能力。但我们也要看到，相比经济社会发展要求，相比人民群众的期待，相比当今世界激烈的国际竞争，我们在制度建设和管理能力方面还有许多不足，还有许多亟待完善和提高的地方。特别是在新的时代条件下，我们党的执政能力越来越多体现在制度建设和治理能力上。完善和发展中国特色社会主义制度，推进国家治理体系和治理能力现代化，就是要适应时代发展要求，既改革不适应实践要求的体制机制，又不断构建新的制度和体制机制，使经济、政治、文化、社会、生态文明和党的建设等各方面制度和体制机制更加科学、更加完善，推动党和国家各项工作制度化、规范化、程序化，不断提高党科学执政、民主执政、依法执政能力①。

（十二）实现国家治理现代化，是中国特色社会主义现代化建设和政治发展的必然要求。这既是对改革开放30多年来我国现代化建设成功经验的理论总结，也可以讲是对我国在现代化建设实践进程中新的发展阶段所面临的各种严峻挑战的主动回应。推进国家治理现代化并不是全面深化改革总目标的全部内容，总目标的内容涵盖两个方面：一方面是完善和发展中国特色社会主义制度，再一方面就是推进国家治理体系和治理能力现代化②。在二者的内在关系里面，前者是目的、前提和基本内容，后者是手段、方法和表现形式。完善和发展中国特色社会主义制度带有根本性，这是大前提，但如果没有国家治理的转型和现代化，经济社会等各方面的现代化也就难以进一步深入推进；不大力推进国家治理改革，市场化改革也难以走向深入。从走中国特色社会主义道路的总要求来讲，我们所提出的国家治理现代化，其实质就是中国特色社会主义的政治现代化在国家治理方面的集中体现。

二、正确理解全面深化改革与国家治理现代化的辩证关系

准确理解和把握全面深化改革与国家治理现代化的内在含义，辨析其间相互关系，是贯彻落实全面深化改革设计，推进国家治理现代化的认识基础。

（一）国家治理体系和治理能力现代化的基本内涵。"治理"是20世纪90年代开始在西方国家出现的社会公共管理的新术语，相对于"管理"而言，更

---

① 《十八届三中全会精神学习问答（续一）》，载《黄埔》，2014年第2期，第51-52页。
② 陈可：《全面深化改革与国家治理现代化的理性思考》，载《山东行政学院学报》，2014年第9期，第1-7页。

富有社会进步的时代内涵。于1992年成立的全球治理委员会曾对治理的内涵予以界定：治理是或公或私的个人和机构管理其共同事务的各种方式的总和。"管理"通常多是指上对下、主对从，而国家治理则更具有社会各类成员共治之意。其实，"治理"在中国古已有之，我国浩如烟海的政治典籍里有太多诸如"治国安邦"、"资治通鉴"、"治大国若烹小鲜"的表述，指对国家事务的管理。我们党执政以来，提出治国理政、民族区域自治等同治理相关的概念。改革开放以来，提出社会治安综合治理、企业法人治理等概念。党的十六大以来，提出党要管党、从严治党等概念。十八届三中全会又提出推进法治中国建设；实现有效的政府治理等概念。国家治理、国家治理体系、国家治理能力是相互联系的几个概念，领会十八届三中会确定的全面深化改革的总体目标，首先要把握这几个概念的内涵。《决定》中所讲的国家治理是指我们党在新形势下领导人民管理国家各领域、各层次事务的过程；国家治理体系主要指管理国家各类事务的制度体系，包括进行经济建设、政治建设、文化建设、社会建设、生态文明建设和党的建设的各种制度、体制和机制，也包括各种法律制度。就其系统性本质而言，国家治理体系不应是碎片化的制度，而应是由以上各种制度相互衔接、有机构成的整体；国家治理能力，主要是指我们党治国理政、领导人民管理国家各领域、各层次事务的能力[1]。

（二）关于国家治理体系和治理能力现代化。我们党提出治理体系和治理能力现代化，是指我们党领导人民治国理政的方式和能力的现代化，是中国共产党人在把握世界大势、统筹国内国际两个大局、深刻研判现代政治文明发展阶段，为实现"两个一百年"奋斗目标和中华民族伟大复兴的中国梦做出的时代宣言。可以说，我国的现代化事业，又增添了一个具有战略意义的伟大部署[2]。国家治理体系和治理能力现代化就是要改变传统的治理方式，实现生产力的工业化、信息化和自动化；在公民权利保障上实现法制化；在经济建设上，实现市场化、公平化；在民生上，实现城市化、现代化、科学化；在生态文明建设上，实现绿色、可持续。不断推进治理主体的多元化，推动治理结构的网络化，实现各项制度的民主化、法制化，实现治理手段的文明化、科学化，终极目标是国家治理体系和治理能力的现代化。国家治理体系是国家治理模式的有力支

---

[1] 孟根其其格：《全面深化改革推进国家治理体系和治理能力现代化》，载《理论研究》，2014年第1期，第2-6页。
[2] 李伟：《全面深化改革 推进国家治理现代化》，载《广西经济》，2014年第8期，第12-13页。

撑，治理能力现代化是国家健康发展得必然要求，只有这样才能真正实现中华民族的伟大复兴，实现中国特色社会主义的蓬勃发展。强调推进国家治理体系和治理能力现代化，包括两个方面的要求：一是要把我们党和国家对现代化建设各领域的有效管理，同各种范畴、各种层次、各种形式的多元治理相结合，推进国家治理体系化；二是强调提高治理水平，实现国家治理体系和治理能力现代化①。推进国家治理体系和治理能力现代化，必须坚持党的领导，通过经济市场化、社会法治化、国家政治生活民主化、权力运行制约和监督科学化等途径来实现。同时，还要充分利用多种信息化手段和智能化平台来辅助实现。毫无疑问，实现国家治理体系和治理能力现代化，最广泛最充分调动社会各方面参与国家治理的积极性，必将把走向全面小康社会的国家治理、社会治理提高到新水平、推进到新境界。

（三）治理体系和治理能力现代化是解决改革开放中矛盾的重要方法。国家治理体系和治理能力现代化是我国改革开放结构和方式方法整体跃升的一个显著标志。习近平指出："国家治理体系和治理能力是一个国家制度和制度执行能力的集中表现。国家治理体系是在党领导下管理国家的制度体系，包括经济、政治、文化、社会、生态文明建设和党的建设等各领域体制机制、法律法规安排，也就是一整套紧密相连、相互协调的国家制度；国家治理能力则是运用国家制度管理社会各方面事务的能力，包括改革发展稳定、内政外交国防、治党治国治军等各个方面。国家治理体系和治理能力是一个有机整体，相辅相成，有了好的国家治理体系才能提高治理能力，提高国家治理能力才能充分发挥国家治理体系的效能"，"真正实现社会和谐稳定、国家长治久安，还是要靠制度，靠我们在国家治理上的高超能力，靠高素质干部队伍。我们要更好发挥中国特色社会主义制度的优越性，必须从各个领域推进国家治理体系和治理能力现代化"②。这说明，国家治理体系和治理能力现代化对充分发挥中国特色社会主义制度的优越性、对于全面深化改革具有十分重要的意义。

（四）全面深化改革是推进国家治理现代化的必然要求。实现国家治理现代化的根本路径毫无疑问是改革，就是要以问题为导向，把体制、机制、制度方面存在的突出问题作为切入点。推进国家治理现代化，必须通过全面深化改革来实现，党的十八届三中全会之所以提出要推进国家治理体系和治理能力的现

---

① 施芝鸿：《准确把握全面深化改革的总目标》，载人民网，2013年12月5日。
② 中共中央文献研究室编：《习近平关于全面深化改革论述摘编》，中央文献出版社2014年版，第24页。

代化，是从另一个角度表明我们现存的治理体系和治理能力还相对滞后，跟不上治理现代化的步伐。同时，强调实现国家治理现代化也应当是我们应对各种困难和挑战的一种积极的回应。如果没有这种积极的回应，则可能会出现全面的、系统的国家治理危机甚至导致国家治理失败，我们的现代化进程就会因此而中断①。国家治理现代化是政治发展和政治现代化的一个重要组成部分，这势必要求在国家的行政制度、决策制度、监督制度、司法制度、预算制度等诸多重要领域进行突破性的改革。实现国家治理现代化，要求我们必须适应时代发展的要求，在不断改革不适应实践要求的体制机制的进程中，坚持破立并举的原则，能够不断构建出新的制度和体制机制，从而使我们的经济、政治、文化、社会、生态文明、党的建设、军队和国防、对外关系等各方面制度和体制机制真正做到更加科学、更加完善、更加定型，使党和国家各项工作实现制度化、规范化、程序化，党科学执政、民主执政、依法执政能力得到不断提高。这个过程实际上也就是全面深化改革的过程。

（五）全面深化改革对国家治理现代化提出新的要求。"推进国家治理体系和治理能力现代化"与"完善和发展中国特色社会主义制度"总目标一脉相承，它伴随着"市场在资源配置中起决定性作用"的定位而产生，又在全面深化改革的过程中推进。全面深化改革要求必须从生产关系、上层建筑的角度对国家治理现代化进行顶层设计。从认识论层面来看，要求我们党必须真正转变执政思维，从革命党向执政党转型，建立更为开放、多元、包容的现代执政理念，更有效地夯实执政基础，从而争取更长久执政。从方法论层面来看，以治理代替管理，抛弃了简单粗暴的行政命令式管理手段，采用了更多调动相对方参与的现代治理手段，体现了崇尚政治昌明的理念，充满着社会主义人文精神和现代法治精神，符合现代社会的发展方向。从系统论层面来看，注重国家治理体系的系统性、整体性和协同性，注重治理能力的时代性、综合性和有效性，涵盖社会主义市场经济、民主政治、先进文化、和谐社会以及生态文明等多个领域。从治理体系层面来看，能够有助于人民当家作主，更好地维护基本政治制度，有效防止腐败，使人民群众能感受到公平正义，有助于完善分配制度，使人们共同富裕，特别是有利于现代市场体系建设，使生产力得到极大解放。国家治理体系现代化，既要求实行现代国家治理，又要求构建一个现代化的国家治理体系。在新的历史时期，一些问题日益突出：在经济方面，由于市场机制

---

① 陈可：《全面深化改革与国家治理现代化的理性思考》，载《山东行政学院学报》，2014年第9期，第1—7页。

还受到一定的限制,无论是公有制经济还是非公有制经济成分的发展活力都展示不够;在社会方面,局部不平等现象的凸显,对维稳工作带来了一定的挑战,这表明全面深化改革势在必行。科学化的治理体系是一个制度化的治理架构,既要有完整和科学的制度安排,又要建立起协调有效的组织体系,形成保证制度和组织体系灵活运行的机制,还要能够有效形成和充分发挥国家治理能力,从而有效地解决国家发展中所面临的现实矛盾和问题①。

(六)全面深化改革与国家治理现代化有机统一于中国特色社会主义的伟大实践中。中国特色社会主义是在全面深化改革的历史进程中形成和发展起来的。党的十一届三中全会启动的改革开放,最主要的成果就是开创和发展了中国特色社会主义;党的十八届三中全会启动的全面深化改革,最主要的出发点和落脚点就是推动中国特色社会主义制度自我完善和发展。中国特色社会主义命题,是在改革开放的伟大实践中提出来的;中国特色社会主义道路,是在改革开放的伟大实践中逐步开辟、拓展并越走越宽阔的;中国特色社会主义理论体系,是在改革开放的伟大实践中逐步形成和不断丰富、发展的;中国特色社会主义制度,是在改革开放的伟大实践中不断健全和完善的②。中国特色社会主义的伟大实践告诉我们:只有坚持改革开放,中国特色社会主义才能焕发勃勃生机;只有坚持和发展中国特色社会主义,才能保证改革开放的正确方向并取得巨大成就;只有改革开放才能发展中国、发展社会主义、发展马克思主义;只有坚定不移地全面深化改革,才能开拓出中国特色社会主义事业更加广阔的发展前景。历史证明,中国特色社会主义与改革开放,就是这样内在地、有机地、不可分离地紧紧联系在一起。

(七)推进国家治理体系和治理能力现代化能够促进深化改革。随着党在发展中不断探索,在结合我国和其他各国的发展经验后会形成有自身特色的治理体系和管理制度,在这一过程中会不断提升党的治理能力,将现代化的国家治理体系贯穿于各项发展和改革之中,这样就能不断提升各领域改革的有效性和科学性,使改革更加符合人民群众的切实需求,同时在改革过程中积累先进经验,将推动改革的进一步深化,这二者相辅相成,互利共赢,这样才能彻底摒弃各领域在发展过程中遗留下来的弊病,从而积极地保证了我国发展道路的持

---

① 陈可:《全面深化改革与国家治理现代化的理性思考》,载《山东行政学院学报》,2014年第9期,第1-7页。

② 陈可:《全面深化改革与国家治理现代化的理性思考》,载《山东行政学院学报》,2014年第9期,第1-7页。

续性以及正确性①。为了实现国家治理体系和治理能力现代化，就要不断在实践和改革中摸索经验，推动政府职能转变，创新执政理念和执政手段，同时不断提升公众参与管理的热情和能力，提升国家治理的效率，理顺经济、政治、社会以及文化、生态文明建设之间的关系，这样才能使改革更加科学有效，更符合我国发展的实际需要，更符合人民群众的根本利益。

三、提出全面深化改革总目标的现实意义

（一）推进国家治理体系和治理能力现代化是党实现科学执政、民主执政和依法执政的必然要求。党的正确领导是推进当代中国发展和全面深化改革的根本政治保证。党要在这一改革与发展进程中充分发挥党总揽全局、协调各方的领导核心作用，就必须落实科学执政、民主执政和依法执政的要求②。在现时代，所谓科学执政，就是党在治国理政的过程中，更加符合社会发展客观规律的要求，更加符合科学性的要求。科学性的对立面之一是主观随意性。我们必须把党领导人民在探索中国特色社会主义进程中被证明是科学的东西用制度适时固定下来，使之成为长期坚持的准则和行动的保障，从而避免主观随意性；所谓民主执政，就是党在执政过程中不断贯彻人民主体原则和民主集中制的要求，充分发挥人民群众的积极性、主动性和创造性，健全民主决策、民主监督和群众参与机制，使权力真正服务于人民；所谓依法执政，就是指党在执政过程中，牢固确立法治思维，坚决维护宪法和法律的权威。党领导人民制定法律，同时，带头遵守法律，不允许任何人有超越于法律的特权。通过分析，可以看到，无论是科学执政、民主执政还是依法执政，一方面，是对包括法律法规在内的各种制度的遵循和践履。这一过程，实质上就是党治国理政的过程，其治理状况彰显着党和政府的治理能力；另一方面，党的执政过程需要系统完备、科学规范、运行有效的制度体系的支撑和保障。也就是说，需要构建起完善的国家治理体系③。

（二）推进国家治理体系和治理能力现代化是全面深化改革的必然要求。实践表明，改革是决定当代中国命运的关键抉择。党的十一届三中全会，实现了

---

① 魏艳：《在深化改革中推进国家治理体系和治理能力现代化》，载《科技资讯》，2014年第24期，第209-210、212页。
② 孟根其其格：《全面深化改革推进国家治理体系和治理能力现代化》，载《理论研究》，2014年第1期，第2-6页。
③ 孟根其其格：《全面深化改革推进国家治理体系和治理能力现代化》，载《理论研究》，2014年第1期，第2-6页。

党和国家中心工作的转移,正式开启了改革开放的进程,并以农村经济体制改革为突破口;党的十二届三中全会,通过了《中共中央关于经济体制改革的决定》,开启了以城市为重点、特别是以增强企业活力为突破口的经济体制改革;党的十四届三中全会,通过了《中共中央关于建立社会主义市场经济体制若干问题的决定》,提出要到20世纪末初步建立起社会主义市场经济体制;党的十六届三中全会,通过了《中共中央关于完善市场经济体制若干问题的决定》,对进一步巩固、健全和完善社会主义市场经济体制提出了要求和部署①。党的十七大报告作出了经济、政治、文化和社会"四位一体"的部署,党的十八大报告将生态文明建设纳入其中,形成经济、政治、文化、社会和生态文明"五位一体"的总体布局。经过30多年来的改革开放和社会主义现代化建设,我国的综合国力显著增强,人民生活显著改善,社会总体显著进步,充分表明我国发展道路的正确性,国家治理体系在总体上的科学性和进步性。同时,我们党和政府的治理能力也得到了全国人民的高度赞誉和世界认同。在当代中国出现的各种新问题和新挑战,总体看来是发展中的问题,必须靠发展和不断推进改革开放才能得到根本解决,这必然对完善国家治理体系和提升国家治理能力提出新要求。十八届三中全会提出的总目标,正是对这种新要求的深刻把握和积极回应。

(三)推进国家治理现代化,是完善和发展中国特色社会主义的内在要求。改革开放以来,我们在取得巨大成就的同时,也积累了诸多问题。诸如发展不平衡、不协调、不可持续问题依然突出,制约科学发展的体制机制障碍较多;城乡区域发展差距和居民收入分配差距较大;社会矛盾明显增多,教育、就业、社会保障、医疗、住房、生态环境、食品药品安全、安全生产、社会治安、执法司法等关系群众切身利益的问题较多;一些干部领导科学发展的能力不强,一些党组织软弱涣散,少数党员干部理想信念动摇、宗旨意识淡薄,形式主义、官僚主义、享乐主义和奢靡之风问题突出;一些领域腐败现象易发多发等等,这些问题存在于国家和社会生活的方方面面。从当代中国整体发展的角度看,这些问题的产生源于中国现代化进程中的社会转型。只有继续深化改革开放,并更加注重改革的系统性和协同性,建立起现代化的国家治理体系,使中国特色社会主义制度更加完善,才能从源头上、根本上解决上述问题②。同时,由

---

① 孟根其其格:《全面深化改革推进国家治理体系和治理能力现代化》,载《理论研究》,2014年第1期,第2—6页。
② 孟根其其格:《全面深化改革推进国家治理体系和治理能力现代化》,载《理论研究》,2014年第1期,第2—6页。

于在新的历史阶段，党面临的执政考验、改革开放考验、市场经济考验、外部环境考验更加复杂、严峻，精神懈怠危险、能力不足危险、脱离群众危险和消极腐败危险更加尖锐，这必然对党的执政能力和政府的治理能力、治理方式提出更高的要求。习近平明确指出："邓小平同志在1992年提出，再有30年的时间，我们才会在各个方面形成一整套更加成熟更加定型的制度。这次全会在邓小平同志战略思想的基础上，提出要推进国家治理体系和治理能力现代化。这是完善和发展中国特色社会主义制度的必然要求，是实现社会主义现代化的应有之义。我们之所以决定这次三中全会研究全面深化改革问题，不是推进一个领域改革，也不是推进几个领域改革，而是推进所有领域改革，就是从国家治理体系和治理能力的总角度考虑"中国特色社会主义制度如何进一步完善和发展的问题。① 习近平精辟指出："国家治理体系和治理能力是一个国家制度和制度执行力的集中体现。""我们要更好发挥中国特色社会主义制度的优越性，必须从各个领域推进国家治理体系和治理能力现代化。""从形成更加成熟更加定型的制度看，我国社会主义实践的前半程已经走过了，前半程我们的主要历史任务是建立社会主义基本制度，并在这个基础上进行改革，现在已经有了很好的基础。后半程，我们的主要历史任务是完善和发展中国特色社会主义制度，为党和国家事业发展、为人民幸福安康、为社会和谐稳定、为国家长治久安提供一整套更完备、更稳定、更管用的制度体系。"②

四、努力探索全面深化改革、推进国家治理现代化的实现路径

十八届三中全会报告中，共有24处出现了"治理"，具体包括国家、政府、社会等不同的利益相关主体，而且也涉及了治理体系及其结构能力、方式方法等诸多方面，明确地把"治理"作为实现我国全面深化改革的目标和路径，充分反映出新一届领导集体探索社会主义治理模式取得的最新成果，是领导改革开放的认识结晶和经验总结。推进全面深化改革和国家治理现代化，是一个庞大的系统工程，需要多方面做出努力。

（一）实现治理人的现代化。国家治理是国家联合市场和社会力量对社会公共事务的合作管理，国家治理现代化的根本支撑点是治理人的现代化。治理的

---

① 中共中央文献研究室编：《习近平关于全面深化改革论述摘编》，中央文献出版社2014年版，第23—24页。
② 中共中央文献研究室编：《习近平关于全面深化改革论述摘编》，中央文献出版社2014年版，第27—28页。

根蒂在于对多元主体积极性的调动和功能作用的发挥,没有"治理人的现代化",一切就会成为无源之水,无本之木。所谓治理人的现代化,主要是指治理人的素质的普遍提高和全面发展,具体来讲包括治理人的思维方式、价值观念、生活方式和行为方式要由"传统人"实现向"现代人"的转变。这种转变从根本上说是人的生存方式和发展状态的历史转型①。现代化的治理的主体是多元的,既包括执政党和政府,还包括企业组织、社会组织和居民自治组织等等。在国家治理体系下,治理国家不再仅仅是国家机关的事情,各个社会主体都应当担负起相应责任,做到各尽所能、各尽其责。在国家治理体系中,执政党与政府是最重要的治理主体,但其他治理主体的作用和影响不容忽视。各个治理主体的功能定位、职责范围、目标诉求都应落实到制度化、规范化、程序化上。治理人的现代化对于整个社会来说,就是要不断提高自我管理、依法自治的能力和水平,实现政府治理与社会自我调节、居民自治等的良性互动。从理论上讲,国家治理能力从主体上可以分为政治权力主体和公民权利主体,政治权力主体在我们国家是以中国共产党作为代表的,其治理能力主要包括执政能力、决策能力、领导能力、执行能力、组织能力、规划能力、计划能力、沟通能力、协调能力、督导能力等方方面面的能力,在这些能力当中依其所在层级不同而各有侧重。官本位观念和官本位现象是影响治理主体素质的重要因素,其实质是官员的权力本位,它与建立在公民权利本位之上的现代政治文明和现代国家治理都是格格不入的。我们要对各级党政干部进行民主、自由、平等、公正、法治、和谐等社会主义核心政治价值观的教育,要依靠制度来遏制官本位现象和维护公民权利,牢固树立公民权利至上的观念。我们所讲的公民权利主体,一般认为可以包括参政党、社会组织和公民。重视人性应当是国家治理现代化的前提,不管是治理体系还是治理能力,在国家治理现代化的过程中,终究需要人来将之化为实践行为。在整个国家的现代化进程中,人是一个基本的因素。一个国家,只有当它的人民是现代人,它的国民从心理和行为上都转变为现代的人格,它的现代政治、经济、文化和社会管理机构中的工作人员都获得了某种与现代化发展相适应的现代性,这样的国家才可真正称之为现代化的国家。所以,国家治理现代化要坚持"以人为本",全面关注人的全面发展。"以人为本"就是一种对人在社会历史发展中的主体作用与地位的肯定,强调人在社会历史发展中的主体作用与目的地位,它既是一种价值取向,强调尊重人、解放

---

① 陈可:《全面深化改革与国家治理现代化的理性思考》,载《山东行政学院学报》,2014年第9期,第1—7页。

人、依靠人和为了人,还是一种思维方式,就是在分析和解决一切问题时,既要坚持历史的尺度,也要坚持人的尺度。人才是国家治理现代化主体的关键之所在。从根本上说,国家治理现代化集中体现为科学化的过程,科学化的国家治理需要专业的治理人才作为根本支撑,我们应当牢固树立人才是第一资源、人人都可以成才的观念,坚持德才兼备原则,把品德、知识、能力和业绩作为衡量人才的主要标准①。必须实施公民教育国家战略,强化全体公民的国家认同感、道德素养和正确的权利义务观,切实提高全民素质,努力使每一个公民都成为积极参与国家治理的有效力量。同时,变革政治文化,大力宣传和弘扬富强、民主、文明、和谐、自由、平等、公正、法治、爱国、敬业、诚信、友善等社会主义核心价值观,培育公民意识,破除权力崇拜,用社会主义核心价值观抵制封建主义残余的影响,塑造中华民族的现代人格,实现人的现代化。我们必须以个人的治理能力建设为基础,以不同组织、层级与主体的治理能力建设为核心,从而有效支持和促进国家治理现代化的实现。

(二)弘扬改革创新精神和不断实现思想解放。推进国家治理体系和治理能力现代化,关键在于不断改革创新。改革创新精神是我们在发展中国特色社会主义的伟大实践中所形成的宝贵精神财富,是时代精神的集中体现。实践证明:改革创新精神是在改革开放的伟大实践中培育造就的伟大精神,是推进改革开放须臾不可缺少的奋斗精神。改革开放的伟大进程,既是通过体制机制改革释放发展活力的过程,也是在解放思想中统一思想、凝聚共识的过程。以改革创新为核心的时代精神,正是在这一时代背景下和社会基础上孕育形成的。发扬改革创新精神要求我们必须树立突破陈规、大胆探索、勇于创造的思想观念,具有不甘落后、奋勇争先、追求进步的责任感和使命感,始终保持坚韧不拔、自强不息、锐意进取的精神状态。在顺应当今世界大势和时代潮流中,为中国特色社会主义这一前无古人的历史伟业提供强大精神动力,并将其深深融入人们的思想意识和社会心理中,从而成为全党全国人民团结奋斗的强大精神支撑。坚持改革创新精神,就是要在不断探索、不断创新的创造性实践中,推动发展,解决矛盾和问题,使之成为我们党保持和发展先进性、永葆生机活力的重要法宝②。

改革创新与思想解放是一个事物的两个方面。解放思想是推动改革创新的

---

① 陈可:《全面深化改革与国家治理现代化的理性思考》,载《山东行政学院学报》,2014年第9期,第1-7页。
② 陈可:《全面深化改革与国家治理现代化的理性思考》,载《山东行政学院学报》,2014年第9期,第1-7页。

先导和动力。马克思主义认识论认为，人的思想最终来源于实践，由于意识的能动作用，人的思想反过来又能指导实践。思想支配行动，是行动的先导和动力。实现国家治理现代化的任务十分繁重，其中最关键的一点是解放思想。要从建设学习型政党、学习型政府、学习型社会入手，打开解放思想这个总开关，为全面深化改革、扩大开放营造良好的社会氛围，形成吸引最广大人民群众参与改革的理论体系、制度体系和政策体系，从而广泛凝聚共识，增强改革的信心，形成改革合力①。必须进一步解放思想，努力冲破不合时宜的旧观念的束缚。我们所讲的治理体制的改革应当属于政治改革的范畴，这比起其他改革更具有敏感性，解放思想则更显其重要。党的十八届三中全会《决定》指出："实践发展永无止境，解放思想永无止境，改革开放永无止境。"②"永无止境"，既指时间的维度，也包括空间的维度。时间维度是说解放思想和改革开放是一个无限的过程；空间维度是说解放思想和改革开放涉及各个领域，包括政治领域，特别是治理领域。判断其思想是否真正解放，不是看提出的概念有多新，而是把具体的思想、观念、制度和政策，放置于是否有利于国家的富强民主，人民的自由幸福，社会的公平正义，是否有利于建设一个富强、民主、文明、和谐的社会主义现代化强国的历史进程中，看其实际效果。只要是真正有利于"促进公平正义、增进人民福祉"的观念和实践，都值得重视和探索；凡是束缚社会政治进步的体制机制都应当坚决改革。

（三）进一步理顺政府、市场、社会等治理主体之间的关系。十八届三中全会《决定》提出，经济体制改革是全面深化改革的重点，核心问题是处理好政府和市场的关系，使市场在资源配置中起决定性作用和更好发挥政府作用。这是在政府与市场关系认识上的重大理论突破和创新。应严格界定政府和市场的边界，该由政府管的，要切实管住管好，管出效率；该由市场做的，要放手交给市场，激发市场的活力和潜力。对于企业"法无禁止即可为"，对于政府"法无授权不可为"。《决定》提出市场在资源配置中起决定性作用，就要求打破政府对微观经济的直接管制，破除各种形式的垄断，从根本上避免市场信号失真、资源错误配置和经济效率低下。从改革实践看，健全社会主义市场经济必须遵循这条规律，否则，市场体系不完善、政府干预过多和监管不到位问题就不可

---

① 陈可：《全面深化改革与国家治理现代化的理性思考》，载《山东行政学院学报》，2014年第9期，第1—7页。
② 《中共中央关于全面深化改革若干重大问题的决定》，人民出版社2013年版，第2页。

能从根本上得到解决①。

　　《决定》强调，科学的宏观调控，有效的政府治理，是发挥社会主义市场经济体制优势的内在要求。发展社会主义市场经济，必须更好发挥政府作用。因为市场固有的缺陷，无力解决社会化大生产所要求的社会总供给和社会总需求平衡，无法解决公共产品的生产等问题。所以，政府必须在保持宏观经济稳定，加强和优化公共服务，提供公共产品，保障公平竞争，加强市场监管，维护市场秩序，促进共同富裕，弥补市场失灵，以及保障国家安全和核心利益等方面，发挥更好的更为积极的作用。通过上述职能定位，真正厘清政府权力边界，有效避免和克服政府自身的缺位、越位、错位，保障市场机制正常发挥作用。只有这样，才能最终推进国家治理体系和治理能力现代化。一是在理念上，要求熟悉市场规律和相关规则，确立法治意识、竞争意识和服务意识，相信市场和企业、社会自组织的能力。二是在职能上，要求在实现市场对资源配置决定性作用的同时，政府要将职能重点放到科学的宏观调控与社会管理、公共服务上，妥善处理政府和企业、市场、社会之间的关系，减少对市场经济的直接干预，同时要依据精简、统一与高效的原则，合并职能相同或者相近的部门，明确政府部门职权范围，做到权责一致，实现政府部门设置的规范化与制度化。三是在方式上，要求适应现代化、信息化时代要求，通过建立电子政府等变革服务方式和拓宽服务空间，增加透明度和实现公开化，创造公众积极参与公共决策的良好环境。四是在行为上，要求依法规范政府的具体行政行为，不断推进政府管理的法制化进程②。因此，在社会主义市场经济条件下，推进国家治理体系和治理能力现代化，首先要通过改革与创新，推动政府职能实现根本转变：其一是政府在理念上要有根本转变，即从管理的理念转向治理的理念。也就是说，政府原来实行的是传统管理，政府是唯一的主体；而在治理形式下，政府只是其中的一个主体，包括市场主体、非政府组织和个人都是其中不可或缺的主体。其二是政府在手段上要有根本转变，即不再把行政手段作为唯一的方式，而是保证发挥市场对资源配置的决定性作用，依法实施各种行政行为，充分利用经济手段和法律手段推进政府工作。其三是政府在途径上要有根本转变，由管制行政向服务行政转变，极大地方便广大社会公众，提高公共管理的效率，

---

① 杨茂林：《在深化改革中推进国家治理体系和治理能力现代化》，载《前进》，2013年12期，第14–15页。

② 杨茂林：《在深化改革中推进国家治理体系和治理能力现代化》，载《前进》，2013年12期，第14–15页。

同时由等级行政向参与行政转变,让公众的意愿表达变得更为直接与充分。最后是政府在权力配置上要有根本转变,围绕政府职能和治理要求推动权力下移,理顺政府间的权责关系,做到事权与财权相匹配,治权与人权相适应。要建立完善社会参与机制。群众在改革中的参与度,直接关乎改革成败。要以群众路线为依托,建立完善的群众参与机制,不断扩大公众对改革决策的参与度,寻找改革的最大公约数,增强改革决策的科学性①。随着社会的发育,公民的参与意识和参与能力大大增强,法治条件在不断完善,因此,必须把市场能做的交给市场,社会能做的交给社会。这样,国家权力系统、社会组织、经济组织、公民等各类治理主体在新的功能定位的基础上进行合作,在合作的基础上共同实现对国家和社会事务的依法治理和有效治理。

(四)建立科学的国家治理制度,形成新型的国家治理制度。改革是社会主义制度的自我完善与发展,是一场深刻的制度革命,在经济全球化和市场经济不断深入发展的今天,我国所制定的各项制度必须符合我国正处于并仍将处于社会主义初级阶段的基本国情,适应社会主义市场经济发展的需要,符合国际先进管理经验的现代国家管理制度,只有这样才能不断提升社会主义制度的自我完善能力,形成科学有效的制度体系,使各项工作都有制度保障②。中国特色社会主义制度是中国共产党和中国人民经过长期的历史比较作出的郑重选择,是由我国经济社会发展基础和特定文化传统决定的。经过60多年的自我完善和发展,中国特色社会主义制度已经在中国扎根并显示出巨大的优越性。习近平指出,推进国家治理体系和治理能力现代化,必须完整理解和把握全面深化改革的总目标,这是两句话组成的一个整体,即完善和发展中国特色社会主义制度、推进国家治理体系和治理能力现代化。形成新型的国家治理制度,必须把坚定制度自信与完善和发展中国特色社会主义制度结合起来,既要深刻认识中国特色社会主义制度的独特创造、鲜明优势,看到它作为新型的社会制度,不仅克服了生产社会化同生产资料私有制这一资本主义社会固有的矛盾,消灭了资本主义及其他剥削制度所必然产生的种种贪婪、腐败现象的土壤,而且创造了人民当家作主、实现社会公平正义和共同富裕的条件,具备了集中力量办大事、决策民主高效的优势,从而更加坚定制度自信;又要看到它是一个新生的

---

① 孟根其其格:《全面深化改革推进国家治理体系和治理能力现代化》,载《理论研究》,2014年第1期,第2-6页。
② 魏艳:《在深化改革中推进国家治理体系和治理能力现代化》,载《科技资讯》,2014年24期,第209-210、212页。

制度，本身还不够成熟完善，应当把发挥中国特色社会主义制度的优越性与吸收国外先进技术、科学管理经验、优秀文化成果和发挥市场经济优势更好结合起来，全面深化各领域各方面改革，不断革除体制机制弊端，让我们的制度成熟而持久，使社会主义永葆生机和活力。制度具有根本性、全局性、稳定性和长期性，是进行国家治理不可或缺的重要手段。中国特色社会主义制度反映了最广大人民群众的意志和愿望，是当代中国发展进步的根本保障，也是提高国家治理水平的根本保障。只有坚持中国特色社会主义制度，在中国特色社会主义制度框架内推进国家治理，才能保障党和国家长治久安，人民群众安居乐业。这是总结改革开放以来国家治理经验得出的重要结论①。由于国家治理是一项复杂的系统工程，国家治理制度从根本上是受国家生产力发展水平制约和规定的。因此，推进国家治理体系和治理能力现代化，必须立足社会主义初级阶段基本国情，适应社会主义市场经济、民主政治、先进文化、和谐社会、生态文明向前推进的要求，适应提高党的建设科学化水平的要求，建立健全国家治理制度，完善国家治理体制机制，推动国家治理制度的配套协调和包容创新，促进生产力和生产关系、经济基础和上层建筑相适应相统一。各项制度的核心要求是：在经济领域，建立以现代市场经济为核心的现代经济制度体系，深化财税体制改革，建立完善科学的税收制度和财政制度；在政治领域，切实转变政府职能，创新行政管理方式，提高管理水平，增强政府的公信度，建设服务型政府。同时，完善人事管理制度，对出现问题的政府公务人员要严肃处理，净化党员队伍，提升党员素质；在社会领域，完善政绩考核制度，转变发展模式，促进社会的全面协调发展。加快法制建设，实现行政执法体制改革，保证司法独立，建立一个公正、高效、透明的司法制度；在文化领域，建立一个百花齐放、百家争鸣，符合人民群众生活需要的现代文化制度，推动我国文化的健康发展；在生态文明领域，建立完整的生态文明制度，改革生态环境保护管理体制，建立生态环境保护责任制，真正提升环境治理监督能力，实现"美丽中国"②。在改革的同时，要更加注重改革的协同性和系统性，所有的人民群众和党员干部都要深刻认识到，我们已经进入改革的攻坚期和深水区，任何停滞和倒退都不利于我国的长期发展。只有全面深化改革，进行制度化建设，建立科

---

① 吴桂韩：《在全面深化改革中推进国家治理现代化》，载《理论学习》，2014年第10期，第19–21页。
② 魏艳：《在深化改革中推进国家治理体系和治理能力现代化》，载《科技资讯》，2014年24期，第209–210、212页。

学完善的制度，才能促进国家的可持续发展。要不断将各项经实践证明了的成果及时转化为制度，这样才能在实践过程中不断深化改革，实现国家治理体系和治理能力的现代化，推动我国各项改革继续深入，始终走在改革的快车道上。

（五）通过"两个治理"的现代化建设把制度优势转化为管理国家效能。在当前，我们党领导人民全面推进中国特色社会主义伟大事业，面临着稳中求进的繁重任务：既要保持社会稳定，又要全面深化改革，把各方面的制度优势转化为管理国家的效能，即是说，全面深化改革对治理体系的完善和优化、对治理能力的提高提出了新的更高的要求，并且要把治理体系和治理能力现代化的创新成果运用到全面深化改革的具体实践中，收到实际成效①。习近平指出："推进国家治理体系和治理能力现代化，就是要适应时代变化，既改革不适应实践发展要求的体制机制、法律法规，又不断构建新的体制机制、法律法规，使各方面制度更加科学、更加完善，实现党、国家、社会各项事务治理制度化、规范化、程序化。要更加注重治理能力建设，增强按制度办事、依法办事意识，善于运用制度和法律治理国家，把各方面制度优势转化为管理国家的效能，提高党科学执政、民主执政、依法执政水平"，"保证人民平等参与、平等发展的权利"。总书记讲这段话启示我们，治理体系和治理能力现代化，以保护和促进人的全面发展为出发点和归宿，是全面推进中国特色社会主义建设事业的重要手段，我们要把"两个治理"的现代化建设的最新成果运用到全面深化改革的各项具体活动中，把中国特色社会主义制度的比较优势转化为治理国家的实际效能②。制度执行力、治理能力，是制度和治理体系有效运转的必要条件。缺乏健全的制度执行力和治理能力，再好的制度和治理体系也会"空转"，甚至瘫痪③。要充分认识中国特色社会主义制度的优势、韧性、活力、潜能，坚定道路自信、理论自信、制度自信。要适应现代化总进程需要，大力推进治理体系和治理能力现代化，以提高党的执政能力为重点，着力深化重要领域和关键环节改革、推进治理体系现代化，适应加快发展的需要、下大气力提高治理能力。

（六）发挥群众参与国家治理的基础作用，形成新型的国家治理格局。人民

---

① 李新市：《科学把握和运用全面深化改革的方法——学习习近平总书记"用改革开放的办法解决改革开放中的矛盾"重要论述》，载《环渤海经济瞭望》，2015年第1期，第3-7页。

② 李新市：《科学把握和运用全面深化改革的方法——学习习近平总书记"用改革开放的办法解决改革开放中的矛盾"重要论述》，载《环渤海经济瞭望》，2015年第1期，第3-7页。

③ 游伯笙：《全面深化改革只有进行时没有完成时——学习习近平同志关于全面深化改革论述》，载《福州党校学报》，2014年第5期，第5-9页。

是中国特色社会主义的主体，中国梦归根结底是人民的梦，人民对美好生活的向往就是我们的奋斗目标。一方面，推进国家治理体系和治理能力现代化必须依靠人民，离开亿万人民的积极性、能动性和创造活力，推进国家治理体系和治理能力现代化就是无源之水、无本之木。另一方面推进国家治理体系和治理能力现代化必须着眼于为了人民，要把人民放在心中的最高位置，从群众反映最突出的问题入手，积极回应百姓关切，突出解决好群众反映最强烈的热点问题①。国家治理格局是国家治理体系的组织架构。坚持在党的领导下推进国家治理体系建设，着力形成完善党委领导、政府负责、社会协同、公众参与的国家治理格局，是国家治理体系现代化的核心任务。推进国家治理体系和治理能力现代化，必须在坚持党的领导的过程中提高党的执政能力和领导水平。当前，要按照发展社会主义市场经济和民主政治的发展要求，提高党和政府领导国家治理能力，引导各类国家组织加强自身建设，支持人民团体参与国家治理和公共服务，发挥群众参与国家治理的积极性和主动性，使党的领导、依法治国、人民当家作主有机统一于国家治理实践之中。② 群众参与国家治理，是坚持人民主体地位、发挥人民首创精神、贯彻党的群众路线的必然要求，也是保持党同人民群众血肉联系、实现国家治理让群众满意的必然要求。应当以保障群众对国家治理的知情权、参与权、表达权和监督权为重点，推动人民群众在维护和增进自身合法权益的过程中激发政治参与热情，增强对国家治理的认同度和支持度。

（七）建立有效的国家治理方法，形成新型的国家治理方法。推进国家治理体系与治理能力的现代化，要进一步改进国家治理的方式方法。现阶段，碎片化、多头管理、短期行为、本位主义、地方主义、"条块"冲突，以及"政府权力部门化、部门权力利益化、部门利益个人化"，甚至不作为等现象，已经影响了国家治理体系的严肃性和权威性，削弱了国家的治理能力，影响了党和政府管理国家的效能。习近平深刻指出：从治理体系来说，"包括经济、政治、文化、社会、生态文明和党的建设等各领域体制机制、法律法规安排，也就是一整套紧密相连、相互协调的国家制度"；从治理能力来说，"包括改革发展稳定、内政外交国防、治党治国治军等各个方面"。因此说，推进国家治理现代化，"这项工程极为宏大，零敲碎打调整不行，碎片化修补也不行，必须是全面的系

---

① 郭建宁：《全面深化改革与国家治理现代化》，载《理论视野》，2014年第8期，第17页。
② 吴桂韩：《在全面深化改革中推进国家治理现代化》，载《理论学习》，2014年第10期，第19－21页。

统的改革和改进,是各个领域改革和改进的联动和集成,在国家治理体系和治理能力现代化上形成总体效应、取得总体效果。"① 必须通过全面深化改革,不断改进国家治理的方式方法,提高国家治理的能力。国家治理是国家、社会、公民从对立对抗到合作共赢的伟大革命。推进国家治理体系和治理能力现代化,必须坚持统筹兼顾、多方参与、综合治理的新型治理方法,着力把以人为本、服务为先、依法治理的理念贯穿于国家治理的各项制度建设和具体活动之中,建立健全利益协调机制、诉求表达机制、矛盾调处机制和权益保障机制,加强国家治理伦理建设和体制机制创新,建立分类治理和联合治理机制,拓展国家治理网络,着力通过平等沟通、协商协调、教育引导等方法推进国家治理。在信息时代,还必须增强国家治理的信息化水平,建立国家治理服务平台和应急治理体系,不断提升国家治理效能和服务质量。行之有效的治理方法,是完善国家治理体系、提升国家治理能力、实现国家治理目标的基本要求。在信息化、民主化新时代,国家治理应当综合吸纳系统论、控制论、信息论以及新公共治理的有益理念和做法,积极借鉴其他国家治理的先进经验和做法,将善治贯穿于国家治理全过程,增强国家治理的系统性、战略性、前瞻性和实效性,推进党的领导方式、政府治理方式的改革创新,不断提升国家治理科学化水平②。进一步增强改革的整体性、系统性、协调性,坚持加强顶层设计和摸着石头过河相结合,整体推进和重点突破相促进,广泛凝聚共识,形成改革合力;准确把握各项改革措施出台的时机、力度和节奏,激发改革的"联动效益"和"乘数效应"。对那些有共识但尚不具备全面推开条件的改革,以及涉及面广、利益关系复杂、意见分歧较大的改革事项,应试点先行;对于地方改革创新的成熟做法和先进经验,应进行及时总结和推广,使其上升为国家政策。由此可见,必须牢牢树立一个基本的理念,推进国家治理体系和治理能力的现代化,是一项宏大的系统工程,必须整体推进、实现整体效应。

(八)增强国家治理的公平性,突出公平正义。推进国家治理体系和治理能力现代化需要突出公平正义。公平正义是国家治理体系和治理能力现代化的特质,在当前的改革和发展中,在坚持发展是硬道理的同时,要更加注重社会公平,更加关注弱势群体,更加重视共同富裕。要逐步建立以权利公平、机会公

---

① 中共中央文献研究室编:《习近平关于全面深化改革论述摘编》,中央文献出版社 2014 年版,第 27 页。
② 吴桂韩:《在全面深化改革中推进国家治理现代化》,载《理论学习》,2014 年第 10 期,第 19 – 21 页。

平、规则公平、分配公平为主要内容的社会保障体系。要增强发展的包容性和改革的普惠性,让全体人民共享发展和改革成果,让发展和改革成果惠及全体人民。① 要坚持以人民群众利益为重、以人民群众期盼为念,坚定不移走科学发展和共同富裕道路,统筹协调各方面利益关系,着力转变经济发展方式,合理调整收入分配,加快民主法治建设,促进社会公平正义,下大气力解决人民群众反映强烈的住房难、就业难、看病难、教育难等突出问题,坚持纠正损害群众利益的不正之风,不断在推动全体人民学有所教、劳有所得、病有所医、老有所养、住有所居上取得新进展,确保改革红利更好惠及全体人民,不断凝聚改革共识、增添改革动力,充分调动人民群众参与国家治理的积极性。

(九) 建设法治中国,法治化成为社会运行的基本规则。从一定意义上讲,现代化不仅是经济发展、政治变革、社会进步,更是一场以法治意识的建立为基础的深刻文化意识变迁,在这种文化意识变迁中,人不仅改变着世界,也对自身进行着进一步的改造,从而使人成为适应全面发展的现代化的人。从社会心理学的视角来考察社会现代化过程,符合时代进步要求的人的意识,能为现代制度的真正生命力提供广泛的现代心理基础。法治意识是人的现代化的重要内容和要求。法治意识是指作为独立主体的社会成员在实践中所形成的关于法治的心态、观念、知识和思想体系的总称,尤其是表现为人们对法律和法律现象的看法和对法律规范的认同的自觉程度最高的一种意识。现实中法治意识反映着公民对法律的认识水平以及基于这种认知所形成的对法律、法律的效用和功能的基本态度和信任、依赖的程度。从理论上讲,人是在追求真知和创造文明的过程中,实现着人生的意义和使命的。法治意识作为一种人生信念和认识方法越来越深刻地影响着人们的现代化活动。② 现代化国家的基本标志、基本特征就是法治化,法大于权,法大于人,这是国家治理现代化的本质特征。习近平总书记指出:"推进国家治理体系和治理能力现代化,就是要主动适应时代变化,既改革不适应实践发展要求的体制机制、法律法规,又不断构建新的体制机制、法律法规,使各方面制度更加科学、更加完善,实现党、国家、社会各项事务治理制度化、规范化、程序化。要更加注重治理能力建设,增强按制度办事、依法办事意识,善于运用制度和法律治理国家,把各方面制度优势转

---

① 郭建宁:《全面深化改革与国家治理现代化》,载《理论视野》,2014年第8期,第17页。
② 陈可:《全面深化改革与国家治理现代化的理性思考》,载《山东行政学院学报》,2014年第9期,第1-7页。

化为管理国家的效能,提高党科学执政、民主执政、依法执政水平。"① 这是对推进国家治理体系和治理能力现代化与法治关系的科学阐释。国家治理的现代化首先表现为法治现代化,表现为法治成为治国理政的基本方式,并具体体现在实践中能够自觉运用法治思维和法治方法深化改革、推动发展、化解矛盾、维护稳定方面。党的十八届三中全会既然把推进国家治理体系和治理能力现代化作为全面深化改革的总目标,那就应当大力推进法治中国建设,真正把法治作为治理体系和治理能力的核心抓在手上。现实中国家治理的现代化,有赖于各个领域的法治化。一个现代化的国家治理体系,本质上是一个法治体系,是一个政府、社会、个体都按照宪法法律行为的"规则体系"。② 任何组织、团体、法人、个体都不能超越宪法和法律之上。因此,以法治的可预期性、可操作性、可救济性等优势来凝聚转型时期的社会共识,使不同利益主体求同存异,依法追求和实现自身利益和诉求,成为完善和发展中国特色社会主义制度、推进国家治理体系和治理能力现代化的必然选择。实践证明,"依法治国"是国家治理体系现代化的根本体现,一个国家实现良好治理,关键是要逐步形成一套符合规律、有效管用的法律体系,并保证这些制度得到切实执行。法治是治理的基本方式。无论是国家治理、政府治理还是社会治理,其基本方式必然是法治,是法治轨道上的治理,是重视运用法治思维和法治方式的治理。习近平指出:"凡属重大改革都要于法有据。在整个改革过程中,都要高度重视运用法治思维和法治方式,发挥法治的引领和推动作用,加强对相关立法工作的协调,确保在法治轨道上推进改革。"③

(十)把"两个治理"的现代化作为协调好深化改革若干重大关系的手段。实现治理体系和治理能力现代化有两个重要特点,一是追求治理体系的科学高效,二是追求治理能力适应经济社会现代化的发展要求。治理体系和治理能力现代化的过程就是协调好全面深化改革若干重大关系、促进经济社会全面持续健康发展的过程。习近平指出,在全面深化改革中,我们要坚持以经济体制改革为主轴,努力在重要领域和关键环节改革上取得新突破,以此牵引和带动其他领域改革,使各方面改革协调推进,形成合力,而不是各自为政,分散用力。他强调要把握全面深化改革的内在规律,特别是要把握全面深化改革的重大关

---

① 习近平:《切实把思想统一到党的十八届三中全会精神上来》,载《人民日报》,2014年1月1日。
② 陈可:《全面深化改革与国家治理现代化的理性思考》,载《山东行政学院学报》,2014年第9期,第1-7页。
③ 《习近平:凡属重大改革都要于法有据》,载《凤凰资讯》,2014年3月1日。

系,处理好解放思想和实事求是的关系、整体推进和重点突破的关系、顶层设计和摸着石头过河的关系、胆子要大步子要稳的关系、改革发展稳定的关系,更加注重改革的系统性、整体性、协同性,同时也要继续鼓励大胆试验、大胆突破、不断把改革开放引向深入。通过治理体系和治理能力现代化建设,充分激发我国的体制活力、经济社会发展活力,协调好全面深化改革的若干重大关系,是各项改革举措取得成功的重要保障。①

（十一）善于学习和借鉴人类历史上一切优秀的治理文化遗产。习近平总书记指出,"文明交流互鉴,是推动人类文明进步和世界和平发展的重要动力。"②汲取传统文明的精华,吸收世界文明的成果,在冲突和对话中促进文明形态的进化。治国理政是中国传统政治文化的重要命题和构成内容,其基本含义是统治者治理国家和处理政务之意。中华文明的吸收借鉴寓含着兼济天下的情怀。中国历史上的孔子、老子、墨子、孟子、庄子等诸子百家学说曾经影响了整个世界,至今仍然具有重要的文化意义。现阶段,中国正在实现中华民族伟大复兴的中国梦,这是追求和平的梦、追求幸福的梦,也是奉献世界的梦。我们更应当从不同文明中寻求智慧、汲取营养,更好地发展中国。随着我国经济社会的不断发展,中国已经并将继续尽己所能,为人类文明作出更大的贡献。国家治理现代化必须超越任何组织和群体的局部利益,我们必须要以中华民族和全体人民的整体利益和长远利益为着眼点,既要集中全党的智慧,又集中全国人民的智慧,不仅注重政治精英的参与,更要注重提升普通民众的参与度,通过不断提升党组织强大的政治动员能力和严格遵循民主执政、依法执政、科学执政的基本方略,实现现代化的国家治理。在人类文明交流的过程中,我们不仅需要克服自然的屏障和隔阂,更加需要超越思想的障碍和束缚,克服形形色色的偏见和误解③。同时,更要自信和自主地吸收借鉴。这就需要我们洞悉其他文明理解自身利益的方式,认识文明差异的合理性,识别差异文明的共同性。通过温故知新、吐故纳新,不断提高中华文明的层次,优化中华文明的结构。我国正处在大发展时期,必须充满道路自信、理论自信、制度自信,尤其是要充满文明自信。在这种特定历史时期强调对人类文明的吸收和借鉴,既是自信

---

① 李新市:《科学把握和运用全面深化改革的方法——学习习近平总书记"用改革开放的办法解决改革开放中的矛盾"重要论述》,载《环渤海经济瞭望》,2015年第1期,第3－7页。
② 习近平:《在联合国教科文组织总部的演讲》,载《人民日报》,2014年3月28日。
③ 陈可:《全面深化改革与国家治理现代化的理性思考》,载《山东行政学院学报》,2014年第9期,第1－7页。

的表现，也是自觉的表现。中国文明的吸收借鉴必须以我为主、为我所用，坚持文明的社会主义性质，维系文明的中华之根，在中外文化沟通交流中，什么时候都要保持对其自身文明的自信、耐力和定力。

（十二）推进国家治理体系与治理能力的现代化，要充分发挥智库的作用。《决定》明确提出：加强中国特色新型智库建设，建立健全决策咨询制度。习近平总书记分别于去年和今年先后两次对智库建设作出重要批示，指出智库是国家软实力的重要组成部分，要高度重视、积极探索中国特色新型智库的组织形式和管理方式；要紧紧围绕推进全面深化改革等重大任务，关注重要领域和关键环节改革，不断增强综合研判和战略谋划能力，提高决策咨询服务质量和水平。这充分表明，我国智库建设已成为国家治理体系和治理能力现代化的重要内涵。从世界各国智库的发展情况看，智库已成为现代国家治理体系的重要组成部分，智库的质量与水平也已成为现代国家治理能力的重要体现。高度重视智库建设和发挥好智库作用，是推进国家治理体系和治理能力现代化不可忽视的重要工作。实事求是地说，当前中国智库建设及其作用的发挥，与党和国家的实际需要、与时代的发展要求相比，还有不小的差距。因此，一方面，要进一步从国家层面、制度层面、社会层面创造有利于智库健康发展和充分发挥作用的环境和条件；另一方面，智库要自强自立，有声有为，积极参与决策，正确影响决策。智库要为各级党政组织及各类经济实体的决策提供符合国情党情社情民意、符合中国特色社会主义制度根本要求、管用的政策建议和咨询意见，要不断提升国家软实力，推进国家治理体系和治理能力现代化①。当前，以国务院发展研究中心为代表的智库，正按照习近平总书记的重要指示精神，按照中央的改革部署，加快中国特色新型智库建设，积极参与政策咨询、政策解读和改革方案、政策实施的第三方评估工作，努力为中央提供更多更好的高质量智力支持，为全面深化改革、推进我国国家治理体系和治理能力现代化共谋良策。

---

① 李伟：《全面深化改革 推进国家治理现代化》，载《广西经济》，2014年第8期，第12-13页。

第三章

全面深化改革要坚持的方向

方向问题至关重要。坚持什么样的改革方向，决定着改革的性质和最终成败。习近平强调，改革开放是一场深刻革命，必须坚持正确方向，沿着正确道路推进；中国是一个大国，不能出现颠覆性错误。这里所说的颠覆性错误，就是指根本性、方向性错误。那么，全面深化改革的根本方向是什么呢？习近平在十八届三中全会的报告中明确指出，必须坚持社会主义市场经济的改革方向。也就是要把社会主义和市场经济统一起来，建立和完善社会主义市场经济体制。自1992年党的十四大提出建立社会主义市场经济体制的目标以来，经过20多年不懈探索、大胆实践，我们取得了成功，积累了经验。遥望前路，社会主义市场经济的改革方向，依然是推进中国现代化建设的引航之灯，必须坚持社会主义市场经济改革方向。这是我们党在建设中国特色社会主义进程中的又一重大理论和实践推进，也是全面深化改革的基本遵循。

一、全面深化改革必须坚持社会主义市场经济改革方向

确保改革的正确方向，说到底，就是要坚持社会主义市场经济改革方向不动摇。这是我们过去30多年改革开放的成功实践所积累的重要经验。全面深化改革，一定要从国家和人民的根本利益出发，沿着社会主义市场经济改革方向，大胆探索、敢于实践。

（一）20多年来，我们围绕建立社会主义市场经济体制这个目标，推进经济体制以及其他各方面体制改革，使我国成功实现了从高度集中的计划经济体制到充满活力的社会主义市场经济体制、从封闭半封闭到全方位开放的伟大历史转折，实现了人民生活从温饱到小康的历史性跨越，实现了经济总量跃居世界第二的历史性飞跃，极大调动了亿万人民的积极性，极大促进了社会生产力发展，极大增强了党和国家生机活力。① 全面深化改革必须坚持社会主义市场经济改革方向，这是党的十八届三中全会《决定》提出的在新的历史条件下全面深化改革必须正确把握的基本要求。党的十八届三中全会《决定》在总结改革开放的成功经验时指出："坚持党的领导，贯彻党的基本路线，不走封闭僵化的老路，不走改旗易帜的邪路，坚定走中国特色社会主义道路，始终保持改革正确方向。"② 在这里，《决定》旗帜鲜明地宣示了全面深化改革的根本方向——必须坚持中国特色社会主义道路，积极而又坚定地回应了国际社会、国际舆论所关注的中国在新世纪第一个10年之后所推动的现代化进程的根本走向。我国过去30多年的快速发展靠的是改革开放，我国未来发展也必须坚定不移依靠改革开放，"只有改革开放才能发展中国、发展社会主义、发展马克思主义。"③ 走中国特色社会主义道路，这是党和人民经过长期实践探索出来的正确道路，必须坚持中国特色社会主义方向不动摇。这个基本要求进一步确定了全面深化改革的基本原则：坚持社会主义市场经济改革方向，不断推进我国社会主义制度的自我完善和发展。

（二）20多年来，我国社会主义市场经济体制不断完善，取得了前所未有的巨大成就。一是社会主义初级阶段基本经济制度已经确立。所有制结构从全民所有制经济和集体所有制经济占绝对优势，到逐步形成以公有制为主体、多种所有制经济共同发展的格局。毫不动摇地巩固和发展公有制，积极推行公有制多种实现形式，通过深化改革提高国有经济的控制力、影响力。毫不动摇地鼓励、支持和引导个体、私营等非公有制经济发展，非公有制经济的比重大为提高。打破平均主义"大锅饭"，建立以按劳分配为主体、多种分配方式并存的制度，劳动、资本、技术、管理等生产要素按贡献参与分配。④ 二是微观经济主体活力显著增强。大多数国有企业实行股份制改造，建立现代企业制度，转换经营机制，成为自主经营、自负盈亏、自担风险的市场竞争主体。扩大市场准入，创造公平竞争的市场环境，使非公有制企业快速发展，成为促进增长、扩大就业、繁荣市场的重要力量。三是市场在资源配置中发挥基础性作用。基

---

① 阳国亮：《论正确把握坚持社会主义市场经济改革方向》，载《桂海论丛》，2014年第2期，第27-30页。
② 《中共中央关于全面深化改革若干重大问题的决定》，人民出版社2013年版，第6页。
③ 习近平：《关于〈中共中央关于全面深化改革若干重大问题的决定〉的说明》，载《人民日报》，2013年11月16日。
④ 曾培炎：《实行社会主义市场经济是我国经济体制改革的必然选择》，载《求是》，2013年第20期，第7-10页。

本建立起以市场形成价格为主的机制,在全部消费品和绝大部分生产资料生产中取消了指令性计划,95%以上的商品和服务的价格由市场决定。劳动力、土地、资本、技术等生产要素市场得到迅速发展,逐步形成了统一开放、竞争有序的现代市场体系。四是宏观调控体系不断完善。通过深化计划、财政、金融、投资等方面的改革,实现了经济管理由直接调控向间接调控为主的转变。主要运用经济、法律手段,并辅之以必要的行政手段,促进经济总量平衡和结构优化,基本形成了开放条件下较为健全的宏观调控体系。五是形成全方位对外开放格局。实施互利共赢的开放战略,从建立经济特区到开放沿海、沿江、沿边和内陆地区,加入世界贸易组织,始终坚持打开国门搞建设,充分发挥两种资源、两个市场作用,积极扩大进出口贸易,吸收外商投资,发展对外投资,形成了全方位、宽领域、多层次的对外开放格局,开放型经济水平不断提升。①

(三)建立和完善社会主义市场经济体制,极大激发了经济社会发展蕴藏的巨大潜力,使我国现代化建设取得巨大进步。30多年来,国民经济保持了高速增长,经济总量跃升到世界第二位,创造了世界经济史上的奇迹;人均GDP超过6000美元,进入中等收入国家;我国已成为全球第二大贸易国和第一大出口国,第二大吸引外资国和重要的资本输出国,外汇储备世界第一。财政收入从1978年的1100亿元增加到2012年的11.7万亿元,国家经济调控能力显著增强。交通能源电信水利等长足发展,门类齐全的现代工业体系基本建立,钢铁、煤炭、水泥、棉布等200多种工业品产量居世界第一位。创新型国家建设方兴未艾,取得一批具有自主知识产权的科技成果。人民生活水平大幅度提高,用占世界7%的耕地解决了世界1/5人口的吃饭问题,使近5亿人口摆脱了贫困。②经济体制改革也推动了其他领域改革,民主法治、文化教育、社会建设、生态文明等各项事业蓬勃发展。综合国力大幅跃升,国际地位和影响力显著提高,在国际事务中发挥着越来越大的建设性作用,以负责任大国形象展现在世人面前。

(四)推进社会主义市场经济改革是中国经济快速增长的重要原因。从全球视野考察,改革开放以来中国经济实现了跨越式发展,1979-2012年国内生产总值年均增长9.8%,比世界经济同期年均增长2.8%高出了7个百分点,经济

---

① 曾培炎:《实行社会主义市场经济是我国经济体制改革的必然选择》,载《求是》,2013年第20期,第7-10页。
② 曾培炎:《实行社会主义市场经济是我国经济体制改革的必然选择》,载《求是》,2013年第20期,第7-10页。

总量由1978年居于世界第十位跃升至第二位（2010年），经济总量占世界的份额也由1978年的1.8%提高到2012年的11.5%，由低收入国家跃升至中上等收入国家。① 分析改革开放以来中国经济快速增长的原因，以下几个问题是不容歪曲的。第一，不能将经济的快速增长单一归功于市场手段发挥作用的贡献。中共十八大报告指出："经济体制改革的核心问题是处理好政府和市场的关系，必须更加尊重市场规律，更好发挥政府作用。"② 这是对改革开放以来积累的宝贵经验的总结。如果不认识到这一经验，而是简单地认为改革开放以来中国经济快速增长完全是市场手段发挥作用的成果，甚至认为是学习资本主义市场经济而进行改革的成果，那就是对历史的误读。如此，就难以解释俄罗斯、东欧国家经济增长速度低于中国的现实了，而这些国家恰恰是按照资本主义市场经济推进改革，它们更多地发挥了市场手段的作用；也无法解释中国经济增长速度为什么快于本来就实行市场经济的资本主义国家了。第二，不能将经济的快速增长单一归功于非公有制经济的贡献。无疑，改革开放以来，非公有制经济的发展不仅在就业、税收和GDP等方面作出了贡献，更给经济带来活力，促进了竞争创新和市场体系的完善。但在肯定非公有制经济贡献的同时，不能否认国有经济在国民经济中的主导作用，更不能否认国有经济对保障国民经济平稳持续快速增长的支撑带动作用。例如，中国能够在2008年国际金融危机中成为带动世界经济复苏的重要引擎，③ 2008－2012年，中国经济对世界经济增长的年均贡献率超过20%。④ 与大型国有企业具有较强抗冲击能力而发挥重要的支撑带动作用无不相关。第三，不能否认政府对促进经济快速增长的贡献。随着社会主义市场经济改革的深化，市场在资源配置上的作用日益明显。但是，市场也有失灵之处，政府应当发挥作用。正因如此，在推进社会主义市场经济改革进程中，中国逐步建立起适应市场经济发展的政府宏观调控体系。在这一过程中付出过代价，也积累了成功的经验。在付出代价方面，曾表现在因政府宏观调控体系不健全而难以避免经济运行的大波动，如1988年在宏观调控体系没有建立起来的时候推行全面放开价格的"价格闯关"改革，结果导致严重的通

---

① 郑有贵：《坚持社会主义市场经济改革方向是中国道路的要义》，载《当代中国史研究》，2014年第1期，第10－12页。
② 胡锦涛：《坚定不移沿着中国特色社会主义道路前进　为全面建成小康社会而奋斗》，载新华网，2012年11月19日。
③ 胡锦涛：《坚定不移沿着中国特色社会主义道路前进　为全面建成小康社会而奋斗》，载新华网，2012年11月19日。
④ 朱剑红：《改革开放激活力生动力　中国经济，世界奇迹》，载《人民日报》，2013年11月21日。

货膨胀,最后不得不叫停"价格闯关",转而对国民经济进行治理整顿。政府对经济快速增长的作用,一是突出地体现在政府推进改革开放,组织实施中长远经济计划或规划,并通过具体的政策措施引导资源向关系国计民生的领域进行配置,二是解决市场失灵问题,如引导资源向中西部地区、乡村配置,以解决区域、城乡发展不协调等问题;三是体现在促进经济的平稳运行,如通过发挥政府作用,克服了1997年的亚洲金融危机和2008年的国际金融危机,同时还在这一过程中赢得发展机会,实现了快速发展,提升了中国在世界经济格局中的位势。[1]

(五)坚持社会主义市场经济改革方向是社会主义本质和党的宗旨的必然要求。邓小平同志指出,社会主义的本质是解放生产力,发展生产力,消灭剥削,消除两极分化,最终达到共同富裕。我们党的宗旨是全心全意为人民服务。随着实践的发展,我国原有的计划经济体制越来越不适应社会生产力发展的要求,严重束缚了经济发展的活力,必须进行改革才能进一步解放和发展生产力,不断满足人民群众过上更美好生活的新期待。而要在中国这样一个自近代以来贫穷落后的国家快速发展生产力,最终实现共同富裕,就必须在社会主义建设中吸收借鉴人类文明的一切有益成果,创造出比资本主义社会好得多、快得多的经济发展和社会进步。面对这样一个重大历史课题,中国共产党人坚持解放思想、实事求是,抛弃对社会主义教条式的理解,实现理论突破和创新,创造性地把社会主义的基本制度与市场经济有机结合起来,实行社会主义市场经济,创造了世界上绝无仅有的经济奇迹。[2]

(六)坚持社会主义市场经济改革方向,是建立完善的社会主义市场经济体制的必然要求。党的十四大在总结党的十一届三中全会以来成功实践、借鉴世界各国发展经济有益经验基础上,提出了建立社会主义市场经济体制的改革目标。这是我们党在建设中国特色社会主义进程中的一个重大理论和实践创新,解决了世界上其他社会主义国家长期以来没有解决的一个重要问题,实现了社会主义制度与市场经济的有机结合。[3] 20多年来,我们紧紧围绕建立社会主义市场经济体制的目标,坚定不移地推进经济体制改革以及其他各方面改革,实

---

[1] 郑有贵:《坚持社会主义市场经济改革方向是中国道路的要义》,载《当代中国史研究》,2014年第1期,第10-12页。

[2] 曾培炎:《实行社会主义市场经济是我国经济体制改革的必然选择》,载《求是》,2013年第20期,第7-10页。

[3] 《全面深化改革为什么必须坚持社会主义市场经济改革方向?》,载《新长征》,2014年第1期,第6-7页。

现了从计划经济体制向社会主义市场经济体制的历史性转变,极大地促进了社会生产力的发展,极大地增强了党和国家事业发展的生机和活力。但也要看到,虽然我们已经初步建立起社会主义市场经济体制,但市场体系还不健全,市场发育还不充分,政府与市场的关系还没有理顺,特别是政府对市场干预过多与监管不到位并存,权力腐败、行业垄断等问题日益突出,市场在资源配置中的基础性作用受到诸多制约。实现党的十六大提出的建立完善的社会主义市场经济体制目标,还需付出艰苦的努力。市场化改革是一项艰巨的历史任务,只要建立完善的社会主义市场经济体制这一任务没有完成,市场化改革的方向就不能变,市场化改革的步伐就不能停顿。经济体制机制正常运行需要健全、完备、成熟发达的市场体系。而完备发达的市场体系的形成需要一定的条件,只有具备了相应条件,市场机制才能充分发挥作用,市场主体才能够并且愿意对市场信号做出反应。只有坚持社会主义市场经济改革方向,才能创造条件,建立起相对成熟完善的市场机制,才能够让一切劳动、知识、技术、管理、资本充满活力,从而创造更多财富,使发展成果更广泛更公平地惠及全体人民。

(七)坚持社会主义市场经济改革方向,是加快推进社会主义现代化的必然要求。发展社会主义市场经济是实现现代化目标的社会物质前提。市场经济是人类社会发展的必经阶段,也是人类社会迄今为止发展社会生产力、激发人的创造力、增强社会活力最为有效的手段,是人类社会发展的必经阶段,也是实现现代化目标的必由之路。马克思、恩格斯在1848年发表的《共产党宣言》中说过:"资产阶级在它的不到一百年的阶级统治中所创造的生产力,比过去一切世代创造的全部生产力还要多,还要大。"[①] 这是因为,市场经济是商品经济的最高阶段,加深了社会分工,加快了经济运行的速率,扩大了社会交换范畴,提高了资源配置的效率,激发了各种生产要素创造活力,为社会化大生产提供了一切必要条件。我国社会主义制度并不是在发达资本主义的废墟上诞生的,而是在贫穷落后的半殖民地半封建社会基础上通过武装革命建立起来的。我国社会主义自建立之日起,面临的最紧迫、最根本的任务就是解放和发展社会生产力,并在发展社会生产力基础上,逐步构建适应社会化大生产的经济、政治、文化、社会、生态文明等各方面制度,让人民过上更好生活。新中国成立以来,我们围绕建设社会主义,提出了一系列现代化的战略目标,最典型的就是1963年周恩来总理提出中国要实现农业、工业、国防、科学技术"四个现代化"。党的十八届三中全会又提出"推进国家治理体系和治理能力现代化",这是一个新

---

① 《马克思恩格斯选集》第1卷,人民出版社2012年版,第405页。

的现代化概念,与"四个现代化"一脉相承。实现这些现代化目标,其实都离不开市场经济的发展。① 改革开放以来,我国以世界上少有的速度持续快速发展起来,现代化建设步伐显著加快,就得益于我国社会主义市场经济的发展。因此,坚持社会主义市场经济改革方向,加快完善社会主义市场经济体制,是完善和发展中国特色社会主义制度的重要内容,是加快推进社会主义现代化的重要途径。

(八)坚持社会主义市场经济改革方向,不仅是经济体制改革的基本遵循,也是全面深化改革的重要原则和依托。坚持社会主义市场经济改革方向是经济体制改革必须遵循的基本原则,也是各领域全面深化改革的重要原则。经济体制改革实质上是经济利益的重新调整。由于坚持社会主义市场经济改革方向,我国顺利解决了其他社会主义国家无法解决的经济发展、民生改善等重大问题,激发了经济社会发展的生机和活力。十八大之前十年间,我国经济社会发展迈上了"三个大台阶":社会生产力、经济实力、科技实力上了一个大台阶,人民生活水平、居民收入水平、社会保障水平上了一个大台阶,综合国力、国际竞争力、国际影响力上了一个大台阶,为全面建成小康社会打下了坚实基础。这表明坚持社会主义市场经济改革方向是破解发展中难题的最好选择,是改变中国命运的历史抉择,是经济体制改革必须遵循的基本原则。② 经济基础决定上层建筑。我们是在社会主义市场经济条件下搞社会主义建设,社会主义市场经济是我国社会主义建设最根本的经济基础。我国经济、政治、文化、社会、生态文明等各领域的制度设计和体制改革,必须适应社会主义市场经济发展要求。社会主义市场经济十四大以来始终是我国最根本的基础性制度,经济、政治、文化、社会、生态文明等各个领域各个方面的制度设计和改革部署,社会主义市场经济改革方向的主线一直贯穿其中。不管哪个方面的改革,都要以社会主义市场经济改革为基础,都要与社会主义市场经济发展要求相适应。建立完善的社会主义市场经济体制,不仅仅涉及经济体制的改革,也涉及其他各领域的体制改革。因此,必须把坚持社会主义市场经济改革方向贯穿到经济、政治、文化、社会、生态文明等各领域的体制改革之中,使各领域改革朝着建立完善的社会主义市场经济体制方向协同推进,推动形成与社会主义市场经济发展要

---

① 《全面深化改革为什么必须坚持社会主义市场经济改革方向?》,载《新长征》,2014年第1期,第6—7页。

② 杨剑慧:《坚持社会主义市场经济改革方向问题的思考》,载《中共山西省直机关党校学报》,2014年第4期,第12—14页。

求相适应的体制机制。使市场在资源配置中发挥决定性作用，主要涉及经济体制改革，但必然会影响到政治、文化、社会、生态文明和党的建设各个领域。一些体制机制，需要适应经济体制改革而改革，及时推进、相互协调，使各方面体制改革朝着完善社会主义市场经济体制这一方向协同推进，同时也要使各领域自身相关环节，更好适应社会主义市场经济发展提出的新要求。同心协力、同频共振，才能聚合起协调推进的强大能量。①

（九）社会主义市场经济的改革方向是由我国现阶段具体国情决定的。我国是一个发展中的社会主义大国，既不能照抄其他国家建设社会主义的模式，也不能硬搬西方资本主义国家发展模式，而必须走适合自己国情的发展道路。我国处于并将长期处于社会主义初级阶段，也就是不发达的阶段。具体讲，中国人口多，底子薄，人均资源少，社会生产力水平比较低。特别是经济发展极不平衡，城乡二元经济结构明显，东部沿海与西部地区发展差距较大。我们搞社会主义现代化建设，如果没有农村的现代化，没有西部地区的现代化，就没有全国的现代化。要在这样一个国家实现现代化，必须依靠社会主义国家的制度优势、政治优势，必须依靠强有力的宏观调控。② 在这一点，我们始终保持清醒的判断和认识，保证了社会主义现代化建设的大船沿着正确航向和目标前行。

（十）发展社会主义市场经济充分借鉴吸取了世界其他国家经济社会发展的经验教训。一是经济发达国家实行的市场经济。市场经济已有几百年的历史，创造和积累了大量物质财富。一些新兴市场国家也通过市场化改革和经济开放实现了经济腾飞。实践证明，市场经济是人类迄今为止进行资源配置的有效方式，完全可以为我所用。二是苏联解体东欧剧变的教训。由于实行违背经济规律、高度集中的、僵化的经济体制，导致了生产力受到束缚，经济发展迟滞，人民生活长期得不到改善。这是造成苏共倒台、苏联解体的重要原因，其惨痛深刻的教训，成为我们的前车之鉴。③ 三是发展中国家普遍出现的"中等收入陷阱"。在战后亚洲、拉美国家的经济发展实践中，仅有少数国家成功突破"中等收入陷阱"，而大多数国家陷入经济发展停滞、贫富差距拉大、社会问题集中爆发的怪圈中无法自拔。这也告诫我们不能一味追求所谓西方式民主和自由主

---

① 本报评论员：《坚持社会主义市场经济改革方向——五论认真贯彻落实十八届三中全会精神》，载《人民日报》，2013年11月20日。
② 曾培炎：《实行社会主义市场经济是我国经济体制改革的必然选择》，载《求是》，2013年第20期，第7-10页。
③ 曾培炎：《实行社会主义市场经济是我国经济体制改革的必然选择》，载《求是》，2013年第20期，第7-10页。

义市场经济，必须发挥社会主义国家的作用和制度优越性。

二、如何坚持社会主义市场经济的改革方向

《决定》指出："经济体制改革是全面深化改革的重点，核心问题是处理好政府和市场的关系，使市场在资源配置中起决定性作用和更好发挥政府作用。"① 这反映了我们党对社会主义市场经济规律认识的又一次深化，为我们指明了全面深化改革的战略方向和总体思路。坚持社会主义市场经济改革方向，需要完成深化经济体制改革的一系列重大任务。对此，党的十八届三中全会作出了全面部署。

（一）始终坚持社会主义基本制度，走社会主义道路。"历史和现实都告诉我们，只有社会主义才能救中国，只有中国特色社会主义才能发展中国，这是历史的结论，人民的选择"。② 中国特色社会主义是科学社会主义理论逻辑和中国社会发展历史逻辑的辩证统一，是根植于中国大地，反映中国人民意愿，适应中国和时代发展进步要求的科学社会主义。不管改什么、怎么改，科学社会主义的基本原则不能丢，丢了就不是社会主义了。必须坚定不移高举中国特色社会主义伟大旗帜，既不走封闭僵化的老路，也不走改旗易帜的邪路。因此，全面深化改革要牢牢把握改革正确方向，在涉及道路、理论、制度等根本性问题上，在大是大非面前，必须立场坚定、旗帜鲜明。在湖北考察时，习近平明确指出，中国是一个大国，决不能在根本性问题上出现颠覆性错误，一旦出现就无法挽回、无法弥补。③

（二）坚持和完善基本经济制度。坚持和完善公有制为主体、多种所有制经济共同发展的基本经济制度。以公有制为主体、多种所有制经济共同发展的基本经济制度，是中国特色社会主义制度的重要支柱，也是社会主义市场经济体制的根基。公有制经济和非公有制经济都是社会主义市场经济的重要组成部分，都是我国经济社会发展的重要基础。必须毫不动摇地巩固和发展公有制经济，坚持公有制主体地位，发挥国有经济主导作用，不断增强国有经济活力、控制力、影响力。必须毫不动摇地鼓励、支持、引导非公有制经济发展，激发非公有制经济活力和创造力。要完善产权保护制度，积极发展混合所有制经济，推

---

① 《中共中央关于全面深化改革若干重大问题的决定》，人民出版社2013年版，第5页。
② 习近平：《毫不动摇坚持和发展中国特色社会主义》，载《人民日报》，2013年1月6日。
③ 王立胜：《中国特色社会主义改革理论的新发展——学习习近平关于全面深化改革的论述》，载《东岳论丛》，2014年第7期，第62－69页。

动国有企业完善现代企业制度,支持非公有制经济健康发展。① 不断巩固和发展公有制经济是我们党自改革开放以来一直坚持的基本原则。"必须毫不动摇巩固和发展公有制经济"。改革收入分配制度,促进共同富裕。同时,也要看到"决定性作用"并非"全部作用",我国实行的是社会主义市场经济体制,仍然要坚持发挥社会主义制度的优越性、发挥党和政府的积极作用。"毫不动摇巩固和发展公有制经济"是基于对历史经验教训的深刻总结,也是对上述原则的延续和深化。无数事实已经充分证明,巩固和发展公有制经济,对于发挥社会主义制度的优越性,增强我国经济实力、国防实力和民族凝聚力,防止两极分化,维护社会公平正义,逐步实现共同富裕,为社会主义国家政权的巩固提供强大物质基础,对促进社会和谐具有十分重要的意义。巩固和发展公有制经济必须明确基本方向。《决定》指出:"坚持公有制主体地位,发挥国有经济主导作用,不断增强国有经济活力、控制力、影响力。"② 在这里,关键是要通过各项改革措施,不断增强国有经济活力、控制力、影响力。要实现"不断增强国有经济活力、控制力、影响力",必须不断探索和创新多种公有制经济的实现形式。只有积极探索和创新公有制在社会主义市场经济条件下的有效实现形式,大胆利用一切适应社会化生产发展规律的经营方式和组织形式,才能够真正解放和发展公有制经济的生产力,提高公有制经济的活力和效率。对于公有制的有效实现形式,改革开放以来,特别是党的十五大以来,已进行了长期的多方面的探索。③ 党的十六届三中全会不仅提出使股份制成为公有制的主要实现形式,而且第一次提出要大力发展混合所有制经济,实现投资主体多元化。经过多年来的改革和探索,大部分国有企业通过公司制、股份制改造,法人治理结构、决策机制、运行机制发生了深刻变化,已经转变成为独立的市场主体和法人实体,实现了国有经济与市场机制的有机结合。实践证明,股份制是实现对国有资产有效管理的基本形式。为此,党的十八届三中全会总结了长期的探索和实践,肯定了"混合所有者经济"是公有制的一种有效的实现形式。《决定》再次强调了积极发展混合所有制经济的要求,并进一步明确指出:"允许更多国有经济和其他所有制经济发展成为混合所有制经济。国有资本投资项目允许非国有资本参股。允许混合所有制经济实行企业员工持股,形成资本所有者和劳动者利

---

① 评论员:《坚持社会主义市场经济改革方向》,载《兵团日报》,2013年11月20日。
② 《中共中央关于全面深化改革若干重大问题的决定》,人民出版社2013年版,第8页。
③ 阳国亮:《论正确把握坚持社会主义市场经济改革方向》,载《桂海论丛》,2014年第2期,第27-30页。

益共同体。"① 把这些政策和改革措施贯彻落实到实践中,必将促进我国混合所有制经济加快发展。

(三)始终坚持党对改革的领导。回顾中国革命和建设的历程可以得出一个基本结论:办好中国的事情,关键在党。建立社会主义市场经济体制也同样如此。在"文化大革命"结束后的重大历史关头,邓小平同志同中央领导集体一起,以卓越的胆识和巨大的政治魄力,揭开了改革开放的序幕,明确了经济体制改革方向。以江泽民同志为核心的第三代中央领导集体,开拓创新,构建了社会主义市场经济体制基本框架,确立了我国基本经济制度,提出"三个代表"重要思想,开创了全面改革开放的新局面。党的十六大以后,以胡锦涛同志为总书记的党中央,继往开来,提出科学发展观,社会主义市场经济体制得到进一步发展和完善。② 在推进改革的每一个重要关头,都是由党中央汇集全党智慧作出事关全局的重大决策。毋庸置疑,党的领导是经济体制改革取得成功的根本保证。

(四)始终坚持社会主义与市场经济相结合。坚持社会主义市场经济改革方向,就是始终坚持改革的社会主义性质和方向,把社会主义制度的优越性与市场经济的活力优势充分结合起来,把中国特色社会主义道路走向与推进市场经济的改革取向有机结合起来。③ 一方面,充分发挥市场配置资源的基础性作用,使经济活动遵循市场经济规律的要求;另一方面,坚持社会主义基本制度不动摇,充分发挥社会主义制度的优越性。在实践中,我们既鼓励非公经济的发展、鼓励一部分人先富起来,又通过完善基本经济制度、改革收入分配制度、实施西部大开发战略等措施,促进公有制经济发展,缩小贫富差距,坚持走共同富裕道路。坚持用好政府与市场"两只手",既充分发挥市场机制的作用,同时又加强和改善国家的宏观调控,以克服市场的自发性、盲目性。所以,从20世纪90年代以来,我们多次成功应对经济过热、通货膨胀、特大自然灾害,克服了亚洲金融危机和国际金融危机的影响,保持了国民经济持续健康发展。既要坚持和完善社会主义制度,又要坚持发挥市场经济的资源配置作用;既要充分发挥市场在资源配置中的决定性作用,又要更好发挥政府的宏观调控作用。资本主义对人类文明发展的一个重大贡献,就是发明了市场经济。市场经济最大限

---

① 《中共中央关于全面深化改革若干重大问题的决定》,人民出版社2013年版,第8-9页。
② 曾培炎:《实行社会主义市场经济是我国经济体制改革的必然选择》,载《求是》,2013年第20期,第7-10页。
③ 王伟光:《牢牢把握全面深化改革的正确方向》,载《光明日报》,2013年12月3日。

度地实现了资源的有效配置，调动了社会经济发展的活力。正是依靠市场经济，资本主义在四五百年间创造了人类社会几万年、几千年所无可比拟的经济发展速度，创造了历史上任何社会无可比拟的社会文明。① 然而，市场经济具有两重性，既有优势的一面，又有弊端的一面。它的弊端就是带有严重的自发性、盲目性。资本主义私有制与市场经济的结合，极大地激发了资本的贪婪性、逐利性，无限地放大了市场经济的弊端，造成整个资本主义社会不可消除的两极分化、阶级对立和社会矛盾，导致了资本主义阵发性、周期性的经济危机，导致了资本主义世界的内忧外患，导致了罕见的战争劫难和冷酷的暴力掠夺，最终导致资本主义内在矛盾激化而逐步走向自我毁灭。从1825年发端于英国的第一次世界性经济危机，到2008年于美国爆发并迅速席卷全球的世界金融危机，充分地印证了这一铁律，也预示着资本主义必然灭亡的未来。中国特色社会主义道路开创了市场经济与公有制的社会主义制度相结合的新篇章，在健全科学的宏观调控体系、更好发挥政府作用的前提下，充分发挥市场经济的资源配置优势，不断解放和发展社会生产力，取得了举世瞩目的发展奇迹。② 中国共产党人领导的前所未有的中国特色社会主义的改革开放取得了伟大成功，其关键一招就是把社会主义制度与市场经济有机地结合起来，这是中国共产党人对马克思主义的一个伟大创新，对社会主义历史进程的伟大推进，也是对整个人类社会的一个伟大贡献，又是中国成功的一个关键秘诀。社会主义市场经济是为了更好地发挥社会主义制度优越性而不是要削弱这个制度，它不是自发的资本主义市场经济，不是自由主义的市场经济，而是坚持社会主义方向的市场经济。发展社会主义市场经济，目的是要大力推动中国特色社会主义制度的自我完善和发展。社会主义作为中国市场经济的制度特征，是根本和必要条件，而不是可有可无。坚持改革的社会主义制度，坚持改革的中国特色社会主义道路，这就是改革的政治底线。

（五）正确处理政府与市场两者之间的辩证关系。随着改革开放的不断深入，我们党对市场的作用和政府更好地发挥作用的认识在逐步深化，促进经济发展的新动力在迅速增强，但同时也深刻认识到，政府在促进市场健康发展、弥补市场失灵方面应积极地发挥作用。习近平总书记指出："经济体制改革的核

---

① 王伟光：《牢牢把握全面深化改革的正确方向》，载《光明日报》，2013年12月3日。
② 王伟光：《牢牢把握全面深化改革的正确方向》，载《光明日报》，2013年12月3日。

心问题仍然是处理好政府和市场的关系",① 关于怎样充分发挥市场的作用,总书记指出:"通过深化改革,进一步打通科技和经济社会发展之间的通道,让市场真正成为配置创新资源的力量,让企业真正成为技术创新的主体"。面对市场,政府应该怎样发挥作用,习近平明确指出,要"加大政府职能转变的力度,既积极主动放掉该放的权,又认真负责管好该管的事,从'越位点'退出,把'缺位点'补上",②"政府的职责和作用主要是保持宏观经济稳定,加强和优化公共服务,保障公平竞争,加强市场监管,维护市场秩序,推动可持续发展,促进共同富裕,弥补市场失灵"。③ "政府在关系国计民生和产业命脉的领域要积极作为,加强支持和协调,总体确定技术方向和路线,用好国家科技重大专项和重大工程等抓手,集中力量抢占制高点"。④ 习近平讲这段话的目的意在说明,政府既要保持宏观经济稳定,还应充分认识到,消除贫困和缩小差距是贯穿我们党和政府社会政策的目标和主线,公共服务不仅是党和政府关注民生的具体表现,更是形成社会共同利益和社会凝聚力的重要手段。政府要充分发挥自身的作用,还要充分调动社会资源提供公共服务,预防和管控社会风险,要以增强困难群众的就业能力为重点,不断地提高全国性和区域性的公共服务水平,促进市场发育、经济和社会建设协调发展。⑤ 政府与市场的关系是一个相互联系、相互影响的关系。二者关系处理好了就会相互促进,共同发展;反之,则不然。党的十八大报告中提出了处理好政府与市场关系的根本原则。"必须更加尊重市场规律,更好发挥政府作用"不仅揭示了市场与政府在整个国民经济运行中的重要作用,更说明了二者相互协调发展是解决我国当前经济面临各种问题的唯一途径。在这里,尊重市场规律是发挥政府作用的前提条件。市场规律是商品经济的一般规律。在发展社会主义市场经济的过程中,必须遵循市场规律,发挥市场对资源配置的决定性作用。违背市场规律必然给社会经济发展

---

① 习近平:《关于〈中共中央关于全面深化改革若干重大问题的决定〉的说明》,载《人民日报》,2013年11月16日。
② 习近平:《关于〈中共中央关于全面深化改革若干重大问题的决定〉的说明》,载《人民日报》,2013年11月16日。
③ 习近平:《关于〈中共中央关于全面深化改革若干重大问题的决定〉的说明》,载《人民日报》,2013年11月16日。
④ 习近平:《在十八届中央政治局第九次集体学习时的讲话》,载《人民日报》,2013年10月2日。
⑤ 李新市:《科学把握和运用全面深化改革的方法——学习习近平总书记"用改革开放的办法解决改革开放中的矛盾"重要论述》,载《环渤海经济瞭望》,2015年第1期,第3-7页。

带来不利的影响，因此，政府作用的发挥一定要以尊重市场规律为前提。政府的作用是在充分发挥市场规律的基础条件下进行宏观调控，提供公共服务与产品，对经济中的不法行为进行监管，把握经济发展的基本方向，保证社会经济的健康发展。不断探索政府宏观调控的恰当方式。改革开放以来，我国对于社会主义市场经济条件下的宏观调控已经积累了大量有益的经验。总体而言，政府要在遵循市场规律的基础上，探索恰当有效的宏观调控方式，特别是在市场规则的制定、市场秩序的规范、社会诚信的建立以及公共服务的有效提供等，建设一个尊重客观经济规律的服务型政府坚持社会主义市场经济改革方向必须坚持和完善基本经济制度。"公有制为主体、多种所有制经济共同发展的基本经济制度，是中国特色社会主义制度的重要支柱，也是社会主义市场经济体制的根基。"[1] 需要充分发挥市场在资源配置中的决定性作用。

党的十八届三中全会提出，使市场在资源配置中起决定性作用，而过去的表述是基础性作用。从"基础"到"决定"，两个字的改变，意义十分重大，是对重大理论创新，是对我国社会主义市场经济内涵的质的提升，是思想解放的重大突破，也是深化经济体制改革以及引领其他领域改革的基本方针。我国社会主义市场经济体制已建立，但在很多方面还不完善，核心问题是政府对资源的直接配置过多，不合理的干预太多。因此，政府在应该退出的领域，应该早退出，让市场发挥作用。在不该退出的领域，政府则应当加大工作力度，引导和影响市场完成资源最优配置。政府应加快转变职能和推进机构改革，以壮士断腕的勇气，勇于打破利益固化格局，正确处理好政府这只"有形之手"和市场这只"无形之手"的关系，把错装在政府身上的手换成市场的手，使市场在资源配置中起决定性作用，更好地发挥政府职能。清晰划分政府和市场的角色分工。

发展社会主义市场经济必须尊重市场经济规律，强调市场对资源配置的决定性作用，有效地利用价格机制、供求机制和竞争机制等配置资源的作用，保障经济高效运行，使经济得以合理健康的发展。但同时应当看到，"看不见的手"发挥作用还需要"看得见的手"相呼应，而且，市场失灵的情况下更需要"看得见的手"来修正，这就要求我国政府充分发挥社会主义制度的优越性，运用经济、政治、法律等手段进行合理有效的宏观调控，保证经济的合理运行。只有一方面充分强调市场对资源配置的决定性作用，另一方面"更好的发挥政

---

[1] 《中共中央关于全面深化改革若干重大问题的决定》，人民出版社2013年版，第7-8页。

府作用",从"加强发展战略、规划、政策、标准等制定和实施,加强市场活动监管,加强各类公共服务提供。加强中央政府宏观调控职责和能力,加强地方政府公共服务、市场监管、社会管理、环境保护等职责。"① 才能使市场对资源配置的决定性作用与政府作用的更好发挥,实现有效的配合。

(六)继续鼓励、支持、引导非公有制经济发展。"必须毫不动摇鼓励、支持、引导非公有制经济发展,激发非公有经济活力和创造力。"② 这体现了我们党与时俱进的经济主张。非公有制经济的存在并与公有制经济长期共同发展体现了历史和现实的客观必然性。在社会主义市场经济条件下,只有有效地促进非公有制经济发展,才能有力地推动全社会资本和全社会生产效率的持续提升。同时,非公有制经济已成为当今中国技术创新的重要力量,对建立创新驱动型经济具有极其重要的作用。要毫不动摇地鼓励、支持、引导非公有制经济发展,准确把握鼓励、支持与引导的内在联系。实现非公有制健康发展要保证各种所有制经济依法平等使用生产要素、公平参与市场竞争、同等受到法律保护。这是实现非公有制经济发展的基本措施,也是增强我国经济主体活力的有效手段。要充分认识非公有制经济在支撑经济增长、促进创新、扩大就业、增加税收等方面所具有的重要作用。《决定》强调要坚持"三个平等":权利平等、机会平等、规则平等。以"三个平等"为准则,废除对非公有制经济各种形式的不合理规定,消除各种隐性壁垒,还要制定非公有制企业进入特许经营领域具体办法,实行"三个鼓励",即鼓励非公有制企业参与国有企业改革,鼓励发展非公有资本控股的混合所有制企业,鼓励有条件的私营企业建立现代企业制度。③ 这些措施必将对非公有制经济的发展产生极大的推动作用。必须完善产权保护制度,废除对非公有制经济各种形式的不合理规定,明确非公经济和公有经济二者具有同等法律地位、享有同样的法律待遇,二者平等使用生产要素,可以平等公平地使用资源,可以公开公平公正参与市场竞争。

激发非公有制经济活力和创造力,实行统一的市场准入制度,消除隐性壁垒。④ 需要建立一个基本制度即"产权保护制度"。《决定》指出:"产权是所有制的核心。健全归属清晰、权责明确、保护严格、流转顺畅的现代产权制度。

---

① 《中共中央关于全面深化改革若干重大问题的决定》,人民出版社2013年版,第18页。
② 《中共中央关于全面深化改革若干重大问题的决定》,人民出版社2013年版,第8页。
③ 阳国亮:《论正确把握坚持社会主义市场经济改革方向》,载《桂海论丛》,2014年第2期,第27-30页。
④ 杨剑慧:《坚持社会主义市场经济改革方向问题的思考》,载《中共山西省直机关党校学报》,2014年第4期,第12-14页。

公有制经济财产权不可侵犯,非公有制经济财产权同样不可侵犯。"产权制度的完善将进一步明确产权所有者的权益:"国家保护各种所有制经济产权和合法利益,保证各种所有制经济依法平等使用生产要素、公开公平公正参与市场竞争、同等受到法律保护,依法监管各种所有制经济。"① 产权保护制度的建立和完善,既为坚持和完善社会主义市场经济基本经济制度提供了制度基础,又激活了产权主体经营财产的积极性和创造性。积极发展混合所有制经济。积极发展混合所有制经济是十八届三中全会《决定》提出的一个重要思想。发展混合所有制经济,是国有资产布局结构的深度调整,是企业国有资产的重组整合,目的是通过引入民间资本放大发展国有资本。鼓励民营企业参与国有企业改革,建立完全适应市场经济的市场运行机制和与之相应的职业经理人制度,形成混合所有制经济形式,能使国有企业更好地参与市场竞争。

(七)加快完善现代市场体系。现代市场体系是市场在配置资源中起决定性作用的基础。建设现代市场体系的基本要求就是要打破行政垄断、政府管制和地方保护,消除市场间的障碍与壁垒,让生产要素能够真正实现"自由流动"。为此,《决定》提出:"必须加快形成企业自主经营、公平竞争,消费者自由选择、自主消费,商品和要素自由流动、平等交换的现代市场体系,着力清除市场壁垒,提高资源配置效率和公平性。"② 现代市场体系的完善需要多措并举。既要建立公平、开放、透明的市场规则,又要完善主要由市场决定价格的机制,还要建立城乡统一的建设用地市场,完善金融市场体系,同时还要协同推进科技体制的深化改革等。建设统一开放、竞争有序的市场体系,是使市场在资源配置中起决定性作用的基础。必须加快形成企业自主经营、公平竞争,消费者自由选择、自主消费,商品和要素自由流动、平等交换的现代市场体系,着力清除市场壁垒,提高资源配置效率和公平性。要建立公平开放透明的市场规则,完善主要由市场决定价格的机制,建立城乡统一的建设用地市场,完善金融市场体系,深化科技体制改革。

(八)加快转变政府职能,健全宏观调控体系。这是更好发挥政府作用的重要战略任务。科学的宏观调控,有效的政府治理,是发挥社会主义市场经济体制优势的内在要求。要实现有效的政府治理必须转变政府职能。政府职能转变的目标就是要当好"裁判员"而不当"运动员"。为此,《决定》提出了一系列

---

① 《中共中央关于全面深化改革若干重大问题的决定》,人民出版社 2013 年版,第 8 页。
② 《中共中央关于全面深化改革若干重大问题的决定》,人民出版社 2013 年版,第 11 - 12 页。

的具体规定，要求加大行政审批制度改革力度，最大限度减少中央政府对微观事务的管理，改变目前政府"大包大揽"、管得"过多、过细、过严"的"越位"现象。凡是市场机制"这只看不见的手"能有效调节的经济活动，就应当一律取消审批，对确实需要保留的行政审批事项要坚持透明、公开、规范的原则加强管理，着实提高管理效率；对那些直接面向基层、量大面广、由地方管理更方便有效的经济社会事项，一律下放地方和基层管理。中央政府的主要职能应放在"三个加强"之上，即：加强发展战略、规划、政策、标准等制定和实施，加强市场活动监管，加强各类公共服务提供。地方政府则要加强地方公共服务、市场监管、社会管理、环境保护等职责。转变政府职能的一个重要目的就是加强宏观调控。深化经济体制改革，让"市场之手"发挥决定性作用，不等于"政府之手"就可以形同虚设了。政府需要转变职能，腾出"干预市场之手"，转为"宏观调控之手"。① 宏观调控的主要任务是保持经济总量平衡，促进重大经济结构协调和生产力布局优化，减缓经济周期波动影响，防范区域性、系统性风险，稳定市场预期，实现经济持续健康发展。围绕这一任务，必须健全以国家发展战略和规划为导向，以财政政策和货币政策为主要手段的宏观调控体系。

在健全宏观调控体系对策上，《决定》提出了推进宏观调控目标制定和政策手段运用机制化的改革措施。宏观调控目标机制化就是要明确经济中速增长状态下的调控目标优先次序，并形成与之相适应的目标、手段和调控部门之间的清晰对应关系。从这些改革措施看，未来宏观调控的目标将偏重重大经济结构协调和生产力布局优化。在处理调控目标、手段、部门之间的关系时，势必也需要体现上述调控重点，调控重点的导引作用将通过调控目标机制化得到进一步强化。调控政策手段机制化建设重点关注的是"相机抉择水平"，包括政策制定的科学性和政策操作执行有效性，具体的还有政策操作的基础、传导机制、决策机制和评价机制等。要实现调控行为的规范化和科学化，提高宏观调控的持续有效性，在货币政策、财政政策、中央政府财力三者之间建立稳定科学的协调关系至关重要。②

运用宏观手段有效地防止和纠正市场失灵。要通过以国家发展战略和规划

---

① 阳国亮：《论正确把握坚持社会主义市场经济改革方向》，载《桂海论丛》，2014年第2期，第27-30页。
② 阳国亮：《论正确把握坚持社会主义市场经济改革方向》，载《桂海论丛》，2014年第2期，第27-30页。

为导向,以财政货币政策为主要手段的宏观调控体系对市场经济的运行发展进行调节控制,影响和引导资源配置。必要时运用适当工具(包括法律、行政和计划等手段),对市场经济运行适时施加影响。采取行之有效的措施,保证市场充分发挥对社会资源的配置作用和市场要素的良性竞争,维持市场正常秩序。提供和优化公共设施及其服务。通过合理的税收,确保其资金来源,并进行科学妥善的管理运作,在维护经济社会健康稳定的同时,保障经济发展有充足的后备力量可以随时补充。①

(九)改革收入分配制度,促进共同富裕。《决定》指出,要形成合理有序的收入分配格局,着重保护劳动所得,努力实现劳动报酬增长和劳动生产率提高同步,提高劳动报酬在初次分配中的比重。健全工资决定和正常增长机制,完善最低工资和工资支付保障制度,完善企业工资集体协商制度。完善以税收、社会保障、转移支付为主要手段的再分配调节机制,加大税收调节力度。规范收入分配秩序,努力缩小城乡、区域、行业收入分配差距,逐步形成橄榄形分配格局。《决定》还鼓励混合所有制经济实行企业员工持股,形成资本所有者和劳动者利益共同体。这对于调动劳动者积极性、实现共同富裕具有重要意义。②调控国家、企业和居民的收入分配。要建立切实可行的制度和机制,完善按生产要素分配的收入分配制度和相应的社会保障制度,采取有效的手段和措施,对收入的分配和再分配继续适当调节,弥补市场经济运行中市场失灵的缺陷,推动经济社会的可持续发展。

(十)完善国有资产管理体制。推动国有企业完善现代企业制度是经济体制改革中完善市场主体的重大战略任务。《决定》指出:"国有企业属于全民所有,是推进国家现代化、保障人民共同利益的重要力量。"③ 经过多年改革,国有企业总体上已经同市场经济相融合,但还必须适应市场化、国际化新形势,进一步深化改革。要从以管资本为主转到加强国有资本的监管,改革国有资本授权经营体制之上;要以规范经营决策、资产保值增值、公平参与竞争、提高企业效率、增强企业活力、承担社会责任为重点;要准确界定不同国有企业功能,健全协调运转、有效制衡的公司法人治理结构,健全国有企业经营管理者选人

---

① 杨剑慧:《坚持社会主义市场经济改革方向问题的思考》,载《中共山西省直机关党校学报》,2014年第4期,第12-14页。
② 中国社会科学院中国特色社会主义理论体系研究中心:《坚持社会主义市场经济的改革方向》,载《人民日报》,2013年12月30日。
③ 《中共中央关于全面深化改革若干重大问题的决定》,人民出版社2013年版,第9-10页。

用人和薪酬待遇机制，完善现代企业制度，提高经营效率，唯其如此才能更好地发挥国有企业的作用。

（十一）深化财税体制改革。这是深化经济体制改革，强化国家治理的又一重大战略任务。现行财税体制是在1994年分税制改革的基础上逐步完善而形成的，其历史作用随着形势的变化而逐步式微。深化财税体制改革是优化资源配置、维护市场统一、促进社会公平、实现国家长治久安的迫切需要。财税体制改革包括实现财权与事权匹配的财政体制改革，降低宏观税负、解决财富分配不公的税收体制改革以及预算管理体制改革。《决定》提出：必须完善立法、明确事权、改革税制、稳定税赋、透明预算、提高效率，建立现代财政制度，发挥中央和地方两个积极性。省级以下财政体制改革，省直管县、乡财县管等地方税体系改革应成为重点。① 还要开展营业税改征增值税试点和房产税试点，调整和完善个人所得税、消费税、城市维护建设税等税收制度。通过税制改革逐步形成有利于结构优化、社会公平的税收制度。加快推进基本公共服务均等化和主体功能区建设，基本形成社会城乡救助体系和社会福利体系，各个经济主体间的分配关系得到进一步规范，政府间财政分配关系进一步理顺，中央政府的宏观调控能力进一步增强，基层政府提供基本公共服务的能力有较大提高。还要改进预算管理制度，进一步提升财政在国家治理中的基础和重要支柱地位。

（十二）深化经济体制改革、夯实全球产业链的国内基础。确保我国成为改革开放的源发基地和安全地带，是进一步深化对外开放的关键。习近平指出："我们将实行更加积极主动的开放战略，完善互利共赢、多元平衡、安全高效的开放型经济体系，促进沿海内陆沿边开放优势互补，形成引领国际经济合作和竞争的开放区域，培育带动区域开放发展的开放高地。坚持出口和进口并重，推动对外贸易平衡发展；坚持'引进来'和'走出去'并重，提高国际投资合作水平；深化涉及投资、贸易体制改革，完善法律法规，为各国在华企业创造公平经营的法治环境。我们将统筹双边、多边、区域次区域开放合作，加快实施自由贸易区战略，推动同周边国家互联互通"。② 总书记的这段论述清晰地告诉我们，全面深化改革开放的一个重要目标，就是要使我国成为引领国际经济合作和竞争的开放高地，使我国成为全球产业价值链的核心区域和战略高地，

---

① 阳国亮：《论正确把握坚持社会主义市场经济改革方向》，载《桂海论丛》，2014年第2期，第27-30页。
② 习近平：《深化改革开放，共创美好亚太——在亚太经合组织工商领导人峰会上的演讲》，载《人民日报》，2013年10月8日。

我们在落实总书记指示精神的时候,要确保对外开放有一头在我国,要提高抵御和化解对外开放风险的能力,一旦世界市场或其他国家经济风云变幻,使我国的投资能够处于一种安全地带,确保处乱不惊、保值增值。①

(十三)深化经济体制改革在更深层次上提高开放水平。全面深化改革对对外开放提出了更高要求:促进我国企业和相关产业的附加值进入世界产业链的中高端水平。习近平指出:"过去十年,中国全面履行入世承诺,商业环境更加开放和规范。中国将在更大范围、更宽领域、更深层次上提高开放型经济水平。中国的大门将继续对各国投资者开放,希望外国的大门也对中国投资者进一步敞开。我们坚决反对任何形式的保护主义,愿通过协调妥善解决同有关国家的经贸分歧,积极推动建立均衡、共赢、关注发展的多边贸易体制。"② 总书记号召我们,要不断地提高我国对外开放的水平,坚定不移地走自主创新的产业发展道路,大力研发具有我国自主知识产权的核心技术和品牌,增强我国产业发展的技术开放步伐,使我国在人才、某些产业和科学技术的比较优势转变为竞争优势,使走出去的企业和产业在全球价值链中技术含量不断地提升、附加值逐步增多,提高我国企业、产业和产品在全球产业链中的主导型地位,把世界经济低迷带来的挑战和风险化为动力和机遇。③

---

① 李新市:《科学把握和运用全面深化改革的方法——学习习近平总书记"用改革开放的办法解决改革开放中的矛盾"重要论述》,载《环渤海经济瞭望》,2015年第1期,第3-7页。
② 习近平:《在同出席博鳌亚洲论坛二〇一三年年会的之外企业家代表座谈会时的讲话》,载《人民日报》,2013年4月9日。
③ 李新市:《科学把握和运用全面深化改革的方法——学习习近平总书记"用改革开放的办法解决改革开放中的矛盾"重要论述》,载《环渤海经济瞭望》,2015年第1期,第3-7页。

第四章

全面深化改革要加强和改善党的领导

改革开放30多年来，我们党领导人民全面开创了改革开放和现代化建设的新局面。伟大、光荣、正确的中国共产党，不仅领导革命取得胜利，而且能够领导改革和建设取得胜利。任何怀疑、削弱、否定党的执政地位和领导作用的观点与做法，都是根本错误和十分有害的。习近平多次强调，中国是一个大国，不能出现颠覆性错误。因此，我们必须坚持走中国特色社会主义道路，以马克思列宁主义、毛泽东思想、邓小平理论、"三个代表"重要思想、科学发展观为指导，加强和改善党对全面深化改革的领导。

一、全面深化改革为何要加强和改善党的领导

党的十八届三中全会审议通过的《决定》明确指出："全面深化改革必须加强和改善党的领导，充分发挥党总揽全局、协调各方的领导核心作用。"① 习近平也多次强调，改革开放任务越繁重，越要加强和改善党的领导，越要确保党始终成为中国特色社会主义事业的坚强领导核心。这就是说，面对新形势新任务，我们必须进一步加强和改善党的领导，进一步把党锻造成中国特色社会主义事业的坚强领导核心。那么，全面深化改革为什么必须加强和改善党的领导呢？这是因为，办好中国的事情，关键在党②。

（一）确保全面深化改革沿着正确方向推进。回顾30多年的改革历程，改革之所以能够顺利推进并取得举世瞩目的成就，根本原因在于我们党始终坚持正确的改革方向，沿着正确的改革道路，既不向左看，也不向右看，更不向后

---

① 《中共中央关于全面深化改革若干重大问题的决定》，载新浪新闻网，2013年11月15日。
② 胡锦涛：《坚定不移沿着中国特色社会主义道路前进 为全面建成小康社会而奋斗》，在新华网，2012年11月19日。

看,排除各种干扰,心无旁骛,目光所视永是前方,确保了改革不变质、不走样①。我们党领导的改革历来是有方向、有立场、有原则的,既不走封闭僵化的老路,也不走改旗易帜的邪路。当前,全面深化改革面临的国际国内环境发生了深刻变化,推进改革的复杂程度、敏感程度、艰巨程度,一点都不亚于30多年前。

在纷繁复杂的形势面前,在各种思想观念和利益诉求相互激荡下,要沿着正确方向推进改革,必须牢牢把握党对全面深化改革的领导权和主动权。要增强战略定力,坚持一切从实际出发,坚持以我为主,能改的坚决改,该快则快、该慢则慢,不能改的坚决守住。全面深化改革,是为了党和人民事业更好发展,而不是为了迎合某些人的"掌声",更不能拿西方的理论、观点来套在自己身上。一定要从我国的具体国情出发,从经济社会发展实际要求出发,有领导、有步骤地推进改革,不求轰动效应,不做表面文章②。强调"改革是社会主义制度的自我完善和发展",而绝不是"改向",不是要改到资本主义那边去。由于全面深化改革不是某个领域某个方面的单项改革,而是在啃硬骨头和涉险滩中由点到面的系统化改革,所以改革的难度之大、责任之重、风险之高前所未有。为了确保全面深化改革坚持中国特色社会主义方向,不偏离、不迷失、不短视,不走封闭僵化老路,不走改旗易帜邪路,就要不断加强和改善党的领导,提高党的执政能力。

党的十八届三中全会通过的《中共中央关于全面深化改革若干重大问题的决定》,把加强和改善党的领导作为全面深化改革的落脚点,指引了在加强和改善党的领导中全面深化改革的正确方向。回顾30多年来的改革历程,我们党领导的改革,历来是有方向、有立场、有原则的。早在1987年6月,邓小平就明确指出:"我们的改革要达到一个什么目的呢?总的目的是要有利于巩固社会主义制度,有利于巩固党的领导,有利于在党的领导和社会主义制度下发展生产力。"习近平总书记在谈到全面深化改革时多次强调,中国是一个大国,不能出现颠覆性错误。这里所说的颠覆性错误,就是指根本性、方向性错误。

中共党的十八届三中全会明确提出:"我们在改革开放上决不能有丝毫动摇,改革开放的旗帜必须继续高高举起,中国特色社会主义道路的正确方向必

---

① 孙林:《论在全面深化改革中加强和改善党的领导》,载《中共石家庄市委党校学报》,2014年第2期,第9—12页。
② 《为什么要加强和改善党对全面深化改革的领导?》,载人民网,2013年11月28日。

须牢牢坚持。"① 明确了全面深化改革的方向。全面深化改革，目的是为了实现两个百年目标，实现中华民族伟大复兴的中国梦。从根本上说是为了更好地坚持和发展中国特色社会主义。要牢牢把握党对全面强化改革的领导权和主动权，把握改革的正确方向，最根本的是要坚持中国特色社会主义，要坚持走中国特色社会主义道路，坚持党的领导，坚持社会主义市场经济的方向，贯彻党的基本路线，既不走封闭僵化的老路，也不走改旗易帜的邪路，确保改革的正确方向②。

（二）确保前面深化改革有序有效有力推进。古今中外很多改革都在推进的过程中逐渐失序、失控，最后归于失败。其中一个主要的原因就是缺乏强有力且富有智慧的改革推动者。当前全面深化改革的内外环境正发生着深刻而复杂的变化，改革的难度、风险日趋加大。转型与改革交织融合，经济转型、社会转型、政府转型都直接依赖于重大改革的突破。这些重大改革的突破无不涉及利益的重大调整，加强和改善党的领导能够更好地管控这些重大利益调整的风险，保证改革有序推进；加强和改善党的领导还能够保证政令畅通，实现改革决策部署，使改革有效有力推进③。广泛凝聚全党全国共识、最大限度聚集推进改革合力的保证。

全面深化改革是一个持续不断的过程，必然涉及各种社会关系、利益格局的调整。特别是随着改革进入攻坚期和深水区，改革的难度不断加大，改革的任务分外艰巨，没有坚强的政治领导、思想引导，改革就不可能顺利推进。只有加强党的领导，充分发挥党总揽全局、协调各方的领导核心作用，善于通过提出和贯彻正确的路线方针政策带领人民前进，善于从人民的实践创造和发展要求中完善政策主张，才能使改革发展成果更多更好地惠及全体人民，把党内外一切可以团结的力量广泛团结起来，把国内外一切可以调动的积极因素充分调动起来，从而汇合成推进改革开放强大力量④。只有凝聚共识，形成全民合力，汇聚起推进改革的强大正能量，才能确保全面深化改革的顺利推进。实践发展永无止境，解放思想永无止境，改革开放也永无止境，停顿和倒退没有出

---

① 《中共中央关于全面深化改革若干重大问题的决定》，载新浪新闻网，2013年11月15日。
② 李翠兰，黄文杰：《全面深化改革必须加强和改善党的领导》，载《吉林省社会主义学院学报》，2014年第1期，第10-12页。
③ 孙林：《论在全面深化改革中加强和改善党的领导》，载《中共石家庄市委党校学报》，2014年第2期，第9-12页。
④ 《为什么要加强和改善党对全面深化改革的领导？》，载《人民网》，2013年11月28日。

路。改革开放只有进行时、没有完成时。所以要把思想和行动统一到全面深化改革的精神上来,增强推进改革的信心和勇气,凝聚共识,形成合力,坚定不移实现中央改革决策部署①。才能真正处理好政府和市场关系,全面深化改革才能顺利推进。《决定》对更好发挥政府作用提出了明确要求,强调科学的宏观调控,有效的政府治理,是发挥社会主义市场经济体制优势的内在要求。不仅对健全宏观调控体系、全面正确履行政府职能、优化政府组织结构进行了部署,而且强调政府的职责和作用主要是保持宏观经济稳定,加强和优化公共服务,保障公平竞争,加强市场监管,维护市场秩序,推动可持续发展,促进共同富裕,弥补市场失灵。只有真正处理好政府和市场关系,全面深化改革才能顺利推进。我们的政府是党领导下的政府,调控政府的职能正是坚持、加强和改善党对全面深化改革的领导的重要体现②。因此,我们建立和发展社会主义市场经济,就必须坚持市场经济与社会主义制度紧密结合,始终坚持和不断加强、改善党对在社会主义条件下发展市场经济的坚强领导,更不能忽视、削弱甚至取消党的领导。尤其是在全面深化改革的新时期,只有始终坚持、加强和改善党的领导,才能真正提高驾驭社会主义市场经济的能力,才能真正实现使市场在资源配置中起决定性作用和更好发挥政府作用的辩证统一,才能保证社会主义市场经济沿着正确的发展方向和发展道路前进,才能让社会主义市场经济的发展成果体现出社会主义制度的优越性。

  全面深化改革不是某个领域某个方面的单项改革。全面深化改革是经济、政治、文化、社会、生态文明各领域改革,其广泛性和深刻性前所未有。任何一个领域的改革都会牵动其他领域,同时也需要其他领域改革密切配合,全面深化改革需要更高效的组织力,为此,中央成立全面深化改革领导小组,职能是负责改革总体设计、统筹协调、整体推进、督促落实③。这是坚持、加强和改善党的领导的重要体现,为全面深化改革向前推进提供了坚强组织保证。集中统一的组织领导,才能统筹全局、协调各方,从而真正打破部门地方保护壁垒、突破部门地方利益格局,才能保证中央全面深化改革的各种政策、措施能够自上而下得到贯彻实施。

---

① 李翠兰,黄文杰:《全面深化改革必须加强和改善党的领导》,载《吉林省社会主义学院学报》,2014年第1期,第10-12页。
② 朱继东:《全面深化改革为何必须加强和改善党的领导》.载《党建网》,2013年11月26日。
③ 李翠兰,黄文杰:《全面深化改革必须加强和改善党的领导》,载《吉林省社会主义学院学报》,2014年第1期,第10-12页。

能够确保全面深化改革谋大局。全面深化改革是关系党和国家事业发展全局的重大战略部署，是执政党忧患意识和问题意识的展现，正如习近平所言，"改革是由问题倒逼而产生，又在不断解决问题中得以深化"①。

实践永无止境，思想解放永不止步，改革永远都是进行时，这是党的执政理念与时俱进的鲜明体现。"不谋全局者，不足谋一域"②。

在社会诸多矛盾相互交织的深水区中，单纯的就事论事已不能解决根本问题，从系统性、整体性和全局性中深刻把握改革过程中的诸多问题是时代发展的迫切需要，也是解决改革问题的根本选择。不难理解，正如全会报告中所言，"必须更加注重改革的系统性、整体性和协调性"。在执政党系统思维的背后是诸多矛盾和问题的复杂性，及其相互之间的耦合和整体性。倘若拨开诸多矛盾和问题交织在一起的表象，那么就能看到诸多矛盾和问题集中在党的领导这个根本点上的本质。所以，全面深化改革谋大局必须加强和改善党的领导。这就需要党从全局看问题，真正向前展望、超前思维、提前谋局，进行顶层设计和整体谋划；需要党统筹考虑、全面论证、科学决策，做到经济、政治、文化、社会、生态文明各领域改革和党的建设改革协调推进，相得益彰；需要发挥党总揽全局、协调各方的领导核心作用，确保全面深化改革谋大局。正如，全会决定中央成立全面深化改革领导小组，负责改革总体设计、统筹协调、整体推进、督促落实③。

（三）改革开放任务越繁重越要加强和改善党的领导。党的十八大对现阶段的基本国情作出了三个"没有变"的判断。中国在取得辉煌成就的同时，在改革发展稳定中所面临矛盾和问题的规模和复杂性"世所罕见"，在前进中所面对的困难和风险也"世所罕见"。2013年11月，习近平同志在《关于〈中共中央关于全面深化改革若干重大问题的决定〉的说明》中进一步指出，当前，我国发展面临一系列突出矛盾和挑战，前进道路上还有不少困难和问题。比如：发展中不平衡、不协调、不可持续问题依然突出，科技创新能力不强，产业结构不合理，发展方式依然粗放，城乡区域发展差距和居民收入分配差距依然较大，社会矛盾明显增多，等等。解决这些问题，关键在于深化改革。中国目前处于经济、社会转型的关键时期，改革已进入攻坚期和深水区，利益格局多样化、

---

① 《改革是由问题倒逼而产生 又在不断解决问题中深化》，载《新浪新闻》，2013年11月14日。
② 习近平：《关于〈中共中央关于全面深化改革若干重大问题的决定〉的说明》，载《人民日报》，2013年11月16日。
③ 《全面深化改革必须加强和改善党的领导》，载《青岛日报》，2014年1月11日。

社会意识多样化和人民利益诉求多样化交织叠加在一起,加大了推进改革的难度。改革发展到今天,已经由某个领域的局部改革进入到全面改革阶段,而全面深化改革是一个复杂的系统工程,必须更加注重改革的系统性、整体性、协同性。这些都迫切需要一个能代表最广大人民整体利益、根本利益、长远利益的政治权威发挥其利益代表和利益整合的优势,来领导和推进全面改革,统筹兼顾、协调各种利益关系,化解各种利益矛盾,增进社会和谐,把全体人民最广泛地团结起来。这个政治权威或领导核心只能是中国共产党①。这是因为,中国共产党是中国工人阶级的先锋队,同时是中国人民和中华民族的先锋队。党的根本宗旨是全心全意为人民服务。中国共产党的性质和宗旨决定了中国共产党有五大"独特优势",即习近平同志所讲的党的"理论优势、政治优势、组织优势、制度优势和密切联系群众的优势"。正是因为有这些独特优势,中国共产党才能超越西方那种党派之争和利益集团的干扰,克服改革开放过程中的种种困难,在调整利益格局过程中统筹兼顾各种利益关系,化解各种社会矛盾,实现人民利益最大化②。

(四)应对目前所进行的全面深化改革所呈现的新特点的需要。目前,在我们国内的改革,即全面深化改革,其所呈现的新特点是多种多样的。其一,改革具有全面性、综合性、广泛性。所谓全面性、综合性、广泛性,是指目前我们所进行的改革,从"面"上、内容上和范围上来说,已不再像此前的30余年间,只是进行了单一的改革——经济体制改革——以经济改革为主线,以非经济领域的改革为补充,而是囊括了经济、政治、文化、社会、生态文明以及国防和军队改革,还有党的建设制度改革等各个方面的改革③。之所以要全面深化这诸多方面的改革,是因为目前的改革已进入了克难攻坚、破解疑难的攻坚期和涉险滩的深水区,在这样的情况下,任何单一的改革都难以解决克难攻坚、破解疑难的一系列问题。④而要解决克难攻坚、破解疑难的这一系列问题,只有进行全面性、综合性、广泛性、协同性、系统性的改革,才能够破解每一个单一的问题,从而破解整体的问题。针对目前这种具有全面性、综合性、广泛

---

① 王春玺:《加强和改善党对全面深化改革的领导》,载《前线》,2013年第12期,第14页。

② 王春玺:《加强和改善党对全面深化改革的领导》,载《前线》,2013年第12期,第14页。

③ 赵政宪:《全面深化改革必须加强和改善党的领导思考》,载《陕西行政学院学报》,2014年第2期,第81-83页。

④ 朱继东:《全面深化改革为何必须加强和改善党的领导》,载《党建》,2013年第11期,第60-62页。

性、协同性、系统性的多领域全面改革，对于在领导方式和执政方式等方面还存在着许多不适应的中国共产党来说，这不能说不是一个前所未有过的相当棘手的新挑战、新问题或新难题。

这就要求当代的中国共产党人，不仅要继续保持过去30多年间我们通过"摸着石头过河"而探索出的那种驾驭单一的经济体制全面改革的能力和本领，同时更要与时俱进地具备驾驭目前所全面铺开的经济、政治、文化、社会、生态"五位一体"的改革和党的制度建设等各个领域全面深化改革的能力和本领。这就要求中国共产党人从过去30多年搞单一的经济体制改革所练就的"单打独斗拳路"，必须向应对"五位一体"的改革和党的制度建设等各个领域全面深化改革所必须具备的"多种组合拳路"转变。而要实现这种由"单一拳路"向"多种组合拳路"的转变，作为中国共产党人来说，就必须根据目前这种多领域全面深化改革所呈现的新特点，适时地加强和改善党的领导，否则，要领导好目前所逐步推开并多领域全面深化改革的实践，就可能会出现力不从心或心有余而力不足的令人担忧的"本领恐慌"和"能力恐慌"的问题①。

其二，改革具有前所未遇的深刻性、艰巨性和高风险性。目前，我国各个领域的改革已进入了"涉险滩"的深水区和"啃硬骨头"的攻坚期，其深刻性、艰巨性和高危的风险性是我们前所未有的。因此，中国共产党人所肩负的重大责任也是前所未遇的，时代使命是更加崇高的（实现"两个一百年的目标"和民族复兴、国家富强、人民幸福的中国梦），任务是更加艰巨的，情况是更加复杂的。全面深化改革所面对的问题与以前有很大的不同，可以说发展中的问题和发展后的问题、一般性的矛盾和深层次性的矛盾、有待完成的任务和新提出的任务交织叠加、错综复杂，人民群众对改革开放有了更多的期待和更高的要求。面对如此前所未遇的复杂情况，作为新形势下的中国共产党人，要能够较好地或者更好地应对复杂情况，就不能再拿着过去的老皇历翻来翻去了，就不能在领导理念、领导方式和方法等方面故步自封，靠吃老本。过去形成的一些明显与当今的客观现实不相适应的领导理念、领导方式和方法等——过新日子了，必须在领导理念、领导方式和方法等方面，来一个"壮士断腕"的彻底决裂，创新一套与时俱进的领导理念、领导方式和方法等。只有这样，才有可能较好地或更好地应对眼前这种前所未遇到过的复杂情况。否则，要较好地或

---

① 赵政宪：《全面深化改革必须加强和改善党的领导思考》，载《陕西行政学院学报》，2014年第2期，第81-83页。

更好地应对眼前这种前所未遇的复杂情况,那就只能是痴人说梦而已。① 由此可见,目前或今后我们持续不断地全面深化改革,特别是这种具有前所未遇的深刻性、艰巨性和高风险性的全面深化改革,要使其取得我们预想的目的,实现我们所设定的诱人目标,就必须面对现实,加强和改善党的领导。

(五)加强和改善党的领导,是我们党长期以来一以贯之的优良传统。回顾中国共产党90余年的光辉历史,无论是在战火纷飞的革命战争时期,还是在热火朝天的和平建设时期,还是在激情奔涌的改革开放新时期,加强和改善党的领导,都是我们党高度重视的一个重要问题。早在战火纷飞的革命战争时期,我们党就提出了把党组织(支部)建立在连队上的思想和坚强党的思想建设等一系列加强和改善党的领导的问题,并付诸实践,取得了较好的实际效果;同样,在热火朝天的和平建设时期和激情奔涌的改革开放新时期,我们党也是高度重视加强和改善党的领导的。正是由于各个时期,我们党高度重视加强和改善党的领导,才使我们党逐步成为一个光荣伟大坚强的党,才使我们党逐步成为一个"领导我们事业的核心力量"。② 目前,我们要完成全面深化改革的这一空前未遇的伟大事业,从我们党的历史传统或经验来说,就必须加强和完善党的领导。

(六)30多年改革实践证明,共产党是中国改革开放事业的领导核心。善于总结经验并吸取历史教训,是中国共产党的一大优势。1978年12月,党的十一届三中全会确定了党的工作重心转移的重大决策,开启了中国改革开放的历史新时期。作为执政党,中国共产党坚持民主集中制,重大决定由党的全国代表大会和中央委员会全体会议作出。所以,新时期每一次党代会都会总结改革开放的经验,并对下一步改革开放作出部署。由于在新时期,经济建设是我们党的中心工作,改革开放则是当代中国最鲜明的特点,而三中全会是新一届中央委员会当选后第一次研究具体工作问题的会议,所以,改革开放以来的历次三中全会都重点研究经济领域的改革问题。1984年10月,党的十二届三中全会通过了《关于经济体制改革的决定》,启动了以城市为中心的全面经济改革,使经济体制改革扩展到全国。1988年9月,党的十三届三中全会提出治理经济环境、整顿经济秩序的方针,中国改革发展进入以"治理整顿"为主要内容的阶段。1993年11月,党的十四届三中全会通过了《关于建立社会主义市场经济体

---

① 赵政宪:《全面深化改革必须加强和改善党的领导思考》,载《陕西行政学院学报》,2014年第2期,第81-83页。
② 张玉峥:《群众路线教育实践发力点在基层》,载东北新闻网,2013年8月12日。

制的决定》,明确了我国社会主义市场经济体制的总体框架。1998年10月,党的十五届三中全会通过了《关于农业和农村工作若干重大问题的决定》,提出到2010年建设有中国特色社会主义新农村的目标。2003年10月,党的十六届三中全会通过了《中共中央关于完善市场经济体制若干问题的决定》,提出以科学发展观的要求完善社会主义市场经济体制。2008年10月,党的十七届三中全会通过的《中共中央关于推进农村改革发展若干重大问题的决定》,对推进农村改革发展作出部署,在很多方面有了进一步突破。2013年11月,党的十八届三中全会通过《决定》,对全面深化改革作出部署①。30多年来,我党每一次三中全会都聚焦改革开放,研究改革进程中遇到的困难和问题,在理论方面不断取得突破,冲破思想观念的束缚;在实践方面对进一步改革作出部署,把中国的改革开放推向前进。

(七)苏联和东欧亡党亡国的启迪或警示。苏联和东欧的所谓"改革"结果导致了其出现亡党亡国的令人惋惜的惨痛结局。这一令人深省的惨痛结局,深刻地启迪或警示我们中国共产党:作为一个执政党,在改革的过程中,要避免苏联和东欧出现的这一结局,就必须加强和改善党对多领域全面深化改革的领导。对于苏联和东欧出现的惨痛结局,特别是苏共的垮台、苏联解体的原因,国际国内许多有识之士均从不同的角度进行了反思。总体来说,其原因既有历史的原因,又有现实的原因;既有政治的原因,又经济的原因;既有内部的原因,又外部的原因;既有主观的原因,又有客观的原因②。但是,其中一个很重要的原因就是苏联在进行所谓的改革中没有及时加强和改善党的领导,进而脱离广大人民群众,失去了人民群众这个党和国家的坚实根基的支撑和大力支持,结果使一个曾经建党80多年、执政70多年的大党老党,一夜之间被赶下台;一个曾经在人类发展史上创造了一段社会主义建设辉煌业绩、在世界政治舞台上光彩夺目的苏维埃社会主义共和国联盟,一夜之间土崩瓦解,分崩离析,不复存在。据有关资料显示:苏联1989年前后曾在国内做了一个"苏共究竟代表谁"的调查,结果令人十分震惊:认为苏共代表劳动人民的只占7%,代表工人的只占4%,代表全体党员的只占11%,而代表官僚、干部、机关工作人员的却占到了85%。另外,苏共的党员的数量与质量不成正比,又不能不

---

① 方涛:《全面深化改革必须加强和改善党的领导》,载《求知》,2014年第4期,第12—13页。
② 中国社会科学院世界社会主义研究中心课题组:《苏联亡党亡国20年祭——俄罗斯人在诉说》,载中华人文文化网,2013年3月20日。

说是一个重要原因。据有关资料显示：苏共20万党员时取得了十月革命的伟大胜利，200万党员时打败了德国法西斯，近2000万时却使得苏共垮台。（一说是，苏共20万党员时取得了二月革命的胜利，35万党员时取得了十月革命的胜利，550万党员时打败了希特勒和日本法西斯，而在近2000万时却使得苏共垮台。）① 戈尔巴乔夫接受中国记者采访，谈到苏共垮台说："我深深体会到，改革时期，加强党对改革进程的领导，是所有问题的重中之重。在这里，我想通过我们的惨痛失误来提醒中国朋友：如果党失去对社会和改革的领导，就会出现混乱，那将是非常危险的。"对于这种现象，我们一定要高度警惕②。从苏联亡党亡国的分析我们可以看出，要避免其悲惨的结局，尽管要做的工作很多，但是加强和改善党的领导，不能不说是一项很重要的工作。苏联亡党亡国的悲惨结局启迪或警示我们，要使我们目前正在逐步推开的多领域全面深化改革不重蹈其覆辙，就必须加强和改善党的领导。否则，全面深化改革，就有可能很难达到预期的目的，实现预期的目标。

（八）应对来自国际上的各种各样考验和挑战的需要。当今世界，虽然和平、发展、合作仍然是时代的主题没有变，但是，霸权主义、强权政治和"冷战"思维的现实依然存在，并在一定程度上或一定范围内有愈演愈烈之势。在西方，一些一向以霸权主义、强权政治和"冷战"思维为主导并擅长玩弄"胡萝卜加大棒"两面派手法的个别国家，他们一方面与我们"和平共处"、"互通有无"，发展所谓的双边或多边友好合作关系，谋求彼此所谓的相互发展；但是，另一方面，他们又对我国在短短的30多年时间内，不为国际国内各种非议和压力所左右，而是韬光养晦，始终咬定"一个中心、两个基本点"的基本路线不动摇，一心一意发展自己，从而以令他们始料未及而又令他们望尘莫及的经济发展速度向前发展的势头，真是五味杂陈，"别有一番滋味在心头"。③ 特别是我国的经济在短短的30多年时间呈现出了超过日本赶上美国，从世界经济总量排名第六而一跃取代了原先排名老二的日本，成为仅次于世界经济总量排名老大的美国而排名为世界第二大经济体的现实，更是令他们如坐针毡，不惜采取他们的传统的霸权主义、强权政治和"冷战"思维和做法，甚至有过之而

---

① 赵政宪：《全面深化改革必须加强和改善党的领导思考》，载《陕西行政学院学报》，2014年第2期，第81-83页。
② 朱继东：《全面深化改革为何必须加强和改善党的领导》，载《党建》，2013年第11期，第60-62页。
③ 赵政宪：《全面深化改革必须加强和改善党的领导思考》，载《陕西行政学院学报》，2014年第2期，第81-83页。

无不及。他们或沉瀣一气，或笼络一些不明真相的或大或小的国家或地区，或煽动一些与我们有一些所谓的纷争或"恩怨"的或大或小的国家或地区，采取一些或明或暗、或间接或直接的手段，对我国进行妖魔化、诋毁、敌视，或对抗、或排挤、或打压、或遏制、或制造事端等等，企图围堵、扼杀或阻止我国"风景这边独好"的富民强国的发展势头①。

因此，从目前的国际现实看，我们党在这样的国际环境下，要应对好国际上各种各样可预料或不可预料的不利影响和挑战，要经受住来自国际上的各种各样的考验，要完成好我们全面深化改革这一艰巨而又光荣的历史重任，就必须加强和改善党的领导。因为，只有我们党的领导加强和改善了，才有可能在全国各族人民的心目中树立起高大的形象，进而使广大人民群众心悦诚服地团结在其周围并在其领导下，心往一处想，劲往一处使，万众一心，众志成城，共同团结一致，以应对国际上对我国迅猛发展而不时出现的各种各样的奇谈怪论和噪音、杂音以及各种各样损害我们国家的"奇巧淫技"。②

二、加强和改善党对全面深化改革的领导的着力点

如果把全面深化改革看作一个大的系统工程，那么，加强和改善党对全面深化改革的领导就是这个大系统工程中关键的小系统工程。如何更好地保证大系统工程按时、按量、按质完工，关键在于如何完成小系统工程，即如何加强和改善党对全面深化改革的领导。

（一）高举旗帜，牢牢把握改革的领导权和主动权。党的十八大提出："发展中国特色社会主义是一项长期的艰巨的历史任务，必须准备进行具有许多新的历史特点的伟大斗争。"习近平总书记在中央政治局第一次集体学习讲话时，再次引用了十八大报告中的这句话并强调指出，全党同志一定要以更加坚定的信念、更加顽强的努力，毫不动摇坚持、与时俱进发展中国特色社会主义，不断丰富中国特色社会主义的实践特色、理论特色、民族特色、时代特色，团结带领全国各族人民，努力实现全面建成小康社会各项目标任务，继续实现推进现代化建设、完成祖国统一、维护世界和平与促进共同发展这三大历史任务。"必须准备进行具有许多新的历史特点的伟大斗争"这一振聋发聩的语句，发人

---

① 教育部中国特色社会主义理论体系研究中心：《改革是当代中国最鲜明的特色》，载《求是》，2014年第5期，第12-14页。
② 赵政宪：《全面深化改革必须加强和改善党的领导思考》，载《陕西行政学院学报》，2014年第2期，第81-83页。

深省、鼓舞斗志。它既是提醒，也是要求，彰显出中国共产党人在时代面前的责任意识、忧患意识和斗争精神。党的十八届三中全会强调，全面深化改革，必须高举中国特色社会主义伟大旗帜，以马克思列宁主义、毛泽东思想、邓小平理论、"三个代表"重要思想、科学发展观为指导，坚定信心，凝聚共识，统筹谋划，协同推进，坚持社会主义市场经济改革方向，以促进社会公平正义、增进人民福祉为出发点和落脚点，进一步解放思想、解放和发展社会生产力、解放和增强社会活力，坚决破除各方面体制机制弊端，努力开拓中国特色社会主义事业更加广阔的前景。我们必须强化使命感和责任意识，高举旗帜，明确方向，牢牢把握改革的领导权和主动权①。

在我们党 90 多年的不平凡历史中，每当革命、建设和改革的重大关头，旗帜问题都必然提上日程。"中国是一个大国，不能出现颠覆性错误。"习近平总书记多次强调这个问题。这里所说的颠覆性错误，就是指根本性、方向性错误。因此，加强和改善党对全面深化改革的领导，必须把牢牢把握正确方向摆在第一位。举什么旗，走什么路，必须始终保持清醒头脑，不为各种错误观点所左右，不为各种干扰所惑，不生搬硬套西方思想理论和制度模式，坚持一切从实际出发，以我为主，该改的坚决改，不能改的坚决守住。当今的中国，全面建成小康社会正处于关键时期，全面深化改革正处于攻坚时期，这一历史特点又一次把举什么旗的问题严峻地摆在全党面前。因此，不论在党的十八大报告中，还是在党的十八届三中全会公报、决定中，也不论是党的十八大以来习近平总书记的一系列重要讲话中，都特别强调指出，要坚定不移高举中国特色社会主义伟大旗帜。这就又一次向全党和全国人民表达了我们党对旗帜的高度关注，对高举中国特色社会主义伟大旗帜的坚定性。旗帜问题至关紧要。旗帜是我们党的政治宣言，是我们党前进的方向目标，旗帜是凝聚全党全民的基点，旗帜是全党行动的号令，旗帜也是我们党在社会上公开树立起来的形象。党举什么旗的问题，直接决定着党走什么道路、实现什么目标、靠什么动员和凝聚全党乃至全国人民的智慧和力量，归根到底，旗帜问题关系着党的生死存亡，关系着党的事业的兴衰成败，关系着中华民族的前途命运，关系着中国人民的幸福安康。今天，我们党高举中国特色社会主义伟大旗帜，必将对党的发展、国家

---

① 张荣臣：《加强和改善党对全面深化改革的领导》，载《中共石家庄市委党校学报》，2013 年第 12 期，第 20 - 25 页。

的强大、民族的振兴、人民的富裕具有十分重大而深远的意义①。

中国特色社会主义伟大旗帜凝聚着几代共产党人的智慧和心血。在我们党的历史上，举起中国特色社会主义这面伟大旗帜，选择中国特色社会主义道路，经历了一个寻找探索、开创树立、坚持发展的历程。习近平在十八届中央政治局第一次集体学习时就指出：中国特色社会主义是中国共产党和中国人民团结的旗帜、奋进的旗帜、胜利的旗帜。

今天，十八届三中全会又一次强调，全面深化改革，必须高举中国特色社会主义伟大旗帜。高举中国特色社会主义伟大旗帜，是历史经验的总结、崭新时代的要求和人民群众的愿望。首先，只有社会主义才能救中国，只有中国特色社会主义才能发展中国。这是中国人民从五四运动以来近百年的切身体验中得出的不可动摇的历史结论。中国离开社会主义就不可能实现民族独立、人民解放，中国离开社会主义也不可能实现国家富强、百姓富裕。事实上，在改革开放前的近30年中，我们尽管犯过一些错误，但我国的社会主义道路已经使我国大大缩短了同发达资本主义国家在经济发展方面的差距，我们是在30年间取得了旧中国几百年、几千年所没有取得过的进步。特别是改革开放以来我们之所以能够取得经济建设、政治建设、文化建设和社会建设等方面举世瞩目的巨大成就，根本原因就在于我们始终坚持了社会主义这个政治方向，始终坚持了社会主义道路。其次，只有中国特色社会主义才能发展中国。改革开放前，由于我们照搬苏联高度集中的计划经济体制，在经济社会发展中的弊端逐渐暴露出来，对生产力发展的制约性日益突出，于是我们总结经验教训，分析中国国情，寻找新的出路，开辟新的道路，这就是中国特色社会主义道路。30多年来的事实证明，中国特色社会主义道路，就是在中国共产党领导下，立足基本国情，以经济建设为中心，坚持四项基本原则，坚持改革开放，推动经济社会全面发展，逐步实现全体人民共同富裕，建设富强民主文明和谐的社会主义现代化国家的道路②。

我国各项事业发展的事实充分证明，中国特色社会主义伟大旗帜，是当代中国发展进步的旗帜，是全党全国人民团结奋斗的旗帜。同时，还应当看到，我国生产力水平总体上还不高，与社会主义民主政治建设经济社会发展的要求

---

① 张荣臣：《加强和改善党对全面深化改革的领导》，载《中共石家庄市委党校学报》，2013年第12期，第20 – 25页。

② 张荣臣：《加强和改善党对全面深化改革的领导》，载《中共石家庄市委党校学报》，2013年第12期，第20 – 25页。

还不完全适应，人民精神文化需求方面提出了更高要求，社会建设和管理面临诸多新课题。中国经济社会发展中存在的上述问题的解决，只能靠坚持和发展中国特色社会主义。没有什么其他的"主义"能够发展中国，没有什么其他的"主义"能够使社会主义中国顺畅地度过当前这个关键时期，没有什么其他的"主义"能够让人民群众生活得更加幸福。当代中国共产党人，一定要倍加珍惜、长期坚持和不断发展党历经艰辛而高举着的中国特色社会主义伟大旗帜，既要尊重历史、继承历史，又要站在新的历史起点上，把凝结着几代共产党人心血的中国特色社会主义伟大旗帜举得更高，把中国特色社会主义伟大道路走得越来越宽阔，谱写中国特色社会主义新的历史篇章。

（二）充分发挥党总揽全局、协调各方的领导核心作用。我们党担负着团结带领人民全面建成小康社会、推进社会主义现代化、实现中华民族伟大复兴的重任。形势的发展、事业的开拓、人民的期待，都要求我们加强党的建设，坚决维护中央权威，在思想上政治上行动上同党中央保持高度一致，坚决贯彻党的理论和路线方针政策。加强监督检查，严肃党的纪律特别是政治纪律，形成全党上下步调一致、奋发进取的强大力量，发挥党总揽全局、协调各方的领导核心作用。毛泽东说，处于局部地位的各级领导之所以有必要研究全国大局，是"因为懂得了全局性的东西，就更会使用局部性的东西，因为局部性的东西是隶属于全局性的东西的"。① 总揽全局是由我们党的执政地位所决定的，不断提高总揽全局的能力，是全面建设小康社会的要求。可以说，在当代中国，整个国家的前途命运如何，广大人民群众的生活水平如何等等，全系于中国共产党一身。所以，党要管整个国家和社会的全局，政治、经济、文化、军事、外交等等都要管。其次是党要"协调各方"。也就是说，要把各方面的力量协调起来，形成合力。在依法治国、依法执政的条件下，我们党要真正做到总揽全局、协调各方，应该说是一个不小的课题，过去没有做过的课题。它对各级党委和领导干部是一个考验。我们既要揽得住，纲举目张，又要充分发挥国家政权组织及一切社会组织的作用，使它们尽职尽责地发挥作用。把握全局是领导干部必备的一种素质和能力。善于把握全局，就是要能够总揽全局、驾驭全局，争取全局工作的主动。这是做好一切领导工作的必备条件。我们的事业是中国特色社会主义，包括各行各业，各地区各部门，包括一系列相互联系的过程和阶段。因此，必须处理好各个方面与各个阶段之间的关系，力争全局工作取得最

---

① 《毛泽东选集》（第1卷），人民出版社1991年版，第175页。

佳效果，切不可囿于局部而忽略全局①。

中央成立全面深化改革领导小组，负责改革总体设计、统筹协调、整体推进、督促落实。全体党员和党的领导干部必须坚决贯彻执行党的路线、方针、政策，坚决维护中央的权威，做到令行禁止。在具体工作中，自觉地把本地区、本部门的工作放到全党、全国改革和发展的大局中来考量，而不能片面强调本地区、本部门的利益，把全局利益和长远利益置之度外。维护中央的权威，在思想上行动上与中央保持一致，并不是照抄照搬，而要因地制宜，因时制宜，创造性地开展工作，把维护中央的权威与发挥主观能动性、创造性结合起来。同时，领导干部必须对党忠诚老实，言行一致，坚决反对一切派别组织和小集团活动，反对阳奉阴违的两面派行为和一切阴谋诡计。全党同志要把思想和行动统一到中央关于全面深化改革重大决策部署上来，正确处理中央和地方、全局和局部、当前和长远的关系，正确对待利益格局调整，充分发扬党内民主，坚决维护中央权威，保证政令畅通，坚定不移实现中央改革决策部署。基层党组织要充分发挥战斗堡垒作用，广大党员要积极投身改革事业，发扬"钉钉子"精神，抓铁有痕、踏石留印，为全面深化改革作出积极贡献。

（三）必须加强党的自身建设，推进治党体系和治党能力现代化。不断增强党的创造力凝聚力战斗力。习近平同志指出，党中央决定成立全面深化改革领导小组，负责改革总体设计、统筹协调、整体推进、督促落实，就是"为了更好发挥党总揽全局、协调各方的领导核心作用，保证改革顺利推进和各项改革任务落实。"执政党要统筹协调好党委、人大、政府、政协的关系，调动各级组织的积极性。巩固和发展最广泛的爱国统一战线，加强中国共产党同民主党派和无党派人士团结合作，最大限度团结一切可以团结的力量。要充分发挥中国共产党独特的组织优势、制度优势，增强党的凝聚力、战斗力。进一步坚持和完善民主集中制原则，自觉维护党的集中统一和中央的权威，做到"全党一盘棋、全国一盘棋"，保证政令畅通，坚定不移落实中央改革决策部署；积极发展党内民主，激发并增强400多万个基层党组织的创造活力，将其打造成能够发挥广大党员先锋模范作用的战斗堡垒，把党员领导干部的骨干带头作用进一步发挥好，组织和调动起8500多万名党员在全面深化改革中的积极性、创造性。关键是要坚定理想信念。理想信念是共产党人精神上的"钙"，没有理想信念，或者理想信念不坚定，精神上就会"缺钙"，就会得"软骨病"。当前，大多数

---

① 张荣臣：《加强和改善党对全面深化改革的领导》，载《中共石家庄市委党校学报》，2013年第12期，第20-25页。

人民群众和党员干部对坚持和发展中国特色社会主义是执着而坚定的。但是，也有一些党员干部信仰模糊、信仰缺失，丧失精神支柱和奋斗目标，对建设中国特色社会主义心存疑虑，关键时刻站不出来、冲不上去；一些党员干部理想动摇、思想摇摆，丧失行为规范和道德底线，世界观、人生观、价值观发生扭曲，拜金主义、享乐主义和极端个人主义滋生和膨胀，甚至走上了违法犯罪的道路①。

理想信念动摇是最危险的动摇。在新的历史条件下，党员干部必须坚持"革命理想高于天"②，做中国特色社会主义共同理想的执着信仰者，坚定践行者。坚持和发展中国特色社会主义，当前最重要的就是团结带领广大人民群众，积极投身于实现伟大中国梦的改革大潮和火热实践中去。中国梦是一种形象的表达，是一种易于为群众所接受的表述，它确立了鼓舞人心的奋斗目标，昭示了党和国家的美好前景。中国梦的提出，开阔了党的建设视野，拓展了党的建设路径，创新了党的建设方法，为推进中国特色社会主义大众化指明了方向。最重要的是坚持立党为公、执政为民。

党的十八届三中全会指出，全面深化改革，就是要让发展成果更多更公平惠及全体人民。习近平总书记在总结我党建国以来的历史经验时强调指出：60年的实践证明，加强和改进党的建设，最重要的就是坚持立党为公、执政为民，把实现好、维护好、发展好最广大人民的根本利益作为党全部工作的出发点和落脚点，始终保持党同人民群众的血肉联系。他在中央政治局常委与中外记者见面会上的讲话中强调：我们的人民热爱生活，期盼有更好的教育、更稳定的工作、更满意的收入、更可靠的社会保障、更高水平的医疗卫生服务、更舒适的居住条件、更优美的环境，期盼着孩子们能成长得更好、工作得更好、生活得更好。人民对美好生活的向往，就是我们的奋斗目标。这些重要论述是对中国共产党坚持把不断实现和满足人民群众的利益要求放在首位这一价值取向的深刻揭示，是对党的利益观、政绩观、发展观的深刻诠释，再次向世人昭示中国共产党没有自己的特殊私利，展现了让人民生活得更美好的政治自觉、思想自觉和行动自觉③。

---

① 刘毅：《全面深化改革必须加强和改善党的领导》，载《四川日报》，2013年11月27日。

② 中共中央宣传部：《习近平总书记系列重要讲话读本》，学习出版社、人民出版社2014年版，第159页。

③ 刘毅：《全面深化改革必须加强和改善党的领导》，载《四川日报》，2013年11月27日。

要不断改革和完善党的领导方式和执政方式,把依法执政作为党治国理政的一个基本方式。最广泛地动员和组织人民依法管理国家事务和社会事务、管理经济和文化事业、积极投身社会主义现代化建设。正如习近平所说:"我们要坚持党的领导、人民当家作主、依法治国有机统一,坚持人民主体地位,扩大人民民主,推进依法治国,坚持和完善人民代表大会制度的根本政治制度,中国共产党领导的多党合作和政治协商制度、民族区域自治制度以及基层群众自治制度等基本政治制度,建设服务政府、责任政府、法治政府、廉洁政府,充分调动人民积极性。"①

只要让最广大人民群众参与到全面深化改革的实践中来,让他们心往一处想、劲往一处使,就能汇集全国各族人民的智慧与力量②。不断提高拒腐防变和抵御风险能力。新形势下,中国共产党面临的执政考验、改革开放考验、市场经济考验、外部环境考验是长期的、复杂的、严峻的,精神懈怠危险、能力不足危险、脱离群众危险、消极腐败危险更加尖锐地摆在全党面前。面临这"四大考验"、"四大危险"和各种挑战,新时期中国共产党能否担负起领导中华民族伟大复兴的历史重任?关键在中国共产党的自身建设。2013年1月,习近平提出,"要加强对权力运行的制约和监督,把权力关进制度的笼子里,形成不敢腐的惩戒机制、不能腐的防范机制、不易腐的保障机制"。③

反腐倡廉必须常抓不懈,拒腐防变必须警钟长鸣,坚持"老虎"、"苍蝇"一起打,以踏石留印、抓铁有痕的劲头抓下去,坚决做到有腐必反、有贪必肃。增强自我净化、自我完善、自我革新、自我提高能力,建设学习型、服务型、创新型的马克思主义执政党④。

十八大以来的"铁腕反腐",凸显了执政党锻造坚强领导核心的勇气与魄力。党的十八大以来,党的制度建设、反腐倡廉建设双管齐下,取得了一定成效。改革者自身要硬,作风建设是关键。良好作风是全面深化改革的重要保障。改革需要有效的组织力,更需要强大的精神力。让改革者自身硬起来,作风建设是关键。党的十八届三中全会指出,坚持用制度管权管事管人,让人民监督

---

① 《习近平在十二届全国人大一次会议闭幕会上发表重要讲话》,载新华网,2013年3月17日。
② 王春玺:《加强和改善党对全面深化改革的领导》,载《前线》,2013年12月,第14页。
③ 《把权力关进制度的笼子里》,载新华网,2013年1月23日。
④ 王春玺:《加强和改善党对全面深化改革的领导》,载《前线》,2013年12月,第14页。

权力,让权力在阳光下运行,是把权力关进制度笼子的根本之策。这对党要管党从严治党提出了新的更高的要求。习近平指出,如果管党不力、治党不严,人民群众反映强烈的党内突出问题得不到解决,那么我们党迟早会失去执政资格,不可避免会被历史淘汰。必须把从严治党贯彻和体现到从严管理干部、从严管理党员队伍、扎实做好抓基层打基础工作、严肃党内生活等各个方面。作风问题绝对不是小事,不良风气就像一座无形的墙,把我们党和人民群众隔开。习近平总书记指出,要以踏石留印、抓铁有痕的劲头抓作风建设,善始善终,善做善成,防止虎头蛇尾。他指出,要加强反腐倡廉党内法规制度建设,让法律制度刚性运行;加强对权力运行的制约和监督,把权力关进制度的笼子里,形成不敢腐的惩戒机制、不能腐的防范机制、不易腐的保障机制;反腐既没有"特区",也没有"禁区",坚持"老虎"、"苍蝇"一起打,任何人都没有凌驾于法律之上的特权①。

  这些重要论述回应人民关切,顺应人民期待,体现了党要管党,从严治党的坚定决心和"打铁还需自身硬"的责任担当,既是对全党同志的警示,也是对全国人民的庄严承诺②。坚持党要管党、从严治党,是党的一贯方针和优良传统。当前,党内存在一些亟待解决的突出问题。一些党员庸懒散奢等不良风气滋长蔓延,正气上不来、邪气压不住;一些基层党组织战斗堡垒作用不强,有的甚至软弱涣散;部分党员先锋队意识淡化,组织纪律性不强,发挥作用不明显,等等。这些问题都与一些地方和单位对党员、干部教育管理失之于宽、失之于软有关。中国共产党不同于西方轮流执政的政党,必须保持加强党的自身建设的高度自觉,通过在认识规律基础上的自我约束、自我完善、自我发展来保持党的先进性和纯洁性,来提高党的建设科学化水平。

  (四)加强和改善党的领导必须深化党的建设制度改革。面深化改革的伟大事业同党的建设新的伟大工程是密切联系在一起的。十八届三中全会对党的制度建设提出了新的要求,"紧紧围绕提高科学执政、民主执政、依法执政水平深化党的建设制度改革。"③ 深化党的建设制度改革,是全面深化改革的重要内容,是加强和改善党的领导的必然要求,是使党更好成为全面深化改革的坚强领导核心的内在要求。现阶段党的建设制度改革的主要任务概括起来主要有五

---

① 田培炎:《管党治党的新要求——学习习近平同志关于党的建设的重要论述》,载《求是》2013年第14期,第11-13页。
② 刘毅:《全面深化改革必须加强和改善党的领导》,载《四川日报》,2013年11月27日。
③ 《中国共产党十八届三中全会公报发布(全文)》,载新华网,2013年11月14日。

个方面。(1) 加强党的民主集中制建设。民主集中制是我们党的根本组织制度和工作制度,是我们党的理论优势和制度优势,民主集中制贯彻的好不好,不仅直接影响领导班子思想政治建设的效果,也直接影响到党的优势的发挥,关系党的事业的兴衰成败。在全面深化改革的考验面前,坚持民主集中制,有利于充分发扬党内民主,形成生动活泼的政治局面,调动全党的积极性,更好地集中各方的智慧,不断增强党的生命力和活力;使各项决策建立在民主、科学的基础上,有利于提高党的民主决策科学决策水平,有效遏制主要领导一言堂和独断专行以及领导班子软弱无力等问题,使党在民主的基础上实现高度的团结统一,保证党在领导全面深化改革进程中的战斗力①。(2) 加强反腐败体制机制创新和制度建设。《决定》指出,必须构建决策科学、执行坚决、监督有力的权力运行体系,健全惩治和预防腐败体系,建设廉洁政治,努力实现干部清正、政府清廉、政治清明。以强化权力运行制约和监督体系为统领,提出加强反腐败体制机制创新和制度保障的改革举措,抓住了当前党风廉政建设和反腐败工作的要害。创新反腐败体制机制,是深化党的建设制度改革的重点任务之一,也是确保改革成功的内在要求。要从根本上推进反腐败,必须改革旧的体制机制,加强反腐败体制机制创新,编织起强有力的能真正关住权力的制度笼子。约束权力要靠制度,加强和推进反腐败更要靠制度来保障。只有不断健全预防和惩治腐败的制度体系,才能形成干部不敢贪、不能贪、不愿贪的制度环境,保证干部队伍的清正廉洁,才能执好政、掌好权、用好权,才能提高党的执政能力。(3) 加强党的作风常态化制度化建设。作风体现党的性质。执政党的党风关系党的形象,关系人心向背,关系党的战斗力,关系党的生死存亡。面对全面深化改革这场攻坚战,需要良好的作风。优良的作风是党的事业成功的保证。新形势下,要增强党的执政能力,就必须进一步改进党的作风建设,克服形式主义、官僚主义、享乐主义和奢靡之风等不正之风,建立健全改进作风的常态化制度,把党的群众路线教育实践活动的成果制度化,保证党始终和最广大人民群众站在一起,紧密联系群众,健全作风建设各项制度,推进改进作风常态化制度化,以优良作风为全面深化改革保驾护航。保证党的各级组织、广大领导干部和广大党员能够以昂扬的斗志、良好的作风领导人民群众实现共

---

① 李翠兰、黄文杰:《全面深化改革必须加强和改善党的领导》,载《吉林省社会主义学院学报》,2014年第1期,第10-12页。

同的奋斗目标，永葆党的先进性和纯洁性①。（4）深化干部人事制度改革，为全面深化改革提供组织保证和人才支撑。毛泽东同志说过，政治路线确定之后，干部就是决定的因素。邓小平同志说，对执政党来说，党要管党，最关键的是干部问题。全面深化改革，核心在党的领导，关键在干部，需要有力的组织保证和人才支撑。深化干部人事制度改革是党的建设制度改革的重要任务之一，是重要领域改革中的重头戏，主要解决干部怎么选、怎么用、怎么管的问题。选什么样的干部，用什么样的干部，决定着全面深化改革的成败。要提高党领导改革的能力和水平，就必须不断深化干部人事制度改革，为造就高素质干部队伍、人才队伍提供制度保障。深化干部人事制度改革，抓住干部人事工作中群众反映强烈的实质问题，认真研究，不断改进，把完善干部选拔任用制度与完善考核评价、管理监督、激励保障制度相结合，形成科学完善的制度体系，建设一支宏大高素质干部队伍，这将确保党始终成为坚强领导核心，充分发挥党总揽全局、协调各方的领导核心作用，提高党的领导水平和执政能力。（5）加强社会参与机制建设，为全面深化改革营造良好的社会环境。全面深化改革涉及各方面的关系和广泛的利益调整，如果没有广大人民群众的积极参与和支持，就不可能形成强大的合力，改革也很难顺利进行，广大人民群众是改革的依靠力量。所以，要坚持人民是改革的主体，坚持党的群众路线，坚持以人为本，着眼于实现好维护好发展好人民群众的根本利益，建立社会参与机制，充分发挥人民群众在全面深化改革中的积极性、主动性和创造性，发挥工会、共青团、妇联等人民团体的作用，团结带领广大人民群众齐心协力推进改革，为全面深化改革营造良好的社会环境，让改革获得不竭的力量源泉②。

此外，还要培训和践行社会主义核心价值观，加强各级领导班子建设，完善干部教育培训和实践锻炼制度，不断提高领导班子和领导干部推动改革能力，创新基层党建工作，健全党的基层组织体系，充分发挥基层党组织的战斗堡垒作用等等。党领导全面深化改革的同时改革自身的建设制度。十八届三中全会提出推进经济体制、政治体制、文化体制、社会体制、生态文明体制和党的建设制度改革，在这"六位一体"的改革布局中，党的建设制度改革是新的提法，从党的制度建设到党的建设制度改革，这不仅仅是话语表述上的差异，更是党

---

① 李翠兰，黄文杰：《全面深化改革必须加强和改善党的领导》，载《吉林省社会主义学院学报》，2014年第1期，第10-12页。

② 李翠兰，黄文杰：《全面深化改革必须加强和改善党的领导》，载《吉林省社会主义学院学报》，2014年第1期，第10-12页。

的建设布局内容的调整和完善。不同于制度建设，党的建设制度改革将会更加强调：(1) 盘活存量，即在重视制度创新的同时，更加注意盘活现有制度存量，使之更系统化、规范化；在重视法制创设的同时，更加注意盘活现有法制存量，理顺党内现有法规之间的关系，完善已有的制度，废止不适用的制度，使党内规章制度更加系统、完备；在重视发展新党员的同时，更加注意盘活现有党员存量，健全党员的准入门槛、规范管理制度，探索建立不合格党员退出机制，不断纯洁党的队伍，保持党的先进性和战斗力，以加强和改善党对全面深化改革的领导。① (2) 改进方式，即根据新的形势和任务要求，改进党的建设方式，更加注意根据世情、国情、党情的深刻变化，特别是网络时代和社会转型期党员干部队伍发展的新形势，加强思想建设、组织建设、作风建设、反腐倡廉建设、制度建设，使党的建设方式与时俱进。党的建设制度改革是全面深化改革的重要组成部分，推进党的建设制度改革必须在全面深化改革总目标指引下进行，在实现党领导全面深化改革的同时，与时俱进地改革自身的建设制度。这就需要：首先，全面提高党的建设制度现代化和科学化水平。政党现代化是国家现代化进程中政治现代化的核心要素，其中政党建设制度现代化是关键。我们党是中国现代化建设的领导者，要实现"推进国家治理体系和治理能力现代化"总目标，必须要推进党自身的现代化，让党领导并适应社会主义现代化建设的客观环境及其变化要求，领导并适应时代和现代化发展进程，使党自身的结构、功能、机制和活动方式不断制度化、规范化和科学化，进而与时俱进地实现党治国理政能力的现代化。同时，在多元主体参与的国家治理体系中，党作为领导核心是最重要的治理主体，党的建设制度、治理能力现代化还具有示范效应，能够引领其他治理主体共同现代化②。

毫无疑问，党在领导改革的同时实现自身建设制度的改革是全面深化改革的应有之义，相比较其他方面的改革，党的建设制度改革更具有根本性、全局性、稳定性和长期性。在全面深化改革总目标下，党的建设制度改革需要更加强调制度执行、制度公平和制度绩效，增强制度建设的科学化水平。其次，统筹处理党的制度建设与建设制度改革的关系。十六大以来，党不断加强各项建设，最终形成了党的建设"五位一体"总体布局，其中，制度建设是保障党的

---

① 孙林：《论在全面深化改革中加强和改善党的领导》，载《中共石家庄市委党校学报》，2014年第2期，第9－12页。
② 孙林：《论在全面深化改革中加强和改善党的领导》，载《中共石家庄市委党校学报》，2014年第2期，第9－12页。

各项建设有效落实的根本途径。近年来，党的制度建设成就显著，制度创新形式层出不穷、制度数量不断累积，制度绩效也稳步提高，但现有存量制度的整体性、协调性、科学性、稳定性等方面仍存在一系列问题。在全面深化改革总目标下进行党的建设制度改革，就是要将制度建设从解决制度有无的层面提升到解决制度优劣和体系化的层面上来，实现制度建设从"粗放型"向"集约型"转变①。这就需要处理好党的建设制度存量与制度增量的关系，既要以创新精神探索建立新的制度，也要以改革精神优化完善既有制度；既要向制度创新要红利，也要向制度改革要红利，以不断推进党的建设新的伟大工程，加强和改善党对全面深化改革的领导。

（五）坚持党的群众路线，密切党群干群关系。保持党同人民群众的血肉联系，是中国共产党无往不胜的法宝，也是中国共产党始终保持先进性的法宝。终坚持党的群众路线，巩固和扩大全面深化改革的群众基础。在全面深化改革进程中坚持党的群众路线就是要明确改革"为了谁"、"依靠谁"的问题。全面深化改革是一项系统浩大的工程，在这场改革中人民群众是主体，也是改革的社会之基和力量之源，改革成功与否最终也要由人民群众打钩钩、画圈圈。因此，加强和改善党对全面深化改革的领导，必须要加强党群关系建设，继续扎实推进党的群众路线教育实践活动，从严治党，破除"四风"，增强党同人民群众的血肉联系，通过广泛开展社会协商，认真听取群众意见，集思广益，把各方面的智慧和力量凝聚到推进改革上来②。

2012年6月，习近平指出："要充分发挥党密切联系群众的优势，最重要的就是必须坚持党的根本宗旨，贯彻党的群众路线，使党的一切工作充分体现人民群众的意志、利益和要求，从作风上保持和发展党的先进性和纯洁性。"③ 作为中国共产党最大的政治优势，党的群众路线是党的生命线和根本工作路线。一方面，党要做到一切依靠人民。因为全面深化改革必须紧紧依靠人民来实现，依靠人民群众集体的力量、集体的智慧来实现。2010年，习近平就曾指出："人民群众中蕴藏着无穷的智慧和创造力，要虚心向他们求教问策，把政治智慧的增长、执政本领的增强、领导艺术的提高深深扎根于人民群众的实践沃土中，

---

① 孙林：《论在全面深化改革中加强和改善党的领导》，载《中共石家庄市委党校学报》，2014年第2期，第9-12页。
② 孙林：《论在全面深化改革中加强和改善党的领导》，载《中共石家庄市委党校学报》，2014年第2期，第9-12页。
③ 《全国创先争优表彰大会召开　胡锦涛会见受表彰代表》，载中央政府门户网，2012年6月29日。

不断从人民群众中吸取营养和力量。"要坚持问政于民、问需于民、问计于民，集思广益、群策群力，从人民群众的伟大实践中汲取智慧和力量。另一方面，党要坚持执政为民，一切为了人民。让人民群众得到看得见、摸得着的实惠，让人民群众的生活始终充满阳光、尊严、幸福和希望①。

"我们要随时随刻倾听人民呼声、回应人民期待，保证人民平等参与、平等发展权利，维护社会公平正义，在学有所教、劳有所得、病有所医、老有所养、住有所居上持续取得新进展，不断实现好、维护好、发展好最广大人民根本利益，使发展成果更多更公平惠及全体人民，在经济社会不断发展的基础上，朝着共同富裕方向稳步前进。"②十八届三中全会指出，人民是改革的主体，要坚持党的群众路线，建立社会参与机制，充分发挥人民群众积极性、主动性、创造性，充分发挥工会、共青团、妇联等人民团体作用，齐心协力推进改革。鼓励地方、基层和群众大胆探索，加强重大改革试点工作，及时总结经验，宽容改革失误，加强宣传和舆论引导，为全面深化改革营造良好社会环境。我国是社会主义国家，国家的一切权力属于人民。我们党是受人民群众的委托代表人民行使领导国家的权力的。这就要求，在执政的条件下，党必须忠实地代表全国各族人民的利益，坚持全心全意为人民服务的宗旨，把以人为本作为党的核心价值观③。党在任何时候和任何情况下，都必须紧紧依靠工人阶级和最广大的人民群众，坚持尊重社会发展规律与尊重人民历史主体地位的一致性，坚持为崇高理想奋斗与为广大人民谋利益的一致性，坚持完成党的各项工作与实现人民利益的一致性。

坚持以人为本、执政为民，必须做到以下几个方面：切实尊重人民群众的主体地位。党员领导干部一定要高度重视并有效解决当前对待人民群众存在一些不容忽视的问题：如一些党员干部宗旨观念淡薄，摆不正与人民群众的关系，高高在上、漠视群众；有的不关心群众疾苦，不尊重群众的意愿，不是真正地帮助群众解决实际困难和问题，而是置群众"被服务"的境地；也有的把个人名利看得过重，缺乏为人民服务的精神和热情，甚至跌入贪污腐败的泥坑；在一些部门和单位，形式主义、官僚主义严重，违背群众愿望、侵害群众利益的现象时有发生等等。这就提醒我们，加强宗旨观、群众观、权力观教育，引导

---

① 王春玺：《加强和改善党对全面深化改革的领导》，载《前线》，2013 年第 12 期，第 14 页。
② 《十二届人大一次会议闭幕会习近平讲话（实录）》，载中国网，2013 年 3 月 17 日。
③ 张荣臣：《加强和改善党对全面深化改革的领导》，载《中共石家庄市委党校学报》，2013 年 12 期，第 20 – 25 页。

广大党员干部进一步牢固树立全心全意为人民服务的宗旨和以人为本的执政理念，贯彻落实科学发展观，是一项必须抓紧抓好的重大任务。党的根基在人民、血脉在人民、力量在人民，完成实现和满足人民群众的利益要求，让人民过上幸福美好生活的执政使命，需要保持党同人民群众的血肉联系坚持党的群众路线，努力建设服务型政党、争做服务型干部。建设服务型执政党，其本质要求就是坚持一切从人民群众的根本利益出发，全心全意为人民群众服务，这是党的性质和宗旨的体现。能否牢记宗旨、心系群众、服务人民，是衡量党员干部是否合格的试金石。争做服务型干部，就是要做到目光向下、身子下沉、工作重心下移，与群众站在一起、打成一片，始终保持同群众的血肉联系，始终把为人民群众谋利益作为提高服务质量的出发点和归宿点①。充分发挥执政党代表最广大人民整体利益的优势，坚持以人为本、执政为民，以更大政治勇气和智慧突破利益固化的藩篱，敢于触碰比触动灵魂还难的利益调整博弈，要正确处理中央和地方、全局和局部、当前和长远的关系，"要正确处理最广大人民根本利益、现阶段群众共同利益、不同群体特殊利益的关系，切实把人民利益维护好、实现好、发展好。"②

统筹兼顾各地区、各部门、各阶层、各利益群体、各民族、各党派的利益关系，下决心调整现有的利益格局和国民收入分配格局，用改革的最大红利让最广大的人民群众受益。做到发展为了人民、发展依靠人民、发展成果由人民共享，而不是一部分人享受更多改革发展成果、另一部分人承担更多改革代价③。

树立正确的世界观、权力观、事业观。只有树立了正确的世界观，才能使权力观、事业观建立在正确的基础之上。对于广大党员干部来说，就是树立马克思主义世界观。马克思主义是我们党的理论基础和行动指南，因而是我们党的科学的世界观。当前，共产党人认真学习马克思主义，最重要的就是学习和实践中国特色社会主义理论，并在实践中坚持以中国特色社会主义理论为指导，带领广大人民群众坚持和发展中国特色社会主义伟大事业。对于党员干部来说更应当树立正确的权力观。因为干部手中掌握着领导权力，身居领导地位。权力观是对权力的来源、权力的行使以及权力与责任、义务之间的关系的正确认

---

① 刘毅：《全面深化改革必须加强和改善党的领导》，载《四川日报》，2013年11月27日。

② 杨春贵：《全面深化改革必须坚持正确的方法论——深入学习习近平同志关于全面深化改革的重要论述》，载《人民日报》，2014年3月25日。

③ 王春玺：《加强和改善党对全面深化改革的领导》，载《前线》，2013年第12期，第14页。

识。正确的权力观的基本点包括：权力来源于法律、来源于人民的观念，掌权为公，用权为民；权力受法律约束的观念，把权力的行使严格界定在法律的范围内，真正解决应该用权力做什么、不该用权力做什么的问题；滥用权力应负法律责任的观念，真正认识到一切在法律范围之外滥用权力的行为都必然要受法律的追究，负相关的法律责任。思想观念虽然属于意识形态领域，但它既不是空的、虚的，也不是看不见、摸不着的，而总是要通过人的具体行动和实践表现出来的，通过人对事业、工作以及所作出的政绩体现出来的。这就要求党员干部必须把党性修养和优良作风的养成落脚到树立正确的事业观上，就是真正树立建设中国特色社会主义的事业观，在建设中国特色社会主义实践中建功立业。努力提高经济、政治、文化、社会和生态建设水平。坚持以人为本、执政为民，首要的和根本的是要提高生产力水平，努力满足人民群众日益增长的物质文化需要。在整个现代化建设的过程中，一定要使群众得到应该得到的、看得见的物质利益，而且随着经济的发展，要使群众得到的、看得见的物质利益不断有所增加。这样才能使群众愈来愈深刻地认识到实行改革开放和实现社会主义现代化是祖国的富强之道，也是自己的富裕之道，更加自觉地为之共同奋斗。这是我们事业不断发展并取得最终成功的根本保证。在政治发展上，就是要扩大人民群众的政治参与，建立协商和对话渠道。要建立社情民意反映制度，让广大人民群众有反映问题的渠道；就是要尊重和保障人民群众的利益表达，建立起与市场经济多元化相适应的联系群众、保持社会稳定的方式，其中最主要的就是妥善处理各种利益问题，特别是要首先考虑并满足最大多数人的利益要求，这始终关系党的执政全局，关系国家经济政治文化发展的全局，关系全国各族人民的团结和社会安定的全局。最大多数人的利益是最紧要和最具有决定性的因素。在文化建设方面，就是要推动文化的大繁荣大发展，满足人民群众日益增长的文化需求，提高人民群众的文化生活品质，为提高人民群众的综合素质奠定基础。在社会建设方面，就是要加强社会管理的改革创新，切实做好新形势下的群众工作，使人民群众真正实现劳有所得、学有所教、老有所养、病有所医、住有所居，使老百姓的生活过得安定祥和、幸福美满。所以，以人为本、执政为民，不是空话、大话，而是建立在发展的基础之上、以改善民生即真正惠及百姓为出发点和落脚点的。[①]

反对形式主义、官僚主义、享乐主义和奢靡之风。反对"四风"是当前党

---

① 张荣臣：《加强和改善党对全面深化改革的领导》，载《中共石家庄市委党校学报》，2013年第12期，第20-25页。

的作风建设的重要任务,也是为全面深化改革营造良好社会环境的重要任务。习近平在党的群众路线教育实践活动工作会议上的重要讲话中鲜明地指出:党内脱离群众的现象大量存在,集中表现在形式主义、官僚主义、享乐主义和奢靡之风这"四风"上。这次教育实践活动的主要任务,就是要聚焦到作风建设上,集中解决形式主义、官僚主义、享乐主义和奢靡之风这"四风"问题。领导干部更应当做到:带头发扬求真务实的作风,坚持反对形式主义;带头发扬密切联系群众的作风,坚持反对官僚主义;带头发扬艰苦奋斗的作风,坚持反对享乐主义;带头发扬清正廉洁的作风,坚持反对奢靡之风。要在实际工作中,大力弘扬中华民族勤俭节约的优秀传统,大力宣传节约光荣、浪费可耻的思想观念,坚持勤俭办一切事业,坚决反对讲排场、比阔气,努力使厉行节约、反对浪费在全社会蔚然成风。改进工作作风,领导干部带头至关重要。在现实工作中,只要领导干部能够坚持做到:权为民所用,情为民所系,利为民所谋,始终不渝地为最广大人民谋利益;脚踏实地,埋头苦干,开拓创新,求真务实;坚决反对形式主义和官僚主义,勇敢地同各种不正之风和腐败现象作斗争,就一定能够形成优良的党风、政风、民风①。

(六)加强领导班子和基层党组织建设。完善干部教育培训和实践锻炼制度,不断提高领导班子和领导干部推动改革能力。创新基层党建工作,健全党的基层组织体系,充分发挥基层党组织的战斗堡垒作用。四是营造全面深化改革良好社会环境。坚持党的群众路线,充分发挥人民群众积极性、主动性、创造性,充分发挥工会、共青团、妇联等人民团体作用。鼓励地方、基层和群众大胆探索,及时总结经验,宽容改革失误,加强宣传和舆论引导②。

落实领导责任,加强领导班子队伍建设。全面深化改革是一项复杂的系统工程,各级党委要把全面深入改革摆在突出位置,根据中央的决策部署,站在全局的高度科学谋划改革方案和具体举措,加强统筹协调,更加注重改革的系统性、整体性、协同性,坚持加强顶层设计和摸着石头过河相结合、整体推进和重点突破相促进。目前我国处于改革的"深水区"和"攻坚期",各级党委充分发扬和完善科学民主决策机制,加强对改革思路和重要举措的研究和论证,要以重大问题为导向,以改革中涉及的事关经济社会发展全局的重大问题和群众切身利益的实际问题为重点,广泛开展社会协商,认真听取群众意见,加强

---

① 张荣臣:《加强和改善党对全面深化改革的领导》,载《中共石家庄市委党校学报》,2013年第12期,第20-25页。
② 《为什么要加强和改善党对全面深化改革的领导?》,载人民网,2013年11月28日。

同各民主党派的政治协商，听取民主党派和无党派人士的意见和建议，把各方面的智慧和力量凝聚到推进改革上来，增强改革决策的科学性、协调性。一个地方一个班子，能否干好、带好，班长起决定作用。他的思想、工作、思路左右全局，其次是配强班子成员，按照干部队伍革命化、年轻化、知识化、专业化的方针和德才兼备的原则，把那些党性强、品行端、素质好、能力强的同志选进领导班子。对青年干部要热情爱护，严格要求。重视培养选拔妇女干部和少数民族干部。坚持实行干部交流。认真执行干部离退休制度，继续推进新老干部的交替与合作。要切实从政治上生活上关心离退休干部，使他们老有所为，安度晚年。加强基层党组织建设，发挥党员的先锋模范作用。《决定》要求要创新基层党建工作，健全党的基层组织体系，充分发挥基层党组织的战斗堡垒作用，引导广大党员积极投身改革事业，发扬"钉钉子"精神，抓铁有痕、踏石留印，为全面深化改革作出积极贡献。中国共产党是由中央组织、地方组织和基层组织共同构成的一个严密而完整的组织体系，党的基层组织是这个体系中的基本细胞，是党的全部工作和战斗力的基础。各级党委要采取得力措施，努力把基层党组织建设成为团结和带领群众进行改革和建设的战斗堡垒。要掌握科学的理论和方法，坚持学习、勤于学习、善于学习、学以致用，建设学习型党组织，要牢固树立全心全意为人民服务的宗旨，坚持根植人民、善于服务，为大局服务、为群众服务，建设服务型党组织，要掌握新时期面对新问题的解决方法，坚持勇于创新、与时俱进、永不僵化、永不停滞，建设创新型党组织。

一名党员一盏灯、一名党员一面旗，要切实加强和改进对党员的教育和管理，坚决贯彻执行党的基本路线，增强党员的大局意识、核心意识、宗旨意识、创新意识、责任意识的"五种意识"，引领党员争当学习型党员的表率、锐意进取的表率、勤政为民的表率、甘于奉献的表率的"四个表率"，发挥党员的模范带头作用。首先，落实各级党委对全面深化改革的领导责任。中国共产党各级党委是所在地区和行业的领导核心，理应是地区和行业推进全面深化改革的舵手，只有落实各级党委对改革的领导责任，才能有效推进改革进程。这就需要从机制层面上继续完善党委的科学民主决策，保证中央全面深化改革的精神被领悟好、改革的决定被执行好、改革的措施被落实好；从组织层面上加强各级领导班子建设，不断提高领导班子和领导干部推动改革的能力、解决改革问题的能力以及把握改革方向的能力①。其次，落实基层党组织对全面深化改革的

---

① 孙林：《论在全面深化改革中加强和改善党的领导》，载《中共石家庄市委党校学报》，2014年第2期，第9-12页。

执行责任。基层党组织是落实党的路线方针政策和各项工作任务的战斗堡垒，全面深化改革能不能落地、生根、发芽、结果，关键在于基层党组织能不能发挥战斗堡垒作用，切实履行好落实改革的职责。在新形势下增强基层党组织的改革落实能力，必须创新基层党建工作，健全党的基层组织体系，才能保障各项改革任务得到全面、深入地落实。再次，落实广大党员对全面深化改革的参与责任。党员是党的细胞，必须服从神经中枢的命令、听从指挥。加强和改善党对全面深化改革的领导，要求广大党员必须积极地投身改革事业，发扬先锋模范作用，为全面深化改革作出积极贡献①。

（七）深化干部人事制度改革，建设更加坚强有力的党组织。"政治路线确定之后，干部就是决定的因素。"当前全面深化改革的宏伟蓝图已绘就，扬帆起航正当时，贯彻落实改革显然"关键在党，关键在人。"因此，党领导全面深化改革首先需要进行选人用人制度改革。习近平总书记在全国组织工作会议上的重要讲话中指出：用一贤人则群贤毕至，见贤思齐就蔚然成风。选什么人就是风向标，就有什么样的干部作风，乃至就有什么样的党风。各级党委及组织部门要坚持党管干部原则，坚持正确用人导向，坚持德才兼备、以德为先，努力做到选贤任能、用当其时，知人善任、人尽其才；把好干部及时发现出来、合理使用起来。要坚持全面、历史、辩证看干部，注重一贯表现和全部工作。要改进考核方法手段，既看发展又看基础，既看显绩又看潜绩，把民生改善、社会进步、生态效益等指标和实绩作为重要考核内容，再也不能简单以国内生产总值增长率来论英雄了。要树立强烈的人才意识，寻觅人才求贤若渴，发现人才如获至宝，举荐人才不拘一格，使用人才各尽其能②。

我们党作为一个政治组织，作为中国人民和中华民族的先锋队，对德才兼备、以德为先选人用人标准发展到了新的高度。当前，在一些干部信仰迷茫、精神迷失，脱离群众的形式主义、官僚主义、享乐主义和奢靡之风"四风"严重的形势下，强调以德为先尤其重要。德才兼备、以德为先，说到底是解决"选什么样的人"的问题。在这个问题上，组织工作干部必须明确，一定要按照习近平总书记提出的"20字方针"，即"信念坚定、为民服务、勤政务实、敢于担当、清正廉洁"为标准，来选党和人民需要的、信得过的好干部。党的十

---

① 孙林：《论在全面深化改革中加强和改善党的领导》，载《中共石家庄市委党校学报》，2014年第2期，第9—12页。

② 张荣臣：《加强和改善党对全面深化改革的领导》，载《中共石家庄市委党校学报》，2013年第12期，第20—25页。

八届三中全会指出，全面深化改革，需要有力的组织保证和人才支撑。坚持党管干部原则，深化干部人事制度改革，构建切实有效、简便易行的选人用人机制，使各方面优秀干部充分涌现。发挥党组织领导和把关作用，强化党委（党组）、分管领导和组织部门在干部选拔任用中的权重和干部考察识别的责任，改革和完善干部考核评价制度，改进竞争性选拔的干部办法，改进优秀年轻干部培养选拔机制，区分实施选任制和委任制干部选拔方式，坚决纠正唯票取人、唯分取人等现象，用好各年龄段干部，真正把信念坚定、为民服务、勤政务实、敢于担当、清正廉洁的好干部选拔出来。选人用人方面发挥党组织领导和把关作用。全面深化改革中的选人用人制度是一盘棋局，下好这盘棋需要有战略思维、系统思维和全局观念，每一步都要把合适的棋子安排到合适的位置上，即选对人、用对地方是关键。这就需要发挥党组织领导和把关作用，强化党委（党组）、分管领导和组织部门在干部选拔任用中的权重和干部考察识别的责任，以一盘棋的思维为全面深化改革选好人、用好人①。考准考实干部的德。德有内敛性、隐蔽性，也会有变化，识别起来比较难。但德也是可考察、可检验的。具有坚定的理想信念，是好干部第一位的标准。

考察干部的德，首先要看这一条，看干部是否能在重大政治考验面前有政治定力，是否能树立牢固的全心全意为人民服务宗旨意识，是否能对工作极端负责，是否能做到吃苦在前、享受在后，是否能在急难险重任务面前勇挑重担，是否能经得起权力、金钱、美色的诱惑。既要在"大事"上看德，又要在"小节"上察德；既要看政治品德、职业道德，也要看社会公德、家庭美德②。改革和完善干部考核评价制度，防止唯GDP问题。干部考核评价制度是个指挥棒，对干部政绩观、权力观具有导向作用。全面深化改革是整体推进、重点突破的改革，不是单兵突击、以单项指标论成败的改革，为保障改革的顺利推进，必须改革和完善干部考核评价制度。习近平总书记指出不能简单以GDP来论英雄，要把民生改善等指标和实绩作为重要考核内容。在全面深化改革的进程中，需要围绕改革要求定指标、下任务，重点考核改革实效、实绩。GDP的提高是干部政绩的重要内容，但绝不是唯一内容，特别是在当前我国已经进入全面建成小康社会的新阶段，更应当把民生改善、社会进步、生态效益等指标和实绩

---

① 孙林：《论在全面深化改革中加强和改善党的领导》，载《中共石家庄市委党校学报》，2014年第2期，第9－12页。

② 张荣臣：《加强和改善党对全面深化改革的领导》，载《中共石家庄市委党校学报》，2013年第12期，第20－25页。

作为重要考核内容,发挥考核的"指挥棒"作用,引导干部树立正确政绩观,多做打基础、利长远、可持续的事,决不做华而不实、劳民伤财、以"明天"为代价的事①。强化日常考核了解。选干部、配班子,具体工作有阶段性,内在要求应是经常性。要把功夫下在平时,完善年度考核制度,规范考核频次和内容;完善通过民主生活会了解班子、了解干部的制度;重视到基层干部群众中、在乡语口碑中,在专项考核、来信来访中,在同各类干部多打交道、多谈心、多沟通中,了解干部真实情况。优化班子选配。在加强综合研判的基础上,统筹考虑干部素质、能力、经历、专业、性格等多种因素,统筹考虑主要负责同志、班子成员之间的协作配合、优势互补,统筹考虑优秀年轻干部、女干部、少数民族干部、非中共党员干部的培养选拔,尤其要选优配强一把手。选干部、配班子,不能简单以年龄画线,不能搞任职年龄层层递减,要让德才表现好、群众口碑好的各年龄段干部感到有干头、有奔头。要根据中央要求,抓紧研究具体办法,抓紧修订《干部任用条例》、制定党政领导班子和领导干部考核工作意见、修订中央企业领导班子和领导人员综合考核评价办法②。改进干部的选拔、培养和交流机制。根据全面深化改革的任务要求,改进竞争性选拔干部办法,改进优秀年轻干部培养选拔机制,区分实施选任制和委任制干部选拔方式,真正把信念坚定、为民服务、勤政务实、敢于担当、清正廉洁的好干部选拔出来、用到合适的工作岗位上去。同时,还要打破干部部门化,推进干部能上能下、能进能出机制和制度,保障干部队伍活力。建立集聚人才体制机制。自古以来,集聚人才、选贤任能都是治国兴邦的关键。当年唐太宗看着新科进士从门中鱼贯而入时得意地说:"天下英雄尽入吾彀中"。显然,唐太宗看到的不仅仅是济济人才,更看到他已经掌握了一种最大限度地驱尽天下人才为国家效力的体制机制,后人赞许"太宗皇帝真长策,赚得英雄尽白头。"显然,源源不断的人才资源集聚机制是成就"贞观之治"的关键因素③。在当前中国进入全面深化改革的阶段,也需要建立集聚人才体制机制,让党政机关、企事业单位、社会各方面人才顺畅流动,使各方人才得到科学地考评和激励,同时还要广泛吸引境外优秀人才回国或来华创业发展,为全面深化改革提供强有力的人才和智力支撑。

---

① 张荣臣:《加强和改善党对全面深化改革的领导》,载《中共石家庄市委党校学报》,2013年第12期,第20-25页。
② 张荣臣:《加强和改善党对全面深化改革的领导》,载《中共石家庄市委党校学报》,2013年第12期,第20-25页。
③ 孙林:《论在全面深化改革中加强和改善党的领导》,载《中共石家庄市委党校学报》,2014年第2期,第9-12页。

第五章

全面深化改革与实现"中国梦"

改革是当代中国最鲜明的特色,是决定当代中国命运的关键抉择,是党和人民事业大踏步赶上时代的重要法宝。党的十八届三中全会指出:"实现中华民族伟大复兴的中国梦,必须在新的历史起点上全面深化改革",必须"进一步解放思想、解放和发展社会生产力、解放和增强社会活力,坚决破除各方面体制机制弊端"。通过改革开放推进中国梦的实现,依据实现中国梦的总体要求全面深化改革开放,具有重大的理论意义和实践价值。

一、"中国梦"推动全面深化改革进程

(一)"中国梦"保障全面深化改革正确方向。实现"中国梦"的道路就是中国特色社会主义道路。党的十八大报告中对中国特色社会主义道路做了明确的定义:中国特色社会主义道路,就是在中国共产党领导下,立足基本国情,以经济建设为中心,坚持四项基本原则,坚持改革开放,解放和发展社会生产力,建设社会主义市场经济、社会主义民主政治、社会主义先进文化、社会主义和谐社会、社会主义生态文明,促进人的全面发展,逐步实现全体人民共同富裕,建设富强民主文明和谐的社会主义现代化国家[①]。道路关乎党的命脉,关乎国家前途、民族命运、人民幸福。坚持走中国特色社会主义道路,要求全面深化改革必须沿着正确的方向前进,既不走僵化封闭的老路,也不走改旗易帜的邪路。改革是中国的第二次革命,具有彻底性和根本性。改革的彻底性和根本性体现改革不是对社会主义制度的否定,而是对社会主义制度下政治经济社会等方方面面具体体制的根本性变革,就是要多方面地改变生产关系中不适应生产力发展的部分,改变上层建筑中不适应经济基础变化的部分,改变一切不适应生产力发展的管理方式、活动方式和思维方式。全面深化改革要坚持判

---

① 严国民:《浅论民族复兴"中国梦"与全面深化改革的关系》,载《学理论》,2014年第31期,第21-22页。

断改革是非得失的"三个有利于"标准,具体举措上不搞无谓的意识形态争论,全面深化改革的目的是推进国家治理体系和治理能力现代化,发展和完善社会主义制度,其性质是社会主义制度的自我完善和发展。因此,全面深化改革必须始终坚持"中国梦"的中国特色社会主义道路,才能不变质不变味,才能最终取得成效。

(二)"中国梦"为推进全面深化改革凝心聚力。今天的中国,正处在改革发展的关键阶段,处于利益主体多元、思想观念多样、社会发展多变的复杂环境,推进改革开放事业仍面临腐败、贫富差距等诸多复杂问题,30多年的改革在一定程度上出现了惰性,形成了"改革疲劳症",带有普惠性质的改革越来越少,更多的改革不可避免或多或少地触碰到利益既得者,改革也不能采用过去群众运动式的推进或休克疗法,在这种情况下,如何将全国各族人民的心凝聚在一起,如何形成全社会支持全面深化改革的良好氛围,成为这场全面改革能否顺利推进的关键。"中国梦"具有最大限度为实现国家富强、民族复兴、人民幸福而凝聚人心的伟力,她给人以希望、给人以信心、给人以力量。第一,"中国梦"的第一部曲即党的十八大描绘了到2020年小康社会全面发展的宏伟目标是:经济持续健康发展,国内生产总值和城乡居民人均收入比2010年翻一番,科技进步对经济增长的贡献率大幅上升,进入创新型国家行列,人民民主不断扩大,文化软实力显著增强。这一指标体系,构成了现阶段"中国梦"的基本图景。第二,党的十八大报告中明确把"促进人的全面发展"纳入中国特色社会主义道路的内涵之中,并且强调,"不断在实现发展成果由人民共享、促进人的全面发展上取得新成效",这标志着中国特色社会主义把实现人的自由全面发展作为终极价值追求[①]。第三,实现"中国梦"也是世界的重大"利好","中国模式"受到世界欢迎,反过来有利于为中国集聚起世界人气,增强世界对中国的信心,在我们实现"中国梦"的过程中,已经以与国际社会互利共赢和平发展的崭新实践,为人类社会向更高级的文明形式演进提供了新范式。随着"中国梦"的深入人心,全面深化改革作为实现"中国梦"的重大举措,必将最大限度地得到全国各族人民和世界友好人士的支持,必将凝聚起用13亿中国人的智慧和力量汇集起的不可战胜的中国力量。

---

① 严国民:《浅论民族复兴"中国梦"与全面深化改革的关系》,载《学理论》,2014年第31期,第21-22页。

二、全面深化改革为实现"中国梦"注入强大动力

全面深化改革不是推进一个领域的改革，而是要协调推进经济体制、政治体制、文化体制、社会体制、生态文明体制和党的建设制度改革。全面深化改革要着力解决影响我国经济社会发展、影响全面建成小康社会和基本实现现代化、影响实现中华民族伟大复兴中国梦的各种突出矛盾和问题，进一步解放思想、解放和发展社会生产力、解放和增强社会活力，努力开拓中国特色社会主义事业更加广阔的前景。因此，全面深化改革不仅对当前我国经济社会发展和全面建成小康社会具有巨大推动作用，而且是实现中国梦的强大动力。

（一）全面深化改革是实现"中国梦"的必由之路。30多年前，党的十一届三中全会做出了把党和国家的工作重心转移到经济建设上来、实行改革开放的伟大决定，通过改革开放，社会主义现代化建设取得了举世瞩目的成就。当前，国内外环境都在发生极为广泛而深刻的变化，我国发展面临一系列突出矛盾和挑战，前进道路上还有不少困难和问题。比如：发展中不平衡、不协调、不可持续问题依然突出，科技创新能力不强，产业结构不合理，发展方式依然粗放，城乡区域发展差距和居民收入分配差距依然较大，社会矛盾明显增多，教育、就业、社会保障、医疗、住房、生态环境、食品药品安全、安全生产、社会治安、执法司法等关系群众切身利益的问题较多，部分群众生活困难，形式主义、官僚主义、享乐主义和奢靡之风问题突出，一些领域消极腐败现象易发多发，反腐败斗争形势依然严峻等等。解决这些问题，必须通过全面深化改革，着力解决我国发展面临的一系列突出矛盾和问题，不断推进中国特色社会主义制度自我完善和发展①。

中共十八大提出了全面建成小康社会和全面深化改革开放到2020年的奋斗目标，强调必须以更大的政治勇气和智慧，不失时机深化重要领域改革，坚决破除一切妨碍科学发展的思想观念和体制机制弊端，构建系统完备、科学规范、运行有效的制度体系，使各方面制度更加成熟更加定型。要完成党的十八大提出的各项战略目标和工作部署，必须抓紧推进全面改革。李克强在多个场合曾说："拒绝改革的人可能不会犯错误，但要承担历史责任。"党的十八届三中全会正是从总结30多年来改革开放的历史经验和实现民族复兴"中国梦"现实需要的高度，做出了全面深化改革的决定。全面深化改革是实现"中国梦"的必

---

① 严国民：《浅论民族复兴"中国梦"与全面深化改革的关系》，载《学理论》，2014年第31期，第21－22页。

然选择和必由之路。事实雄辩地证明，改革开放是当代中国发展进步的活力之源，是党和人民事业大踏步赶上时代的重要法宝，是发展中国特色社会主义的必由之路。习近平认为，改革开放是决定当代中国命运的关键一招，也是决定实现"两个一百年"奋斗目标、实现中华民族伟大复兴的关键一招。我国未来发展必须坚定不移依靠改革开放，没有改革，就无法实现中国梦，就没有中国特色社会主义的未来①。

改革是坚持和发展中国特色社会主义的必由之路。改革可以推动社会生产力大解放大发展，为坚持和发展中国特色社会主义奠定雄厚的物质基础。同时，改革可以为坚持和发展中国特色社会主义集聚强大的依靠力量。通过深化相关领域的改革，确保经济社会发展成果惠及全体人民，实现共同富裕；通过深化政治领域改革，确保人民群众当家作主，广大人民群众就会真正把中国特色社会主义作为自己共同的事业，广大人民群众的积极性、主动性和创造性才会最大限度地调动起来，汇聚起全社会全民族的智慧和力量，推动中国特色社会主义事业不断发展②。基于以上分析判断，习近平对在新的历史起点上推进改革的战略定位是：全面深化改革；而不是某个领域、某个方面的单项改革。

（二）全面深化改革是实现中国梦的根本途径。改革开放是当代中国发展的必由之路，是当代中国最鲜明的特色。党的十八届三中全会《决定》指出："面对新形势新任务，全面建成小康社会，进而建成富强民主文明和谐的社会主义现代化国家、实现中华民族伟大复兴的中国梦，必须在新的历史起点上全面深化改革"。列宁曾经说过："我们要争取新的、美好的社会制度；在这个新的、美好的社会里不应该分穷富，大家都应该做工。共同工作的成果不应该归一小撮富人享受，应该归全体劳动者享受。机器和其他技术改良应该用来减轻大家的工作，不应该牺牲千百万人民的利益来使少数人发财。这个新的、美好的社会就叫社会主义社会，关于这个社会的学说就叫社会主义。"③

党的十八大提出的全面深化改革意义深刻，目标明确。全面深化改革坚持社会主义市场经济改革方向，坚守社会主义制度这个总的框架，不走老路、不走邪路。以促进社会公平正义、增进人民福祉为出发点和落脚点，让一切劳动、知识、技术、管理、资本的活力竞相迸发，让一切创造社会财富的源泉充分涌

---

① 王立胜：《中国特色社会主义改革理论的新发展——学习习近平关于全面深化改革的论述》，载《东岳论丛》，2014年第7期，第62-69页。
② 王立胜：《中国特色社会主义改革理论的新发展——学习习近平关于全面深化改革的论述》，载《东岳论丛》，2014年第7期，第62-69页。
③ 《列宁全集》（第6卷），人民出版社1959年版，第329页。

流,让发展成果更多更公平惠及全体人民。全面深化改革尊重了客观规律,符合辩证唯物主义的逻辑,是人民所向、人心所想,必将获得人民的巨大力量。改革开放是实现中华民族伟大复兴的关键一招,必须"打好全面深化改革这场攻坚战,努力开拓中国特色社会主义更为广阔的发展前景"。① 而要做到这一点,做好这一点,就"要牢牢把握改革正确方向,在涉及道路、理论、制度等根本性问题上,在大是大非面前,必须立场坚定、旗帜鲜明"。② 习近平提醒并告诫全党:"我们是一个大国,决不能在根本性问题上出现颠覆性失误,一旦出现就无可挽回、无法弥补。"③

实现中国梦必须坚持中国道路、弘扬中国精神、凝聚中国力量。改革开放的过程,正是开辟中国道路、弘扬中国精神、凝聚中国力量的过程。在改革开放中开辟的中国特色社会主义道路,是党领导人民长期探索、接力奋斗开创的伟大道路,是适合中国国情、符合时代要求的科学发展之路,是实现中华民族伟大复兴的必由之路。改革开放激发了以爱国主义为核心的民族精神的活力,彰显了以改革创新为核心的时代精神的价值,为实现中国梦提供了巨大精神动力和强大精神支撑。改革开放调动了人民群众的积极性主动性,激发了人民群众的创造、创业活力,促进了国内各族人民的团结,为实现中国梦积蓄了力量④。

可见,改革开放为实现中国梦奠定了道路、精神、力量基础,提供了多方面的条件支撑。在改革开放中确立和发展的中国特色社会主义制度,是当代中国发展进步的根本制度保障。但中国特色社会主义制度还不是尽善尽美、成熟定型的。目前依然存在的体制机制弊端和各种社会矛盾,如现代市场体系发育尚不成熟,经济发展方式转变尚不彻底,政府职能转变尚不到位,区域发展不协调,贫富差距拉大等,制约和阻碍了中国经济社会发展和中国梦的实现。解决这些矛盾和问题,根本出路还在于改革开放。改革开放只有进行时,没有完成时;改革开放中的矛盾只能用改革开放的办法来解决。只有深化改革,才能破解发展难题、创新发展模式,构建系统完备、科学规范、运行有效的制度体

---

① 中共中央文献研究室:《习近平关于全面深化改革论述摘编》,中央文献出版社 2014 年版,第 140 页。
② 中共中央文献研究室:《习近平关于全面深化改革论述摘编》,中央文献出版社 2014 年版,第 148 页。
③ 中共中央文献研究室:《习近平关于全面深化改革论述摘编》,中央文献出版社 2014 年版,第 35 页。
④ 广东省中国特色社会主义理论体系研究中心:《全面深化改革与实现中国梦》,载《求是》,2014 年第 3 期。

系，进一步释放体制机制活力，协调各种利益关系，化解社会矛盾；只有扩大开放，才能使中国在国际事务和国际社会发挥更大的作用，使实现中国梦的过程成为既造福中国人民，也造福世界各国人民的过程。改革开放既是实现中国梦的助推器，也是实现中国梦的重要保障①。

改革开放保障中国梦的实现。改革开放只有进行时，没有完成时；改革开放中的矛盾只能用改革开放的办法来解决。只有深化改革，才能破解发展难题、创新发展模式，构建系统完备、科学规范、运行有效的制度体系，进一步释放体制机制活力，协调各种利益关系，化解社会矛盾；只有扩大开放，才能使中国在国际事务和国际社会发挥更大的作用，使实现中国梦的过程成为既造福中国人民，也造福世界各国人民的过程。因此，可以说改革开放不仅是实现中国梦的助推器，还是实现中国梦的重要保障②。

（三）全面深化改革是实现中国梦的题中应有之义。回顾中华民族5000多年文明演进特别是近代以来的历史经验教训，总结党90多年执着奋斗、60多年执政兴国、30多年改革开放的宝贵经验，一个基本的结论是：改革开放是决定当代中国命运的关键一招，也是决定实现"两个一百年"奋斗目标、实现中华民族伟大复兴中国梦的关键一招③。继往开来实现中国梦，改革这条道路要更加坚定地走、这个法宝要更加坚定地用。如何走得更好、用得更好，出路和关键就在于全面深化改革。中国梦内涵丰富，既体现了中国人民在物质层面的理想追求，又体现了中国人民在精神层面的理想追求；既反映了中国人民在社会发展方面的雄心壮志，又反映了中国人民在人的发展方面的雄心壮志。中国梦与中国特色社会主义"五位一体"全面推进的总布局相契合，与全面深化改革"六个紧紧围绕"的总思路相辉映。当前，改革进入深水区、攻坚期，发展和矛盾相伴，集体诉求和个体诉求交织，实现中国梦除继续全面深化改革外，别无他途。党的十八届三中全会注重全局和局部相配套，注重眼前和长远相统筹，注重渐进和突破相衔接，从经济、政治、文化、社会、生态文明、国防和军队以及党的建设等方面全面部署了深化改革的主要任务和重大举措。全面深化改革体现了实现中国梦的阶段性要求和特征，有利于实现国家、民族、大家"三

---

① 广东省中国特色社会主义理论体系研究中心：《全面深化改革与实现中国梦》，载《求是》，2014年第3期。
② 陈超、蔡毅强、朱志明：《靠全面深化改革 筑就中国梦》，载《经济日报》，2015年2月5日。
③ 湖南省中国特色社会主义理论体系研究中心：《全面深化改革：实现中国梦的根本途径》，载人民网，2014年5月5日。

个都好"。

（四）全面深化改革是实现中国梦的实践要求。实现中国梦，要跨越"两个一百年"关键节点，汇聚十几亿人口的目标诉求，必然涉及方方面面，涉及深层次问题、深层次矛盾的有效解决和重要利益关系、基本利益格局的深度调整等等，任务之复杂、之艰巨可想而知。在这种背景下，只有全面深化改革，才能破瓶颈、涉险滩，才能把中国特色社会主义事业顺利推向前进。全面深化改革以完善和发展中国特色社会主义制度、推进国家治理体系和治理能力现代化为总目标，以加强和改善党对全面深化改革的领导为根本保证，从目标方位和领导力量上确保了实现中国梦的改革之路继续沿着正确方向推进。全面深化改革以进一步解放思想、解放和发展社会生产力、解放和增强社会活力为总开关，以着力促进公平正义、增进人民福祉为出发点和落脚点，以经济体制改革为重点、牵引和带动其他各领域的改革为主要任务，从重大关切和核心举措上确保了实现中国梦的改革之路是一条国家富强之路、民族振兴之路、人民幸福之路①。

（五）全面深化改革是实现中国梦的时代要求。从时间坐标来看，实现中国梦，2020年是一个关键节点。这个时间节点契合实现中国梦的重要战略机遇期，体现实现中国梦的阶段性时间要求。这种战略机遇期，在历史进程中不是多了，而是少了，可以说稍纵即逝。抓住了，国家、民族会乘势而上；抓不住，就有可能重蹈落后挨打之覆辙。在党的新一届中央领导集体确立的实现中国梦的战略布局中，建党100周年是一个时间节点。② 到这个节点，我们将全面建成小康社会。这是中国人民的热切期盼，是实现中国梦历程中一个重要的基础性工作。可以说，没有这个基础性工作的完成，就没有中国梦的实现。党的十八届三中全会把全面深化改革取得决定性成果的时间节点确定为2020年，这不论是与实现中国梦的重要战略机遇期还是与实现中国梦的重要战略节点都高度吻合，赋予了全面深化改革特殊之意义，说明全面深化改革是实现中国梦的关键。合着发展的时代节拍，中国梦必将在全面深化改革中实现。

（六）全面深化改革开启中国梦新征程。习近平指出："实现中华民族伟大

---

① 湖南省中国特色社会主义理论体系研究中心：《全面深化改革：实现中国梦的根本途径》，载人民网，2014年5月5日。
② 湖南省中国特色社会主义理论体系研究中心：《全面深化改革：实现中国梦的根本途径》，载人民网，2014年5月5日。

复兴的中国梦，就是要实现国家富强、民族振兴、人民幸福。"① 正是改革开放开启了国家富强、民族振兴、人民幸福的新征程，使中国梦的实现成为可能。在改革开放的引领和推动下，我国经济社会快速发展，经济总量位居世界第二位，这是国家富强的重要体现；我国综合国力不断增强，国际地位大幅提升，对世界的影响力越来越大，成为民族振兴的重要信号；改革的成果惠及人民，人民的生活水平不断提高，人民幸福日渐成为现实。改革开放的成功，使我们比历史上任何时期都更接近中华民族伟大复兴的目标，是对中国梦的最好诠释②。改革开放的成功，进一步激发了我们党和人民对中华民族伟大复兴的追求和探索。改革开放开启中国梦新征程。习近平总书记指出，实现中华民族伟大复兴的中国梦，就是要实现国家富强、民族振兴、人民幸福。正是改革开放开启了国家富强、民族振兴、人民幸福的新征程，使中国梦的实现成为可能。

三、以实现中国梦为坐标全面深化改革开放

实现中国梦必须坚定不移地推进改革开放。党的十八届三中全会通过的《中共中央关于全面深化改革若干重大问题的决定》，提出了全面深化改革的总目标，对全面深化改革作出系统部署，成为实现中国梦的新起点。当前，我国改革进入攻坚期和深水区，既面临前所未有的机遇，也面临一系列严峻挑战。实现中国梦，必然涉及方方面面，涉及深层次问题、深层次矛盾的有效解决和重要利益关系、基本利益格局的深度调整等等，任务之复杂、之艰巨可想而知。在这种背景下，只有全面深化改革，才能破瓶颈、涉险滩，才能把中国特色社会主义事业顺利推向前进。

（一）深化经济体制改革。中国梦的实现以经济发展为基础，没有经济发展，难以实现国家富强、民族振兴、人民幸福。发展经济必须深化经济体制改革，进一步破除阻碍经济发展的体制机制弊端。经济体制改革的核心问题是处理好政府和市场的关系，使市场在资源配置中起决定性作用和更好发挥政府作用。为此，必须加快建设统一开放、竞争有序的市场体系，形成企业自主经营、公平竞争，消费者自由选择、自主消费，商品和要素自由流动、平等交换的现代市场体系，着力清除市场壁垒，提高资源配置效率和公平性；必须坚持和完

---

① 胡锦涛：《坚定不移沿着中国特色社会主义道路前进　为全面建成小康社会而奋斗》，载新华网，2012 年 11 月 19 日。
② 广东省中国特色社会主义理论体系研究中心：《全面深化改革与实现中国梦》，载《求是》，2014 年第 3 期。

善基本经济制度，毫不动摇巩固和发展公有制经济，毫不动摇鼓励、支持、引导非公有制经济发展，不断增强国有经济活力、控制力、影响力，不断激发非公有制经济活力和创造力；必须加快转变经济发展方式，建设创新型国家，推动经济更有效率、更加公平、更可持续发展。

（二）深化政治体制改革。发展社会主义民主政治，保证人民当家作主，建设法治中国，是实现中国梦的内在要求和重要保障。实现中国梦，要求紧紧围绕坚持党的领导、人民当家作主、依法治国有机统一深化政治体制改革。一方面，加快推进社会主义民主政治制度化、规范化、程序化，发展更加广泛、更加充分、更加健全的人民民主，从各层次各领域扩大公民有序政治参与；另一方面，深化司法体制改革，加快建设公正高效权威的社会主义司法制度，维护人民权益，维护宪法法律权威，完善中国特色社会主义法律体系，建设社会主义法治国家。

（三）深化文化体制改革。文化软实力是国家综合实力的重要组成部分，文化发展繁荣是民族振兴的体现，是人民幸福的诉求。实现中国梦，要求紧紧围绕建设社会主义核心价值体系、社会主义文化强国深化文化体制改革。要坚持中国特色社会主义文化发展道路，坚持以人民为中心的工作导向；加快完善文化管理体制和文化生产经营体制，建立健全现代公共文化服务体系、现代文化市场体系，推动社会主义文化大发展大繁荣。

（四）深化社会体制改革。中国梦说到底是人民的梦，人民幸福是中国梦的最终归宿。实现中国梦，要求紧紧围绕更好保障和改善民生、促进社会公平正义深化社会体制改革。为此，必须改革收入分配制度，规范收入分配秩序，缩小分配差距，促进共同富裕；推进社会领域制度创新，推进基本公共服务均等化，形成科学有效的社会治理体制，确保社会既充满活力又和谐有序，确保人民安居乐业、更好满足人民需求①。

（五）深化生态文明体制改革。生态环境与人民幸福密切相关，良好的生态环境也是国家的良好形象。实现中国梦，要求紧紧围绕建设美丽中国深化生态文明体制改革。为此，必须加快建立生态文明制度，用制度保护生态环境；健全国土空间开发、资源节约利用、生态环境保护的体制机制，推动形成人与自然和谐发展现代化建设新格局。

（六）深化党的建设制度改革。中国梦的实现离不开党的领导，实现中国梦

---

① 广东省中国特色社会主义理论体系研究中心：《全面深化改革与实现中国梦》，载《求是》，2014年第3期。

是党的奋斗目标和执政追求。实现中国梦，要求紧紧围绕提高科学执政、民主执政、依法执政水平深化党的建设制度改革。要加强民主集中制建设，完善党的领导体制和执政方式，保持党的先进性和纯洁性，为实现中国梦提供坚强政治保证。规范各级党政主要领导干部职责权限，科学配置党政部门及内设机构权力和职能，明确职责定位和工作任务。

（七）进一步扩大开放。开放和改革相辅相成、相互促进，以开放促改革是我国改革的成功经验。要拓宽开放视野、更新开放理念、创新开放路径、优化开放布局，着力构建充满生机活力的开放型经济体系。要推动对内对外开放相互促进、引进来和走出去更好结合，促进国际国内要素有序自由流动、资源高效配置、市场深度融合，加快培育参与和引领国际经济合作竞争新优势，以开放促改革。提高文化开放水平，增强中华文化的国际影响力与吸引力。

四、高举改革开放旗帜，为实现中国梦而奋斗

我国改革已进入攻坚期和深水区，面临的各种问题和深层矛盾千头万绪、错综复杂，只有全面深化改革开放，不断推进实现中国梦进程与改革开放的协调发展，才能有效解决前进道路上的各种问题，推动我国经济社会持续健康发展，实现民族伟大复兴的中国梦。党的十八届三中全会对全面深化改革作出总体部署，改革方向更加明确，改革思路更加清晰，改革策略更加系统，我们有理由对中国的改革充满信心，对中国梦的实现充满期待。

（一）慎重提出改革举措。全面深化改革是关系党和国家事业发展全局的重大战略部署，必须秉持科学理念，讲究改革策略，提高改革决策科学性。既要重视整体推进，又要重视重点突破，加强各项改革的系统性、整体性、协同性研究；既要反复研究、反复论证，但也不能因此就谨小慎微、裹足不前，什么也不敢干、不敢试；既要注重顶层设计，也要注重摸着石头过河，在实践探索中加深对规律的认识，在统筹规划中协力推进改革；既要胆子大，又要步子稳，坚定改革信心，以更大的政治勇气和智慧、更有力的措施和办法推进改革[1]。

（二）要广泛凝聚改革共识。改革开放是党在新的时代条件下带领人民进行的新的伟大革命，是当代中国发展进步的根本原因，也是我们党最鲜明的旗帜。当前，在改革开放问题上，党内外、国内外都很关注，全党上下和社会各方面期待很高。改革开放到了一个新的重要关头。只有凝聚改革共识，才能形成改

---

[1] 广东省中国特色社会主义理论体系研究中心：《全面深化改革与实现中国梦》，载《求是》，2014年第3期。

革合力。党的十八届三中全会指出,全面深化改革的总目标是完善和发展中国特色社会主义制度,推进国家治理体系和治理能力现代化。这个总目标,深刻表明了改革的鲜明性质和根本任务。实践发展永无止境,解放思想永无止境,改革开放永无止境。要坚定不移走中国特色社会主义道路,始终确保改革正确方向①。

(三)要正确处理改革发展稳定的关系。科学把握改革发展稳定的关系,实现三者的有机统一,是全面深化改革面临的重要课题。习近平总书记指出:"要坚持把改革的力度、发展的速度和社会可承受的程度统一起来,把改善人民生活作为正确处理改革发展稳定关系的结合点。"改革的力度不能小,全面深化改革不是修修补补,而是一场深刻革命;发展的速度不能慢,中国的现代化是后发追赶型的,保持一定增长速度是必要的;社会的承受度不能冒,总结改革渐进式推进的成功经验,必须使改革从易到难、从小到大、从外围到核心、从增量到存量稳步推进。同时,要把改善人民生活作为正确处理三者关系的结合点,人民群众是改革的主体、发展的目的、稳定的基石,改革的红利要体现在人民切身利益上,发展的成果要惠及群众,稳定的环境要建立在民意支持的基础上。

(四)要充分发挥人民主体作用。改革开放是亿万人民自己的事业,必须坚持以人为本,尊重人民主体地位,发挥群众首创精神,紧紧依靠人民推动改革,紧紧依靠人民实现中国梦。只有从人民的实践创造和发展要求中吸取无穷的智慧和力量,才能谱写改革开放伟大事业历史新篇章,才能全面建成小康社会、不断夺取中国特色社会主义新胜利、实现中华民族伟大复兴的中国梦②。

(五)要处理好方向与方法的关系。实现中国梦是一个复杂的系统工程,改革开放是一场深刻的革命,都必须坚持正确方向,沿着正确道路推进。在方向问题上,头脑必须十分清醒,不断推动社会主义制度自我完善和发展,坚定不移走中国特色社会主义道路。改革开放必须坚持正确的方法论,在不断实践探索中推进③。全面深化改革开放既要重视整体推进,也要重视突破重点领域的关键问题,增强改革的系统性、整体性、协同性,努力做到全局和局部相配套、治本和治标相结合、渐进和突破相衔接,形成推进改革开放的强大合力;全面

---

① 广东省中国特色社会主义理论体系研究中心:《全面深化改革与实现中国梦》,载《求是》,2014年第3期。
② 陈超、蔡毅强、朱志明:《靠全面深化改革 筑就中国梦》,载《经济日报》,2015年2月5日。
③ 陈超、蔡毅强、朱志明:《靠全面深化改革 筑就中国梦》,载《经济日报》,2015年2月5日。

深化改革开放既要注重顶层设计，也要注重摸着石头过河，在摸石过河中加深对规律的认识。

（六）要处理好速度与质量的关系。全面深化改革开放，必须坚持发展是硬道理的战略思想，决不能有丝毫动摇。在推动经济持续健康发展中，要在尊重经济规律的基础上实现有质量、有效益、可持续的速度，要在不断转变经济发展方式、不断优化经济结构中实现增长。在对经济工作的管理中，要用更多的市场手段、经济手段、法律手段，不断提升创新能力、市场驾驭能力①。

---

① 陈超，蔡毅强，朱志明：《靠全面深化改革 筑就中国梦》，载《经济日报》，2015年2月5日。

第六章

全面深化改革与"三个进一步解放"

党的十八届三中全会是在我国改革开放新的重要关头召开的一次具有历史里程碑意义的重要会议。全会审议通过的《中共中央关于全面深化改革若干重大问题的决定》,是在新的历史起点上全面深化改革的宣言书、动员令、路线图,对全面推进中国特色社会主义事业将产生重大而深远的影响。《决定》在阐述全面深化改革的指导思想时强调要"进一步解放思想、解放和发展社会生产力、解放和增强社会活力"①。这"三个进一步解放",既是全面深化改革的重要条件,也是全面深化改革的重要目的,同时还规定了全面深化改革的路径选择。深刻理解和把握这"三个进一步解放",对我们深刻理解和把握党的十八届三中全会精神,具有重要意义。

一、"三个进一步解放"的关系

《决定》提出,进一步解放思想、解放和发展社会生产力、解放和增强社会活力。强调"三个进一步解放",目的就是通过全面深化改革,努力营造有利于人的思想解放、有利于社会生产力的解放、有利于一切生产要素活力充分释放的体制机制和社会环境,进一步体现中国特色社会主义制度的优越性,为推动经济社会持续健康发展提供不竭动力。这"三个进一步解放",既是改革的核心,也是改革的目的,三个方面相互联系、相互促进、有机统一。

(一)解放思想是前提,是解放和发展社会生产力、解放和增强社会活力的总开关和原动力。面对前无古人的改革开放大业,最要不得的是思想僵化、故步自封。没有解放思想,我们党就不可能在"文革"十年动乱结束不久,做出把党和国家工作中心转移到经济建设上来、实行改革开放的历史性决策,开启我国发展的历史新时期;没有解放思想,我们党就不可能在实践中不断推进理

---

① 《中共中央关于全面深化改革若干重大问题的决定》,载《人民日报》,2013年11月16日。

论创新和实践创新,有效化解前进道路上的各种风险挑战,把改革开放不断推向前进,始终走在时代前列。众所周知,"文化大革命"结束以后,中国共产党在恢复实事求是思想路线的过程中,邓小平首先抓住了"解放思想"这个关键,率先喊出了"解放思想"的口号。按照邓小平的解释,解放思想就是要在马克思主义指导下,打破习惯势力和主观偏见的束缚,研究新情况,解决新问题;就是要反对思想凝固僵化,使思想和实际相符合,使主观和客观相符合。解放思想就是实事求是。只有解放思想,才能真正做到一切从实际出发,理论联系实际,实事求是,在实践中检验真理和发展真理。因此,解放思想是我们应对前进道路上各种新情况新问题、不断开创事业新局面的一大法宝,是发展中国特色社会主义的一大法宝。改革开放伟大决策,发轫于30多年前的那场关于真理标准的大讨论。这是一场强烈呼唤我国社会主义新时期伟大变革的思想解放运动,使全党从"两个凡是"的束缚中解放出来,恢复了我们党实事求是的思想路线,冲破了长期以来人们对马克思主义的教条式的理解,冲破了人们对社会主义的一些错误的、僵化的思想认识,为改革开放伟大历史转折奠定了坚实的思想基础。可以说,没有全党的思想解放,我们党就不可能在"文化大革命"结束不久那种困难局面下作出把党和国家工作中心转移到经济建设上来、实行改革开放伟大决策,开启我国发展的新时期;没有全党全社会解放思想、与时俱进,不断推进理论创新和实践创新,就不可能有效化解前进道路上的各种风险挑战,把改革开放伟大事业推向前进。回顾我们党的奋斗历程、特别是改革开放的历程,我们在理论上的每一次重大创新,实践上的每一次重大突破,事业上的每一次重大推进,无不是坚持解放思想的结果。

"解放思想"是我们党的实事求是思想路线的本质要求,也是在新的历史起点上全面深化改革的重要条件①。当今社会发展步伐加快,新科技新知识日新月异,新情况新问题层出不穷,解放思想永无止境。全面深化改革,既需要全党全社会进一步解放思想,同时也需要通过全面深化改革进一步冲破各种思想观念的束缚,不断以思想解放推动理论创新、实践创新以及各方面创新,为经济社会发展提供源源不断的思想活水。改革开放30多年来,我国发生的变化及取得的成就举世瞩目。但是,我们在改革发展过程中也积累了一些矛盾和问题。目前,我国改革已经进入攻坚期和深水区。这是因为,当前改革需要解决的问题格外艰巨,都是难啃的硬骨头,既有思想观念的障碍,又有利益固化的藩篱。

---

① 邱乘光:《解放思想 解放生产力 增强社会活力》,载《西藏发展论坛》,2014年第2期,第4—6页。

这个时候，如果我们瞻前顾后、畏葸不前，不仅不能前进，而且可能前功尽弃。需要的是坚持改革开放的正确方向，敢于啃硬骨头，敢于涉险滩，勇于冲破思想观念的障碍，勇于突破利益固化的藩篱，以更大的政治勇气和智慧，不失时机深化重要领域改革，聚合各项相关改革协调推进的正能量，奋力把改革开放推向前进。而要做到这些，一个重要的前提就是必须进一步解放思想。正如习近平总书记在《关于〈中共中央关于全面深化改革若干重大问题的决定〉的说明》所指出的："冲破思想观念的障碍、突破利益固化的藩篱，解放思想是首要的。在深化改革问题上，一些思想观念障碍往往不是来自体制外而是来自体制内。思想不解放，我们就很难看清各种利益固化的症结所在，很难找准突破的方向和着力点，很难拿出创造性的改革举措。"① 现在，党的十八届三中全会虽然已经制定了全面深化改革的路线图，但要把它付诸行动，落到实处，仍然需要进一步解放思想。因此，思想解放是最根本的解放，是一切理论、路线、方针、政策的总开关和原动力。

（二）解放和发展社会生产力、解放和增强社会活力，是解放思想的必然结果，也是解放思想的重要基础。从真理标准大讨论，到"姓社姓资"思想交锋，观念的桎梏一旦突破，就会推动实践获得裂变式发展；而改革在更大范围的突破，又为进一步思想解放提供了丰厚资源。"让一切劳动、知识、技术、管理、资本的活力竞相迸发，让一切创造社会财富的源泉充分涌流"，这既是解放思想的价值取向，也为进一步解放思想提供了现实可能。在这个意义上，"三个进一步解放"相辅相成、相互促进，统一于中国特色社会主义建设伟大进程中。"解放和发展生产力"是社会主义的根本任务和本质要求，也是在新的历史起点上全面深化改革的重要目的②。解放生产力就是通过革命或改革打破束缚生产力发展的桎梏，使生产力获得充分发展的条件。历史唯物主义认为，社会基本矛盾是推动人类社会向前发展的根本动力，其中生产力和生产关系的矛盾又是更为根本的矛盾。在这对矛盾中，生产力决定生产关系，生产关系对生产力又有反作用，它可以推动生产力的发展，也可以阻碍生产力的发展。当生产关系严重阻碍乃至成为生产力发展的桎梏时，改变旧的生产关系，建立新的生产关系，就成为生产力进一步发展的先决条件。于是社会革命就要爆发了。通过社会革

---

① 习近平：《关于〈中共中央关于全面深化改革若干重大问题的决定〉的说明》，载《人民日报》，2013年11月16日。
② 邱乘光：《解放思想　解放生产力　增强社会活力》，载《西藏发展论坛》，2014年第2期，第4—6页。

命建立起新的政权和新的社会制度,用新的生产关系代替旧的生产关系,从而使生产力得到解放。历史上,推翻帝国主义、封建主义、官僚资本主义的反动统治,使中国人民的生产力获得解放,这是革命,所以革命是解放生产力。这个我们过去讲过。但是,在社会主义基本制度确立以后,是否还要从根本上改变束缚生产力发展的经济体制,建立起充满生机和活力的社会主义经济体制,以促进生产力的发展,即通过改革解放生产力,这个我们却没有认识清楚。所以邓小平后来说:过去,我们只讲革命是解放生产力,"只讲在社会主义条件下发展生产力,没有讲还要通过改革解放生产力,不完全。应该把解放生产力和发展生产力两个讲全了。"① 解放和发展生产力,不仅是社会主义的根本任务,而且是社会主义的本质要求。党的十一届三中全会决定把党和国家工作的着重点转移到以经济建设为中心的社会主义现代化建轨道上来,并且做出了实行改革开放的伟大决策。

（三）解放和发展社会生产力,是解放思想、解放和增强社会活力的目的和归宿所在。党的十八大报告明确指出,解放和发展社会生产力是中国特色社会主义的根本任务。我们党成立90多年来的一切革命、建设、改革实践,目的就是为了解放和发展社会生产力,实现民族独立、人民解放、国家富强;我们的一切奋斗目标的实现,包括全面建成小康社会,建成富强、民主、文明、和谐的社会主义现代化国家,实现中华民族伟大复兴的中国梦,乃至实现共产主义远大理想,都建立在社会生产力充分发展基础之上。虽然经过改革开放30多年的奋斗,我国经济社会得到极大发展,但就社会生产力水平来讲,还远远落后于西方发达国家,先进生产力比重不大、布局不均衡,落后生产方式大量存在,社会整体生产效率比较低。这就要求我们在相当长的一个时期内,必须坚持以经济建设为中心,把集中精力发展社会生产力摆在首位②。强调进一步解放思想、解放和增强社会活力,目的也是为社会生产力发展创造更好条件,而且最终也要体现到解放和发展社会生产力上来。全面建成小康社会,实现社会主义现代化,实现中华民族伟大复兴,最根本最紧迫的任务还是进一步解放和发展社会生产力。

（四）解放和增强社会活力,是解放思想的必然结果,也是解放和发展社会生产力的重要基础。没有社会活力的充分释放,解放思想就不能真正转化为社会进步的动力,解放和发展社会生产力就会失去坚实的社会基础。社会主义要

---

① 《邓小平文选》（第3卷）,人民出版社1993年版,第370页。
② 《如何理解"三个进一步解放"》,载《开封日报》,2013年11月27日。

在与资本主义竞争中赢得比较优势并最终取代资本主义，靠的就是社会主义在实现人的解放上比资本主义制度更有效率，更能激发全体人民的积极性主动性创造性，更能为社会生产力的解放和发展提供便利。全面深化改革很重要的一个方面，就是紧紧围绕解放和发展社会生产力这一根本任务，全面深化各领域各环节的改革，努力创造有利于社会活力充分激发的社会环境，为解放和发展社会生产力提供良好的社会条件。邓小平说："革命是解放生产力，改革也是解放生产力……社会主义基本制度确立以后，还要从根本上改变束缚生产力发展的经济体制，建立起充满生机和活力的社会主义经济体制，促进生产力的发展……"① 我们要通过深化改革，让一切劳动、知识、技术、管理、资本等要素的活力竞相迸发，让一切创造社会财富的源泉充分涌流。同时，要处理好活力和有序的关系，社会发展需要充满活力，但这种活力又必须是有序活动的。死水一潭不行，暗流汹涌也不行②。

（五）"解放和增强社会活力"是发展中国特色社会主义的应有之义，也是在新的历史条件下全面深化改革的重要目标

活力是事物生机盎然、蓬勃发展的标志和动力。自然界的事物要发展需要有活力，社会领域的事物要发展也需要有活力。社会活力是指社会有机体的整体的、综合的生命力和发展力，是社会自身发展的自组织能力。从社会领域来说，它是经济活力、政治活力、文化活力和社会（狭义）活力等的统一；从社会主体来说，它是社会整体活力、集体（组织）活力和个人活力等的统一。影响社会活力的，既有物质条件的因素，也有制度体制的因素，同时还有精神文化的因素。破除影响和制约社会活力的因素特别是体制机制因素，使社会活力迸发出来，也就是解放和增强社会活力。目前，作为已经出现过和存在着的社会形态，社会主义是较资本主义更高一级的社会形态，也是迄今为止人类社会发展的最高形态。社会主义之所以能够出现、存在和发展，从根本上说就在于它比资本主义更进步、更科学、更优越，当然也应该比资本主义更具有活力。中国特色社会主义既坚持了科学社会主义的基本原则，又根据我国实际和时代特征赋予其鲜明的中国特色，是社会主义的一般（普遍）与个别（特殊）的统一。因此，中国特色社会主义理应也是一个充满活力的社会。解放和增强社会活力，是发展中国特色社会主义的应有之义，而且只有进一步解放和增强社

---

① 邓小平：《邓小平文选》（第3卷），人民出版社1993年版，第370页。
② 习近平：《切实把思想统一到党的十八届三中全会精神上来》，载新华网，2013年12月31日。

活力，中国特色社会主义伟大事业才能得到更好发展。党的十八届三中全会强调进一步"解放和增强社会活力"，既把握了发展特色社会主义的应有之义，也明确了在新的历史条件下全面深化改革的重要目标。这就告诉我们，解放和发展生产力，是发展中国特色社会主义的本质要求，解放和增强社会活力，也是发展中国特色社会主义的必然选择。在新的历史条件下全面深化改革，不仅仅是为了进一步解放和发展生产力，同时也是为了进一步解放和增强社会活力。既要通过经济体制改革进一步解放和增强经济活力，通过政治体制改革进一步解放和增强政治活力，通过文化体制改革进一步解放和增强文化活力，通过社会（狭义）体制改革进一步社会（狭义）活力等；又要深化各方面的改革进一步解放和增强社会整体活力、集体（组织）活力和个人活力等；同时更要"冲破思想观念的障碍"，进一步解放和增强思想活力。进一步解放和增强社会活力必然要求全面深化改革；全面深化改革是进一步解放和增强社会活力的必然选择和重要途径[1]。

（六）进一步解放思想、解放和发展社会生产力、解放和增强社会活力，三者相互联系、有机统一。进一步解放思想，是进一步解放和发展社会生产力、解放和增强社会活力的思想基础和前提条件；进一步解放和发展社会生产力，是进一步解放思想、解放和增强社会活力的物质基础和实践条件；进一步解放和增强社会活力是进一步解放思想、解放和发展社会生产力的社会基础和重要保证。三者相互联系、相互影响，既相互制约又相互促进。努力实现"三个进一步解放"，从根本上说，就是要通过全面深化改革，加快发展社会主义市场经济、民主政治、先进文化、和谐社会、生态文明，让一切劳动、知识、技术、管理、资本的活力竞相迸发，让一切创造社会财富的源泉充分涌流，让发展成果更多更公平惠及全体人民。进一步解放思想是进一步解放和发展社会生产力、进一步解放和增强社会活力的前提，也是全面深化改革的总开关；进一步解放和发展社会生产力，是进一步解放思想、解放和增强社会活力的目的。同时，进一步解放和增强社会活力是进一步解放思想的必然结果，也是进一步解放和发展社会生产力的重要基础。"三个进一步解放"，既是对我国改革开放30多年伟大实践的经验总结，也是对全面深化改革的实践要求。在新形势下坚持"三个进一步解放"，应把握三个关键词：与时俱进、开拓创新、求真务实。

首先是与时俱进。"三个进一步解放"具有鲜明的时代特征、强烈的问题意

---

[1] 邱乘光：《解放思想 解放生产力 增强社会活力》，载《西藏发展论坛》，2014年第2期，第4—6页。

识,其实质就是要在思想观念上做到与时俱进。当前,我国改革已进入攻坚期和深水区,新情况、新问题、新挑战层出不穷,各种矛盾错综复杂。我们只有做到与时俱进,才能跟上时代前进步伐、努力站在时代前列,勇于变革、勇于创新,有效解决经济社会发展中的突出矛盾和问题,从而进一步解放和增强社会活力、进一步解放和发展社会生产力。其次是开拓创新。创新是一个民族的灵魂,是一个国家兴旺发达的不竭动力。坚持"三个进一步解放",必然要求在工作上开拓创新。我们只有不断创新思维方式、工作方式和经济社会发展方式、社会治理方式,才能打破各种不合时宜的观念、体制和做法的束缚,使各项政策措施更加符合客观实际和群众愿望,不断开创事业发展新局面。最后是求真务实。求真务实是我们党一贯倡导的优良作风,全面深化改革必须大力弘扬求真务实精神。"三个进一步解放"不仅意味着思想观念的更新,而且意味着工作作风的转变。"空谈误国,实干兴邦。"我们只有坚持求真务实、真抓实干,坚决反对形式主义、官僚主义、享乐主义和奢靡之风,才能把《决定》的决策部署落到实处,推动全面深化改革不断取得新进展、新成效。①

二、全面深化改革与"三个进一步"的关联

(一)深化改革具有的解放和发展生产力的功能和作用。经过35年的改革,极大地解放和发展了社会生产力,从而也使中国人民的面貌、社会主义中国的面貌、中国共产党的面貌发生了深刻的变化。所以《决定》明确指出:"事实证明,改革开放是决定当代中国命运的关键抉择,是党和人民事业大踏步赶上时代的重要法宝。"② 改革开放之所以是党和人民事业大踏步赶上时代的重要法宝,从根本上说就在于它所具有的解放和发展生产力的功能和作用。目前,我国经济总量虽然已经跃升至世界第二位,但是,由于我国人口多,人均水平仍然很低,不仅我国作为世界最大的发展中国家的地位没有改变,就连我国仍然处于并将长期处于社会主义初级阶段的基本国情也没有改变。我们要实现"两个一百年"的奋斗目标并进而实现中华民族伟大复兴的中国梦,仍然必须坚持以经济建设为中心,坚持进一步解放和发展生产力。党的十八届三中全会《决定》关于全面深化改革的部署之所以把经济体制改革作为"全面深化改革的重点",而且在"6个方面14条"的框架中开了6条,除基于经济的基础性地位

---

① 顾伯冲:《在"三个进一步解放"中全面深化改革》,载人民网,2013年12月12日。
② 《中共中央关于全面深化改革若干重大问题的决定》,载《人民日报》,2013年11月16日。

外,还应与经济体制改革对于解放和发展生产力的直接的决定性的作用密切相关。因此说,在新的历史条件下,以经济体制改革为重点全面深化改革,一个最重要的目的还是要进一步解放和发展生产力①。

(二)解放思想是深化改革的前提和结果。思想的解放具有总开关、原动力的价值。解放思想,从本质上说就是解放人本身,包括解放人的体力、解放人的思维、解放人的理念。人是万物之灵,社会的发展与进步,改革的推进与深化,都离不开人。人的思想僵化、观念陈旧,必然窒息改革的生命,终止改革的步伐。在我们这个农耕文明历史悠久、小农意识根深蒂固的国家里,思想解放的难度大、任务重、束缚多。解放思想永无止境,只有起点没有终点,与丰富多彩的实践相比,思想永恒地处在不解放的状态,解放思想没有完成时,只有进行时,我看还应该有将来时。也就是说,我们过去要解放思想,现在要解放思想,将来还要解放思想。从哲学的角度来说,解放思想没有过度、过量、过期的问题,解放思想具有绝对性。只有思想解放了,人的价值与尊严、人的主体地位获得社会认可,人的潜能才会最大限度地释放出来;只有思想解放了,才会放开手脚,突破藩篱,跳出条条框框,为深化改革提供不竭的动力。同时,深化改革又有利于思想的解放。改革从某种意义上来说,就是否定和怀疑、破旧和创新,因此,深化改革就是要促使人们从僵化的思维定式中走出来,去掉不合时宜的陈旧观念,让自己的思想观念符合实践的需要,符合时代的需求②。

(三)解放和发展生产力是深化改革的基础和选择。深化改革必然触及体制和机制,触及利益格局的重新调整,是一种革命性的行为,具有较大的风险,会给社会的良性运行带来一定的压力,因此,深化改革需要强大的实力做保证。同时,有的改革不直接带来经济效益,甚至需要大量的投入,比如,社会管理体制的改革,社会保障制度的建立与完善就是如此。脆弱的经济基础无法化解改革的风险,也无法建立起完善的社会保障制度。只有进一步解放和发展生产力,不断地推进发展,才能为深化改革奠定强大的物质条件。当然,改革不是为改革而改革,排除一切妨碍生产力发展的阻力、弊端,进一步解放和发展生产力,是深化改革的首要选择③。

---

① 邱乘光:《解放思想 解放生产力 增强社会活力》,载《西藏发展论坛》,2014年第2期,第4-6页。
② 周小毛:《"三个进一步解放"是全面深化改革的重要条件和目标指向》,载红网,2013年12月-11日。
③ 周小毛:《"三个进一步解放"是全面深化改革的重要条件和目标指向》,载红网,2013年12月-11日。

（四）解放和增强社会活力是深化改革的条件和追求。改革开放初期，改革蕴藏着巨大的红利，是一种给每个人带来好处的帕累托改进，而我们现在面临和将要进行的改革是深层次利益的再调整、再分配，其广度、深度、力度前所未有。马克思说，"'精神'一开始就很倒霉，受到物质的'纠缠'"，毫无疑问，利益格局的深刻变化必然引发人们思想的复杂多变甚至社会问题、社会矛盾、社会冲突。因此，深化改革需要良好的社会外部环境，需要强大的社会承受能力。在体制僵化、机制不畅、认同缺失、人心涣散、效率低下的社会背景下，社会没有活力，也难以有效地推进改革、深化改革，解放和增强社会活力是深化改革的必要条件①。与此同时，对于社会管理层面来说，深化改革的目的在于解决社会问题，化解社会矛盾，追求社会管理有序、社会人际和谐，追求劳动、知识、技术、管理、资本的活力竞相迸发的目标。

（五）"三个进一步解放"从而为全面深化改革提供强大的思想动力、制度动力和社会动力。解放和增强社会活力，是解放思想、解放和发展社会生产力的结果，同时也是解放思想、解放和发展社会生产力的标志。从根本上说，"三个解放"，都是解放活力。解放思想是解放思想活力，解放生产力是解放生产活力，解放社会活力是在思想活力解放、生产活力解放基础上的社会活力解放。活力来自动力，死水一潭谈何动力；动力蕴含活力，强大的思想动力、制度动力和社会动力，本身就是强大的思想活力、制度活力、社会活力。贯彻《决定》精神，必须在全面深化改革中着力解放和增强社会活力，以解放和增强社会活力促进全面深化改革②。

---

① 周小毛：《"三个进一步解放"是全面深化改革的重要条件和目标指向》，载红网，2013年12月11日。
② 颜晓峰：《进一步解放和增强社会活力》，载《政工学刊》，2013年第12期，第6-7页。

第七章

全面深化改革与社会公平正义

党的十八届三中全会讨论通过的《中共中央关于全面深化改革若干重大问题的决定》，是一份指导我们完善中国特色社会主义制度的纲领性文件。《决定》指出：必须"坚持社会主义市场经济改革方向，以促进社会公平正义、增进人民福祉为出发点和落脚点，进一步解放思想、解放和发展社会生产力、解放和增强社会活力，坚决破除各方面体制机制弊端，努力开拓中国特色社会主义事业更加广阔的前景"。这个指导思想，充分体现了以习近平同志为总书记的党中央在新一轮改革中冲破思想观念束缚、突破利益固化藩篱的巨大政治勇气和高超改革智慧。

一、全面深化改革以促进社会公平正义为出发点和落脚点

全面深化改革，必须以促进社会公平正义、增进人民福祉为出发点和落脚点。这是全面深化改革指导思想的关键要素之一，也是全面深化改革需要着力解决的根本问题和追求目标之一。公平正义是社会实践的要求与反映，既是历史经验教训的借鉴，也是现实问题的倒逼，顺应了人民群众对美好生活的深切期望，符合人类历史发展的趋势。

（一）促进社会公平正义是社会主义的本质要求实现公平正义。社会主义革命胜利后，必须也可以逐步做到社会公平正义。但是由于我国处在社会主义初级阶段，两千多年封建思想影响，我国革命胜利后，仍然在很多方面存在着违背公平正义的现象。特别在改革开放和发展市场经济的条件下，各种消极腐败现象乘虚而入，屡禁不止，激起群众的公愤。党中央顺乎民意，果断决策，坚决反腐倡廉，特别是坚持制度反腐，把权力关进"制度"的笼子里，这就有效地促进了社会的公平正义。随着我国社会深刻变革，影响社会公平正义的各种矛盾和问题日益突出，社会生产力发展、社会各个方面的发展、人民群众对党和政府维护社会公平正义的要求也越来越高。只有把公平正义作为全面深化改

革的出发点和落脚点,才能在实践中不断解决社会主义社会的基本矛盾①。公平正义是市场经济的必然要求,更是社会主义市场经济的本质要求。没有公平竞争,市场经济就会乱套,就不可能健康发展。社会主义市场经济如果离开"公平正义",最终实现人民的共同富裕就是一句空话。"促进社会公平正义,增进人民福祉",就必须切实解决贫富两极分化问题。对于"富"的一极,凡是符合"三个有利于"标准、符合法律的、符合市场经济发展规律的"富",我们不能限制,更不能打击、压制、取缔,而要引导他们先富帮后富。但是,对于那些非法利用手中权力和各种不正当关系致富,靠各种不合法手段(坑蒙拐骗、走私、贩毒、偷税、漏税、拐卖妇女儿童……)致富,侵吞国家和人民利益的各种"富"要坚决揭露、打击、取缔。对于贫困一极,我们要大力发展生产力,大力释放改革的红利,同时,切实增加社会保障和公共福利设施,更多地采用增量的方式,缩小贫富差别,缩小城乡和地区差别,在多赢共赢的基础上让全体人民共创共享改革和发展的成果②。

(二)促进社会公平正义彰显中国共产党全心全意为人民服务的根本宗旨。中国共产党代表着中国最广大人民的根本利益,其从事的革命、建设、改革发展事业都是为了人民过上更公平正义、更美好幸福的生活。中国共产党领导的新民主主义革命,推翻了三座大山,建立了新中国,实现了民族独立和人民解放。中国共产党领导下的社会主义建设与改革开放伟大事业,为国家繁荣富强、社会公平正义、人民生活幸福奠定了坚实的基础③。

中国共产党自成立那天起,就把马克思主义作为指导思想写在了自己的旗帜上,而实现公平正义正是马克思主义的崇高社会理想。中国共产党90多年的奋斗历程就是一个不懈追求、实现和维护社会公平正义的过程。毛泽东所创立的新民主主义政治、经济、文化纲领,始终贯穿着社会公平的理念。新中国成立后,毛泽东高度重视实现社会公平和正义,他对社会主义基本经济制度、政治制度、文化制度的设计和建设以及在社会主义建设过程中对分配制度、工资制度、就业制度、医疗保障制度等的思考都包含着对公平正义的追求。毛泽东

---

① 赫崇飞,刘歌德,王继辉:《重温社会基本矛盾理论 促进社会公平正义——学习十八届三中全会关于全面深化改革若干重大问题的决定》,载《毛泽东思想研究》,2014年第6期,第12-15页。
② 赫崇飞,刘歌德,王继辉:《重温社会基本矛盾理论 促进社会公平正义——学习十八届三中全会关于全面深化改革若干重大问题的决定》,载《毛泽东思想研究》,2014年第6期,第12-15页。
③ 黄敏:《公平正义:全面深化改革的核心价值》,载《中共郑州市委党校学报》,2014年第4期,第5-8页。

始终践行为人民服务的信念，认为中国共产党要"每时每刻地总是警戒着不要脱离群众"，"自由、平等、博爱，是资产阶级的口号，而我们反而为它斗争了"①，"使农民群众共同富裕起来，穷的要富起来，所有农民都要富裕，并且富裕的程度要大大地超过现在的富裕农民"②。毛泽东提出"共同富裕"这个概念，而且把农民的共同富裕作为社会主义建设的重要目标。在分配问题上，毛泽东指出，要"反对平均主义，是正确的；反对过头了，会发生个人主义。过分悬殊也是不对的。我们的提法是既反对平均主义，也反对过分悬殊。"③ 在改革开放历史新时期，总设计师邓小平将公平正义视为社会主义的本质要求，对公平正义问题进行了系统、深刻的理论探索和实践创新。他强调："我们为社会主义奋斗，不但是因为社会主义有条件比资本主义更快地发展生产力，而且因为只有社会主义才能消除资本主义和其他剥削制度所必然产生的种种贪婪、腐败和不公正现象。"④ 面对落后的社会生产力，邓小平强调"贫穷不是社会主义"，"坚持社会主义必须摆脱贫穷"。⑤ 面对改革开放初期的平均主义，提出要"让一部分人、一部分地区先富起来"，"我们坚持走社会主义道路，根本目标就是实现共同富裕，然而平均发展是不可能的。"⑥ "社会主义最大的优越性就是共同富裕，这是体现社会主义本质的一个东西"。⑦ 为此，邓小平还制定了"三步走"的发展战略。邓小平关于"先富后富"思想，极大地推动了我国经济和社会的发展。此外，邓小平还有一个极为重要的战略构想，就是从20世纪末开始要更多地关注社会公正、解决贫富差距过大的问题。他在1992年南方谈话中指出："如果富的愈来愈富，穷的愈来愈穷，两极分化就会产生，而社会主义就应该而且能够避免两极分化。"⑧ 分配不公，会导致两极分化，到一定时候问题就会出来。"可以设想，在本世纪末达到小康水平的时候，就要突出地提出和解决这个问题。"⑨ 到1987年，十三大明确提出"在促进效率提高的前提下体现社会公平"。中共十三届四中全会以后，江泽民反复强调要把社会公平正义问题作为涉及全社会的重要战略问题加以解决，通过发展及体制改革来逐步实现社

---

① 《毛泽东文集》（第7卷），人民出版社1999年版，第127页。
② 《毛泽东选集》（第5卷），人民出版社1977年版，第187页。
③ 《毛泽东文集》（第8卷），人民出版社1999年版，第130页。
④ 《邓小平文选》（第3卷），人民出版社1993年版，第143页。
⑤ 《邓小平文选》（第3卷），人民出版社1993年版，第255页。
⑥ 《邓小平文选》（第3卷），人民出版社1993年版，第155页。
⑦ 《邓小平文选》（第3卷），人民出版社1993年版，第364页。
⑧ 《邓小平文选》（第3卷），人民出版社1993年版，第374页。
⑨ 《邓小平文选》（第3卷），人民出版社1993年版，第374页。

会公正。江泽民指出,"衡量社会公平的标准必须看是否有利于社会生产力发展和社会进步"。① 江泽民把生产力发展和社会公平观紧密联系起来。在分配问题上,江泽民强调要防止平均主义和收入悬殊两种倾向。而且认为"平均主义的分配不公和收入差距过大的分配不公相互影响、互为依存,这两者都必须引起我们足够的重视。"② 江泽民还提出了实现公平的途径,"只有通过改革大幅度提高劳动生产率和经济效益,才能使分配制度和政策充分发挥积极作用,才能为根本解决平均主义和收入差距过大问题创造物质基础"。③ 党的十六大报告在效率与公平问题上作了调整,提出"初次分配注重效率","再分配注重公平",从而把公平摆到了更加突出的位置。

中共十六大以来,党中央明确把实现社会公平正义作为社会主义和谐社会的基本特征和重要目标,极大地丰富和发展了中国共产党关于公平正义问题的理论。坚持把发展视为党执政兴国的第一要务,明确"为什么要发展"、"为谁发展"、"实现什么样的发展"等重大问题。第一要义是发展,"通过发展增加社会财富、不断改善人民生活,又要通过发展保障社会公平正义,不断促进社会和谐"。④ 2004年10月,党的十六届四中全会通过的《中共中央关于加强党的执政能力建设的决定》不再提"效率优先",而是第一次提出了"社会公平"的概念。2006年10月,党的十六届六中全会通过的《中共中央关于构建社会主义和谐社会若干重大问题的决定》明确提出,"社会公平正义是社会和谐的基本条件,制度是社会公平正义的根本保证。必须加紧建设对保障社会公平正义具有重大作用的制度,保障人民在政治、经济、文化、社会等方面的权利和利益。"至于公平正义的主要内容,2005年2月,胡锦涛在省部级主要领导干部专题研讨班上提出建立以"权利公平、机会公平、规则公平、分配公平"⑤ 为主要内容的社会公正保障体系。党的十七大报告也指出"实现社会公平正义是中国共产党的一贯主张,是发展中国特色社会主义的重大任务",这给公平正义作了一个崭新的历史定位。十八大报告则进一步提出:"必须坚持维护社会公平正义","公平正义是中国特色社会主义的内在要求",建立"以权利公平、机会

---

① 《江泽民文选》(第1卷),人民出版社2006年版,第48页。
② 《江泽民文选》(第1卷),人民出版社2006年版,第50页。
③ 《江泽民文选》(第1卷),人民出版社2006年版,第52-53页。
④ 胡锦涛:《在中国共产党第十七次全国代表大会上的报告》,载《人民日报》,2007年10月15日。
⑤ 胡锦涛:《在省部级主要领导干部提高构建社会主义和谐社会能力专题研讨班上的讲话》,载《人民日报》,2005年6月27日。

公平和规则公平为主要内容的社会公平保障体系"。这表明中国共产党在执政理念和指导思想上实现了一个新的飞跃①。

(三)促进社会公平正义是解决当前社会突出问题的迫切需要。现实的倒逼。改革开放以来,我国经济社会发展取得的巨大成就,为促进社会公平正义提供了坚实物质基础和有利条件。改革开放30多年来,我国的公平正义水平有了显著的提高,但"发展起来的问题不比发展以前少"。在我国现有发展水平上也存在大量不公平、不正义现象。比如教育、就业机会不公问题,收入分配差距问题,社会保障体系"碎片化"问题,特殊化特权现象问题,司法不公问题,贪赃枉法、侵害群众权益问题,等等②。对于社会不公,从不同的维度分析有不同的结论,集中指向为分配不公、司法不公、城乡不公、医疗不公、教育不公、部门不公等等,主要包括三类问题:一是强势群体利用权势谋取私利,如三权交易(权钱交易、权色交易、权权交易);二是弱势群体在教育、医疗、就业、养老方面艰难困苦;三是城乡二元结构造成城乡不平等。这些问题不单涉及经济领域,也涉及政治、文化、社会、生态文明等各领域,已经成为一个影响经济社会发展全局的重大问题。特别是随着我国经济社会发展和人民生活水平不断提高,人民群众的公平意识、民主意识、权利意识不断增强,人民群众对社会不公问题反映越来越强烈。短缺经济的时代,人们主要精力是如何填饱肚子,公平正义并不是首位的诉求。改革开放30多年来,人民生活水平不断提高,填饱肚子的问题解决了。以前被抑制的公正诉求开始增强,人们对不公现象的耐受性降低,群体性事件增多、矛盾多发期到来,提速社会公平正义的要求愈加迫切。

(四)促进社会公平正义是让发展成果更多更公平惠及全体人民的迫切要求。公平正义不但能够保障经济发展、政治有序、社会稳定,而且能够促进人的自由而全面的发展,提高人民的幸福指数。公平正义使经济发展更加具有效率和活力。世界银行在2006年世界发展报告中指出,"以公平作为发展的中心,是对过去10-20年围绕市场、人类发展、治理和赋权的发展思想的要点的提升和整合"。"从长期看,增加公平是提高经济增长的速度的根本"③。公平正义有

---

① 杨雪英,沈春梅:《公平正义:全面深化改革的重要价值取向》,载《求实》,2013年第9期,第47-51页。
② 《为什么全面深化改革必须以促进社会公平正义、增进人民福祉为出发点和落脚点?》,载《内蒙古日报》,2013年11月26日。
③ 世界银行:《2006年世界发展报告:公平与发展》,清华大学出版社2006年版,第17页。

利于促进人的自由而全面的发展，提高人民的幸福指数。当前，我国建立以权利公平、机会公平、规则公平为主要内容的社会公平保障体系，努力营造公平正义的环境，正是为人的自由而全面的发展和人民幸福水平的提高提供物质条件及社会保障。改革的目的是为了更好造福人民。如果不能给老百姓带来实实在在的利益，如果不能创造更加公平的社会环境，甚至导致更多的不公平，改革就会失去意义，也不可能持续。改革必然触及利益格局的调整，有可能使部分群众切身利益暂时受到影响，但出发点和落脚点必须是使全体人民根本利益得到更好的实现、维护、发展①。因此，强调以促进社会公平正义、增进人民福祉为出发点和落脚点，就是要确保全面深化改革在更加注重解决人民群众最关心最直接最现实的利益问题上下功夫，在让发展成果更多更公平惠及全体人民上下功夫，在增进人民福祉、让人民过上更好生活上下功夫。公平正义作为千百年来人们追求的基本诉求，作为中国共产党执政为民的基本任务，受到日益深广的关注。随着物质生活、精神生活水平的提高，人们对公平正义的渴望越来越强。可以说，公平正义，是人民福祉的重要内容，是改善民生的导向。我国的改革事业，一方面，好改和容易改的领域和环节已基本到位，但关系复杂、利益冲突多、协调难度大的方面还依然存在，改革已进入攻坚期和深水区。另一方面，在世情、国情、党情发生深刻变化的背景下，改革取向从基于当时生产力水平的"效率优先、兼顾公平"进入到"兼顾效率和公平、更加注重公平"的新阶段。我们党注重对社会主义改革的规律性认识，顺应社会关切，代表人民意愿，直面风险挑战，把全面深化改革必须"以促进社会公平正义、增进人民福祉为出发点和落脚点"写入《决定》，指明了新一轮改革的正确方向，体现了我们党坚持权利公平、机会公平、规则公平，使发展成果更多更公平地惠及全体人民这一鲜明的执政理念。坚持这一指导思想，必将凝聚社会共识，形成改革合力，发挥亿万人民的主体作用，朝着《决定》指引的方向锐意进取。可以预见，随着各项改革的推进，改革红利必将逐步释放，并不断惠及人民群众。要把促进社会公平正义、增进人民福祉作为一面镜子，认真审视各方面体制机制和政策规定，哪里有不符合公平正义的问题，哪里就需要改革，哪个领域问题突出，哪里就是改革的重点。特别是改革进入攻坚期和深水区，必然会触及已有的体制机制和利益格局，思想认识越来越难以统一，改革的难度越来越大，我们必须以更大的政治勇气和智慧，坚决破除各方面体制机制障碍，突

---

① 《为什么全面深化改革必须以促进社会公平正义、增进人民福祉为出发点和落脚点？》，载《内蒙古日报》，2013年11月26日。

破利益固化的藩篱，使我们的制度和体制机制更加体现公平正义原则，更加有利于实现和维护人民利益。

（五）促进社会公平正义是坚持和发展中国特色社会主义的内在要求。公平正义揭示了社会发展的规律性，是社会主义的本质体现，是中国特色社会主义的内在要求，彰显了中国共产党全心全意为人民服务的根本宗旨①。公平正义揭示了社会发展的规律性。从历史唯物主义观点看，作为社会意识的正义，是人类社会存在的要求与反映。"正义原则是由社会存在的客观性决定的，它的基础或根源是社会现实，正义原则的普遍性根源于现实的合理性。正义观念虽然与社会现实之间存在着距离甚至鸿沟，但它却与社会发展规律的必然性相契合"。② 公平正义是社会主义的本质体现，是中国特色社会主义的内在要求。马克思恩格斯控诉资本主义的异化、剥削以及资本对劳动的支配、奴役、主宰，实质上就蕴含着对资本主义制度不自由、不公正、不平等的批判。马克思、恩格斯视域中的社会主义是后资本主义，是对资本主义的扬弃，是高于和优于资本主义的。毫无疑问，作为后资本主义的社会主义是公平正义的，也就是说公平正义是社会主义的本质体现。中国特色社会主义既坚持科学社会主义的基本原则，又根据时代条件体现鲜明的中国特色，这就必然把公平正义作为自己的内在要求。党的十八大报告提出，公平正义是中国特色社会主义的内在要求。我们强调通过全面深化改革，让一切劳动、知识、技术、管理、资本的活力竞相迸发，让一切创造社会财富的源泉充分涌流，让发展成果更多更公平惠及全体人民，就是为了更好地体现中国特色社会主义的优越性。我们讲使各方面制度更加成熟更加定型，就是为了解决好制度的公正性和普惠性问题，打牢中国特色社会主义制度的社会基础和群众基础③。因此，全面深化改革的重要任务之一，就是加紧建设对保障公平正义具有重大作用的制度，逐步建立起以权利公平、机会公平、规则公平为主要内容的社会公平保障体系，努力营造公平的社会环境，保证人民平等参与、平等发展权利。

（六）促进社会公平正义是古今中外历史的借鉴和启示。公平正义是人类社会的永恒追求。历史经验告诉我们，如果不能在社会转型期适时完善社会体制、促进社会公平，就可能导致政权更迭、社会动荡的灾难性后果，苏联、东欧、

---

① 黄敏：《公平正义：全面深化改革的核心价值》，载《中共郑州市委党校学报》，2014年第4期，第5-8页。
② 宋惠昌等：《政治哲学》，中共中央党校出版社2003年版，第104-105页。
③ 《为什么全面深化改革必须以促进社会公平正义、增进人民福祉为出发点和落脚点？》，载《内蒙古日报》，2013年11月26日。

利比亚及拉美国家就是前车之鉴。无论是苏联的亡党亡国、印度国大党的兴衰沉浮，还是印尼专业集团在金融风暴中的沉船，都说明一个国家、一个党如果不坚持公平正义就会走向失败，走向灭亡。拉美一些国家堕入"中等收入国家陷阱"，关键原因也在于没有处理好贫富差距问题。促进社会稳定，保证社会的安全运行①。中国历史上的农民起义和改朝换代，都是以"不平等"发难的，如"不患寡而患不均""均贫富"等。法国大革命、日本明治维新也是把不平等作为重要的缘由。一个社会越是公平就越稳定，离开公平，社会稳定就会失去了根基。

二、当前我国社会公平正义面临的挑战

增进公平依然面临严峻挑战。尽管公平正义是马克思主义的理想追求，也是中国共产党人的执政目标，但我们也看到，随着改革的深入，社会的转型和长期形成的传统体制和机制之间的错位越来越大，再加上新的体制和机制的缺失，由此引发了社会失衡，以及阶层分化与利益博弈；我们社会面临的公平正义挑战具体表现在下述数个方面。

（一）制度设计方面的不公平。制度是影响现代社会和现代人的生存和发展的重要资源，是支配现代社会的根本而优先的力量。制度的基本功能是规定、调节各种经济、政治、社会生活中基本的利益关系。然而，在我们社会转型期，制度和机制存在着严重的错位和缺失。如在经济方面，长期以来，国家实行了一系列向城市和工业严重倾斜的经济政策，国家通过"剪刀差"形式挤压农业、索取农业剩余，对农民实行高积累政策，使农民应该获得的利益向城市居民转移，阻碍了农民生活水平的提高和农村经济的发展②。国家采取不同的区域政策导致中西部地区的差距不断扩大。从80年代初开始，我国原有那种以牺牲宏观经济效益、制约东部沿海发展为代价的生产力平衡布局的发展战略开始进行调整，实行不平衡的发展战略，优先发展经济基础好的东部地带，以东部的发展带动中西部地区的发展。这种战略调整促进了沿海地区经济的开放和发展，使得沿海地区成为中国经济发展的先导地区和动力源，但同时它带来的问题就是东西部之间的差距迅速拉大③。二元社会结构的户籍制度造成了城乡的严重

---

① 黄敏：《公平正义：全面深化改革的核心价值》，载《中共郑州市委党校学报》，2014年第4期，第5-8页。
②
③ 杨雪英，沈春梅：《公平正义：全面深化改革的重要价值取向》，载《求实》，2013年第9期，第47-51页。

分化。长期以来,我国在城乡发展问题上实行的"二元分割"和二元经济结构,造成了严重的二元就业制度、二元收入分配制度、二元教育制度、二元福利保障制度和二元公用事业投入制度等。而严格的户籍管理制度,又强化了城乡的这种二元结构,进一步扩大了城乡差别,使城乡发展严重失调。在社会保障制度方面,也存在着一系列背离公平的现象。长期以来,国家通过再分配和社会福利等为城市居民提供养老、医疗、保险、低保等基本保障与服务,但社会保障中除了极少的社会救助外,农民在社会保险、社会福利、社会优抚和住房保障等方面无法享受与城市居民同等的待遇。即使有,也存在着社会保障水平低、品种少、覆盖率不高的问题。目前还有农民工这个特殊群体,他们付出最辛勤的劳动,却不能享受与城市人口同样的社会保障和福利制度[①]。

(二)基本权利保障方面的不公平。长期以来,在国家的政治格局中,农民作为最大的一个政治群体,却不能享受与城市居民平等的政治权利。在历年的全国人民代表大会的构成中农民占的比例远少于城市居民。农民的选举权不被尊重和保障,被选举权就更无法保障了。农民不能取得和它巨大人口数量相对应的政治话语权,不能直接参与国家和社会的管理活动,不能有效表达自己的意愿,农民的政治权利包括平等权、自由权、生存权、参政权、自治权等得不到充分体现,其相应的利益也就得不到有效的维护[②]。在教育权和就业权方面,在城乡二元结构体制下,形成了一种重城市轻农村"城市中心"价值取向,国家的公共政策和投资优先满足城市的教育。教育投入的严重不足,使农村教育基础设施落后,教学资源匮乏,经费紧张,师资奇缺且水平较低,教育质量差,农村的基础教育无论是硬件还是软件,都与城市有较大的差距。教育权影响就业权。虽然政府非常重视就业问题的解决,但是在就业领域,仍然存在很多不公平的现象,有男女就业的不公平、城乡就业的不公平以及地域就业的不公平。

(三)社会成员的机会存在着不公平。中国现在的不公平主要是机会的不公平。社会成员在接受教育、就业、医疗等方面都存在着不公平的现象。接受教育机会的不公平主要表现为,一是教学机会的不平等。现在我们国家小学的入学率在99%左右[③],而那些没有或者不能上学的孩子基本上在一些边远农村、

---

① 杨雪英,沈春梅:《公平正义:全面深化改革的重要价值取向》,载《求实》,2013年第9期,第47-51页。
② 杨雪英,沈春梅:《公平正义:全面深化改革的重要价值取向》,载《求实》,2013年第9期,第47-51页。
③ 杨雪英,沈春梅:《公平正义:全面深化改革的重要价值取向》,载《求实》,2013年第9期,第47-51页。

少数民族地区。高等教育的机会更加不均,由于高等教育资源本身的稀缺性,导致城乡在高等教育阶段上的教育机会不均更加明显,农村学生升学的分数线要大大高于城市学生。二是教育质量不平等。城乡之间、东中西之间学校的师资力量存在着较大的差别,再加上学校硬件设备的差距,教育质量存在较大的差别。就业机会的不公平,主要表现为在就业中存在的如年龄歧视、性别歧视、学历歧视、户籍歧视、地域歧视、身体歧视以及工作经验歧视等。医疗卫生的资源配置及服务也存在着严重的不公平。长期以来,医疗卫生的资源过多地集中在大城市和中等城市,基层医疗机构得到的资源分配却很少。基层医疗机构特别是乡镇一级的医疗机构,办医条件比较落后,技术人员素质偏低。中科院调查报告显示,中国政府投入的医疗费用中,80%是为党政干部为主的群体服务的[1]。而最需要医疗服务的低收入人群尤其是广大的农村地区,发病率高,但支付能力低,随着医疗服务价格攀升,"看病难"、"看病贵"的问题突出。

(四)收入分配方面的不公平。收入分配不公平是目前中国最大的社会不公平。主要表现为:其一是城乡居民收入差距日益扩大。中国的改革开放是从打破平均主义的制度设计开始的。相应地我们实行了效率优先、兼顾公平的分配制度及分配机制。所以,在增量改革阶段过后,和GDP数字一起增长的是城乡居民收入差距的不断扩大。其二是区域之间收入分配的不公平。改革开放以来实行的"一部分地区先富起来"和东、中、西三大经济地带不平衡发展梯度推移的宏观区域经济发展战略,使我国地区经济发展差距尤其是东西部地区差距在不断扩大。人均GDP,东部与中部地区的相对差距为45%左右,而东部与西部地区的相对差距则达到56%左右。中西部部分地区城乡人均收入比高达4倍以上。农民收入的地区差异也在进一步拉大。我国的贫困县,西部地区共307个,占一半以上,按人口计,占90%。[2]

(五)行业之间收入分配的不公平。进入社会转型期以来,我国各行业职工和各个阶层人们的收入水平都有了较大幅度的增长,但是各个行业之间的收入差距日益扩大。尤其是石油、电力、通信、铁路及金融等垄断行业,获得了高额的垄断利润,从而转化为高额的工资和福利。目前,中国收入最高与最低的

---

[1] 杨雪英,沈春梅:《公平正义:全面深化改革的重要价值取向》,载《求实》,2013年第9期,第47-51页。

[2] 杨雪英,沈春梅:《公平正义:全面深化改革的重要价值取向》,载《求实》,2013年第9期,第47-51页。

行业相差 15 倍，国企高管的平均收入和社会平均收入更是相差 128 倍。①

以上矛盾和问题如果不解决，就会变成严重阻碍社会成功转型的"历史条件"。而社会公正必须纳入到社会制度的视野中去才能得到有效和合理的解决。罗尔斯在《正义论》一书中强调，"作为公平的正义是社会制度的首要价值，正像真理是思想体系的首要价值一样"。②

三、通过全面深化改革促进社会公平正义

全面深化改革，释放发展内在活力、促进社会公平正义。当前和今后一段时间，要以十八届三中全会和习近平总书记系列重要讲话精神为指导，按照 2014 年政府工作报告提出的要求，坚持公平与效率相统一，向深化改革要动力，以深化改革促公平，充分释放发展内在活力、促进社会公平正义，让经济社会发展更有效率、更加公平、更可持续。

（一）坚持和完善的社会主义基本经济制度。邓小平同志曾指出："搞社会主义，一定要使生产力发达，贫穷不是社会主义。"新中国成立后，我们党领导人民在建设和发展社会主义的道路上进行了艰辛探索，取得了巨大成就，同时也走过一些弯路。僵化的经济体制和过分单一的所有制结构，制约了各种生产要素的快速流动和充分利用，抑制了城乡劳动者的积极性、主动性和创造性，使本该生机盎然的社会主义经济活力没能得到充分发挥。改革开放后，我们党深刻总结历史教训，立足社会主义初级阶段这个最大实际，逐步建立起公有制为主体、多种所有制经济共同发展的基本经济制度，从而推动了我国社会生产力、综合国力和人民生活水平的大幅提升。必须清醒看到，我国将长期处于社会主义初级阶段，发展仍是解决所有问题的关键，必须毫不动摇巩固和发展公有制经济，毫不动摇鼓励、支持、引导非公有制经济发展，进一步筑牢国家繁荣富强、人民幸福安康、社会和谐稳定的物质基础。《决定》对坚持和完善我国基本经济制度做了系统阐述，提出了许多新的改革举措。这些举措，充分体现了促进公平正义和增进人民福祉的要求。比如，明确强调"公有制经济财产权不可侵犯，非公有制经济财产权同样不可侵犯"，"国家保护各种所有制经济产权和合法权益"，这就为各种所有制经济依法平等使用生产要素、公平参与市场

---

① 杨雪英，沈春梅：《公平正义：全面深化改革的重要价值取向》，载《求实》，2013 年第 9 期，第 47–51 页。
② ［美］约翰·罗尔斯：《正义论》，何怀宏，何包钢，廖申白译，中国社会科学出版社 1988 年版，第 3 页。

竞争、同等受到法律保护提供了制度保障。积极发展"国有资本、集体资本、非公有资本等交叉持股、相互融合的混合所有制经济",这种以产权为纽带的新型经济共同体,不仅会促进劳动、知识、技术、管理、资本一体化,实现要素配置效率最大化,而且能充分保障各种要素按贡献公平参与分配,增进人民群众对经济发展的认同感和参与度。强调"国有企业属于全民所有",划转部分国有资本充实社会保障基金,到2020年把国有资本收益上缴公共财政的比例提到30%,这充分体现出国有企业惠及全民的本质属性和社会责任。强调"非公有制经济在支撑增长、促进创新、扩大就业、增加税收等方面具有重要作用","废除对非公有制经济各种形式的不合理规定,消除各种隐性壁垒,制定非公有制企业进入特许经营领域具体办法",这是对保障各类企业权利平等、机会平等、规则平等的重大促进,能使劳动者从各类企业中获得更多就业机会和稳定的收入。

(二)构建新型工农城乡关系的相关制度,促进城乡发展一体化。新中国成立初期,我国在"一穷二白"基础上建设社会主义现代化,这种特定历史阶段,决定了实行农产品统购统销、城乡户籍分类管理等制度,通过农业为工业提供积累,有其历史必然性。在取得一定成果的同时,这些制度也导致并固化了较为严重的城乡分割。改革开放后,农村实行家庭承包经营制度,改革农产品购销制度,支持农村发展乡镇企业和个体私营经济,鼓励农村劳动力转移就业,城乡分割的坚冰被逐步打破。进入新世纪后,国家实行一系列强农惠农富农政策,如取消农业税、放开粮食购销、实行农业补贴、建立农村社保制度等,极大促进了工农城乡协调发展。但城乡基础设施、基本公共服务以及居民收入水平仍存在较大差距,制约城乡发展一体化的体制机制尚未根除。为此,《决定》提出,"必须健全体制机制,形成以工促农、以城带乡、工农互惠、城乡一体的新型工农城乡关系",为推动工业化、信息化、城镇化和农业现代化同步发展奠定了制度基础。推动城乡发展一体化,关键要建立城乡要素平等交换和公共资源均衡配置的体制机制。《决定》提出:"在符合规划和用途管制前提下,允许农村集体经营性建设用地出让、租赁、入股,实行与国有土地同等入市、同权同价";"建立兼顾国家、集体、个人的土地增值收益分配机制,合理提高个人收益"。这些新的制度化安排,破除了建设用地市场城乡分割的体制,赋予城乡建设用地同等权益,可大幅增加农民财产性收入。《决定》还提出:"在坚持和完善最严格的耕地保护制度前提下,赋予农民对承包地占有、使用、收益、流转及承包经营权抵押、担保权能,允许农民以承包经营权入股发展农业产业化经营","赋予农民对集体资产股份占有、收益、有偿退出及抵押、担保、继承权"、"慎重稳妥推进农民住房财产权抵押、担保、转让"等。这些重大制度创新,一是将农村土地承包经营权、宅基地使用权视作财产权,明确了产权归属,为广大农民融入城乡统一市场提供了制度保障;二是农民以产权为依托,可在继续增加经营收入、务工收入、转移支付收入的同时,大幅提高财产性收入占比,优化农村居民收入结构;三是为农村产权抵质押融资打开了通道,将对农户家庭经营的信用缺失、金融缺失起到重要补位作用,活跃农村金融。《决定》要求,"推进农业转移人口市民化,逐步把符合条件的农业转移人口转为城镇居民",并对进城落户农民住房、医疗和社会保障等基本公共服务都形成了一系列新的制度。这将成为破除城乡二元结构的重要突破口,有利于维护农业转移人口权益,帮助他们尽快融入城镇,充分释放城镇化红利。

(三)构建全方位的开放型经济新体制,促进协调均衡发展,缩小区域发展差距。改革开放以来,我国从建立经济特区,到沿江、沿边、内陆渐次开放,已形成全方位、多层次、宽领域的对外开放格局,有力推动了经济社会发展。特别是加入WTO,使我们最大程度地学习和运用国际通行规则,大大增强了我国配置利用全球资源的能力,快速提升了国际竞争力。《决定》提出:"必须推动对内对外开放相互促进、引进来和走出去更好结合,促进国际国内要素有序自由流动、资源高效配置、市场深度融合,加快培育参与和引领国际经济合作竞争新优势,以开放促改革。"这充分体现了我国更加积极主动的开放战略,为我们紧紧抓住并充分利用重要战略机遇期、提升开放型经济发展质量和水平指明了方向。转变对外经济发展方式,需要在拓展开放型经济深度和广度上做文章。自由贸易区代表了我国开放型经济发展的深度。《决定》要求,加快建立符合国际化、法治化要求的跨境投资贸易规则体系,推进市场准入和口岸管理体制改革,形成面向全球的高标准自由贸易区网络。这将极大促进国际投资便利化和服务贸易大发展,增强我国的国际竞争力。内陆开放体现了我国开放型经济发展的广度。我国东中西部地区发展还很不平衡,这在很大程度上体现为内陆和沿海开放不协调。内陆地区进出口贸易和外资利用在全国的占比目前还不到两成,这种畸重畸轻的格局已影响到我国对外开放大局和长远后劲。为此,《决定》把扩大内陆沿边开放摆到了更加突出的位置,提出要"推动内陆贸易、投资、技术创新协调发展"、"创新加工贸易模式,形成有利于推动内陆产业集群发展的体制机制"。这将对全面深化改革必须以促进社会公平正义、增进人民福祉为出发点和落脚点内陆地区抓住全球产业重新布局的机遇加快发展,缩小东中西部地区差距形成强力推动。《决定》要求"形成横贯东中西、联结南北方对外经济走廊",内陆地区就可以依托中国东盟大通道、渝新欧国际铁路联运大通道等，加强与周边、沿线国家和地区的联动。与之配套，"推动内陆同沿海沿边通关协作，实现口岸管理相关部门信息互换、监管互认、执法互助"。这种机制，符合国际惯例，能有效消除内陆出口通关的制度化障碍，形成分工协作、优势互补、均衡协调的开放新格局。这些重大改革，必将进一步释放内陆地区开放潜力，缩小内陆与沿海开放方面的差距，使广袤的内陆地区成为开放的战略腹地和新的经济增长点。

（四）深化各项社会事业改革，保障和改善民生，使发展成果更多更公平地惠及全民。着力解决关系人民群众切身利益的生活、生产问题，保障人民群众的经济、政治、文化和社会权益，努力实现人的全面发展，是我们党和国家一切工作的出发点和落脚点。改革开放以来，我国社会事业有了很大发展，城乡居民生活水平得到了很大提高。但与经济快速发展相比，社会建设仍然滞后，涉及群众切身利益的教育、就业、社保、医疗、住房、生态环境、食品药品安全、安全生产、社会治安、执法司法等方面，都存在许多亟待解决的问题。为此，《决定》提出："必须加快社会事业改革，解决好人民最关心最直接最现实的利益问题，努力为社会提供多样化服务，更好满足人民需求。"这一要求充分体现了以人为本，全面、协调、可持续的科学发展观，充分体现了发展为了人民、发展依靠人民、发展成果由人民共享。《决定》落实党的十八大"建立权利公平、机会公平、规则公平为主要内容的社会公平保障体系"的要求，提出了推进考试招生制度改革、消除一切影响平等就业的制度障碍和就业歧视、提高劳动报酬在初次分配中的比重、实现基础养老金全国统筹以及统筹推进医疗保障、医疗服务、公共卫生、药品供应、监管体制综合改革等一系列改革举措。可以预期，随着这些改革措施的推进，人们所追求的平等教育机会、稳定就业岗位、公正收入机制、完善社会保障、健康生活状态、安定社会环境等美好愿景将加速实现，全体人民的各种社会权益将得到进一步的保障，全体人民各尽所能、各得其所、和谐相处的局面将进一步形成，人们的积极性、主动性、创造性将得到充分发挥，中国特色社会主义的伟大事业将形成万众一心的生机与活力。

（五）进一步完善社会保障和社会福利制度。实现到福利最大化。社会保障制度是社会内部实现公平正义的有效载体。社会保障属于国民收入再分配，更应以体现公平为根本。继续探索公务员和事业单位的养老保险改革，努力打破双轨制。改革"养老金"双轨制实际上就是李克强总理所说的触动利益格局，"割自己的肉"。以养老保险和医疗保险为突破口，扩大社会保险的覆盖面，努力实现基本社会保障均等化要将符合条件的各类人群全部纳入制度体系，重点解决农民工、非公有制经济组织从业人员、灵活就业人员的参保工作。完善被征地农民的社会保障政策，切实保障他们的合法权益。继续完善新农保、新农合以及城镇居民基本医疗保险制度，政府要加大农村医疗卫生资金投入，加大卫生扶贫力度。基本社会保障均等化的核心就是确保包括低收入群体在内的各类社会群体有支付社会保险的财政能力，标准是保证基本生活。就预防性社会保障，诸如养老保险、医疗保险、失业保险、工伤保险、生育保险而言，要确保每个有能力建立自己账户的社会成员都能够建立这样的账户，雇主、个人和国家都要尽到各自的责任。三是建立健全城乡一体化的社会保障体系。把基本社会保障的差异问题摆在重要位置，努力实现城乡、地区、部门，甚至个体之间的差异协调与统一①。要加快推进制度整合和城乡衔接，扩大新农保和城镇居民养老保险覆盖面，提高基础养老金，促进城乡一体化社会保障体系建设。坚持社会政策兜底，保障民生的基础上进一步改善民生。进一步完善社会救助体系。完善财政体制和筹资机制。在属地管理基础上，中央和省要进一步完善社会救助专项调剂资金制度，用于补助中、西部、革命老区、少数民族地区社会救助资金的不足。加快转移支付制度与方法、手段的改革，逐步采用"因素法"为基础的转移支付办法。在转移支付的结构安排上，要根据地区人口、经济、财力和支出标准等综合因素，科学测算社会救助"标准支出"和地区财政"标准收入"，依据客观指标，设置转移支付救助项目和指标，确定标准支出规模。切实调整财政支出结构，加大财政对社会保障的投入力度。社会成员对社会保障的需求日益增加，而公共财政对社会保障的投入却远不能满足实际需求，收不抵支现象严重。为此，必须提高社会保障支出在一般性转移支付中的规模和比例，尤其要提高财政对落后地区社会保障的财政转移支付力度，为社会保障制度改革提供稳定的资金支持。逐步提高保障标准，增强保障能力②。要根据经济社会发展情况，逐步提高各项社会保障水平，缩小城乡、区域、群体之间的社会保障待遇差距，统筹建立基本养老金正常调整机制，继续提高企业退休人员基本养老金水平，提高新农保和城镇居民社会养老保险基础养老金标准。逐步提高基本医疗保险最高支付限额和住院费用支付比例。健全城乡低保标准动态调整机制，逐步提高城乡最低生活保障水平，让所有社会成员共享改革成果，实现社会的和谐与稳定。

（六）改革完善现代市场体系，保障各类市场主体平等竞争、平等获益。成

---

① 丁元竹：《以实现公平正义推进全面深化改革》，载光明网，2014年4月1日。
② 杨雪英，沈春梅：《公平正义：全面深化改革的重要价值取向》，载《求实》，2013年第9期，第47-51页。

熟经济体最显著的标志是构建起统一开放、竞争有序的市场体系。全面深化改革，就必须加快形成企业自主经营、公平竞争，消费者自由选择、自主消费，商品和要素自由流动、平等交换的现代市场体系，破除各种市场壁垒，提高资源配置的公平性和效率。《决定》对建立公平开放透明的市场规则、完善主要由市场决定价格的机制、建立城乡统一的建设用地市场、完善金融市场体系和技术创新市场导向机制等方面提出了明确要求。以金融体制为例，就有很多改革新举措。允许具备条件的民间资本依法发起设立中小型银行等金融机构，这不仅有利于改善企业融资环境，解决中小企业融资难、融资贵问题，还为百姓投资理财拓宽了渠道，有利于增加居民收入。推进股票发行注册制改革，不仅有利于拓展市场的价值发现功能，推动更多优质企业上市和垃圾股退市，促进股市健康发展，也有助于从根本上堵塞由于发行人和投资者信息不对称而形成的内幕交易黑洞，保障股民投资权益，促进投资保值增值。多渠道推动股权融资，可以优化我国企业股本形成机制，引导更多社会资金进入实体经济，解决企业负债率普遍偏高的问题，防范企业债务风险，还能有效疏导民间资金流向，增加群众股权性收益。必须通过深化改革、完善市场体系，矫正资源错配和价格扭曲，释放被抑制的增长潜力，有效调动企业和个人的积极性、创造性，培育经济发展新动力。要简化和规范市场准入规则，营造各类所有制企业公平竞争的市场环境，为非公有制企业进入垄断性行业、特许经营领域创造便利条件。要继续深化资本、劳动力、土地等要素市场改革，推进资源性产品价格改革，在利率市场化改革、发展多层次资本市场、农村土地制度改革试点等方面取得新进展。要创新现代服务业发展机制，构建新兴产业创业创新平台，扩大企业研发费用加计扣除、股权激励等政策适用范围，完善科研人才激励机制等①。

以强化市场监管体系为保障，规范市场经济秩序。科学有效的市场监管是现代政府的重要职责，既是市场秩序得以建立、市场效率得以提高的必要前提，也是社会公平正义的有力保障。必须在促进市场竞争的同时，加快建设现代市场监管体系，纠正市场失灵，更好地发挥政府作用。要加强事中事后监管能力建设，在简政放权中坚持放管并重，建立纵横联动协同管理机制，实施统一市场监管。要着力完善重点领域监管机制，建立从生产加工到流通消费的全过程食品药品安全监管机制，切实强化处罚问责力度；健全政府、企业、公众共同参与治理机制，实行区域联防联控，有效治理大气污染。要加快建设社会信用

---

① 张军扩，侯永志，王辉：《深化改革　释放动力　促进社会公平正义》，载《人民日报》，2014年3月11日。

体系，建立失信企业黑名单，让欺诈违约、制假售假等行为无处藏身①。

（七）不断解放和发展生产力，为实现公正社会打下坚实的物质基础。现代公正社会需要高度发展的生产力作为基础条件。同西方发达国家的生产力水平相比，我国需要大力解放与发展生产力。马克思、恩格斯在思考公正社会时总把高度发展的生产力作为极为重要的物质前提，"通过社会生产，不仅可能保证一切社会成员有富足的和一天比一天充裕的物质生活，而且还可能保证他们体力和智力获得充分的自由的发展和运用"②。邓小平指出："社会主义本质，是解放生产力，发展生产力，消灭剥削，消除两极分化，最终达到共同富裕。"③毋庸置疑，邓小平把解放和发展生产力作为实现公正社会的物质条件与基础。《决定》强调，"坚持发展仍是解决我国所有问题的关键这个重大战略判断，以经济建设为中心，发挥经济体制改革牵引作用"。这充分说明了发展经济、解放与发展生产力，对促进社会公平正义、增进人民福祉的重要性。以经济建设为中心，大力发展生产力，是社会主义的本质要求。在当代中国，要发展生产力，一是要以科学技术为"第一生产力"，二是要进行改革，改革是社会主义社会发展的直接动力。邓小平指出，"发展是硬道理"，必须用经济发展来解决前进中的各种问题。社会公平正义问题的解决根本上也取决于生产力发展的水平和社会的进步程度。正如十八大报告中所说："经过新中国成立以来特别是改革开放以来的不断发展，我国社会生产力水平明显提高，综合国力显著增强，人民生活总体上实现了由温饱到小康的历史性跨越，我们已经具备了较为坚实的物质基础，可以为缩小社会差距、促进社会公平、完善社会保障、发展社会事业、加强社会建设和管理等提供更充分的物质保证。"④

（八）以行政体制改革为突破口，建设法治政府和服务型政府。改革的实践日益表明，社会主义市场经济体制能否确立、发展方式能否根本转变，政府职能转变是关键，简政放权是重点。要在进一步减少行政审批事项的基础上，创新审批管理方式，建立权力清单制度，取消或简化前置性审批，切实增加社会投资的自主权和便利性，增强政府运作的公开透明度。要以充分发挥中央和地方两个积极性为目标，合理调整中央与地方事权和支出责任，完善转移支付制

---

① 张军扩、侯永志、王辉：《深化改革　释放动力　促进社会公平正义》，载《人民日报》，2014年3月11日。
② 《马克思恩格斯选集》（第3卷），人民出版社1995年版，第757页。
③ 《邓小平文选》（第3卷），人民出版社1993年版，第373页。
④ 胡锦涛：《坚定不移沿着中国特色社会主义道路前进　为全面建成小康社会而奋斗》，载新华网，2012年11月19日。

度，推动政府预算科学化、规范化、透明化。要加快建立有利于科学发展的政绩考核评价体系，形成促进转型升级、民生保障和绿色发展的激励机制①。

（九）促进"权利公平、机会公平、规则公平"。十八大报告提出，"加紧建设对保障社会公平正义具有重大作用的制度，逐步建立以权利公平、机会公平、规则公平为主要内容的社会公平保障体系，努力营造公平的社会环境，保证人民平等参与、平等发展权利。"② 权利公平，就是要让每个公民享有同样的权利，有平等的生存权和发展权。因为我们的《宪法》明确宣示，中华人民共和国公民在法律面前一律平等，国家尊重和保障人权。十八大报告注重公民权利的公平，强调要从"保障每个公民的知情权、参与权、选择权和监督权"四个方面来实现公民的权利公平③。机会公平，是指从总体上保证每个社会成员享有大致相同的基本发展机会。中国长期以来的城乡隔离制度使城乡居民在就业、任职、参政、受教育、受国家救济及取得社会服务等方面存在着明显的不平等。十八大报告强调"机会公平"，指出要通过顶层设计来建立制度，使大家都享有公平的发展机会。如报告提出，要"合理配置教育资源，尤其是要向农村、边远、贫困和民族地区倾斜"的教育机会公平；要"到2020年，基本公共服务均等化总体实现；全面建成覆盖全体城乡居民的社会保障体系"的享受社会福利、社会保障机会的公平；要"健全现代市场体系"使各种所有制主体"公平参与市场竞争、同等受到法律保护"的参与市场竞争机会的公平；要"提高劳动报酬在初次分配中的比重；初次分配和再分配都要兼顾效率和公平，再分配更加注重公平"，要"完善劳动、资本、技术、管理等要素按贡献参与分配的初次分配机制"的分配机会的公平等④。规则公平，是指由社会成员共同制定和公认或由代表人统一制定并通过的，由社会成员一起遵守的条例和章程。规则公平，一是社会主体都必须遵守法律、法规和"游戏"规则并受其约束。正如十八大报告强调指出的，"任何组织或者个人都不得有超越宪法和法律的特

---

① 张军扩，侯永志，王辉：《深化改革　释放动力　促进社会公平正义》，载《人民日报》，2014年3月11日。
② 胡锦涛：《坚定不移沿着中国特色社会主义道路前进　为全面建成小康社会而奋斗》，载新华网，2012年11月19日。
③ 胡锦涛：《坚定不移沿着中国特色社会主义道路前进　为全面建成小康社会而奋斗》，载新华网，2012年11月19日。
④ 胡锦涛：《坚定不移沿着中国特色社会主义道路前进　为全面建成小康社会而奋斗》，载新华网，2012年11月19日。

权,绝不允许以言代法、以权压法、徇私枉法"。① 二是规则本身要体现公平正义,从而保证社会主体享有平等的规则。三是程序公平。要经过民主、科学、公开、完整与透明的程序来制定和执行规则,以保障规则权的平等。十八大报告强调"规则公平",多管齐下推动规则公平的建立和实现。如在依法治国方面,强调"要推进科学立法、严格执法、公正司法、全民守法,坚持法律面前人人平等,保证有法必依、执法必严、违法必究。"在权力运行制约和监督方面,强调要"坚持用制度管权管事管人,保障人民知情权、参与权、表达权、监督权","确保决策权、执行权、监督权既相互制约又相互协调,确保国家机关按照法定权限和程序行使权力",实现对"公权力"的约束。在权力运行方面,强调"推进权力运行公开化、规范化,完善党务公开、政务公开、司法公开和各领域办事公开制度,健全质询、问责、经济责任审计、引咎辞职、罢免等制度",规范"公权力",让权力在阳光下运行。②

(十)合理调节国民收入分配,深化财税体制改革。加快收入分配制度改革,建立公正合理的收入分配格局。收入分配改革涉及人民最关心、最直接、最现实的利益问题。十八大报告从战略和全局的高度推进收入分配制度改革。深化分配制度改革。一要规范收入分配秩序,缩小和缓解收入差距。十八大报告提出要"完善劳动、资本、技术、管理等要素按贡献参与分配的初次分配机制,加快健全以税收、社会保障、转移支付为主要手段的再分配调节机制。深化企业和机关事业单位工资制度改革,推行企业工资集体协商制度,保护劳动所得。多渠道增加居民财产性收入。"中共十八大报告还强调要通过"保护合法收入,增加低收入者收入,调节过高收入,取缔非法收入"来规范收入分配秩序。③ 二要逐步提高居民收入在国民收入分配中的比重,提高劳动报酬在初次分配中的比重。这是实现经济利益收入分配公平正义的起点和重点。正如十八大报告指出的要"深化收入分配制度改革,努力实现居民收入增长和经济发展同步、劳动报酬增长和劳动生产率提高同步,提高居民收入在国民收入分配中的比重,提高劳动报酬在初次分配中的比重。"三要深化垄断行业收入分配制度改革。要深化国有企业改革,鼓励多种所有制经济发展,促进行业竞争,逐步

---

① 胡锦涛:《坚定不移沿着中国特色社会主义道路前进 为全面建成小康社会而奋斗》,载新华网,2012 年 11 月 19 日。
② 胡锦涛:《坚定不移沿着中国特色社会主义道路前进 为全面建成小康社会而奋斗》,载新华网,2012 年 11 月 19 日。
③ 胡锦涛:《坚定不移沿着中国特色社会主义道路前进 为全面建成小康社会而奋斗》,载新华网,2012 年 11 月 19 日。

消除垄断利润。完善对垄断企业的工资总额和工资水平的双重调控政策,规范国有企业,特别是金融企业高管人员的收入,不断完善监管办法。四要加大税收对收入分配的调节作用。要实行有利于低收入者的税收政策。对高收入阶层,我们既要为社会强势集团追求财富创造有利的空间,但又要将他们的财富限定在社会可接受的公平正义范围内。科学的财税体制,是优化资源配置、维护市场统一、促进社会公平、实现国家长治久安的制度保障。这些年,随着国民经济平稳较快发展,全国财政收入稳步增长,2012年已达11.7万亿元[①]。目前,我国财政体制仍存在各级政府事权和支出责任不清、转移支付随意性、基本公共服务保障不到位等问题。按照党的十八大"完善公共财政体系"的要求,《决定》提出改进预算管理制度,"清理规范重点支出同财政收支增幅或生产总值挂钩事项,一般不采取挂钩方式","完善一般性转移支付增长机制","逐步取消竞争性领域专项和地方资金配套",等等。这些都是优化国民收入再分配的制度化安排,对于调动中央和地方两个积极性,推动政府职能转变,促进区域财力平衡,增强基本公共服务能力,为民众带来福祉,都有重大积极作用。改革开放以来,我国通过不断深化税制改革,逐步形成了以流转税和所得税为主体,其他税种相配合的复合税制。但现行税制中,地方税体系建设相对滞后,二次分配的调节功能有待增强。深化税收体制改革,就是要按照简税制、宽税基、稳税负的原则,进一步优化税制税种结构,激发人民群众的创业创富活力,藏富于民。为此,《决定》强调,税制改革的着眼点在于"统一税制、公平税负、促进公平竞争"。我国近年来实施了"营改增"、提高个人所得税起征点等改革措施,今后还将加快消费税、房产税、资源税、环保费改税等一系改革,其目的就是更好地发挥税收杠杆作用,撬动经济发展方式转变。同时,通过税收调节,逐步扭转收入分配差距扩大趋势,促进社会和谐稳定。

---

① 杨雪英,沈春梅:《公平正义:全面深化改革的重要价值取向》,载《求实》,2013年第9期,第47-51页。

第八章

全面深化改革与社会主义核心价值观

"富强、民主、文明、和谐,自由、平等、公正、法治,爱国、敬业、诚信、友善"这24字高度浓缩和概括了社会主义核心价值观。社会主义核心价值观是凝聚和引领人们团结奋进的一面精神旗帜。党的十八大以来,习近平就培育和弘扬社会主义核心价值观问题,发表了一系列重要讲话。他强调:"培育和弘扬核心价值观,有效整合社会意识,是社会系统得以正常运转、社会秩序得以有效维护的重要途径,也是国家治理体系和治理能力的重要方面。"要"把培育和弘扬社会主义核心价值观作为凝魂聚气、强基固本的基础工程"①。在改革进入攻坚期和深水区的当下,总体谋划、深入培育和践行社会主义核心价值观,以社会主义核心价值观牢牢把握全面深化改革的价值意蕴,促进社会主义核心价值观与全面深化改革的有机融合,必将推动全面深化改革的进程和保证改革的方向。

一、社会主义核心价值观对全面深化改革的意义

党的十八届三中全会提出了全面深化改革的指导思想、目标任务、重大原则,描绘了全面深化改革的新蓝图、新愿景、新目标,汇聚了全面深化改革的新思想、新论断、新举措,反映了社会呼声、社会诉求、社会期盼。自觉培育、积极践行社会主义核心价值观,有利于不断增强人们对全面深化改革的认同感和责任感②;有利于化解社会矛盾,统筹协调各种利益关系,不断凝聚和扩大社会共识,为全面深化改革营造良好的社会舆论环境,在全社会形成期盼改革、谋划改革、推动改革的思想氛围,为确保如期完成各项改革任务、实现全面建

---

① 《把培育和弘扬社会主义核心价值观作为凝魂聚气强基固本的基础工程》,载《光明日报》,2014年2月26日。
② 中央党校中国特色社会主义理论体系研究中心:《为全面深化改革打下牢固精神根基》,载《经济日报》,2014年1月5日。

成小康社会目标提供重要精神保证。

（一）社会主义核心价值观是增强民族凝聚力和向心力的纽带，为深化改革聚合共识。思想是行动的前导。当前，我国的改革发展进入关键时期，各种社会矛盾和问题相互叠加、集中呈现。无论是全面建成小康社会、实现"两个一百年"的奋斗目标，还是面对多样化的社会思潮、多样化的价值判断、多样化的利益诉求，都需要积极培育和践行社会主义核心价值观，凝聚中国力量[1]。中国是一个有着13亿多人口、56个民族的大国，如何形成强大的凝聚力，是关涉中国特色社会主义发展前景与命运的重大问题。坚持和发展中国特色社会主义，需要充分发挥社会主义核心价值观的评价与导向作用、整合与规范功能，增强民族凝聚力向心力，巩固全党全国人民团结奋斗的共同思想基础，激励和引导广大干部群众万众一心，为实现社会主义现代化和中华民族伟大复兴而顽强奋斗、艰苦奋斗、不懈奋斗。全面深化改革是立足国家整体利益、根本利益、长远利益进行部署的，广大人民群众对深化改革开放有着强烈呼声和殷切期待。但当前中国存在社会阶层、利益主体、思想文化多元化现象，因此同一件事，如果价值观不同，那么有可能判断好与坏、是与非、对与错的标准和结论就迥然不同。必须在多变中指引方向，在多元中确立主导，才能凝聚改革共识，完成改革任务。以社会主义核心价值观凝聚改革共识，不仅能为全面深化改革助力，更为社会和谐发展铸魂。

今天，人们一方面看到了全面深化改革的迫切性，另一方面也对改革所面临的"深水区"感到担忧。在当前各种社会矛盾和问题越来越复杂、利益格局调整的难度越来越大的情况下，全面深化改革将面临十分复杂的挑战。事实上，经济体制的深刻变革，不但带来了社会结构的深刻变动和利益格局的深刻调整，人们的思想观念和价值取向也变得更为复杂、更为纠结。当代中国可以说是一个五彩缤纷的世界，各种文化相互冲突、各方诉求相互碰撞、各派势力相互博弈[2]。在这种情况下，人们对社会历史发展进程的判断出现了明显的分歧，有时候甚至是尖锐的对立，几乎没有一件事情能够形成比较公认的一致意见。当然，这充分显示出社会的多元化特征，是历史发展的必然现象，但是这也给凝聚改革的共识、形成推进改革的合力带来很大的不确定性，因而成为一个制约改革能否成功的重要因素。因此，我们只有培育一种新的思想价值观念——社

---

[1] 肖钧：《深化改革必须践行核心价值观》，载《发展论坛》，2014年5月21日。
[2] 庄保，叶萍：《全面深化改革与践行社会主义核心价值观》，载《特区实践与理论》，2014年第1期，第37－39页。

会主义核心价值观,作为凝聚改革共识的思想基础。从长远来讲,社会主义核心价值观必将以它的先进性和包容性、时代性和继承性、普适性和民族性这些基本特征,最终为最广大的人民群众所接受。在当代中国,不管是那一派的人士,都难以否定民主、平等、公正、法治这些基本的价值原则,不可能抛弃富强、文明、和谐这些民族的千年期盼和理想,不会反对爱国、敬业、诚信、友善这些社会道德规范。而在这些基本价值原则和社会规范的基础上,就一定能够形成对改革的基本共识,从而为全面深化改革提供强大的精神动力。

(二)社会主义核心价值观是打造稳定的改革发展环境的必然要求。随着全面深化改革各项具体措施的不断推进,社会经济成分和经济利益、生活方式、组织方式、就业结构必然更加多样化、复杂化,人们思想活动的独立性、选择性、多变性和差异性进一步增强,社会价值观领域也呈现出更加复杂的多样性态势。同时,经济全球化、以信息技术为核心的现代科学技术的迅猛发展,不仅深刻改变了人们的生存方式和生活方式,进而引起价值观的深刻变化,还使得世界范围内的不同文化、不同价值观的交流和竞争加剧,相互激荡和碰撞,局面错综复杂。特别是西方一些政治势力借助其在经济、政治、国际文化和国际舆论方面尤其是传播手段上所占有的优势,极力推销其意识形态、价值观和社会制度,给世界造成了新的不安定。体现在推进全面深化改革中,各种思想文化相互激荡,各种矛盾诉求相互交织,各种力量竞相发声,开出各式各样的"改革药方",甚至自行其是地对改革进行所谓的"解读",推进改革的敏感程度、复杂程度前所未有。对此,一方面要牢牢把握改革的正确方向,增强战略定力、树立底线思维,排除各种干扰,确保改革不变质、不走样;另一方面,要以培育和践行社会主义核心价值观为战略任务,缓冲、对冲各种不良社会舆论和价值观念的干扰,确保改革在一个良性有序、温和理性的社会文化生态中稳步推进。总的看,培育和践行社会主义核心价值观,有利于在全社会形成呵护改革、支持改革、宽容改革的思想舆论氛围,有利于纠正对各项具体改革措施的理解偏差,有利于增强改革的信心和勇气,有利于增强加快改革的积极性主动性,使改革的各项成果固化为社会的基本认知和价值取向。

(三)社会主义核心价值观为全面深化改革指明方向。党的十八大提出"三个倡导",是中国特色社会主义在国家、社会、公民层面的价值反映,凝聚了人民群众的价值追求。倡导富强、民主、文明、和谐,体现中国特色社会主义现代化的价值目标,激励人民实现"两个一百年"的奋斗目标,实现中华民族伟大复兴的中国梦。倡导自由、平等、公正、法治,体现了以人为本、执政为民、民主法治、依法治国,是社会发展的价值导向。倡导爱国、敬业、诚信、友善,体现了中华民族传统美德与社会主义道德的统一，是每个公民应当自觉遵循的道德准则。"三个倡导"反映现阶段全国人民价值认同的"最大公约数"，是社会主义核心价值观的基本内容。社会主义核心价值观与中国特色社会主义发展要求相契合，与中华优秀传统文化和人类文明优秀成果相衔接，是坚持和发展中国特色社会主义不可偏离的根本价值追求。全面深化改革的总目标是"完善和发展中国特色社会主义制度、推进国家治理体系和治理能力现代化"。这一总目标高度体现了社会主义核心价值观的内在要求。实现这一总目标，推动中国特色社会主义制度更加成熟更加定型，为党和国家事业发展、人民幸福安康、社会和谐稳定、国家长治久安提供一整套更完备、更稳定、更管用的制度体系。从价值层面诠释全面深化改革的总目标，用社会主义核心价值观的宣传教育，推动对全面深化改革总目标的理解把握，可进一步充分发挥改革总目标的引领作用。社会主义核心价值观是社会主义社会本质的集中体现，它引领着社会的发展方向，规定了社会的发展方式，决定着社会运行的基本原则，同时也深刻地影响着每个社会成员的思想观念、思维方式、行为规范①。

　　在全面深化改革的历史时期，社会主义核心价值观同样决定着改革的价值取向、价值追求、价值尺度和价值原则。如果承认自由是社会的基本价值取向，我们就必须大力减少政府对市场的干预，让市场在资源配置上起到决定性的作用，从而更好地激发社会的活力。如果承认法治是治理国家的基本原则，那么我们就应该加快推进社会主义民主政治制度化、规范化、程序化，大力加强法治政府建设，全面推行依法执政。如果承认爱国、敬业、诚信、友善是人们必须遵循的社会公德，那么我们就应该热爱祖国的山山水水，大力加强生态文明建设，保护环境；就必须敢于开拓、勇于担当，以最大的政治智慧和勇气，将改革开放事业推向前进；就需要做到有令必行、有禁必止，努力兑现执政诺言，建设诚信政府，全面提升政府的公信力；同时，深化社会体制改革，推进社会领域制度创新，加快形成科学有效的社会治理体制，确保社会既充满活力又和谐有序，这是建立诚信、友善的人际关系的社会基础②。由此可见，越是在改革的攻坚克难阶段，统一的意志和行动、强大的凝聚力和向心力就越重要，而这一切都来源于人们对社会主义核心价值观的广泛认同。

　　（四）社会主义核心价值观是推进全面深化改革的强大正能量。全面深化改

---

① 肖钧：《深化改革必须践行核心价值观》，载《发展论坛》，2014年5月21日。
② 庄保，叶萍：《全面深化改革与践行社会主义核心价值观》，载《特区实践与理论》，2014年第1期，第37—39页。

革是一项充满艰险、富于挑战的硬任务，需要有强大的动力推进。而根本的、内在的、持久的动力，来自于最广大人民群众的支持和参与。广大人民群众要焕发出支持和参与改革的积极性、主动性和创造性，离不开精神和信仰的支撑。社会主义核心价值观是人生奋斗的梦想航舵，是中华民族的精神栋梁，是当代中国的兴国柱石，我们要以社会主义核心价值观激发广大人民群众支持参与改革的内在动力和创新合力，为全面深化改革提供强大的精神力量①。

中共十八届三中全会制定了未来改革的路线图，全会决定强调促进社会公平正义，使改革发展的成果更多更公平地惠及全体人民，社会主义核心价值观的公平导向，以及人民至上、共同富裕等理念将更加彰显。强调改革以促进社会公平正义、增进人民福祉为出发点和落脚点，回应了老百姓的关切，应对了下一步改革发展的难点和挑战。全体人民共享改革成果的思想，贯穿改革全过程，将激发全面深化改革的强大正能量。让人民满意、为人民造福，应当成为检验改革的根本尺度。经济社会大转型时期，需要大力弘扬社会主义核心价值观。改革开放30多年，经济获得了举世瞩目的成就，然而，社会风气和价值取向却受到官员腐败、拜金主义等污染，甚至成为全面深化改革开放的拦路虎。十八大以来，中纪委加大了反腐力度，特别是随着周永康等案件的查处，反腐工作出现新的高潮。我们应该看到：个人修养上的缺失是腐败产生的内因。作为领导干部的焦裕禄、孔繁森、杨善洲、沈浩等人，为官一任、造福一方，推动了当地经济社会的发展；作为普通百姓的郭明义、武秀君等人，在自己的工作和生活中，赢得了人民的尊重，成为道德楷模。无论是领导干部，还是普通百姓，先进人物都能守住自己的精神家园，与腐败分子的个人修养泾渭分明。弘扬社会主义核心价值观，强化实现中华民族伟大复兴中国梦的理想信念，弘扬正能量，攻坚克难，引导人民投身于全面深化改革开放之中②。

面对复杂多变的国际环境，需要大力弘扬社会主义核心价值观。面对复杂多变的国际环境，倡导和宣传社会主义核心价值观，利于维护我国的国际形象，改善与其他国家睦邻友好、合作共赢的关系。利于突出重围，实现建设丝绸之路经济带和21世纪海上丝绸之路的新的对外开放战略构想。面对"三期叠加"的国内环境，需要大力弘扬社会主义核心价值观。习近平总书记说：我国改革已经进入到攻坚期和深水区。当前全面深化改革开放，正面临着增长速度换挡

---

① 肖钧：《深化改革必须践行核心价值观》，载《发展论坛》，2014年5月21日。
② 《全面深化改革开放离不开社会主义核心价值观》，载《本溪日报》，2014年10月13日。

期、结构调整阵痛期、前期刺激政策消化期的"三期叠加",经济社会发展处于"深水区"期间:稀缺自然资源瓶颈突出,劳动力红利消退;需求结构不合理,城乡经济发展和区域经济发展不平衡;地方偿债压力加大,部分行业产能过剩,等等。面对"深水区",原有的"摸着石头过河"已经不完全适应当前的社会经济发展实际情况,要与"顶层设计"相结合,这是蹚过"深水区"的基本路径。倡导和宣传社会主义核心价值观,利于落实"顶层设计",充分发挥市场在资源配置中的决定作用和更好地发挥政府作用,"法无禁止即可为,法无授权不可为",规范各方行为,利于调动各方积极性,涉过险滩,实现全面建成小康社会的目标。富强、民主、文明、和谐,正是国家治理体系现代化在经济发展、政治文明、文化繁荣、社会进步等方面逐步展开后的价值诉求。

众所周知,国家好、民族好、个人才会好。从这个意义出发,处于前所未有大变革、大发展时期的中国,尤其离不开这一理想信念来引领思潮、凝聚共识,守望共同的精神家园。在利益多元、思想多样、观念多变的时代推进改革,难度之大,自不必说。然而,只有国家确定了目标,民族才有希望,人民才有动力。中华民族伟大复兴的中国梦就是我们的总目标。她又是一个经济富强、政治民主、精神文明、社会和谐的价值理想。要实现这一价值理想,我们不仅要在经济发展方面创造奇迹,还要在精神文明方面书写辉煌。

以社会主义核心价值观作为航标,就能够有效引领和整合纷繁复杂的社会思想意识,有效避免利益格局调整可能带来的思想对立和混乱,使十三亿中国人心往一处想,劲往一处使,汇聚成实现中国梦的强大合力[1]。这是实现民族复兴中国梦的重要内涵,也是社会主义核心价值观的内在要求。以社会主义核心价值观定向导航,深化改革的价值共识才能够形成,攻坚克难的精神动力才能够凝聚。用自由、平等、公正、法治的价值取向引领思潮、凝聚共识、整合社会,才能构建社会主义和谐社会。这是我们党从全面建设小康社会、开创中国特色社会主义事业新局面的全局出发提出的一项重大任务,适应了我国改革发展进入关键时期的客观要求,体现了广大人民群众的根本利益和共同愿望。

二、以社会主义核心价值观为指导全面深化改革

"富强、民主、文明、和谐,自由、平等、公正、法治,爱国、敬业、诚信、友善"这 24 字高度浓缩和概括了社会主义核心价值观。近年,学界就社会主义核心价值观的内涵、培育和践行、弘扬,社会主义核心价值观的内在机制、

---

[1] 肖钧:《深化改革必须践行核心价值观》,载《发展论坛》,2014 年 5 月 21 日。

重要意义、途径等进行了深入的探讨，取得了广泛社会共识。但对于社会主义核心价值观和全面深化改革的内在关系研究较少。因此，探究全面深化改革与社会主义核心价值观之间的内在关联十分必要。社会主义核心价值观是党、国家、社会和公民个人的是非标准观，培育和践行社会主义核心价值观为全面深化改革提供价值目标、价值取向和价值准则，全面深化改革必须以社会主义核心价值观为指导，以防止党和国家在全面深化改革的过程中制度设计、政策制定发生偏差，防止社会组织或个人在全面深化改革的过程中迷失方向。笔者以为，以社会主义核心价值观为指导，全面深化改革必须遵循如下路径。

（一）全面深化改革必须着力促进国家富强、民主、文明、和谐

党的十八届三中全会强调："建成富强民主文明和谐的社会主义现代化国家、实现中华民族伟大复兴的中国梦，必须在新的历史起点上全面深化改革。"① 富强、民主、文明、和谐是社会主义核心价值观的国家层面的价值诉求，明确了我们要建设什么样的国家，这无疑也是全面深化改革的价值目标和追求。

1. 全面深化改革必须着力促进国家富强。当前，全面深化改革的重点是以经济体制改革为中心，使市场在资源配置中起决定性作用和更好发挥政府作用，实现国家繁荣富强。1978 年，邓小平指出："搞社会主义，一定要使生产力发达，贫穷不是社会主义。"② 富强置于社会主义核心价值观之首，就是"警醒全党全国各族人民时刻不忘历史教训，始终把注意力凝聚到聚精会神搞建设、一心一意谋发展、建设社会主义现代化强国的目标上来"③ 全面深化改革，目标指向必须是解决人民日益增长的物质文化生活需要与落后的社会生产之间的矛盾，创造发达的物质文明，实现与资本主义相比较的物质优势；同时致力于消除两极分化，实现共同富裕，增强社会主义核心价值观的说服力、凝聚力和感召力，提升人民群众对它的认同度、接受度和践行力。否则，作为观念形态的价值观必然会因失去经济基础而成为虚假的意识，实现国家富强的价值目标就会成为空谈。

2. 全面深化改革必须着力完善国家民主。民主作为国家层面的核心价值，其重要性在于，通过国家民主制度的逐步完善和国家民主意识的日益增强，不

---

① 《中共中央关于全面深化改革若干重大问题的决定》，人民出版社 2013 年版，第 2 页。
② 《邓小平文选》（第 3 卷），人民出版社 1993 年版，第 225 页。
③ 包心鉴：《凝聚全党全社会价值共识的重要纲领——学习〈关于培育和践行社会主义核心价值观的意见〉》，载《光明日报》，2014 年 2 月 24 日。

断培育人民的民主素质，提升人民的民主意识，从而创造出比资本主义更加民主的政治文明，赢得与资本主义相比较的政治优势，激活改革动力，为实现中国梦夯实更为深厚的政治民主条件。为此，必须按照十八届三中全会的要求深化政治体制改革，推动人民代表大会制度与时俱进，推进协商民主广泛多层制度化发展；加快建设公正、高效、权威的社会主义司法制度，保障人民的民主权利和合法权益。通过全面深化改革，不仅是要让全国人民在经济上实现共同富裕，而且还要其在政治上真正实现当家作主①。唯其如此，全面深化改革才能拥有雄厚的民意基础。

3. 全面深化改革必须着力提升国家文明。社会主义核心价值观所倡导的文明，是以政治制度文明推进国家治理文明，以意识形态的文明和思想道德的先进引领社会风尚，涵养全社会的文明行为，增强国家软实力，确保社会主义意识形态安全和国家文化安全，为超越资本主义奠定文化基础环境。文明的发达程度很大意义上表现为一个国家的文化软实力。而文化软实力从根本上说取决于其核心价值观的生命力、吸引力和影响力。由此，当下，中国必须深化文化体制改革，处理好传承和创新、坚守和剔除的关系。长期以来，在文化市场中，由于产业化导向，缺乏意识形态工作的敏感性，忽视了文化市场也是一个重要的思想意识形态的工作领域，以至于在这些领域，健康的向上的思想和价值观不去占领，消极的落后的东西就充斥市场。因此，在文化体制改革中，必须以弘扬社会主义核心价值观为前提，发挥市场在文化资源配置中的积极作用，推动社会主义文化的大发展大繁荣，更好地满足人民群众日益增长的精神文化需求，创新创造在全面深化改革中使各项制度更加成熟更加定型的文化环境。

4. 全面深化改革必须着力营造社会和谐。社会主义核心价值观倡导的"和谐"，是以国家和社会的正能量积极化解社会矛盾、修复社会裂痕、促进社会和谐，形成众志成城的国家力量和中国特性。"社会和谐是中国特色社会主义的本质属性"②。全面深化改革，推进国家治理体系和治理能力现代化的直接目标就是要促进社会和谐。为此，必须深化社会体制改革，最大限度增加社会和谐因素，最大限度减少不和谐因素，降低社会发展阻力。推进国家治理体系和治理能力现代化过程中要处理好政府治理和协同治理的关系。发挥政府治理的主导

---

① 熊琼，蔡娟：《社会主义核心价值观：全面深化改革的价值意蕴》，载《河南师范大学学报（哲学社会科学版）》，2014年第6期，第47-51页。
② 胡锦涛：《坚定不移沿着中国特色社会主义道路前进　为全面建成小康社会而奋斗——在中国共产党第十八次全国代表大会上的报告》，人民出版社2012年版，第15页。

作用，加强政府治理与社会治理、自我自治的良性互动，建立畅通有序的诉求表达机制、矛盾调处机制、权益保障机制，及时解决群众关心的利益问题，保障和改善民生，维护社会公平正义，以国家治理体系和治理能力现代化促进社会和谐。

一句话，社会主义核心价值观倡导的"富强、民主、文明、和谐"，体现中国特色社会主义经济建设、政治建设、文化建设、社会建设以及生态文明建设等"五大建设"领域的核心理念。因此，全面深化改革必须以此为重点，着力推进"五大建设"。

（二）全面深化必须促进社会自由、平等、公正、法治

国家富强、民族振兴、人民幸福，绝不仅仅停留于经济发展的层面，更需要创立一种自由、平等、公正、法治的社会环境，社会主义核心价值观明确了全面深化改革社会层面的努力方向。

1. 全面深化改革必须着力促进社会自由。马克思、恩格斯明确提出取代资产阶级的社会，"将是这样一个联合体，在那里，每个人的自由发展是一切人的自由发展的条件"①。据此，自由发展无疑是中国特色社会主义的价值取向。中国特色社会主义的核心价值就是维护公民自由权利，积极营造"又有集中又有民主、又有纪律又有自由、又有统一意志、又有个人心情舒畅、生动活泼"②的社会环境，为每个人全面自由发展创造良好社会条件。正如列宁曾指出的那样："无产阶级的民主不是在形式上宣布权利和自由，而首先和主要是让居民中曾受资本主义压迫的那些阶级即无产阶级和农民能实际享受权利和自由。"③ 因此，全面深化改革必须要"让一切劳动、知识、技术、管理、资本的活力竞相迸发，让一切创造社会财富的源泉充分涌流，让发展成果更多更公平惠及全体人民"④。打破束缚人民自由发展的条条框框，激发人民群众为社会生产生活的积极性、勇于革新创造的主动性、敢于冲破桎梏的坚定性，让人民过上富足而有自由和尊严的生活。

2. 全面深化改革必须着力增进社会平等。马克思曾指出："一切人，或至少是一个国家的一切公民，或一个社会的一切成员，都应当有平等的政治地位和社会地位。"⑤ 因而追求平等，天经地义，人之共想。社会主义核心价值观所

---

① 《马克思恩格斯文集》（第2卷），人民出版社2009年版，第53页。
② 《毛泽东文集》（第8卷），人民出版社1999年版，第293页。
③ 《列宁全集》（第36卷），人民出版社1985年版，第406页。
④ 《中共中央关于全面深化改革若干重大问题的决定》，人民出版社2013年版，第3页。
⑤ 《马克思恩格斯文集》（第9卷），人民出版社2009年版，第109页。

倡导的平等，既不是"不患寡而患不均"的绝对平均主义，也不是照搬西方资本主义社会的平等观，而是要给广大人民带来权利平等、机会平等和结果平等的价值观。正如习近平所指出的那样："要随时随地倾听人民呼声，回应人民期待，保证人民平等参与、平等发展权利。"① 但是，在当今现实生活中，还存在大量有悖于社会平等的问题。因此，以社会主义核心价值观为指导的全面深化改革，就必须着力消除影响平等的体制和机制障碍，进一步创造更加公平的社会环境，减少和克服不平等现象，使社会更加注重平等。

3. 全面深化改革必须着力实现社会公正。罗尔斯指出，正义是社会的首先价值。公平正义既是全社会最大公约数之一，也是全面深化改革的价值旨归。公平正义既是中国特色社会主义的本质特征和内在要求，也是全面深化改革的基本内容和强大动力，更是全面深化改革必须坚持的重要取向和评价标准。因此，全面深化改革要以促进社会公平正义为目标、以增进人民福祉为出发点和落脚点，彰显人民至上、共同富裕、社会和谐等理念。全面深化改革必须倡导并切实践行公平正义，创建公平公正的分配制度，营造公平正义的社会环境，让"生活在我们伟大祖国和伟大时代的中国人民，共同享有人生出彩的机会，共同享有梦想成真的机会，共同享有同祖国和时代一起成长与进步的机会"②。

4. 全面深化改革着力建设法治社会。社会主义核心价值观的法治理念，昭示着法律面前人人平等、规则面前没有例外。其核心要义是要让遵法守法成为一种良好的社会风尚和自觉的行为规范，充分保障公民享受公平正义，建设法治国家。而法治是各项改革制度的升华。一个国家如果没有法治支撑的改革无法持续，缺乏法治规范的发展不可能全面协调。全面深化改革，就是要推动法治国家、法治政府、法治社会的一体建设，保障社会有序运行。以社会主义核心价值观为指导推进全面改革，必须坚决纠正一切有法不依、执法不严、违法不究的现象，提升法治在社会价值体系中的地位，保障改革顺利进行。要坚持以法治引领改革、以改革推进法治，二者相辅相成、相互促进、相得益彰。正如习近平强调的那样，凡属重大改革都要于法有据。这就是说，必须运用法治思维和法治方式推进改革，确保改革不偏离法治轨道③。要借助法治的力量，

---

① 《在第十二届全国人民代表大会第一次会议上的讲话》，载《光明日报》，2013年3月18日。
② 《在第十二届全国人民代表大会第一次会议上的讲话》，载《光明日报》，2013年3月18日。
③ 熊琼，蔡娟：《社会主义核心价值观：全面深化改革的价值意蕴》，载《河南师范大学学报（哲学社会科学版）》，2014年第6期，第47-51页。

凝聚改革共识、加强顶层设计、积极稳妥推进改革,保证改革执行力、持续性和有效性。

一句话,自由、平等、公正、法治既是一种价值理念,更是中国特色社会主义的核心理念与价值取向。因此,全面深化改革必须着力营造自由、平等的社会环境,坚守公正、法治的价值信念,凝聚社会价值共识,实现坚持党的领导、人民当家作主和依法治国的有机统一,实现三者的完美结合。

(三)全面深化改革必须着力促进公民爱国、敬业、诚信、友善

全面深化改革,需要亿万人民的积极参与。社会主义核心价值观明确了我们的人民应该成为什么样的公民。因此,"爱国、敬业、诚信、友善"为全面深化改革确定了培养和塑造每个公民的价值准则。

1. 全面深化改革必须着力培育公民的爱国感情。"国家兴亡、匹夫有责",中国是一个富有爱国主义传统的国家,正是深刻认识到这种个人与国家的关系,爱国在中华民族的血液里打下了深深的烙印。中国革命先行者孙中山曾说,国家者载民之舟也,舟行大海中,猝遇风涛,当同心互助,以谋共济。只要我们人人都胸怀爱国情操,恪守坚强的信念,就一定能与国家荣辱与共、生死相依。当然,爱国不是妄自尊大、故步自封,而是要认真审视目前我国依然存在的各种社会矛盾和体制机制弊端,要清醒认识中国特色社会主义制度还不是尽善尽美、成熟定型。为,全面深化改革,必须坚决破除各方面体制机制弊端,消除不同群体利益分歧,让爱国主义精神凝聚起各民族、各阶层团结一致、攻坚克难的向心力,激发投身于改革事业的积极性、主动性和创造性,积聚起推进全面深化改革的正能量,筑牢全面深化改革的精神支柱,成为全面建成小康社会、实现中国梦的最强大力量[①]。

2. 全面深化改革必须着力培育公民的敬业精神。敬业就是用敬畏、敬重的态度对待自己的工作,就是要有恪尽职守、兢兢业业的职业道德。敬业看似平凡,实则伟大。无论什么职业,无论什么岗位,都意味着机会和平台,都是实现"个人梦"的基本路径,更是汇聚"中国梦"的涓涓细流。否则,不仅不可能实现个人梦,更不可能融成中国梦的共同底色。为此,全面深化改革,必须具有一丝不苟、敬业奉献精神,善于结合工作实际,积极查找存在的问题和不足,突破陈规陋习,冲破利益固化藩篱,鼓起改革创新的勇气;在确定发展目标、制定发展规划时,充分考虑社会责任和长远利益,考虑人和自然的和谐统

---

① 熊琼,蔡娟:《社会主义核心价值观:全面深化改革的价值意蕴》,载《河南师范大学学报(哲学社会科学版)》,2014年第6期,第47-51页。

一,考虑不同群体的利益诉求和社会的公平正义。

3. 全面深化改革必须着力培育公民的诚信品质。邓小平曾说:"讲信义是我们民族的传统。"① 诚信作为人之为人的道德规范和行为原则,其要义是真实无欺不做假、真诚待人不说谎、履行约定不食言。人只有诚实,才能得到尊重;只有守信,才能得到信任。当前,市场经济发展中出现的假冒伪劣、坑蒙拐骗、商业造假、侵犯知识产权……林林总总的失信行为,凸显出诚信建设的必要性和紧迫性。为此,必须将诚信理念贯穿于全面深化改革全过程,构建坚固的诚信根基,为取得改革胜利提供强大的道德支撑。要在全社会加强诚信道德建设,努力营造全社会诚信的良好风气,使诚信真正成为全体人民共同的价值准则,内化于心,外化于行,减少改革的成本和阻力。

4. 全面深化改革必须着力培育公民的友善之心。友善是中华民族宝贵的遗传基因,其要义是"待人友善不作恶,上善若水修和睦"。其外在表现是对他人、社会、自然都充仁爱之心。毋庸置疑,在全面深化改革的过程中,矛盾是普遍存在的,友善作为一种润滑剂,无疑会对化解处理社会矛盾、统筹协调各种利益关系,不断凝聚全面深化改革共识起到独特的作用,从而助推风清气正的全面深化改革的土壤环境的形成。为此,全面深化改革必须着力推进医疗、住房、就业、养老等事关国计民生事项的改革,不断完善各项事关民生休戚的政策和制度,让那些原本因生计而愁苦的眉宇逐渐舒展,让每个人都衣食无忧、喜笑颜开,让友善的阳光普照每一个公民。

一句话,爱国、敬业、诚信、友善是每个公民的立身之本、成事之基。它既是一种价值准则,更是中国特色社会主义的核心理念。回顾历史,中国奇迹的书写、中国故事的讲述、中国气派的形成,都离不开胸怀爱国理想、坚守诚信、乐业勤业、与人为善的亿万人民。同样地,形成全面深化改革的社会风尚和时代气质,也离不开具有爱国、敬业、诚信、友善等优良品质和行为规范的亿万人民的踊跃参与。

总而言之,社会主义核心价值观是党、国家、社会和公民个人的是非标准观,培育和践行社会主义核心价值观为全面深化改革提供价值目标、价值取向和价值准则,防止党和国家在全面深化改革的过程中制度设计、政策制定发生偏差,防止社会组织或个人在全面深化改革的过程中迷失方向。

---

① 《邓小平文选》(第3卷),人民出版社1993年版,第72页。

三、促进深化改革与践行社会主义核心价值观的有机结合

价值认同成为制度执行、治理优化的重要基础。现代化的国家治理，需要核心价值体系的导航定向，需要坚如磐石的精神和信仰力量①。对此，习近平提出，推进国家治理体系和治理能力现代化，要大力培育和弘扬社会主义核心价值体系和核心价值观，加快构建充分反映中国特色、民族特性、时代特征的价值体系。社会主义核心价值观是全面深化改革的思想基础，全面深化改革为践行社会主义核心价值观提供了条件。但是在现实生活中，两者并不是自然而然结合在一起的，还需要我们强化使命意识，促进二者的有机结合。

（一）不但要强调改革所带来的经济效益、社会效益，也要全面论述深化改革所带来的精神硕果。这是从学习、宣传《决定》这一层面来说的。要从发展社会主义先进文化、培育社会主义核心价值观的角度，重新认识全面深化改革的现实要求和历史意义。《决定》中所提出的"文化体制机制创新"关系到社会主义核心价值观的建设，其他方面的改革也会对社会主义核心价值观产生影响，需要密切关注。全面深化改革不仅是经济体制、政治体制、文化体制、社会体制、生态文明体制和党的建设制度改革，而且是又一次思想上的解放和观念上的更新。改革的每一个层面、每一个具体的措施和步骤，都必然会对健全社会心理产生积极的作用。在深化改革的过程中更加突出社会主义核心价值观的地位，更好地发挥其作用，可以帮助人们进一步坚定改革的信念、强化改革的决心②。

（二）不能片面强调一方面而忽视另一方面，避免以自己的主观愿望曲解《决定》精神。这是从贯彻执行《决定》这一层面来讲的。《决定》首次肯定要使市场在资源配置中起决定性作用，这标志着我们党对市场经济作用的认识提升到了一个新的高度。同时《决定》也指出要更好地发挥政府的作用。有人认为只要存在政府干预就会有不公平，就会产生腐败，甚至连国有经济也要全盘私有化。把经济发展中所存在的问题统统归到政府干预和所谓国有企业"垄断"的头上，这本身就不是一种客观、公正的态度。尽管马克思也曾说过市场是天然的平等派，但这种平等只是竞争的平等和交换的平等，说到底只是机会的平

---

① 《大力弘扬社会主义核心价值观——四论学习贯彻习近平在省部级专题研讨班重要讲话》，载《人民日报》，2014年2月22日。

② 庄保、叶萍：《全面深化改革与践行社会主义核心价值观》，载《特区实践与理论》，2014年第1期，第37－39页。

等,并不等同于结果的平等。如果没有国家宏观调控手段,结果的不平等将会危及社会和谐稳定,这早已被许多国家的发展历史所反复证明。实际上,国有企业与民营企业在市场经济条件下的平等竞争和在严峻国际环境下的同舟共进,这本身就体现了我国社会的自由、民主、平等、公正与和谐。所以,只有全面贯彻执行《决定》精神,才能为倡导社会主义核心价值观提供更加坚实的基础[1]。

(三)要善于破解难题,促进深化改革与践行社会主义核心价值观的有机结合。这是从两者结合的层面讲的。深化改革与践行社会主义核心价值观,两者的结合在理论上具有充分的根据,但在实践中却往往难尽人意,这主要是由于理论无法解释实践或者说实践与理论有差距的问题,需要我们善于寻找对策,破解难题。比如说民主是当前社会关注的一个焦点,《决定》非常重视社会主义民主制度建设,在社会主义核心价值观中,民主也占有极为重要的地位。现在的问题是,作为我国社会主义民主标志的人民代表大会制度,无论是从代表的产生机制还是从代表大会的运作程序、权力监督的效果等方面,还存在许多问题,而且这些问题越到基层就越明显,我们要通过深化改革来加以改进和完善。这个问题解决不好,就不能很好地做到坚持党的领导、人民当家作主、依法治国三者之间的有机统一,社会主义制度的民主本质难以体现,社会主义核心价值观也会失去现实的承托。对此,《决定》要求"推进人民代表大会制度理论和实践创新,发挥人民代表大会制度的根本政治制度作用",全会精神值得我们在实践中努力探索[2]。

---

[1] 庄保,叶萍:《全面深化改革与践行社会主义核心价值观》,载《特区实践与理论》,2014年第1期,第37-39页。
[2] 庄保,叶萍:《全面深化改革与践行社会主义核心价值观》,载《特区实践与理论》,2014年第1期,第37-39页。

第九章

全面深化改革与推进反腐倡廉建设

腐败涉及亡党亡国问题,把深化反腐倡廉作为当前党建工作的重中之重是党必须抓好的重点任务。党的十七大首次提出"切实改进党的作风,着力加强反腐倡廉建设。"① 并将其列为党的建设的基本内容之一。十八大在"永葆共产党人清正廉洁的政治本色"的精神指引下,提出"反腐倡廉必须常抓不懈,拒腐防变必须警钟长鸣。"② 习近平履新伊始,就深入浅出地指出:"物必先腐,而后虫生。"对此,习近平提出了"更加科学有效地防治腐败,坚定不移把党风廉政建设和反腐败斗争引向深入。"③ "全党必须警醒起来,打铁还需自身硬。"④ "决不允许'上有政策、下有对策'。""反腐倡廉必须常抓不懈,一个是要经常抓,一个是要长期抓。"⑤ 等论断,彰显了以习近平同志为总书记的新一届中央领导集体加强反腐倡廉建设的信心和决心,奏响了反腐倡廉建设的最强音。

一、习近平深化反腐倡廉建设思想
(一) 深化反腐倡廉的价值定位

腐败是滋生在党的健康肌体上的毒瘤,反腐倡廉是加强党的建设的重要抓手。因此,深化反腐倡廉有利于加强党的建设,有利于保持党的健康肌体。

1. 深化反腐倡廉有利于加强党的思想建设。思想建设是党的建设的理论先导,反腐倡廉建设为其提供理论来源和实践基础。首先,深化反腐倡廉有利于净化党内固有的浑浊空气。增量腐败的发生必然导致质的改变,甚至亡党亡国。

---

① 《十七大以来重要文献选编》(上),中央文献出版社2009年版,第41页。
② 《十八大以来重要文献选编》(上),中央文献出版社2014年版,第42页。
③ 《习近平谈治国理政》,外文出版社2014年版,第385页。
④ 《十八大以来重要文献选编》(上),中央文献出版社2014年版,第70页。
⑤ 《习近平谈治国理政》,外文出版社2014年版,第386页。

对此，习近平提出："党内决不允许腐败分子有藏身之地。"①"坚决反对形式主义、官僚主义，坚决反对享乐主义、奢靡之风，坚决同一切消极腐败现象作斗争，永葆共产党人政治本色，矢志不移为党和人民事业而奋斗。"② 一方面，领导高层通过打"老虎"、拍"苍蝇"惩治党内违法违纪分子，警醒党员、干部树立廉政意识。另一方面，祛除党内歪风邪气，要求党员、干部坚定正确的理想信念，因为"没有理想信念，理想信念不坚定，精神上就会'缺钙'，就会得'软骨病'。"③ 其次，深化反腐倡廉有利于丰富和发展党的思想建设的理论成果。实践是认识的基础，党的思想建设不是一成不变的。从整风运动到建设高度的社会主义精神文明，再到"三讲"教育活动以及"创先争优"活动的开展，充分体现了党的思想建设始终遵循解放思想、与时俱进的高尚品质。十八大之后，习近平作为新一届中央领导集体的核心，在全党范围内自上而下分批开展党的群众路线教育实践活动，努力提升为民、务实、清廉的党性修养，对党的思想建设理论的丰富和发展起着重要推动作用④。

2. 深化反腐倡廉有利于加强党的组织建设。组织建设是党的建设的关键，因为"如果组织问题不解决好，正确的政治路线的实行就无法保证。"⑤ 习近平在继承了党历来重视干部队伍建设的优良传统的基础上，认为做好组织工作必须实现"党要管党，才能管好党；从严治党，才能治好党。"⑥ 在这里，实现"管好"和"治好"无疑要依托反腐倡廉平台，这是因为，深化反腐倡廉有助于保持党组织的先进性和纯洁性。然而，"党员是党的肌体的细胞"⑦，"政治路线确定之后，干部就是决定的因素。"⑧ 由此可见，党员、干部的自身素养直接关系到党组织先进性和纯洁性与否。因此，习近平在全国组织工作会议上着重强调："要把从严管理干部贯彻落实到干部队伍建设全过程，要坚持从严教育、从严管理、从严监督。"⑨ 概言之，通过反腐倡廉建设，严明党的组织纪律和政治纪律，坚决制止简单以票取人的做法，教育引导党员、干部自觉维护中央权

---

① 《习近平重要论述》，载新华网河北频道，2014年3月7日。
② 《十八大以来主要文献选编》（上），中央文献出版社2014年版，第237页。
③ 《十八大以来重要文献选编》（上），中央文献出版社2014年版，第80页。
④ 蒋国栋，吴学凡：《深化反腐倡廉与加强党的建设——兼论习近平反腐倡廉思想》，载《大连干部学刊》，2015年第1期，第26-29页。
⑤ 《邓小平文选》（第2卷），人民出版社1994年版，第222页。
⑥ 《十八大以来重要文献选编》（上），中央文献出版社2014年版，第349页。
⑦ 《十八大以来重要文献选编》（上），中央文献出版社2014年版，第351页。
⑧ 《毛泽东选集》（第2卷），人民出版社1991年版，第526页。
⑨ 《十八大以来重要文献选编》（上），中央文献出版社2014年版，第350页。

威，真正"使广大党员平常时候看得出来、关键时刻站得出来、危急关头豁得出去"①，从而建立起一支宏大的高素质干部队伍。

3. 深化反腐倡廉有利于加强党的作风建设。党的作风就是党的形象，关系人心向背，关系党的生死存亡。作风建设是永恒课题，深刻影响着全社会风气的转向，必须"要标本兼治，经常抓、见常态，深入抓、见实效，持久抓、见长效。"② 就实践可能而言，作风建设与反腐倡廉相得益彰，二者缺一不可，反腐倡廉是党风廉政建设的行动纲领。十八大以来，清楚地认识到作风问题本质上是党性问题的习近平，把批评和自我批评摆在重要位置，以严格执行纪律为重要措施，"坚决反对'四风'，旗帜鲜明反对腐败，严肃查处违纪违法问题。"③ 使领导干部"做到公私分明、克己奉公、严格自律。"④ 此外，密切联系群众作为党的三大优良传统作风之一，它是党的作风问题的核心。这是因为"只有毫不犹豫地无条件地依靠大多数居民的政权，才能成为稳固的政权。"⑤ 因此，通过反腐倡廉，深化领导干部为民务实清廉的本色，牢固树立正确政绩观。否则，"就会像一座无形的墙把我们党和人民群众隔开，我们党就会失去根基、失去血脉、失去力量。"⑥

4. 深化反腐倡廉有利于加强党的制度建设。制度是保证。"制度好可以使坏人无法任意横行，制度不好可以使好人无法充分做好事，甚至会走向反面。"⑦ 党的十八大明确强调："要把制度建设摆在突出位置。"习近平执政伊始就提出要"把权力关进制度的笼子里，形成不敢腐的惩戒机制、不能腐的防范机制、不易腐的保障机制。"⑧ 由此可见，必须加大反腐倡廉力度，倒逼党内民主制度建设。一是坚持标本兼治、综合治理、惩防并举、注重预防方针，坚持"老虎""苍蝇"一起打，全面推进惩治和预防腐败体系建设。对此，习近平明确要求："制度一经形成，就要严格遵守，坚持制度面前人人平等、执行制度没有例外，坚决维护制度的严肃性和权威性，坚决纠正有令不行、有禁不止的各

---

① 《十八大以来重要文献选编》（上），中央文献出版社2014年版，第351页。
② 《习近平强调：作风建设要经常抓深入抓持久抓》，载中国新闻网，2014年5月9日。
③ 《习近平论党的作风建设》，载新华网，2014年7月29日。
④ 《习近平谈治国理政》，外文出版社2014年版，第394页。
⑤ 《列宁全集》（第32卷），人民出版社1985年版，第159页。
⑥ 《习近平谈治国理政》，外文出版社2014年版，第387页。
⑦ 《邓小平文选》（第2卷），人民出版社1994年版，第333页。
⑧ 《十八大以来重要文献选编》（上），中央文献出版社2014年版，第136页。

种行为。"① 从而"使制度成为硬约束而不是橡皮筋。"② 其二，反腐倡廉"最重要的是要有专门的机构进行铁面无私的监督检查。"③ 十八大以来，中央纪委监察部在反腐倡廉建设中发挥着举足轻重的作用，其反腐力度之大、覆盖面之广、持续时间之长、投入人力物力财力之多、取得战果之巨都是空前的，形成了全方位、多层次的立体式反腐格局，且不敢腐的惩戒机制已基本形成。

（二）习近平深化反腐倡廉建设思路

2012年11月召开的党的十八大胜利完成了中央高层的权力交接，选举产生了新一届中央领导集体。作为总书记的习近平发出警示："新形势下，我们党面临着许多严峻挑战，党内存在着许多亟待解决的问题。尤其是一些党员干部中发生的贪污腐败、脱离群众、形式主义、官僚主义等问题，必须下大气力解决。全党必须警醒起来。"④ 人民群众对此寄予殷切期盼。众所周知，党的十八大在总结过去建设、改革经验的基础上，会重点对未来一定时期内的中国特色社会主义事业作出全面部署，深化反腐倡廉就是其中的重要部署之一。十八大提出："全面提高党的建设科学化水平"，"坚定不移反对腐败，永葆共产党人清正廉洁的政治本色。"⑤ 因此，新一届领导集体贯彻落实十八大提出的关于加强党建、深化反腐倡廉的部署是必然之事。

1. 反腐成效斗争成效明显，但反腐败斗争形势依然严峻复杂。习近平指出，2014年，党风廉政建设和反腐败斗争成效明显。我们党从关系党和国家生死存亡的高度，以强烈的历史责任感、深沉的使命忧患感、顽强的意志品质推进党风廉政建设和反腐败斗争，坚持无禁区、全覆盖、零容忍，严肃查处腐败分子，着力营造不敢腐、不能腐、不想腐的政治氛围。我们进一步加大反腐败斗争力度，加强党的纪律建设，聚焦"四风"强化执纪监督，增加巡视组数量和巡视频率，加大治本力度，锐意推进纪律检查体制改革。我们坚决查处了周永康、徐才厚、令计划、苏荣等严重违纪违法案件，向世人证明中国共产党敢于直面问题、纠正错误，勇于从严治党、捍卫党纪，善于自我净化、自我革新。全党必须牢记，反对腐败是党心民心所向。有党心民心作力量源泉，反腐败斗争必

---

① 《十八大以来重要文献选编》（上），中央文献出版社2014年版，第318页。
② 习近平：《从严治党使制度成为硬约束而不是橡皮筋》，载人民网，2014年10月8日。
③ 《邓小平文选》（第2卷），人民出版社1994年版，第332页。
④ 《十八大以来重要文献选编》（上），中央文献出版社2014年版，第70页。
⑤ 《十八大以来重要文献选编》（上），中央文献出版社2014年版，第42页。

定胜利①。习近平强调，从这两年查处的案件和巡视发现的问题看，反腐败斗争形势依然严峻复杂，主要是在实现不敢腐、不能腐、不想腐上还没有取得压倒性胜利，腐败活动减少了但并没有绝迹，反腐败体制机制建立了但还不够完善，思想教育加强了但思想防线还没有筑牢，减少腐败存量、遏制腐败增量、重构政治生态的工作艰巨繁重。因此，党风廉政建设和反腐败斗争永远在路上②。习近平强调，我们党员干部队伍的主流始终是好的。同时，我们也要清醒地看到，当前一些领域消极腐败现象仍然易发多发，一些重大违纪违法案件影响恶劣，反腐败斗争形势依然严峻，人民群众还有许多不满意的地方。邓小平的"在整个改革开放过程中都要反对腐败"③绝非一句模糊空洞的口号。当前，腐败滋生势头有增无减，在中央纪委监察部网站上公布的官员被调查或处理的消息就有 700 余条，绝大多数为厅局级及以上官员，其中省部级及以上"大老虎"多达 55 名，并且表现出诸多新特征④。一方面，腐败的主体呈现出年轻化、高知化、高官化的特点，另一方面，腐败还具有巨款化、扎堆化、集

---

① 辛闻：《习近平：反腐高压态势不放松 要做好"破和立"》，载中国网，2015 年 1 月 14 日。
② 《习近平就反腐工作提四个重点要求：强调讲规矩》，载《南方日报》，2015 年 1 月 14 日。
③ 《邓小平文选》（第 3 卷），人民出版社 1993 年版，第 379 页。
④ 从体制机制上看，有几类腐败问题带有共性。一是大权独揽、独断专行。从大量案件看，领导干部违纪违法问题大多发生在担任一把手期间。一把手权力集中，在领导班子中具有一言九鼎、一锤定音的权威，受到的监督却很少，很容易犯错误、出问题。一把手位高权重，一旦出问题，最容易带坏班子、搞乱风纪。二是任人唯亲、卖官鬻爵。选什么人就是风向标，就有什么样的干部作风，乃至就有什么样的党风。尽管我们不断大力整治用人上的不正之风，但从查处的案件看，在一些地方、部门、单位，正确用人导向并没有得到很好体现，任人唯亲、卖官鬻爵还十分严重。一些德才平平、投机取巧的人屡屡得到提拔重用，一些踏实干事、不跑不要的干部却没有进步机会，形成了逆淘汰，干部群众对此意见很大。三是设租寻租、以权谋私。一个时期以来，行政审批中设租寻租、借审谋私的问题屡屡发生。这说明，虽然我们推行行政审批制度改革已有许多年了，也已取消下放了大量行政审批事项，但行政审批权力还是太集中了，自由裁量权还是太大了。贿随权集。如果行政审批制度改革不深化，这种状况就难以彻底扭转。四是官商勾结、利益输送。这些年来，一些领导干部与老板勾肩搭背，搞你有我有全都有，工程项目、土地流转、矿产资源开发、基础设施建设、国有企业改制等领域成了国有资产资源损失、流失的重灾区。官商勾结不仅造成国有资产流失，还严重破坏市场经济秩序，污染政治生态，危害极大。五是巧取豪夺、搞"家天下"。在查处的腐败案件中，一人当官、全家涉腐的事例不胜枚举，不但污染了党风政风，也严重损害了党和政府在人民群众中的威信。所有这些问题都告诉我们，没有健全的制度，权力没有关进制度的笼子里，不正之风和腐败现象就控制不住。（李显锋：《反腐倡廉重在制度建设》，载《中国纪检监察》，2015 年 1 月 28 日。）

团化、家族化、集中化、国际化的特征和趋势。更有甚者，出现集体塌方式腐败。有鉴于此，必须刻不容缓地深化反腐倡廉，建设廉洁政治，保持党的肌体健康。

2. 加强反腐倡廉教育和廉政文化建设。首先，要把廉政教育和文化建设融入党的群众路线教育实践活动中，以八项规定、六条禁令、反"四风"以及三个决不允许和五个不允许为内容，"教育引导广大党员、干部坚定理想信念，坚守共产党人的精神家园，不断夯实党员干部廉洁从政的思想道德基础，筑牢拒腐防变的思想道德防线。"真正使廉政文化内化于心、外化于形。其次，要把廉政教育和文化建设与培育核心价值观相结合。众所周知，核心价值观作为一种德，"国无德不兴，人无德不立。"腐败分子的贪污行为"由小到大、由大变巨"实则是对核心价值观的亵渎。因此，必须"教育引导广大党员、干部认真学习和实践马克思列宁主义、毛泽东思想、中国特色社会主义理论体系，牢固树立正确的世界观、权力观、事业观，模范践行社会主义荣辱观。"从而以思想上的清醒保证用权上的清醒。①

3. 主体责任"放在今年工作第一位"。习近平就做好今年党风廉政建设和反腐败工作提出4个重点要求。放在第一位的就是"党风廉政建设主体责任"。在二次全会上，习近平也曾表示，"抓好党风廉政建设和反腐败斗争，必须全党动手。各级党委对职责范围内的党风廉政建设负有全面领导责任，党委主要负责人是第一责任人"。② 在三次全会上，习近平多次强调"主体责任"。"为什么要强调党委负主体责任？是因为党委能否落实好主体责任直接关系党风廉政建设成效。"习近平说，"现在，有的党委对主体责任认识不清、落实不力，有的没有把党风廉政建设当作分内之事；还有的领导干部只表态、不行动，说一套、做一套，甚至带头搞腐败，带坏了队伍，带坏了风气"。2014年6月26日，听取中央巡视工作领导小组汇报去年首轮巡视工作时，习近平要求"狠抓整改，落实主体责任"，强调"一些地方发生窝案串案，有的地方成为腐败重灾区，主要负责人的责任是怎么履行的？不能'新官不理旧账'。出了事，要追责。我们有的地方、单位管理失之于宽、无能为力，主要负责人是干什么的？要履责，要抓党风廉政建设！凡是整改不力的，都要严肃追责"。"紧抓党风廉政建设主

---

① 蒋国栋，吴学凡：《深化反腐倡廉与加强党的建设——兼论习近平反腐倡廉思想》，载《大连干部学刊》，2015年第1期，第26-29页。
② 辛闻：《习近平：反腐高压态势不放松 要做好"破和立"》，载中国网，2015年1月14日。

体责任这个'牛鼻子'",也是中纪委去年的工作重点之一。2015年1月7日,中纪委副书记黄树贤表示,"强化党风廉政建设主体责任,追究山西系统性、塌方式腐败案件相关党组织责任,对湖南衡阳发生的以贿赂手段破坏选举案件严肃问责"。① 严肃责任追究,强化党风廉政建设主体责任,各级党委(党组)要切实把党风廉政建设当作分内之事、应尽之责,进一步健全制度、细化责任、以上率下。各级党组织要深入开展理想信念和宗旨教育,筑牢思想上拒腐防变的堤坝。习近平强调,抓好党风廉政建设和反腐败斗争,必须全党动手。各级党委对职责范围内的党风廉政建设负有全面领导责任。要坚持和完善反腐败领导体制和工作机制,发挥好纪检、监察、司法、审计等机关和部门的职能作用,共同推进党风廉政建设和反腐败斗争。要支持纪检监察机关开展工作,关心爱护纪检监察干部。特别要注意保护那些党性强、敢于坚持原则的同志,为他们开展工作创造条件。各级纪检监察机关要加强干部队伍建设,提高履行职责能力和水平,更好发挥监督检查作用。② 党风廉政建设责任制是深入推进党风廉政建设和反腐败斗争的一项基础性制度。必须紧紧抓住这个"龙头",进一步明确党委的主体责任和纪委的监督责任③,通过"三书两报告"等一些有效工作载体,健全反腐败领导体制和工作机制;进一步加大责任追究力度,积极运用组织处理或纪律处分,督促各级领导干部认真落实"一岗双责",推动各牵头单位落实分工任务,进一步形成全党动手反腐败的强大合力。

4. 加强纪律建设,把守纪律讲规矩摆在更加重要的位置。习近平强调,党章是全党必须遵循的总章程,也是总规矩。党的纪律是刚性约束,政治纪律更是全党在政治方向、政治立场、政治言论、政治行动方面必须遵守的刚性约束。国家法律是党员、干部必须遵守的规矩。党在长期实践中形成的优良传统和工作惯例也是重要的党内规矩。纪律是成文的规矩,一些未明文列入纪律的规矩是不成文的纪律;纪律是刚性的规矩,一些未明文列入纪律的规矩是自我约束的纪律。我们党在长期实践中形成的优良传统和工作惯例,经过实践检验,约定俗成、行之有效,需要全党长期坚持并自觉遵循④。习近平指出,讲规矩是

---

① 辛闻:《习近平:反腐高压态势不放松 要做好"破和立"》,载中国网,2015年1月14日。
② 《习近平再度发声反腐 加强制度建设成重点》,载《人民日报》,2013年1月23日。
③ 《中共中央关于全面深化改革若干重大问题的决定》,载《人民日报》,2013年11月16日。
④ 《习近平就反腐工作提四个重点要求:强调讲规矩》,载《南方日报》,2015年1月14日。

对党员、干部党性的重要考验,是对党员、干部对党忠诚度的重要检验。遵守政治纪律和政治规矩,必须维护党中央权威,在任何时候任何情况下都必须在思想上政治上行动上同党中央保持高度一致;必须维护党的团结,坚持五湖四海,团结一切忠实于党的同志;必须遵循组织程序,重大问题该请示的请示,该汇报的汇报,不允许超越权限办事;必须服从组织决定,决不允许搞非组织活动,不得违背组织决定;必须管好亲属和身边工作人员,不得默许他们利用特殊身份谋取非法利益①。各级党组织要把严守纪律、严明规矩放到重要位置来抓,努力在全党营造守纪律、讲规矩的氛围。各级领导干部特别是高级干部要牢固树立纪律和规矩意识,在守纪律、讲规矩上作表率。各级党委要加强监督检查,对不守纪律的行为要严肃处理。习近平指出,我们党是靠革命理想和铁的纪律组织起来的马克思主义政党,纪律严明是党的光荣传统和独特优势。党面临的形势越复杂、肩负的任务越艰巨,就越要加强纪律建设,越要维护党的团结统一,确保全党统一意志、统一行动、步调一致前进。严明党的纪律,首要的就是严明政治纪律。严明政治纪律就要从遵守和维护党章入手。遵守党的政治纪律,最核心的,就是坚持党的领导,坚持党的基本理论、基本路线、基本纲领、基本经验、基本要求,同党中央保持高度一致,自觉维护中央权威②。在指导思想和路线方针政策以及关系全局的重大原则问题上,全党必须在思想上政治上行动上同党中央保持高度一致。各级党组织和领导干部要牢固树立大局观念和全局意识,正确处理保证中央政令畅通和立足实际创造性开展工作的关系,任何具有地方特点的工作部署都必须以贯彻中央精神为前提。要防止和克服地方和部门保护主义、本位主义,决不允许"上有政策、下有对策",决不允许有令不行、有禁不止,决不允许在贯彻执行中央决策部署上打折扣、做选择、搞变通③。每一个共产党员特别是领导干部都要牢固树立党章意识,自觉用党章规范自己的一言一行,在任何情况下都要做到政治信仰不变、政治立场不移、政治方向不偏。党的各级组织要自觉担负起执行和维护政治纪律的责任,加强对党员遵守政治纪律的教育。党的各级纪律检查机关要把维护党的政治纪律放在首位,加强对政治纪律执行情况的监督检查。

5. 反腐倡廉必须常抓不懈,经常抓、长期抓,抓出成效。常抓抓出习惯、抓出长效,在坚持中见常态,向制度建设要长效,强化执纪监督,把顶风违纪

---

① 《习近平就党风廉政和反腐提出4点要求》,载新浪新闻网,2015年01月13日。
② 《习近平再度发声反腐 加强制度建设成重点》,载《人民日报》,2013年1月23日。
③ 《习近平再度发声反腐 加强制度建设成重点》,载《人民日报》,2013年1月23日。

搞"四风"列为纪律审查的重点。保持高压态势不放松，查处腐败问题，必须坚持零容忍的态度不变、猛药去疴的决心不减、刮骨疗毒的勇气不泄、严厉惩处的尺度不松，发现一起查处一起，发现多少查处多少，把反腐利剑举起来，形成强大震慑。习近平在讲话中强调，保持高压态势不放松，查处腐败问题，必须发现一起查处一起，发现多少查处多少①。"保持高压态势不放松"是要向全社会表明，中国共产党与腐败水火不容。反腐倡廉必须常抓不懈，经常抓、长期抓，必须反对特权思想、特权现象。党风廉政建设和反腐败斗争是一项长期的、复杂的、艰巨的任务。反腐倡廉必须常抓不懈，拒腐防变必须警钟长鸣，关键就在"常"、"长"二字，一个是要经常抓，一个是要长期抓。我们要坚定决心，有腐必反、有贪必肃，不断铲除腐败现象滋生蔓延的土壤，以实际成效取信于民②。习近平强调，反腐倡廉建设，必须反对特权思想、特权现象。共产党员永远是劳动人民的普通一员，除了法律和政策规定范围内的个人利益和工作职权以外，所有共产党员都不得谋求任何私利和特权。这个问题不仅是党风廉政建设的重要内容，而且是涉及党和国家能不能永葆生机活力的大问题。要采取得力措施，坚决反对和克服特权思想、特权现象③。以踏石留印、抓铁有痕的劲头抓下去，善始善终、善做善成，防止虎头蛇尾，让全党全体人民来监督。习近平强调，工作作风上的问题绝对不是小事，如果不坚决纠正不良风气，任其发展下去，就会像一座无形的墙把我们党和人民群众隔开，我们党就会失去根基、失去血脉、失去力量。抓改进工作作风，各项工作都很重要，但最根本的是要坚持和发扬艰苦奋斗精神。改进工作作风的任务非常繁重，八项规定是一个切入口和动员令。八项规定既不是最高标准，更不是最终目的，只是我们改进作风的第一步，是我们作为共产党人应该做到的基本要求。"善禁者，先禁其身而后人。"各级领导干部要以身作则、率先垂范，说到的就要做到，承诺的就要兑现。要坚持勤俭办一切事业，坚决反对讲排场比阔气，坚决抵制享乐主义和奢靡之风④。要大力弘扬中华民族勤俭节约的优秀传统，大力宣传节约光荣、浪费可耻的思想观念，努力使厉行节约、反对浪费在全社会蔚然成风。各地区各部门要不折不扣执行改进工作作风相关规定，把要求落实到每一项工作、每一个环节之中。作风是否确实好转，要以人民满意为标准。要

---

① 辛闻：《习近平：反腐高压态势不放松　要做好"破和立"》，载中国网，2015年1月14日。
② 《习近平再度发声反腐　加强制度建设成重点》，载《人民日报》，2013年1月23日。
③ 《习近平再度发声反腐　加强制度建设成重点》，载《人民日报》，2013年1月23日。
④ 《习近平再度发声反腐　加强制度建设成重点》，载《人民日报》，2013年1月23日。

广泛听取群众意见和建议，自觉接受群众评议和社会监督①。群众不满意的地方就要及时整改。中央纪委、监察部和各级纪检监察机关要加大检查监督力度，执好纪、问好责、把好关，让人民群众不断看到实实在在的成效和变化。

6. 重视建章立制，把权力关进制度的笼子里。形成不敢腐的惩戒机制、不能腐的防范机制、不易腐的保障机制。习近平在十八届中纪委第二次全体会上指出："要加强对权力运行的制约和监督，把权力关进制度的笼子里，形成不敢腐的惩戒机制、不能腐的防范机制、不易腐的保障机制"。如何把领导干部的权力有效地"关进制度的笼子里"，这就需要加强反腐败制度建设和创新研究，从源头上推进制度反腐。要继续全面加强惩治和预防腐败体系建设，加强反腐倡廉教育和廉政文化建设，健全权力运行制约和监督体系，加强反腐败国家立法，加强反腐倡廉党内法规制度建设，深化腐败问题多发领域和环节的改革，确保国家机关按照法定权限和程序行使权力。要加强对权力运行的制约和监督，把权力关进制度的笼子里，形成不敢腐的惩戒机制、不能腐的防范机制、不易腐的保障机制。各级领导干部都要牢记，任何人都没有法律之外的绝对权力，任何人行使权力都必须为人民服务、对人民负责并自觉接受人民监督。要加强对一把手的监督，认真执行民主集中制，健全施政行为公开制度，保证领导干部做到位高不擅权、权重不谋私。

习近平强调，党的十八届三中全会作出全面深化改革重大部署，党的十八届四中全会对全面推进依法治国作出战略部署，体现了"破"和"立"的辩证统一。深入推进党风廉政建设和反腐败斗争，同样要做好"破"和"立"这两篇文章。扬汤止沸，不如釜底抽薪。邓小平同志曾深刻指出：反腐败要靠教育、要靠法制，还是搞法制靠得住。制度带有根本性、全局性、稳定性和长期性，只有坚持用制度管权、用制度管人、用制度管事，才能从根本上清除滋生腐败的土壤，铸牢滥用权力的笼子。党的十八大以来，从首次中央党内法规和规范性文件集中清理工作全部完成到《中国共产党党内法规制定条例》出台，从《党政机关厉行节约 反对浪费条例》等规章制度到《中国共产党巡视工作条例（试行）》修订工作全面启动，制度之"笼"越织越密。"坚持标本兼治，选对人用好人，深化改革、健全制度，加强管理监督，完善激励和问责机制，强化'不能'"，这不仅是中央纪委两年多来工作的深刻体会，也为今后反腐倡廉制度

---

① 《习近平再度发声反腐 加强制度建设成重点》，载《人民日报》，2013年1月23日。

建设提供了宝贵经验①。

反腐倡廉建章立制要着重抓好4个方面的制度建设。

其一是要着力健全党内监督制度，着手修订党员领导干部廉洁从政若干准则、中国共产党纪律处分条例、巡视工作条例，突出重点、针对时弊。在计划修订的三个党内监督文件中，巡视工作条例尤为值得关注。目前，巡视工作的开展，取得了显著成果。历史经验告诉我们，巡视工作也需要规范和监督，因此将巡视工作纳入法治化轨道至关重要。现行《中国共产党巡视工作条例（试行）》于2009年颁布实施。2014年11月，中央纪委法规室主任侯觉非曾经撰文指出，修订的重点是体现党的十八大以来中央关于加强和改进巡视工作的一系列决策部署，将"四个着力"、"三个不固定"、"抓早抓小"、"分类处置"、专项巡视等做法用法规的形式固定下来，创新组织制度，改进监督方式方法，指导巡视工作开展，突出发现问题、强化震慑作用②。

其二是要着力健全选人用人管人制度，加强领导干部监督和管理，敦促领导干部按本色做人、按角色办事。选人用人和管理监督都是干部队伍建设的重要方面，二者不能偏废。现在的一大问题是选人的不管人、不监督人，有的党委不管监督。党委担负党风廉政建设主体责任，要选对用好干部，更要管好干部。要建立有利于干部敢抓敢管、有利于党委担负主体责任的制度。加强干部日常管理监督，抓早抓小，敦促领导干部按本色做人、按角色办事。充分发挥纪检机关和组织部门作用，用好巡视这把利剑，以刚性制度管住一把手，促使其正确用权、廉洁用权。

其三是要着力深化体制机制改革，最大限度减少对微观事务的管理，推行权力清单制度，公开审批流程，强化内部流程控制，防止权力滥用。对反腐倡廉建章立制的第三方面工作，推行权力清单的意义比单纯取消和下放审批权还要大，权力清单带来的政府权力的透明度将会回答"取消和下放"解决不了的对审批权的控制问题，而且是一个更深层次的问题③。

最后是要着力完善国有企业监管制度，加强党对国有企业的领导，加强对

---

① 新华社评论员：《抓好建章立制 做好"破""立"文章——三论贯彻落实十八届中央纪委五次全会精神》，载新华网，2015年1月16日。
② 王尔德：《习近平：反腐要抓好四个方面制度建设》，载《21世纪经济报道》，2015年1月14日。
③ 王尔德：《习近平：反腐要抓好四个方面制度建设》，载《21世纪经济报道》，2015年1月14日。

国企领导班子的监督，搞好对国企的巡视，加大审计监督力度①。抓紧完善"三重一大"决策制度，堵住决策环节漏洞。加强党对国有企业的领导，把"两个责任"落实到位，发挥国有企业纪委监督作用，加强对国企领导班子的监督，搞好对国企的巡视，加大审计监督力度②。要完善国有资产资源监管制度，强化对权力集中、资金密集、资源富集的部门和岗位的监管③。国有资产资源来之不易，是全国人民的共同财富，必须完善国有资产资源监管制度，强化对权力集中、资金密集、资源富集的部门和岗位的监管，守好仓门，看紧权力。四个方面制度建设的安排，表明反腐正在由治标转向标本兼治。党内制度要适应形势的需要，做出相应的修订，从源头去解决腐败，创造不敢腐、不能腐、不想腐和腐败必究的制度环境。

7. 依法反腐，全面推进惩治和预防腐败体系建设。法治是治国理政的基本方式。党的十八大提出了"全面推进依法治国，加快建设社会主义法治国家"的目标，十八届四中全会首次专题讨论依法治国。基于此，习近平在中央纪律检查委员会第二次全体会议上提出："要善于用法治思维和法治方式反对腐败。"④ 为更加科学有效地防治腐败，习近平在中共中央政治局第五次集体会议上提出要"全面推进惩治和预防腐败体系建设，提高反腐败法律制度执行力，让法律制度刚性运行。"⑤ "要继续全面加强惩治和预防腐败体系建设，加强反腐倡廉教育和廉政文化建设，健全权力运行制约和监督体系，加强反腐败国家立法，加强反腐倡廉党内法规制度建设，深化腐败问题多发领域和环节的改革，确保国家机关按照法定权限和程序行使权力。"⑥ 自十六届三中全会提出"建立惩治和预防腐败体系"这一命题至今，《中国共产党纪律处分条例》《中国共产党党内监督条例》以及《建立健全惩治和预防腐败体系2013－2017年工作规划》相继出台，彰显了制度建设和制度执行的严肃性和权威性。此外，为更好地把权力关进制度的笼子里，习近平还要求"反腐败必须强化监督、管住权

---

① 《习近平就党风廉政和反腐提出4点要求》，载新浪新闻网，2015年01月13日。
② 李显锋：《反腐倡廉重在制度建设》，载《中国纪检监察》，2015年1月28日。
③ 王尔德：《习近平：反腐要抓好四个方面制度建设》，载《21世纪经济报道》，2015年1月14日。
④ 《十八大以来重要文献选编》（上），中央文献出版社2014年版，第135页。
⑤ 《习近平谈治国理政》，外文出版社2014年版，第392页。
⑥ 《习近平在十八届中央纪委二次全会上发表重要讲话强调更加科学有效地防治腐败 坚定不移把反腐倡廉建设引向深入》，载《人民日报》，2013年1月23日。

力。"否则,"笼子很好但门没关住,进出自由,那是起不了什么作用的。"① 十八大以来,派驻纪检监察机构、建立领导干部谈话制度、畅通人民群众举报和监督渠道等一系列措施,发挥了"建好笼子"的重要作用。

8. 创新方法,大力构建网络反腐平台。网络信息化的发展,使得"互联网已成为思想文化信息的集散地和社会舆论的放大器。"② 习近平也强调要"尽快掌握这个舆论战场上的主动权,不能被边缘化。"③ 对此,深化反腐倡廉,加强党建工作,必须创新方法,大力构建网络反腐平台,"发挥舆论监督包括互联网监督作用。"④ 网络反腐作为信息化时代的一种群众反腐败的新方式,以其个体言说——网友转发——著名网络论坛转载——媒体跟进报道——民间公共舆论压力形成——反腐机关介入——调查处理结果公布为运行机理⑤,在反腐败实际中取得了许多成绩,如雷正富事件、"表哥"杨达才、微博实名举报刘铁男等。且近年来网络反腐逐步被中央高层认可,视为反腐倡廉、加强党建的重要手段,已经被收录在《中共党建辞典》中。十八大以来,在"打虎拍蝇"的高压反腐败态势下,网络反腐得以迅速应用和发展。2013 年 9 月中央纪律监察部开通举报网站——www.12388.gov.cn,并设立"案件查处"、"每周通报"、"曝光台"等栏目。截至 2014 年 5 月,8 个月共收到检举控告类网络举报 74049 件,是网站开通前 8 个月的近 2.5 倍⑥。此外,上海、广州、湖南、重庆、成都等地纪委还开通官方微博,以拓宽网络反腐渠道。由此可见,利用网络平台反腐败的生动局面正在形成⑦。总之,十八大以来,反腐倡廉工作越来越受到以习近平同志为总书记的新一届中央领导集体的重视,越来越成为党顺利开展其他工作的抓手。当前,深化反腐倡廉,有利于全面推进党建工作,是加强党建工作的关键举措。

---

① 《习近平:坚定不移走中国特色社会主义政治发展道路,不断推进社会主义政治制度自我完善和发展》,载中国共产党新闻网,2014 年 8 月 6 日。
② 《十七大以来重要文献选编》(上),中央文献出版社 2009 年版,第 455 页。
③ 中央文献研究室:《习近平关于全面深化改革论述摘编》,中央文献出版社 2014 年版,第 83 页。
④ 《习近平的法治观:依法改革 依法反腐 促公平正义》,载中国法院网,2014 年 10 月 20 日。
⑤ 吴学凡,苑晶:《当前我国网络反腐运行机理探析——以网络反腐事件为例》,载《中共贵州省委党校学报》,2013 年第 6 期,第 79 - 83 页。
⑥ 《走进中央纪委监察部网站:透视互联网时代的反腐新平台》,载《人民日报》,2014 年 5 月 6 日。
⑦ 蒋国栋,吴学凡:《深化反腐倡廉与加强党的建设——兼论习近平反腐倡廉思想》,载《大连干部学刊》,2015 年第 1 期,第 26 - 29 页。

二、加强反腐倡廉制度建设

党的十八大以来,习近平多次就制度建设发表重要论述,强调把权力关进制度的笼子里,坚持思想建党和制度治党紧密结合。在十八届中央纪委五次全会上,习近平发表重要讲话,强调深入推进党风廉政建设和反腐败斗争,要做好"破"和"立"两篇文章,全面深化改革,全面加强制度建设。这是党中央站在新的历史方位、深刻总结管党治党经验作出的战略安排,是深入推进党风廉政建设和反腐败斗争的必然要求,也是全面从严治党的题中应有之义。真正把权力关进制度的笼子里,是这场斗争取得决定性胜利的必要条件之一。在坚决遏制腐败蔓延势头的同时,通过持续健全完善反腐倡廉制度,让制度带上高压电,不断提高制度的执行力,用制度管住权管住事管住人,我们就一定能够迎来干部清正、政府清廉、政治清明的新常态,我们党就一定能够带领全国人民顺利实现"两个一百年"奋斗目标和中华民族伟大复兴的中国梦。

(一)制度建设及其在反腐败中的作用

制度一词有两层含义:一是静态意义上的法律、规章、守则;二是动态意义上的组织体系及其运行机制。前者是要求大家共同遵守的行为准则,大多以写在纸上、说在嘴上、贴在墙上的形式出现;后者是保证上述行为准则得以坚决实施的组织体系,通常以组织机构及其运行机制的形式出现①。制度既"禁于未然之前",又"禁于未然之后",具有惩治和预防的双重功能,是治标和治本的有机统一。所谓反腐败制度建设,就是建立起使任何手握权力的人都不愿腐败、不能腐败、不易腐败、不敢腐败的规则并使之权威和有效。在当代,制度建设集中表现为制定法律法规和规章制度的活动和一系列的实施活动。

1.制度的特性决定其在反腐败中的地位。对于制度建设的重要性,邓小平在《党和国家领导制度的改革》一文中深刻指出:"我们过去发生的各种错误,虽然与某些领导人的思想、作风有关,但是组织制度、工作制度方面的问题更重要。这些方面的制度好可以使坏人无法任意横行,制度不好可以使好人无法充分做好事,甚至走向反面。……不是说个人没有责任,而是说领导制度、组织制度问题更带有根本性、全局性、稳定性和长期性。"②

(1)制度具有稳定性。制度稳定性就是制度保持相对不变的状态。制度的

---

① 邹燕秋:《当前反腐败制度建设的缺陷及其完善对策》,载《理论与改革》,2014年第4期,第41-44页。

② 《邓小平文选》(第2卷),人民出版社1994年版,第332页。

稳定性来源于社会生活的规律性，来源于人们对长治久安持之以恒的强烈期盼。由于制度规则的存在，人与人之间的行为是可以预期的，因而能够建立相互之间的合作和协调关系；同时正因为有共同规则的存在，从而能够避免在共同的行动中由于某些人的任意性而导致集体利益的损失。为维护制度的稳定性，制度一旦制定就不宜随意修改或废止，更不应当因领导人的改变和领导人注意力的改变而改变。

（2）制度具有强制性。制度的强制性来源于对一切违反制度的行为必须予以纠正的必然性，即制度的严肃性和权威性。这种带有刚性的特征，不允许任何的"通融"。否则，只会销蚀制度的约束作用。制度一旦制定颁布，就必须坚决遵照执行，制度面前，人人平等，没有特殊，没有例外，拒绝特权[1]。

（3）制度具有全局性。全局性来源于客观事物的普遍性，它遵循"类似事物同样处理"的法则，它反对因人而异、因事而异。以其"一体遵守"而具有普适性和平等性，任何人都在它的约束之下，具有普遍的约束力。因此，全国性制度对整个国家和社会生活应当发生全面的规范作用，地方性制度对地方性事务应当发生全面的规范作用，单位内部的制度对单位所有人应当发生全面的规范作用。

（4）制度具有规范性。古希腊政治学家亚里士多德在《政治学》中指出："人在本性上是一个政治动物"。认为人天生要过政治生活，规范性的制度是将政治价值落实在人们的行动中，是政治价值得以实现的最关键、最具体的一步。美国政治学家罗尔斯认为："我们要把制度理解为一种公开的规范体系。"[2] 马克斯·韦伯认为："制度应是任何一个圈子里的行为准则。"[3] 就是说，制度是通过公开、明确地设定各类行为主体的权力（权利）、义务、责任，来促使人们行为模式的规范化。例如党内制度是全体党员的行为规则，它明确、具体地规定党的组织和党员的权利和义务，党的领导干部的权力使用的规则，应该做什么、不应该做什么。做到什么程度，怎样做，需要遵从什么样的程序，违反规则将受到什么样的惩罚。

（5）制度具有程序性。制度制定要通过严格的程序，制度的执行，同样需要一定的程序、方法和步骤。它以明确、规范、条理的文字表现出来，以刚性

---

[1] 邹燕秋：《当前反腐败制度建设的缺陷及其完善对策》，载《理论与改革》，2014年第4期，第41-44页。

[2] [美] 罗尔斯：《正义论》，中国社会科学出版社1988年版，第50页。

[3] [德] 马克斯·韦伯：《经济与社会》，商务印书馆1977年版，第345页。

展示于众，昭示于众。制度程序十分严格，其制定、补充、修改和废除，都要经过严格的程序。制度的程序性，增强了制度的可操作性，也增强了制度的稳定性和长期性。

2. 制度建设在反腐败中的重要作用。（1）规范引导作用。制度作为一种规范，约定了三种行为模式：一是禁止性规范，即不容许某种行为的规定；二是命令性规范，即必须为某种行为的规定；三是授权性规范，即有权作出或可以作出某种行为的规定。法律和制度所规定的这些行为模式，是规范指引全社会所有成员包括党员干部的行为，引导个社会成员积极从事法律和制度容许的行为，抑制法律和制度禁止的行为，把人们的行为纳入符合法律和制度的健康轨道。

（2）控制约束作用。制度的基本功能在于规范、控制和约束人的行为。"制度的基本功能就是控制人的行为"①。美国经济学家康芒斯将"制度"定义为"集体行动控制个体行动"②。制度的约束功能体现在：其一，自律约束机制；其二，责任约束机制；其三，行为约束机制；其四，舆论约束机制这些约束机制。构成了防范和遏制腐败的四道屏障。

（3）警戒告诫作用。制度的警戒作用，在于它为人们的行为，特别是执掌权力的人的行为拉起了道道"警戒线"、"高压线"，套上了"紧箍"，时刻警戒领导干部，不能越雷池半步。制度是领导干部面对诱惑的"定心针"和"防腐剂"。群众一旦掌握制度，就成为识别违纪违法行为的"照妖镜"，从而使贪赃枉法的任何腐败行为，都会暴露在手持"照妖镜"的广大群众的众目睽睽之下。③

（4）惩罚威慑作用。党纪产生一种警戒力，违反党纪者，必定要受到纪律处分；法律形成一种威慑力，违反法律者，必定要受到法律制裁，严重者甚至被依法剥夺生命。制度的这种惩罚威慑作用使其成为反腐败的强有力的保障。邓小平深刻地指出："要解决思想问题，也要解决制度问题。这种制度问题，关系到党和国家是否改变颜色，必须引起全党的高度重视"④。所以，制度本身的质的规定性和制度建设在反腐败中正反两方面的经验教训都说明，选择制度手段是其他任何措施所无法替代的。

---

① 李志昌：《制度功能之哲学分析》，载《哲学分析》，2011年第4期。
② ［美］康芒斯：《制度经济学》，商务印书馆1983年版。
③ 《习近平在党的群众路线教育实践活动工作会议上的讲话》，载荆楚网，2013年7月31日。
④ 《邓小平文选》（第2卷），人民出版社1994年版，第333页。

(二)进一步加强和改进反腐倡廉制度建设

"要把权力关进制度的笼子里",形成"不敢腐的惩戒机制、不能腐的防范机制、不易腐的保障机制"的制度理念和机制,就需要建立起一套标本兼治、惩治和预防腐败的科学制度体系。笔者认为,要建立这样的反腐败制度体系,必须构筑牢固的"制度铁笼":坚持教育为基础,形成不愿腐的自律意识;坚持制度为本,形成不能腐的防范机制;坚持改革创新,建立不易腐的保障机制;坚持惩治为要,形成不敢腐的惩戒机制。

1. 坚持教育为基础,形成"不愿腐"的自律意识。"不愿腐",就要提高党员干部的思想素质和道德修养,讲党性、重品行、作表率,筑牢不愿腐的思想道德防线。产生腐败的原因很多,但根本还是一些领导干部放松了世界观的改造和道德修养,个人的价值观、人生观、权力观发生扭曲,产生了"想腐败"的思想动机。所以构筑不愿腐、不能腐、不易腐、不敢腐的制度体系,首先要从思想教育入手,从三个层次上来推进和加强教育。

(1)切实加强对各级党、政领导干部的教育。实践表明,世界观、人生观、价值观解决得比较好的人,敬业守责有职业道德的人,立志献身事业,勇于奉献的人,就能够抵制各种诱惑和私欲的膨胀,有较强的自律意识。所以,要通过对领导干部经常性的理想信念和宗旨教育,道德情操和行为规范的教育,反腐倡廉制度的教育,党风党纪和廉洁自律教育,使其在掌权用权的过程中自觉遏制私欲的膨胀,自觉抵制迷惘迟疑的观点,摒弃及时行乐思想,鄙视贪图私利行为和无所作为作风,树立正确的权力观、地位观、利益观,正确对待自己,正确对待人民,正确对待组织,正确对待手中的权力[①]。使领导干部树立起按制度办事的自觉意识,提高领导干部拒腐防变和依法执政的能力,常怀忧党之心,恪尽兴党之责,时刻对党忠诚,永葆蓬勃朝气、昂扬锐气、浩然正气。

(2)不断深化对广大党员、公务员的反腐倡廉制度教育。党的各项反腐倡廉制度的制定,是全党智慧的结晶。必须对全体党员、公务员开展反腐倡廉制度教育,使所有党员、公务员知晓制度,宣传制度,掌握制度。只有全体党员、公务员的制度意识提高了,思想才能一致,才能有行动的主动性、自觉性,才能把反腐倡廉制度扎扎实实落到实处。

(3)公开各项反腐倡廉制度,让人民广泛参与。人民是历史的主人,人民的眼睛看得最清。凡是坚定实行反腐倡廉制度的领导者,都必然会把制度公开,

---

[①] 邹燕秋:《当前反腐败制度建设的缺陷及其完善对策》,载《理论与改革》,2014年第4期,第41-44页。

并通过广泛宣传,使人民群众掌握反腐败的武器,人民的力量是真正巨大的力量;凡是害怕人民群众掌握制度这个反腐武器的领导者,都是不愿实行制度的人,必然会把制度束之高阁,远离人民,忽悠人民。共产党相信人民,依靠人民,应当面向全体人民开展反腐倡廉制度教育。只有在全社会大力开展制度教育,才会形成以廉为荣、以贪为耻的良好社会风尚,形成"人人思廉、个个助廉"的制度建设格局,形成人民监督的氛围,形成贪腐为过街老鼠,人人喊打的局面。

2. 坚持制度为本,形成不能腐的防范机制。制度防范,是指在腐败发生之前就能够利用制度的作用,防止腐败的发生,以最大限度地减少腐败的发生。防范性制度在反腐败制度体系中,起到了至关重要的预防作用。构建"不能腐"的防范机制,要从源头抓起,从完善体制、机制入手,形成一套"不能腐"的严格的制度体系,使腐败的"成功率"大大降低。

(1) 以制度为本,就是要健全和完善惩治腐败和预防腐败的法律法规,一些为实践证明有效管用的制度也要适时通过合法程序上升为国家法律。要用法治思维和法治方式反腐败,让法律制度刚性运行。

(2) 以制度为本,就是要紧紧围绕对权力监督制约这个关键,紧紧抓住导致权力运行的要害部位和中心环节,大力加强权力公开运行、规范运行的制度体系建设;完善领导机关科学决策、科学用人等制度;完善领导干部报告个人有关事项制度等,堵塞漏洞,弥补缝隙,降低权力滥用的可能性,切实把权力关进制度的笼子里①。

(3) 以制度为本,必须坚持继承与创新相结合。即紧密联系新时期执政条件下的社会实践,加强制度建设的全局性和前瞻性设计;坚持制度的实体性和程序性相结合;坚持制度的单体性和系统性相结合;坚持制度的原则性和操作性相结合;在继承中发展,在发展中创新。尤其注重基础性反腐倡廉制度的建立。如推进权力阳光透明运行的制度、党务政务公开的制度、行政审批制度、不动产登记制度、领导干部财产公开制度等。这些制度都是被全世界公认的制约权力的基础性制度,是使领导干部不能腐败、无法腐败的制度,即便腐败了也无处遁形的制度。

3. 坚持改革创新,建立不易腐的保障机制。所谓保障性制度是指一系列的能够保障反腐败制度发挥应有作用的制度。根据反腐倡廉制度建设规划,反腐

---

① 邹燕秋:《当前反腐败制度建设的缺陷及其完善对策》,载《理论与改革》,2014年第4期,第41-44页。

倡廉制度建设要尽快出台一些基础性制度，内容如下：

（1）官员财产申报制度。官员财产公开制度，是反腐倡廉的锐利武器，是被世界各国公认的解决官员贪腐的最有效手段之一。实行家庭财产申报制度最重要的是保证家庭财产申报材料的真实性和可核查性，并且以法定的形式和途径公开，以满足公众依法监督的正当需求，同时，明确规定隐瞒家庭财产必须承担法律责任，严重者还要追究其刑事责任。

（2）金融实名制度。金融实名制，其基本含义是指个人或法人与金融机构往来时必须用真实姓名的制度。即个人或法人通过金融机构的所有往来，诸如储蓄存款、汇款支付、取款时用真实姓名及其身份证号或者用法人名及纳税注册号。实行金融实名制，在政治上是监督、控制、打击各种黑钱活动的一种重要举措，可以有效地防止贪官转移资产；在经济上，可以使国家更好地掌握国民经济的宏观总量，增加财税收入。因此，金融实名制具有政治、经济两方面的双重功效。目前，发达的市场经济国家几乎毫无例外地实行了这一制度。①

（3）公民信用保障号码制度。公民信用保障号码制度是当今很多西方发达国家推行的一种制度，其主要特点是一人一号码，终身不变化。该号码用于记载公民的信用和奖惩等信息资料，并作为公民从事所有工作及活动的身份证明。通过设立公民信用保障号码制度，着力构建"失信者惩，守信者褒"的社会信用机制，对树立全社会的诚实守信意识，降低犯罪，惩治和预防腐败等有着极为重要的作用。

（4）改革完善纪检监察体制。党的十八届三中全会的《决定》明确提出了纪检工作双重领导制度。全会提出："查办腐败案件以上级纪委领导为主，线索处置和案件查办在向同级党委报告的同时必须向上级纪委报告"。这项改革措施，一方面使纪委的监督更加有力和有效，有利于解决"上级监督太远、同级监督太软、下级监督太难"的顽疾。另一方面对同级党委以及领导干部形成制约，大大减少瞒案不查、压案不报等问题，有利于腐败的查处。

4. 加大惩治力度，形成不敢腐的惩戒机制。惩戒制度是指在当腐败行为发生以后，必须有严格的惩罚制度，这样才能对腐败行为产生震慑力。惩戒制度是一切潜在腐败官员打消腐败念头的最好震慑工具，也是显示党中央反腐力度的最直接反映。要形成不敢腐的惩戒制度从以下几方面努力：

（1）强化惩治机制、加大执法力度，形成"不敢腐"的政治机制和社会氛

---

① 邹燕秋：《当前反腐败制度建设的缺陷及其完善对策》，载《理论与改革》，2014年第4期，第41－44页。

围。对腐败的容忍、宽大就是对党和人民的残忍。只有对腐败的严厉惩治,腐败分子才会在腐败面前却步。运用严刑峻法对腐败分子实行严厉的制裁,不仅使腐败分子政治上彻底垮台,身败名裂;也要使其经济上得不偿失,损失惨重;名誉上臭名昭著,遗臭万年。这样才能使那些利欲熏心胆大妄为之徒断然止步。不使腐败分子"痛苦一阵子,幸福一辈子",而要让腐败分子"提心吊胆一阵子,痛苦折磨一辈子"。

(2) 要加大权力运行的透明度和对腐败行为的惩治力度。使行政权力的运作处于众目睽睽之下,避免"暗箱操作",一旦出现腐败现象,就有畅通、迅速的检举、控告、弹劾、罢免等制度来揭发和制止。①

(3) 对腐败保持高压态势。十八大以来,先后有20多位省部级高官翻身落马。这种对腐败现象的高压态势前所未有。从高层的表态来看,这种惩治腐败的力度将成为常态。习近平总书记多次指出,反腐败高压态势必须继续保持,坚持以零容忍态度惩治腐败,"使纪律真正成为带电的高压线"。

(4) 加强对权力的监督。要认真执行和不断完善各项监督制度,积极探索加强监督的有效途径和方式方法,加大监督制度创新力度,逐步完善监督体制,明确监督责任,建立健全监督权、决策权、执行权既相互协调又相互制约的权力结构和运行机制。要凝聚监督合力,把党内监督与法律监督、行政监督、民主党派监督、舆论监督、群众监督有机结合起来,形成监督的整体合力。要不断延伸监存空间和领域,加强八小时以外的监督,把对领导干部的监督从工作圈延伸到生活圈、社交圈,做到领导干部的权力行使到哪里,领导活动延伸到哪里,党组织的监督就实行到哪里,实现领导干部监督无特区、无禁区、无空区②。

(5) 加强党内审查和处置力度,严防腐败分子混入干部队伍。加大廉政信息收集和审查把关力度,防范领导干部"带病提拔",完善各级反腐败协调小组职能,凝聚反腐合力。充分利用互联网等平台,拓宽案源线索渠道,健全网络举报和受理机制、网络信息收集和处置机制,完善网上举报平台,实现各级信访举报联网。坚持依法办案与科学办案相促进,提升依纪依法查办案件水平。

(6) 加大查处力度,提高腐败案件查处率。虽然现行的法律制度对腐败的

---

① 邹燕秋:《当前反腐败制度建设的缺陷及其完善对策》,载《理论与改革》,2014年第4期,第41-44页。
② 邹燕秋:《当前反腐败制度建设的缺陷及其完善对策》,载《理论与改革》,2014年第4期,第41-44页。

处罚很明确，达到一定金额即可处无期徒刑乃至死刑，但腐败行为并未却步。虽然最近很多贪官落马，网络反腐声势浩大，但曝光的仍只是小部分，腐败查处比例不高是贪官污吏存有侥幸心理的根本原因。必须努力提高案件查处率，充分发挥严查腐败案件的巨大震慑功能。要健全完善腐败问题发现和揭露、腐败案件及时查处、办案成果运用等机制，提高腐败案件查处率，坚决遏制腐败蔓延势头。要克服"不敢查、不想查、压案不查、查而无果"的种种困难，树立腐败无"特区"、反腐无"禁区"的理念，坚持"有腐必反、有贪必肃"、"老虎、苍蝇一起打"，断绝腐败官员的"漏网"心态。令官员谈"腐"色变①。

---

① 邹燕秋：《当前反腐败制度建设的缺陷及其完善对策》，载《理论与改革》，2014年第4期，第41-44页。

第十章

全面深化改革与依法治国

中国共产党十八届三中全会关于全面深化改革的决定与中共十八届四中全会关于全面推进依法治国的决定,是姊妹篇,体现了破与立的辩证统一。全面深化改革需要法治保障,全面推进依法治国也需要深化改革。十八届四中全会决定提出,必须更好发挥法治的引领和规范作用;实现立法和改革决策相衔接,做到重大改革于法有据、立法主动适应改革和经济社会发展需要。2014年2月28日,习近平在中共中央全面深化改革领导小组第二次会议上的讲话中明确提出:"凡属重大改革都要于法有据。在整个改革过程中,都要高度重视运用法治思维和法治方式,发挥法治的引领和推动作用,加强对相关立法工作的协调,确保在法治轨道上推进改革。"①

全面深化改革与全面推进法治是当下中国两个最鲜明的时代主题。如何认识和协调二者的关系,直接关涉改革能否有序推进、改革目标能否顺利实现,以及法治的尊严能否得以维护、法治的作用能否得到充分发挥的问题,需要各有关方面在立法和改革的实践中探索路径、总结经验、稳步前行。

一、改革与法治双轮驱动、两翼齐飞

改革与法治,两者既不悖行,更不可偏废。只有用法治为改革保驾护航,确保在法治轨道上推进改革,才能实现完善和发展中国特色社会主义制度、推进国家治理体系和治理能力现代化的全面深化改革总目标。

(一)改革与法治如车之双轮、鸟之两翼。十八届四中全会是在我国进入全面建成小康社会决定性阶段和全面深化改革攻坚期召开的一次专门研究部署全面推进依法治国的重要会议,是我们党历史上第一次研究法治问题的中央全会,具有重大的现实意义和深远的历史意义。此次会议通过的《关于全面推进依法

---

① 《习近平主持召开中央全面深化改革领导小组第二次会议》,载中央人民政府门户网,2014年2月28日。

治国若干重大问题的决定》与十八届三中全会通过的《关于全面深化改革若干重大问题的决定》是姊妹篇,是新时期治国理政的纲领性文件。改革与法治构成社会前进的车之两轮,事业腾飞的鸟之双翼。只有改革与法治双轮驱动、两翼齐飞,才能促进经济、政治、文化、社会、生态等各方面的协调发展,才能为全面建成小康社会、实现中华民族伟大复兴的中国梦、保证党和国家的长治久安提供动力、支撑和保障①。

　　习近平强调,要把党的十八届四中全会提出的180多项对依法治国具有重要意义的改革举措,纳入改革任务总台账,一体部署、一体落实、一体督办。这就深刻揭示了全面深化改革与全面推进依法治国的内在逻辑关系。全面深化改革与全面推进法治不仅具有目标方向上的高度一致性,相辅相成、并行不悖,而且具有功能与作用上的高度契合性,互补互动、协同照应。全面深化改革需要法治保障,全面推进法治也需要全面深化改革。习近平在2015年的新年贺词中指出:"我们要继续全面深化改革,开弓没有回头箭,改革关头勇者胜。我们要全面推进依法治国,用法治保障人民权益、维护社会公平正义、促进国家发展。我们要让全面深化改革、全面推进依法治国如鸟之两翼、车之双轮,推动全面建成小康社会的目标如期实现。"②

　　(二)改革与法治相辅相成、互动共进。十八届三中全会《决定》将全面深化改革的总目标规定为:"完善和发展中国特色的社会主义制度,推进国家治理体系和治理能力现代化。"③ 这是对现代化认识的再次刷新,反映了我们党在认识上的再次深化——制度是现代化建设的关键性因素。习近平指出:"国家治理体系和治理能力是一个国家制度和制度执行能力的集中体现。"④ 这表明了国家治理体系和治理能力现代化与法治存在紧密的关系。国家治理现代化的关键是法治化,核心内容是法治体系的健全和法治能力的提升。有效的国家治理,必然是法治化的治理,法治化是国家治理现代化的重要标志。全面深化改革与全面推进法治,是实现国家治理现代化密不可分的组成部分,不全面深化改革与全面推进法治,就不会有国家治理的现代化。而全面推进法治,本身就是国家治理领域一场广泛而深刻的变革,是全面深化改革的重要任务。全面深化改

---

① 石佑启:《深化改革与推进法治良性互动关系论》,载《学术研究》,2015年第1期,第47-53页。
② 《国家主席习近平发表二〇一五年新年贺词》,载新华网,2014年12月31日。
③ 陈春生:《运用法治思维和法治方式推进改革》,载《河北日报》,2014年12月31日。
④ 习近平:《关于〈中共中央关于全面深化改革若干重大问题的决定〉的说明》,载《人民日报》,2013年11月16日。

革作为一个持续不断和有序推进的过程，要让改革的各项举措落地见效，必须充分发挥法治的引领、推动、规范和保障作用，善于用法治眼光审视改革问题，用法治思维谋划改革路径，用法治手段破解改革难题，用法治方式优化改革环境。如果一个国家与社会的法治观念淡漠、法治思维缺失，就会滋生特权思想，膨胀权力意识，导致违法施政、执法不公等问题，改革就会偏离科学轨道；如果法治方式欠缺、法治手段弱化，就会导致有法不依、执法不严、违法不究等现象蔓延，使改革失去动力和保障①。

只有坚守法治底线，用法律厘清权力边界、规范权力运行，强化对权力行使的监督和制约，才能形成科学有效的权力制约和协调机制，实现科学立法、严格执法、公正司法、全民守法的法治新局面；只有用法治方式化解利益冲突、解决矛盾纠纷、规范利益结构，才能形成公平合理、人民群众普遍受惠的利益格局，保证改革的巨轮在法治轨道上稳健前行②。改革是一场攻坚战和持久战，必然是一个渐进的过程；而法治建设也是一个渐进过程，法治在引领和规范改革的同时，也随着改革的深入发展而不断健全和完善。全面深化改革必然涉及经济、政治、文化、社会、生态等各个领域各项制度的完善、创新与发展，由此必然涉及要修改许多现行法律或者制定一系列新的法律，其实是一场深刻的法制变革。它要求将法治建设覆盖于全面深化改革的全过程，更加注重发挥法治在国家治理和社会管理中的重要作用，实现国家各项工作的法治化。改革与法治的政策制定者、实施者、研究者，必须统筹兼顾、综合权衡改革与法治两个要素，绝不能顾此失彼。这是全面深化改革与全面推进法治的发展规律所决定的③。自十一届三中全会以来，我国改革在不断深化，取得了辉煌的成就，法治建设也在不断提速，法治在不断发展和完善，为改革提供了有力的支撑与保障。

二、全面深化改革需要法治保障

改革的过程，就是法治理念根植、法治方式确立的过程，我们既要通过改革来完善法治，也要以法治来保证改革的正确方向，这是牢不可破的改革共识，

---

① 习近平：《关于〈中共中央关于全面深化改革若干重大问题的决定〉的说明》，载《人民日报》，2013年11月16日。
② 石佑启：《深化改革与推进法治良性互动关系论》，载《学术研究》，2015年第1期，第47–53页。
③ 石佑启：《深化改革与推进法治良性互动关系论》，载《学术研究》，2015年第1期，第47–53页。

是理应坚持不渝的改革方法论。法治是治国理政的基本方式，也是全面深化改革基本遵循。有了法治的护航，改革才能不走样、不变道、有章法，才能真正做到蹄疾而步稳、勇毅而笃行。

（一）全面深化改革必须走法治之路。全面深化改革是一项综合的系统工程，涉及若干利益上和体制上的深层次问题和矛盾，必须纳入法治的轨道，遵循法治的原则与规则，符合法定的程序，寻求法律解决的方法，获得法治的保障。一言以蔽之，全面深化改革必须走法治之路，"以法治来凝聚改革共识，以法治引领和规范改革行为，以法治降低改革的成本和风险，以法治巩固改革成果。"① 这是全面推进依法治国、建设法治中国的题中应有之义，也是全面深化改革的必然要求，有助于将改革的阻力和风险降到最低，使改革决策得到有效实施。全面深化改革是在中国特色社会主义法律体系已经形成的基础上进行的，要运用法治思维和法治方式推进全面深化改革。② 离开了法治，再美好的改革计划都会被扭曲，再有力的改革举措都会偏离轨道，再宏伟的改革蓝图都会成为空谈。

（二）确保在法治轨道上推进全面深化改革。改革开放以来，改革与法治的关系长期未予理顺。党的十八届三中、四中全会关于改革与法治关系的新要求，是全面深化改革和做好法治保障的工作指针。时代的新要求就是：运用法治思维和法治方式引领推动改革，重点是坚持重大改革于法有据，在法治框架内推进各项改革。改革事项有了政治决策之后，应尽可能先立法、后推行，需要修改法律的应当先修改法律，"先立后破"，有序进行；有的重要改革措施，需要得到法律授权的，要按法定程序获得授权③。我们还要认识到，经过30多年的实践，改革的路径正在发生深刻的变化。改革开放初期，很多问题上无法可依，不少领域的改革靠政策文件推行，有其历史必要性和合理性。但是，今天全面深化改革是在社会主义市场经济体制已经建立、中国特色社会主义法律体系初步形成的基础上进行的改革，是在顶层设计已经确定、改革总目标清晰明了的前提下进行的革命，尤其需要以法治思维和法治方式破难题、涉险滩，始终坚持重大改革于法有据、先行先试的依法授权，切不可瞎折腾、扰全局。改革必须走出"突破现有法律"、"绕道而行"等认识误区，坚持立法先行，有序推

---

① 石佑启：《我国行政体制改革法治化研究》，载《法学评论》，2014年第6期。
② 许耀桐：《改革与法治关系的四个片面认识——确保在法治轨道上推进改革》，载《北京日报》，2014年9月29日。
③ 刘长春：《发挥法治对改革的引领推动和保障作用》，载《理论视野》，2015年第1期，第37-39页。

进,切实维护宪法和法律的权威。今天的改革广度和深度大为拓展,难度和复杂程度前所未有,整体上都已进入攻坚期和深水区,依法治国在党和国家工作全局中的地位更加突出、作用更加重大。歌德曾说:"有两种和平的暴力,那就是法律和礼节。"如果说改革是奔流不息的滔滔江河,那么法治就是约束河水流向的堤岸。这种约束是保护,而不是阻碍。因为法治为改革的有序展开提供了基础性的规则和程序性的规范,避免改革可能出现的进退失据;法治为改革提供了合法性保证,争取到最大公约数;法治固化改革成果,让成熟的改革经验经由法律程序上升为法律法规,真正成为可复制可推广的制度。也正基于此,中央明确提出,到2020年,在重要领域和关键环节上取得决定性成果,形成系统完备、科学规范、运行有效的制度体系,使得各方面制度更加成熟更加定型。全面深化改革之所以要啃硬骨头涉险滩,一个重要原因在于法治不规范造成的随意性,乃至为种种不正之风和权力寻租提供了滋长的土壤。这在经济运行方面表现得尤为突出。比如,我们经常说要遵循"法无授权不可为,法无禁止即可为"这一基本的法治规则①。

但是,严峻的现实表明,政府这只"无形的手"往往会乱摸乱动,管了不该管的地方,导致企业叫苦不迭,市场活力被抑制。根本原因在于,政府职能的"授权"并不清晰,政府的权力尚未关进制度的笼子。不少地方政府与职能部门,在法律明令禁止的情况下,通过变通绕道的办法,以"红头文件"、"内部规定"等途径确立"授权"的合法性。结果,一纸规定变异为"刚性法律","红头文件"居然比法律法规更管用。这种司空见惯的"怪象"后面,就在于依法治国没有落到实处,不仅违背社会主义法治原则,损害人民群众利益和生产力发展,也阻碍了全面深化改革的推进。对此,要善于运用法治思维和法治方式推进改革,依据法定的程序,改善法律规则,优化法治环境,治理各种有违依法治国的"怪象",使社会既有活力又有秩序②。

(三)改革愈是进入深水区,愈是要靠法治引领和推动。我国已进入全面深化改革来增强发展内生动力的阶段,改革必然会涉及深刻而强烈的利益调整,改革之力度、深度、广度和速度前所未有,改革面临的问题之多、难度之大、矛盾之复杂前所未有,要闯险过关、破浪前行,不仅需要政治勇气,也需要法

---

① 慎海雄:《运用法治思维和法治方式推进改革》,载《唯实》,2014年第12期,第6-7页。
② 慎海雄:《运用法治思维和法治方式推进改革》,载《唯实》,2014年第12期,第6-7页。

治智慧,要更好地发挥法治的引领和规范作用。十八届四中全会《决定》指出:我国正处于社会主义初级阶段,全面建成小康社会进入决定性阶段,改革进入攻坚期和深水区,国际形势复杂多变,我们党面对的改革发展稳定任务之重前所未有、矛盾风险挑战之多前所未有,依法治国在党和国家工作全局中的地位更加突出、作用更加重大①。

  面对新形势新任务,我们党要更好统筹国内国际两个大局,更好维护和运用我国发展的重要战略机遇期,更好统筹社会力量、平衡社会利益、调节社会关系、规范社会行为,使我国社会在深刻变革中既生机勃勃又井然有序,实现经济发展、政治清明、文化昌盛、社会公正、生态良好,实现我国和平发展的战略目标,必须更好发挥法治的引领和规范作用。法治具有分配正义的功能,改革要突破利益固化的藩篱,形成合理的利益格局,需要遵循法治的原则对各种利益关系进行再调整,做出公正、公平、合理的安排。法治要求程序正义,将改革目标的设置纳入法治的程序,为什么要改革、改革什么、怎样改革,都通过法定程序广泛听取意见,在充分讨论、沟通协商的基础上,作为社会认同的最大公约数以法律的形式确定下来,使改革方案获得合法性、权威性基础,并成为全社会共同的改革方向和准则②。改革已驶入深海,再靠"摸着石头过河"已不可行,必须做好顶层设计,靠法治引领和护航。如果不以法治思维化解矛盾淤积,以法治方式协调不同主体的利益,减少利益调配带来的社会震荡,缓解结构调整造成的转型阵痛,势必引发新的矛盾和冲突。只有依靠法治推进改革,才能突破旧体制、旧利益格局的束缚,最大限度地凝聚改革共识,更好地解决改革过程中出现的矛盾和问题;只有依靠法治推进改革,才能有效规制政府行为,维护市场公平竞争的秩序,充分发挥市场在资源配置中的决定性作用,更好地发挥政府的作用;只有依靠法治推进改革,才能增强改革的可预期性,最大限度地激发改革者的积极性、主动性和创造性。改革越是向纵深方向推进,越是要重视发挥法治的引领和规范作用;越是重大改革,越是要坚持法治先行、做到于法有据③。这是全面深化改革的必然要求,是有效推进改革的重要手段,是确保改革事业获得成功的关键。

  (四)在全面深化改革的进程中,协调复杂的社会利益关系,需要法治这一

---

① 石佑启:《深化改革与推进法治良性互动关系论》,载《学术研究》,2015年第1期,第47-53页。
② 王乐泉:《论改革与法治的关系》,载《中国法学》,2014年第6期,第20-24页。
③ 石佑启:《深化改革与推进法治良性互动关系论》,载《学术研究》,2015年第1期,第47-53页。

共同的基本规则。各国的现代化历程表明，社会利益多元化必然导致需求多元化，需求多元化必然导致矛盾多发。"好吃的肉都吃掉了，剩下的都是难啃的硬骨头。"这句比喻是形容中国改革进行到第36个年头时的攻坚之难。不少地方多年"摊大饼"式发展与"GDP至上"的后遗症，越来越明显地暴露出来。在这种情况下，倘若没有法治为核心的基本规则，各利益群体之间就不可能进行相对平和的协商对话，就可能激化社会矛盾，影响现代化进程。实践证明，越是重大改革，越要法治先行。全面深化改革攻坚到哪里，法治建设就应跟进到哪里。法治既是改革的目标，也是改革的手段。只有坚持法治理念，健全维护公正的法治环境，才可能为各种利益相互间的公平博弈搭建制度化的平台①。

（五）在全面深化改革的进程中，因社会分化产生的困难群体，需要得到规则保护。改革开放之初，邓小平同志为了激发社会活力，调动广大人民群众的积极性，一改过去"吃大锅饭"的历史，提出可以让一部分人先富裕起来。时至今日，中国改革开放的大蛋糕已经做得越来越大，但利益分配不均的弊端，城乡差别、地区差别、社会群体差别、职业差别等所引发的矛盾和冲突，越来越成为影响社会稳定和人民幸福感的重要因素。当前，在发展过程中形成的困难群体，既需要通过自身努力奋斗去实现梦想，分享改革发展的成果，也需要社会的公平对待，使他们有途径表达自己的合理诉求。法治，既是对这些群体要求的积极回应，也是实现他们合理诉求的重要渠道。

（六）在全面深化改革的进程中，国家制度的改革与完善，要由法治护航。"没有规矩不成方圆"，"天下从事者，不可以无法仪；无法仪而其事能成者，无有也。"如果说，改革之初，受时代条件限制，推进改革的制度政策相对比较粗放，有时是"边抓牌边定规则"，甚至"抓完牌再定规则"，那么今天，在法律体系形成、法治理念高扬的新时代背景下推进改革，运用法治思维和法治方式制定和完善各项制度是改革的基本前提，需要"定好规则再抓牌"。② 实践条件还不成熟，需要先行先试的，要按照法定程序作出授权。面对快速变化的社会经济环境和日益复杂的社会关系，国家的各项制度必须更坚定地维护社会公正、恪守法治原则，如此才能更好地发挥作用，推动国家治理体系和治理能力现代化。

---

① 蔡小玲：《为改革和中国梦插上法治翅膀》，载《今日海南》，2014年第11期，第14页。

② 蔡小玲：《为改革和中国梦插上法治翅膀》，载《今日海南》，2014年第11期，第14页。

（七）在全面深化改革的进程中，摆正市场与政府的位置，需要法治推力。市场经济本质上是法治经济。加快发展社会主义市场经济，使市场在资源配置中起决定性作用，需要更好地发挥政府应有的作用，同时，必须规范政府行为，减少政府对经济活动的不当干预。但是，由于历史原因，政府在市场经济中越位、缺位、错位现象长期存在，并且政府权力寻租行为也时有发生。当前的改革已经进入攻坚期和深水区，如何使改革顺利跨过这一艰难时期，只有依靠法治。法治可以最大限度凝聚改革共识，破除旧体制、旧习惯、旧利益格局的束缚①。将建设法治政府和市场经济作为全面深化改革主攻方向，有利于将已经明确的改革任务上升为法律意志，形成全面深化改革的硬约束，助力全面深化改革和实现中国梦。

（八）全面深化改革进程中的成果要及时用法治加以巩固。回望1978年以来的改革和发展历程，改革的推进、社会的进步与法治的建设齐头并进、相互促进，改革和发展的成果巩固得好不好，关键在于能不能把成熟的改革成果和成功经验及时总结提升，并以法律的形式固定下来。这不是历史的巧合，而是发展的必然要求。通过改革，发现并解决法律规定中不合理的问题，及时修改法律，进一步健全法律体系，减少工作的随意性，增强规范性，保证公开性，形成全国一盘棋，为改革和中国梦插上法治翅膀，让改革发展列车始终在法治"钢轨"上快速前行。

（九）破难题、涉险滩，打破利益固化的藩篱要靠法治。处理好各方面的利益关系，是改革减少风险和阻力、确保顺利推进的重要前提。如何突破利益固化的藩篱，形成公平合理、人民群众普遍受惠的利益格局，在很大程度上决定着全面深化改革的成败。要解决好这个问题，涉及收入分配改革的实质性破题、打破垄断建立公平的市场秩序、简政放权挤压权力寻租空间等多项改革。这些改革都要谋定后动、循序渐进，无不需要法治护航②。

三、改革与法治良性互动的主要路径

全面深化改革需要法治保障，全面推进依法治国也需要深化改革。十八届四中全会《决定》指出：实现立法和改革决策相衔接，做到重大改革于法有据、

---

① 蔡小玲：《为改革和中国梦插上法治翅膀》，载《今日海南》，2014年第11期，第14页。

② 慎海雄：《运用法治思维和法治方式推进改革》，载《唯实》，2014年第12期，第6－7页。

立法主动适应改革和经济社会发展需要。实践证明行之有效的，要及时上升为法律。实践条件还不成熟、需要先行先试的，要按照法定程序作出授权。对不适应改革要求的法律法规，要及时修改和废止。这蕴含着党中央对推进法治与深化改革之间关系的深刻思想，对于协调处理改革与法治的关系具有重大指导意义。在全面深化改革的过程中，我们必须坚持依法办事，运用法治思维和法治方式推进各项改革。坚持以法治引领改革，以改革促进法治发展，实现改革与法治的良性互动。据此，建构改革与法治良性互动关系的可从下列方面着手。

（一）立法要主动适应改革和经济社会发展需要，改革提供依据。立法先行，是因为全面深化改革要破除陈规陋习、打碎桎梏和藩篱，必然要求"历法以时而定，制令各顺其宜"。审时度势、行藏自如，不拘泥于常法而有所变通，是推进改革的前提。"守株待兔"解决不了新问题，化解不了新矛盾。任何法律法规都要根据当时的具体情况制定。一些法律规章出台之时，虽然也曾行之有效，但随着经济社会的发展已明显滞后。面对变化了的社会现实，如果作茧自缚地照搬过去的条条框框，一味按照老黄历行事，不思变革和创新，就很可能无所适从，甚至阻碍生产力的发展。正如《韩非子》所言："世异则事异，事异则备变。"对实践证明已经不适应改革要求的法律法规，依法通过相关程序及时予以修改和废止，才能为全面深化改革提供法治保障。法治必须与改革紧密相伴、齐头并进、积极有为，以彰显其生命力。立法不应是消极地适应改革、确认改革成果，而应是积极主动地适应改革发展稳定的需要；立法不仅仅是对实践经验的总结，更要通过立法转化顶层设计、引领改革进程、推动科学发展；立法不仅仅是对实践的被动回应，更要对社会现实和改革进程进行主动谋划、前瞻规划和全面推进①。如果立法总是滞后于实践或立法不作为，则法治的功用就会减损，法治的权威就会降低。故主动适应改革和经济社会发展需要，制定好立法规划和立法计划，积极推进科学立法、民主立法，完善立法程序，提高立法质量，让立法更好引领改革，为改革奠定坚实基础，为改革铺就成功之路。这是维系改革与法治良性互动关系、确保改革既生机勃勃又井然有序的客观需求。立法应主动适应改革和经济社会发展需要。当前，我国正处于全面建成小康社会的决定性阶段，全面深化改革进入深水期、攻坚期，改革发展稳定任务之重前所未有。一方面，改革触及大量现行法律法规的既有规定，只有对其进一步完善，才能使社会、经济、文化等各方面的改革进一步推进。结合党的十八届三中全会深化改革决定对法律完善的要求来看，目前我国现行有效的

---

① 王乐泉：《论改革与法治的关系》，载《中国法学》，2014年第6期，第20-24页。

240多部法律中，一半以上需要修改完善。另一方面，改革也迫切需要更好发挥法治的引领和规范作用，使改革蹄疾而步稳。当前，改革发展对立法的要求，已经不仅仅是总结实践经验、巩固改革成果，而是需要通过立法做好顶层设计、引领改革进程、推动科学发展。因此，立法不能仅仅是对实践的被动回应、事后总结，而是要对社会现实和改革进程进行主动谋划、前瞻规范和全面推进①。一是立法要主动适应改革和经济社会发展的需要，把深化改革、促进发展同完善立法有机地结合起来，把握好法治进程与改革进程的同步性和互动性，提高立法的及时性。法律法规需要立改废的，应及时启动立法程序；立改废的条件暂不成熟而实践又迫切需要的，可以考虑通过特别授权的方式允许先行先试。二是立法要为改革决策预留空间。有些属于"探索"的领域，改革的方向确定了，但具体怎么改，制度怎么设计，还没有成熟的意见，这时立法应当有一定的前瞻性，为将来的改革发展预留空间。按照"探索"的精神，先把看得准的定下来，对争议较大的问题，规定得原则一些，为下一步改革留有余地②。

（二）实现立法和改革决策相衔接。这就是把改革决策通过立法程序转化为法律规定、进入国家法治体系，通过法治体现改革思想、落实改革要求、达成改革意图、推动改革发展，实现深化改革与推进法治良性互动，使之相得益彰③。改革成果要经过法定程序予以确认，法律修改要紧跟改革的步伐，在推进改革的同时伴随着大量的立法活动，以充分发挥立法对改革的引领和保障作用。在研究制定改革方案时，要同步考虑改革涉及的立法问题，及时提出立法建议，把改革主张转换成法治主张，促进立法与改革有效对接。法治建设要妥善处理法律的稳定性和改革的变动性之间的关系，既反映和确认改革的成功经验，又为进一步深化改革、促进发展预留空间。将立法与改革决策有机结合起来，将深化改革与完善立法有机结合起来，这既是深化改革的成功之道，也是推进和完善法治的必由之路④。

（三）凡属重大改革要于法有据，依法进行。法治是治国理政的基本方式，是全面深化改革的基本遵循。法律是治国之重器，良法是善治之前提。"凡属重

---

① 刘长春：《发挥法治对改革的引领推动和保障作用》，载《理论视野》，2015年第1期，第37-39页。
② 刘长春：《发挥法治对改革的引领推动和保障作用》，载《理论视野》，2015年第1期，第37-39页。
③ 肖凤城：《"良法是善治之前提"——纵论推进法治与推进改革之间的关系》，载《解放军报》，2014年10月27日。
④ 石佑启：《深化改革与推进法治良性互动关系论》，载《学术研究》，2015年第1期，第47-53页。

大改革都要于法有据。确保在法治轨道上推进改革。"这是新的历史条件下全面深化改革的一个显著特点。要运用法治思维和法治方式深化改革,发挥法治的引领和推动作用,各项改革都应以合法性为前提和基础,无论是谋划改革思路、设计改革方案,还是制定和实施改革措施,都必须在法治框架内进行,严格遵循法治原则、法律规则,按法定程序进行,真正做到法治引领改革、依法推进改革。有学者指出:"实践证明,凡是以立法形式推进改革、改革事项于法有据的,都能比较顺利地推行改革措施,比较圆满地实现改革意图,最终取得较好的社会效果,并为进一步改革打下良好基础。"①

本着"于法有据",强化改革的法规支撑。一方面,对确需突破已有法律的改革,坚持先修法后改革。随着中国特色社会主义法律体系的形成,当前我们国家和社会生活各方面总体上已有法可依。但也要看到,实践是法律的基础,法律要随着改革实践的发展而发展。比如,征地制度改革,就要对物权法、土地管理法、城乡规划法等多部法律进行修订②。放开"单独二孩"、废止劳教制度,都是先通过修改或废止法律进行顶层设计,于法有据后才正式推行,避免了"违法改革"的发生。另一方面,对存在法律空白的改革,坚持加强立法引领。下级党组织从实际出发制定的一些"红头文件",所规定的政策措施在实践中非常行之有效,但上位党规国法却没有涉及、没有涵盖、没有对应,审查中找不到政策依据。对这样存在法律空白的改革,要进一步强化顶层设计,确保重大改革于法有据,不走样、不偏道,蹄疾而步稳、勇毅而笃行。

(四)将实践证明行之有效的经验做法及时上升为法律,依法确认和巩固改革成果。实践是法律的基础,法律要随着实践发展而发展。马克思指出:"法律应该以社会为基础",③"无论是政治的立法或市民的立法,都只是表明和记载经济关系的要求而已。"④ 改革的实践之树是常青的,改革的长效性往往取决于是否很好地在法律框架下进行,法律的权威性往往也取决于是否符合改革发展实践,改革实践为完善法治体系提供了源头活水。在改革过程中,实践经验比较成熟、已经被证明为正确的改革成果,以立法形式固定下来,这既是对改革的承认,让成熟的改革经验真正成为可复制推广的制度;也是对立法的发展,

---

① 肖凤城:《"良法是善治之前提"——纵论推进法治与推进改革之间的关系》,载《解放军报》,2014年10月27日。
② 中共湖南省委办公厅法规处调研组:《法治是推进全面深化改革的重要保障——关于在法治轨道上推进改革的思考与建议》,载《新湘评论》,2014年第21期,第31-32页。
③ 《马克思恩格斯全集》第6卷,人民出版社1961年版,第292页。
④ 《马克思恩格斯全集》第4卷,人民出版社1958年版,第121-122页。

推动形成系统完备、科学规范、运行有效的制度体系，使各方面制度更加成熟和定型。

多年来，我国改革开放取得了丰硕成果，及时用法制来确认、巩固，使我国的改革事业具有了强有力的治理基础。如为适应深化改革扩大开放的需要，四次宪法的修改，对我国所处的历史方位、根本任务、基本原则和总目标进行了修改，对非公有制经济地位、作用及国家相关政策随着实践的发展进行了多次修改，巩固了我国改革来之不易的成果。以宪法为核心的涉及经济、政治、文化、社会及环境保护等方面的法律法规，是我国全方位改革开放的制度化成果①。本着"可复制可推广"，把改革经验及时"入法"。在深入调查研究的基础上，及时发现改革中涌现的好举措好做法，及时加以总结提炼，上升为可推广、可复制的制度，在更高层次、更大范围推开，更好地指导各地各单位的改革实践，放大制度的倍增效应。本着"法治程序"，清理废止旧制度。一是主动开展集中清理。二是以深化改革倒逼清理。当改革中遇到现有法律制度的瓶颈制约，及时对已有党规国法进行反思、清理，依法提出因应之策、破解之道，该废止的废止，需修改的修改，通过制度清理，破除现有体制机制对深化改革的障碍。三是以备案审查促进清理。在备案审查中，发现一些上位党规国法滞后于实践的发展和形势任务的需要，导致下级党委、政府陷于"盲目遵守就会违背实事求是的要求、置之不理又会违背下级服从上级的民主集中制原则"的两难境地时，要及时审视这些党规国法存在的不适应、不协调、不衔接、不一致等问题，按程序予以废止、修改，不断完善保障依法执政的体制机制②。

（五）实践条件还不成熟、需要先行先试的，要按照法定程序作出授权，依授权驱动改革。对确实需要突破现有法律规定的改革试点，可以采取立法授权的方式，经有关机关按照法律程序授权批准，为改革试点工作创造空间，为局部地区或者领域先行推进改革提供合法依据，避免出现违法改革对法治秩序的冲击和对法治的"破窗效应"。2013年8月31日第十二届全国人大常委会第四次会议通过《关于授权国务院在中国（上海）自由贸易试验区内暂时调整实施有关法律规定的行政审批的决定》，这是国家权力机关以授权方式推动新形势下深化改革的一项重大举措。有学者认为，这次通过全国人大常委会的立法授权，

---

① 田改伟：《推进改革全面深化需法治护航》，载中国改革论坛网，2014年10月23日。
② 中共湖南省委办公厅法规处调研组：《法治是推进全面深化改革的重要保障——关于在法治轨道上推进改革的思考与建议》，载《新湘评论》，2014年第21期，第31—32页。

进行上海自由贸易区的改革，是以法治思维和法治方式促进改革的一次生动演绎①。

本着"法无禁止即可为"，强化改革的创造力。一是对禁止性规定，按照"法无授权即禁止"，管好用好政府这只"有形之手"，建立负面清单管理模式，把权力关进制度的笼子。二是对倡导性规定，按照"法无禁止即可为"，放活市场这只"无形之手"，鼓励在现有法律政策预留的制度空间内，大胆探索、勇于创新，不断把改革引向深入。三是鼓励先行先试。通过法律授权等形式，为全面深化改革创造更大的空间。

（六）对不适应改革要求的法律法规及时予以修改和废止，做到立改废释并举。在全面深化改革过程中，要调整完善立法规划，及时反映和满足改革对法制建设的需求，这是法制建设的前提；改革要遵循法治的基本要求，当改革遇到制度障碍，可以通过解释法律来解决问题的应及时解释法律，先释后改，妥善处理法律稳定性与改革变动性的关系；如果实践证明现行法律法规的有些规定已确实不能适应形势的变化、成为改革的障碍，就要及时通过法定程序予以修改或者废止。改革是法律修改的动因，是激活并延续法律生命的"手术刀"，改革不断深化，意味着法律修改的幅度也应当与之相平衡、相应增加②。

在中央全面深化改革领导小组第五次会议上，习近平总书记指出，改革所涉及的法律法规立改废及试点工作所需法律授权问题，要与立法部门主动衔接，相向而行、同步推进。19世纪英国法制史学家梅因曾经讲过："社会的需要和社会的意见常常是或多或少走在'法律'的前面的。我们可能非常接近地达到它们之间缺口的接合处，但永远存在的趋向是要把这缺口重新打开来。因为法律是稳定的，而我们所谈到的社会是进步的，人民幸福的或大或小，完全决定于缺口缩小的快慢程度。"③ 美国法学家博登海默认为，"当业已确立的法律同一些易变且重要的社会发展力量相冲突时，法律就必须对这种稳定性政策付出代价。"④ 我们应处理好法律的稳定性、安全性与灵活性、适应性的关系，稳定性是法律的基本属性，法律不能朝令夕改，否则会使人无所适从；但法律的稳

---

① 付子堂，陈建华：《运用法治思维和法治方式推动全面深化改革》，载《红旗文稿》，2013年第23期，第17-20页。
② 石佑启：《深化改革与推进法治良性互动关系论》，载《学术研究》，2015年第1期，第47-53页。
③ [英] 亨利·梅因：《古代法》，沈景一译，商务印书馆1959年版，第15页。
④ [美] 埃德加·博登海默：《法理学——法哲学和方法》，邓正来译，中国政法大学出版社1999年版，第402页。

定性是相对的，随着改革的不断深入，社会关系和经济结构必定发生深刻的变化，法律终究也将随之变化，或废或立，或增或减，不断完善。十八届四中全会《决定》明确指出，要把公正、公平、公开原则贯穿立法全过程，完善立法体制机制，坚持立改废释并举，增强法律法规的及时性、系统性、针对性、有效性。这样既能维护法治的权威，使改革在法治下进行，又能满足改革的需要，为改革有效推进提供合法性基础和正当性根据。

（七）本着"有法必依"，强化改革的执行力。一是强化改革任务的分解落实。对各项改革任务，逐项明确路线图、任务书、时间表，明确责任单位、责任人，把任务落实到位。二是强化对改革进展的督促检查。对已经推出的改革举措，加强跟踪了解，强化督促检查，推动形成你追我赶的改革局面。三是强化对改革不力的问责。对落实改革任务不力，没有按期保质保量完成改革任务的，进行责任追究，以刚性约束力推动改革举措付诸有效实施，决不让顶层设计成为一纸空文[①]。

[①] 中共湖南省委办公厅法规处调研组：《法治是推进全面深化改革的重要保障——关于在法治轨道上推进改革的思考与建议》，载《新湘评论》，2014年第21期，第31－32页。

第十一章

全面深化改革与生态文明建设

自改革开放以来，中国在政治文明、经济发展、社会进步、文化创新等领域取得了跨越式的提升，而在人们享受社会整体进步的同时，我国的生态环境则付出了沉重的代价。恩格斯说过"我们不要过分陶醉于我们对自然界的胜利，对于每一次这样的胜利，自然界都报复了我们。"① 人与自然和谐相处的问题成为21世纪人类最为严峻的课题。在新的历史条件下，邓小平、江泽民、胡锦涛等人把马克思主义的生态思想与中国特色社会主义建设中出现的生态问题相结合，继承和发展马克思主义的生态思想的同时，进一步提出了一系列生态文明建设的理论观点和政策法规，并积极应用到实践中，对我国生态环境保护工作起到了重要的指导意义。在社会主义建设的今天，以习近平同志为核心的党中央，在继承老一辈生态文明建设思想的同时，根据当今生态文明建设过程中出现的新问题、新矛盾，与时俱进地采取了一系列新的理念和方法，促进我国生态文明建设取得新的、全面的进步。

一、习近平生态文明建设思想的基本内涵及特点

党的十八大以来，习近平从中国特色社会主义事业全面发展的战略高度，对生态文明建设提出了一系列新观点新论断新要求，深刻阐述了人与自然对立统一的关系，回答了什么是生态文明、怎样建设生态文明的一系列重大理论和实践问题，体现了我们党高度的历史自觉和生态自觉，深化了我党对社会主义建设规律、人类社会发展规律、人与自然发展规律的认识，提出了崭新的生态文明理念和加强生态文明建设的目标任务，为建设美丽中国、实现中华民族永续发展、走向社会主义生态文明新时代提供了科学指南。

（一）深刻认识生态文明建设的重大意义

习近平指出，建设生态文明，关系人民福祉，关乎民族未来。他强调，生

---

① 《马克思恩格斯全集》第20卷，人民出版社1971年版，第519页。

态环境保护是功在当代、利在千秋的事业。要清醒认识保护生态环境、治理环境污染的紧迫性和艰巨性，清醒认识加强生态文明建设的重要性和必要性，以对人民群众、对子孙后代高度负责的态度和责任，真正下决心把环境污染治理好、把生态环境建设好。这些重要论断，深刻阐释了推进生态文明建设的重大意义，表明了我们党加强生态文明建设的坚定意志和坚强决心。

1. 生态文明建设是经济持续健康发展的关键保障。习近平指出，良好生态环境是人和社会持续发展的根本基础。蓝天白云、青山绿水是长远发展的最大本钱。良好的生态环境本身就是生产力，就是发展后劲，也是一个地区的核心竞争力。目前，我国是世界上能源、钢铁、氧化铝等消耗量最大的国家。2012年，煤炭消费总量近25亿吨标准煤，超过世界上其他国家的总和；10大流域中劣Ⅴ类水质比例占10.2%。[①] 如果继续沿袭粗放发展模式，实现十八大确定的到2020年国内生产总值和城乡居民人均收入比2010年翻一番的目标，那么生态环境恶化的状况将难以想象，全面建成小康社会的奋斗目标也将化为泡影。在这个问题上，我们没有别的选择，必须大力推进生态文明建设，再造生态环境新优势，加快转变经济发展方式，努力提高经济增长的质量和效益。

2. 生态文明建设是民意所在民心所向。习近平2013年4月在海南考察时指出，良好生态环境是最公平的公共产品，是最普惠的民生福祉。头顶着蓝天白云，在清洁的河道里畅快游泳，田地里盛产安全的瓜果蔬菜……这些是人民群众对生态文明最朴素的理解和对环境保护最起码的诉求。2015年以来，我国一些地方的雾霾天气、地下水等污染问题集中暴露，群众反映强烈。人民群众的向往，就是我们的奋斗目标。必须把生态文明建设放到更加突出的位置，着力在治气、净水、增绿、护蓝上下功夫，为人民群众创造良好的生产生活环境[②]。

3. 生态文明建设是党提高执政能力的重要体现。习近平指出，全党面临的一个重要课题，就是如何正确认识和妥善处理我国发展起来后不断出现的新情况新问题。人民群众对环境问题高度关注。我们党一贯高度重视生态文明建设，把环境保护确立为基本国策，把可持续发展作为国家战略。多年来，我们大力推进生态环境保护，取得显著成绩。面对可持续发展的时代潮流，面对绿色、循环、低碳发展的新趋向，面对人民群众对环境保护的期待和诉求，必须把生

---

① 周生贤：《走向生态文明新时代——学习习近平同志关于生态文明建设的重要论述》，载《求是》，2013年第17期，第17-19页。
② 周生贤：《走向生态文明新时代——学习习近平同志关于生态文明建设的重要论述》，载《求是》，2013年第17期，第17-19页。

态文明建设作为增强党的执政能力、巩固党的执政基础的一项战略任务,持之以恒加以推进,不断抓出成效。

(二)习近平生态文明建设思想的基本内涵

十八大以来,习近平从战略全局出发,提出了关于生态文明重大意义、方针原则、目标任务、工作重点、建设要求的一系列新思想、新论断和新要求,全面深刻地阐述了生态文明建设的重大理论和实践问题。习近平有较全面、系统的论述,涵盖了国土、山水林田湖、森林、海洋等各类自然资源,也涉及了城市规划、区域协调等方面,强调必须按照系统工程的思路抓好生态文明建设,内容非常丰富。习近平总书记关于生态文明的系列论述,显示了党中央对于社会主义生态文明建设的理论认知和信心决心,是与我党的指导方针一脉相承的中国特色社会主义理论新成果。为实施生态文明建设战略提供了丰富、系统、明确的指导思想和根本原则,指明了正确方向和实践路径。习近平生态文明建设思想的基本观点主要体现在以下几个方面。

1. "两个清醒认识"的重要论断。2013年4月2日,习近平在参加首都义务植树活动时指出,我们必须清醒地看到,我国总体上仍然是一个缺林少绿、生态脆弱的国家,植树造林,改善生态,任重而道远。生态脆弱国家,这是习近平对我国生态现状的准确定性。在十八届中央政治局第六次集体学习时,习近平同志进一步强调,要清醒认识保护生态环境、治理环境污染的紧迫性和艰巨性,清醒认识加强生态文明建设的重要性和必要性,体现了强烈的忧患意识和责任意识①。习近平提出"两个清醒认识"的重要论断,即清醒认识保护生态环境、治理环境污染的紧迫性和艰巨性,清醒认识加强生态文明建设的重要性和必要性,体现了强烈的忧患意识和责任意识。习近平在主持中共中央政治局5月24日第六次集体学习时指出,生态环境保护是功在当代、利在千秋的事业。要清醒认识保护生态环境、治理环境污染的紧迫性和艰巨性,清醒认识加强生态文明建设的重要性和必要性,以对人民群众、对子孙后代高度负责的态度和责任,真正下决心把环境污染治理好、把生态环境建设好。"两个清醒认识"凸显了我国生态环境问题的严峻性。多年来,我国在大力推进经济社会发展的同时,高度重视资源节约和环境保护,取得了显著成绩。但从现实情况看,资源约束趋紧,全国三分之二的国有骨干矿山进入中老年期,400多座矿山因资源枯竭濒临关闭;环境污染严重,雾霾等天气频发;生态系统退化,全国水土

---

① 李萌,潘家华:《生态文明建设的科学指南——学习习近平总书记系列重要讲话体会之五十六》,载《前线》,2014年第10期,第62-65页。

流失面积占 37%，荒漠化土地占 27.4%，生物多样性下降①。一组组数据向我们敲响了警钟：这样的局面再不下决心扭转，后果将不堪设想。"两个清醒认识"揭示了我国保护生态环境、治理环境污染的艰巨性。发达国家几百年发展过程中逐步显露的生态环境问题，在我国改革开放 30 多年的快速发展中集中出现，呈现结构型、压缩型、复合型等特点，解决起来难度很大。我国仍是世界上最大的发展中国家，解决 1 亿多农村贫困人口的脱贫问题仍然是一项艰巨任务，实现发展和保护"双赢"确非易事。面对生态环境的全球性挑战和群众生态意识的觉醒，我们别无选择，必须把促进经济社会发展与保护生态环境有机统一起来。而经济社会发展和生态环境保护双重任务叠加、生态环境旧的欠账和新的问题叠加，实在是一场巨大的考验、一场持久的攻坚战②。"两个清醒认识"是对广大干部特别是领导干部的深刻警醒。在生态文明建设问题上，一些领导干部并不清醒。有的陶醉于通过透支生态环境换取所谓的发展成果，对生态环境形势的严峻性视而不见；有的只把生态文明建设当成漂亮的口号，而不去真正付诸行动；有的只把生态文明建设当成局部的、单项的工作，而不是作为全局性、系统性的要事大事来抓，由此导致在生态文明建设上思想不自觉、行为不主动、措施不得力。只有把这些糊涂认识切实纠正过来，才能把环境治理好、把生态建设好。

2. 生态文明是人类社会进步的重大成果，符合人类文明历史发展的大势所趋。纵观人类文明的发展历史，著名的巴比伦、埃及、印度等文明古国，它们的文明形成与繁荣都有赖于生态良好的大河平原，而其文明的衰落或中心转移都源自生态的严重破坏。基于人类文明历史的启示，习近平曾这样概括生态环境与人类文明的关系："生态兴则文明兴，生态衰则文明衰。"③ 这一言简意赅的论述，是总结从古至今人类文明历史演变轨迹做出的科学结论，指明了生态文明的历史属性，揭示了生态环境在社会文明兴衰中的作用规律，体现出对于人类生态文明趋势的清醒认识和理性把握。习近平从中国最大多数人长远利益、人类共同利益的唯物主义立场出发阐述生态文明的时代意义。他认为良好的生态环境既代表全体中国人民的核心利益，也符合全人类的共同利益。为此倡导

---

① 李军：《走向生态文明新时代的科学指南——深入学习贯彻习近平同志关于生态文明建设系列重要讲话精神》，载《人民日报》，2014 年 4 月 22 日。
② 李军：《走向生态文明新时代的科学指南——深入学习贯彻习近平同志关于生态文明建设系列重要讲话精神》，载《人民日报》，2014 年 4 月 22 日。
③ 中共中央宣传部：《习近平总书记系列重要讲话读本》，学习出版社、人民出版社 2014 年版，第 121 页。

"人类命运共同体意识",强调"生态环境保护是功在当代、利在千秋的事业。""建设生态文明,关系人民福祉,关乎民族未来。"①体现出对于生态文明建设的历史使命意识。习近平指出,生态文明是人类社会进步的重大成果和必然趋势。人类经历了原始文明、农业文明、工业文明,生态文明是工业文明发展到一定阶段的产物,是实现人与自然和谐发展的新要求。良好的生态环境是人和社会持续发展的根本基础。蓝天白云、青山绿水是长远发展的最大本钱。2013年4月8日至10日,习近平在海南考察时指出,良好生态环境是最公平的公共产品,是最普惠的民生福祉。这些论述,指出了生态文明是人类文明发展的重要成果和必然趋势,准确把握了生态文明在人类文明形态中的历史定位,对生态文明的内涵进行了科学界定②。

从广义来看,生态文明是一种价值观,是一种社会文明形态,其中必然包含与之相适应的物质文明、精神文明和政治文明的内容。生态文明既包含生态经济、绿色循环科技及其工具、手段和成果、生态福利等物质文明的内容,也包含生态公正、生态义务、生态意识、法律、制度、政策等精神文明的内容,还包含生态民主等政治文明的内容。作为一种新的文明形态,生态文明是对工业文明的改造和提升,使得人类能够实现生态公正和社会公正,能够实现经济效率、生态效率、社会效率,能够实现人与自然的和谐、人与社会的和谐、人与人的和谐。工业文明追求利润最大化、财富线性积累的价值观必然造成贫富差距扩大、社会的不和谐,而生态文明建设的价值观所寻求的是一种生态公正和社会公正,不光考虑经济利益的最大化,而是要考虑社会利益的最大化,保护社会弱势群体的利益。党的十八大提出了经济建设、政治建设、文化建设、社会建设、生态文明建设"五位一体"的中国特色社会主义事业总体布局,习近平同志的重要论述,再次强调了把生态文明建设放在与发展社会主义市场经济、民主政治、先进文化、和谐社会同等重要的顶层位置,各项改革措施都必须注重与深化生态文明体制改革的系统性、整体性和协同性。把生态文明建设提升到了一种价值理念的高度,提倡循环经济、绿色经济、低碳经济,从价值观念上修正和改变人们的理念和生活方式③。

---

① 《习近平在中共中央政治局第六次集体学习时强调坚持节约资源和保护环境基本国策努力走向社会主义生态文明新时代》,载《人民日报》,2013年5月25日。
② 李萌,潘家华:《生态文明建设的科学指南——学习习近平总书记系列重要讲话体会之五十六》,载《前线》,2014年第10期,第62-65页。
③ 李萌,潘家华:《生态文明建设的科学指南——学习习近平总书记系列重要讲话体会之五十六》,载《前线》,2014年第10期,第62-65页。

生态文明建设是顺应世界发展大势、实现永续发展的战略抉择。习近平同志指出，良好生态环境是人和社会持续发展的根本基础。蓝天白云、青山绿水是长远发展的最大本钱。过去我们在生态环境方面欠账较多，发达国家上百年工业化过程中分阶段出现的环境问题在我国集中出现，新老环境问题日益叠加，资源约束趋紧、环境污染严重、生态系统退化的形势十分严峻。面对严峻的挑战，我们别无选择，只有走科学发展之路，才能实现经济社会发展与生态环境保护的共赢，为子孙后代留下可持续发展的"绿色银行"，留下天蓝、地绿、水净的美好家园。这也是实现社会主义现代化的必由之路①。

3. 生态文明是实现中华民族伟大复兴中国梦的重要内容。习近平阐述了生态文明与中国梦的密切关系，丰富了中国梦的生态内涵。他明确指出："走向生态文明新时代，建设美丽中国，是实现中华民族伟大复兴的中国梦的重要内容。"② 把美丽中国建设和实现中华民族永续发展密切结合起来，把走向社会主义生态文明新时代与实现中国梦紧密结合起来，凸显了生态文明建设的时代责任感。习近平总书记指出：走向生态文明新时代，建设美丽中国，是实现中华民族伟大复兴的中国梦的重要内容。生态文明建设是关系人民福祉、关乎民族未来的根本大业，是实现中华民族伟大复兴中国梦的重要内容。中国梦也是一个美丽的梦，包括美丽中国、美丽城市和美丽乡村。总书记强调"走向生态文明新时代，建设美丽中国，是实现中华民族伟大复兴的中国梦的重要内容"。他在中央城镇化工作会议上提出：让城市融入大自然，让居民望得见山，看得见水，记得住乡愁。这些论断，大大丰富了中国特色社会主义生态文明建设的内涵，也丰富了中国梦的内涵。中华民族伟大复兴中国梦的实现，一定是在社会主义现代化基础上的文明高度进步状态，是既引领人类文明方向，又超越传统中华文明的新的文明发展阶段，是以人与自然、人与人、人与社会和谐共生、良性循环、全面发展、持续繁荣为基本宗旨的文化伦理形态与文明进步状态③。习近平同志在天津考察时强调，良好的生态环境是最公平的公共产品，是最普惠的民生福祉。山清水秀但贫穷落后不是我们的目标，生活富裕但环境退化也不是我们的目标。保护生态环境，是功在当代、利在千秋的事业。

---

① 孙春兰：《加快生态文明建设　着力打造美丽家园——学习习近平同志关于生态文明建设的重要论述》，载《人民日报》，2013 年 9 月 11 日。

② 《习近平向生态文明贵阳国际论坛 2013 年年会致贺信强调携手共建生态良好的地球美好家园》，载《人民日报》，2013 年 7 月 21 日。

③ 陶良虎：《建设生态文明　打造美丽中国——学习习近平总书记关于生态文明建设的重要论述》，载《理论探索》，2014 年第 2 期，第 10－11、68 页。

实现中华民族伟大复兴的中国梦，离不开经济的繁荣、政治的民主、社会的和谐、精神的文明，更离不开良好的生态环境。随着生活水平不断提高，人民群众由奔小康到要健康，对干净的水、清新的空气、安全的食品、优美的环境等要求越来越高。我们只有大力推进生态文明建设，"走向生态文明新时代"，才能让人们对美好幸福生活的期盼梦想成真，实现中华民族伟大复兴的中国梦①。

　　4. "三个决不"：阐述了生态环境就是生产力，妥善处理推动经济发展和保护生态环境之间的关系。习近平深刻阐述了生态环境对于经济持续健康发展的基础性意义。他强调指出，"良好生态环境是人和社会持续发展的根本基础"②，把"蓝天白云"、"青山绿水"看作是"长远发展的最大本钱"，把良好生态环境看作一个地区的发展后劲和核心竞争力，这些思想见解为全国各地深化认识可持续发展、切实转变经济发展方式提供了深刻的思想启示和科学的行动指南。习近平提出"保护生态环境就是保护生产力、改善生态环境就是发展生产力"③，深刻揭示了生态文明与经济发展的辩证关系，丰富和升华了党的发展理念，强调了绿色发展、循环发展、低碳发展的必要性。他还形象地用金山银山和绿水青山来比喻经济发展与生态环保的关系，指出："既要绿水青山，也要金山银山。宁要绿水青山，不要金山银山，而且绿水青山就是金山银山。我们绝不能以牺牲生态环境为代价换取经济的一时发展。"④ 主张在生态保护中发展经济，在经济发展中保护生态。他强调，保护生态环境就是保护生产力，改善生态环境就是发展生产力；在发展中既要金山银山，更要绿水青山，说到底绿水青山是最好的金山银山。这些论断大大丰富和升华了党关于生产力发展的思想。要求我们在推进发展中，自觉统筹人与自然的和谐发展，把发展与生态保护紧密联系起来，在保护环境的前提下谋发展，在发展的基础上改善生态环境。"绿水青山就是金山银山"。在现代经济发展进程中，生态环境已成为一个国家和地区综合竞争力的重要组成部分。生态环境越好，对高新技术产业和人才等的吸引力就越强，好生态带来好发展。而且，绿水青山是最好的金山银山。在一些

---

① 孙春兰：《加快生态文明建设　着力打造美丽家园——学习习近平同志关于生态文明建设的重要论述》，载《人民日报》，2013 年 9 月 11 日。
② 《习近平在中共中央政治局第六次集体学习时强调坚持节约资源和保护环境基本国策努力走向社会主义生态文明新时代》，载《人民日报》，2013 年 5 月 25 日。
③ 《习近平在海南考察时强调加快国际旅游岛建设　谱写美丽中国海南篇》，载《人民日报》，2013 年 4 月 11 日。
④ 《习近平在纳扎尔巴耶夫大学演讲全面阐述中国对中亚国家睦邻友好合作政策　共建丝绸之路经济带》，载《人民日报海外版》，2013 年 9 月 9 日。

地方，清新的空气、宜人的气候、明媚的阳光卖出了好价钱，绿水青山正源源不断带来金山银山，生态优势转化为经济优势的趋势越来越明显，呈现广阔的美好前景。倡导绿色GDP，发展循环经济。习近平早在1989年谈闽东经济发展战略问题的时候就提出，闽东的振兴在于"林"。林业在美化环境、保持水土、涵养水源等方面发挥着重要作用，同时创造的优美投资环境又可以间接带动本地区的经济发展，具有生态和经济的双重效益。后在浙江任职期间出提出要创建生态省，"既要GDP，又要绿色GDP"①，"宁要绿水青山，不要金山银山"。绿水青山与金山银山是辩证的统一体，"两座山"兼得是最佳选择。但从局部来看，当二者冲突时，究竟怎样取舍？习近平给出了明确的答案，那就是"三个决不"：决不以牺牲环境为代价去换取一时的经济增长，决不走"先污染后治理"的老路，决不能以牺牲后代人的幸福为代价换取当代人的所谓"富足"。经济发展的最终目的是为了人民的福祉。试想，如果一个地方水脏了、空气浊了、土壤坏了，经济指标再高又有什么意义呢？必须坚持以人为本，仔细权衡发展天平上绿水青山和金山银山的分量，作出明智的选择②。实践已经证明，绿水青山与金山银山是可以实现"双赢"的。那种一讲发展经济就要去破坏环境、一讲保护环境就没办法发展经济的思想和行为，不是懒就是庸，终究会被人与自然和谐发展的历史洪流所淘汰。

改革开放30多年来，中国的经济高速成长，取得了举世瞩目的成绩，也出现了很多环境生态方面的问题，高度集中在空气、水和土壤等方面，特别是京津冀以及长三角一带，深受雾霾困扰，这些问题究其本质是发展的问题。我们不会走发达国家曾经走过的"先污染后治理"的老路，也不能用停止发展的办法解决。保护优先不是反对发展，其核心是要正确处理保护与发展的关系，在发展中保护生态环境，用良好的生态环境保证可持续发展。生态问题具有全局性、战略性，生态文明建设的任务艰巨而又复杂。习近平指出，解决环境问题要迈出更大步伐，也要有耐心定力。他多次强调要正确处理好经济发展同生态环境保护的关系，阐述了尊重自然、谋求人与自然和谐发展的价值理念和发展理念。2013年9月7日，习近平在哈萨克斯坦纳扎尔巴耶夫大学回答学生问题时指出，我们既要绿水青山，也要金山银山。宁要绿水青山，不要金山银山，而且绿水青山就是金山银山。2014年3月7日，作为党的总书记的习近平在参

---

① 习近平：《之江新语》，浙江人民出版社2007年版，第37页。
② 李军：《走向生态文明新时代的科学指南——深入学习贯彻习近平同志关于生态文明建设系列重要讲话精神》，载《人民日报》，2014年4月22日。

加贵州团审议时，对发展与保护的关系问题做了进一步的诠释，指出"绿水青山既是自然财富，又是社会财富、经济财富"，强调"保护生态环境就是保护生产力，绿水青山和金山银山绝不是对立的，关键在人，关键在思路"。① 生态环境会对生产力结构、布局和规模等产生重要影响，也关系到经济社会的运行和效益，习近平这个论述把生态环境纳入生产力要素的范畴，提供了全新的解决问题的视角，要求社会各界要立即行动起来，牢固树立保护生态环境就是保护生产力、改善生态环境就是发展生产力的理念，更加自觉地推动绿色发展、循环发展、低碳发展，绝不以牺牲环境为代价去换取一时的经济增长。良好的生态环境是发展生态农业、生态工业、生态旅游的直接条件，生态优势转化为经济优势的趋势日益凸显。处理好经济发展同生态环境保护的关系，是生态文明建设的关键问题。

5. 生态文明建设里面有很大的政治：良好生态环境是最公平的公共产品，是最普惠的民生福祉。2013 年 4 月 25 日，习近平在十八届中央政治局常委会会议上发表讲话时指出，我们不能把加强生态文明建设、加强生态环境保护、提倡绿色低碳生活方式等仅仅作为经济问题。这里面有很大的政治。2013 年 9 月 23 日至 25 日，习近平在参加河北省委常委班子专题民主生活会时，针对污染问题指出，严重影响人民群众身体健康，严重影响党和政府形象。2013 年 11 月 9 日，习近平在中共十八届三中全会第一次全体会议上强调，以对人民群众、对子孙后代高度负责的态度和责任，真正下决心把环境污染治理好、把生态环境建设好，努力走向社会主义生态文明新时代，为人民创造良好生产生活环境②。

习近平的上述讲话，把生态文明建设上升到政治高度，是对十七大以来我党有关生态文明建设理念的总结和升华，既充分说明了生态文明建设的重要性，也提出了衡量工作好坏的评价标准，指出了当前生态文明建设亟须解决的重点工作，体现了对人、自然、社会关系的深刻理解，彰显出我党的现实担当意识和使命感。发展和改革的根本目的是为了更好地满足人民群众的需求，包括物质文化需求，也包括对良好生态环境如清新空气、清洁水源、舒适环境、宜人气候的需求。生态环境是人类赖以生存和发展的基本条件，推进生态文明建设是我们党坚持以人为本、执政为民，维护最广大人民群众根本利益的集中体现。

---

① 李萌，潘家华：《生态文明建设的科学指南——学习习近平总书记系列重要讲话体会之五十六》，载《前线》，2014 年第 10 期，第 62 - 65 页。
② 李萌，潘家华：《生态文明建设的科学指南——学习习近平总书记系列重要讲话体会之五十六》，载《前线》，2014 年第 10 期，第 62 - 65 页。

衡量我党执政能力和社会治理能力的重要标准，就是要看是否把生态文明建设的理念和行为准则自觉体现在社会活动的方方面面。

2014年2月26日，习近平在北京考察工作时，针对雾霾污染、改善空气质量问题指出，这个问题引起了广大干部群众高度关注，国际社会也关注，所以我们必须处置。民有所呼，我有所应！因此，群众反映强烈的问题应该成为我们工作的重点；满足人民群众对更高生活质量的追求，应成为我们的奋斗目标。要更加注重保障和改善民生，着力解决损害群众健康的突出环境问题。如果用生态文明的理念对企业进行选择的话，要选择那些能够促使人与人、人与自然、人与社会和谐的投资或企业，按照生态文明的要求提高对企业的要求和门槛，逐渐促进社会的和谐①。从更大的视野来看，随着我国综合国力的增强，国际社会对中国的预期提高了，中国自身的责任感也加强了。习近平有关生态文明建设系列论述的提出和推进，以及向国际社会承诺"中国将继续承担应尽的国际义务，同世界各国深入开展生态文明领域的交流合作，推动成果分享，携手共建生态良好的地球美好家园"②，标志着我国开始成为生态文明和可持续发展的"引领者"，展现了开放的心态和强大的自信。生态文明建设不仅仅对中国可持续发展有着重大的现实、历史和战略意义，应该是放之四海而皆准的。这样一种社会文明形态，不仅仅是中国要建设生态文明，全世界都应该向着生态文明的方向发展。我们也希望能够把生态文明构建成一种话语体系，能够在世界的治理中间体现出来，国际社会已表现出比较积极的认同。从这个意义上讲，生态文明的认知和实践在世界上有一种引领的意义③。

习近平把建设生态文明看作是关乎民心民意的重要问题。他指出"人民群众对环境问题高度关注。环境保护和治理要以解决损害群众健康突出环境问题为重点"④，表达出对人民群众关心、社会反映强烈的突出环境问题的密切关注，对人民群众获得干净的水、清新的空气、安全食品、优美环境等民意所在的深切关心，对老百姓由"盼温饱"转向"盼环保"、由"求生存"转向"求

---

① 李萌，潘家华：《生态文明建设的科学指南——学习习近平总书记系列重要讲话体会之五十六》，载《前线》，2014年第10期，第62－65页。
② 《习近平：为子孙后代留下天蓝地绿水清的生活环境》，载《中国新闻网》，2013年7月20日。
③ 李萌，潘家华：《生态文明建设的科学指南——学习习近平总书记系列重要讲话体会之五十六》，载《前线》，2014年第10期，第62－65页。
④ 《习近平在中共中央政治局第六次集体学习时强调坚持节约资源和保护环境基本国策 努力走向社会主义生态文明新时代》，载《人民日报》，2013年5月25日。

生态"的民心所向的现实关切①。提出生态环境就是民生福祉的科学论断。他在三中全会上指出,"山水木田湖是一个生命共同体,人的命脉在田,田的命脉在水,水的命脉在山,山的命脉在土,土的命脉在树。"可见,良好的生态环境是人类生存与发展的基本条件和环境。因此,习近平提出了优良生态环境是公共产品和民生福祉的科学论断。

2013年4月习近平在海南考察时指出:"良好生态环境是最公平的公共产品,是最普惠的民生福祉。"②这突出强调了生态文明与人民生活的密切关系,是对人民群众期待优美生态环境、关注生态环境问题的回应,体现出生态文明理论和民生理论的创新,又是对人民群众对当前生态环境问题强烈关注的自觉回应。"生态产品是最普惠的民生福祉"理念的提出,已经大大超出了农业文明和工业文明时代的物质主义价值观,不再为单纯的物质追求所束缚,而是更关注当代人之间的公平和当代人与后代人之间的公平。自然界是属于全人类的,当代人及后代人都应公平地享有自然界的资源和环境,共同承担起在生态系统中生存和发展的道德责任,从而创造高度的生态文明。

6. 强调"两个最严":实行最严格的制度、最严密的法治,为生态文明建设提供可靠保障。强调"两个最严"切中时弊。习近平高度重视生态文明建设制度体系的完善,他指出"只有实行最严格的制度、最严密的法治,才能为生态文明建设提供可靠保障","要牢固树立生态红线的观念"③。所谓生态红线,是指"在生态环境保护问题上,就是要不能越雷池一步,否则就应该受到惩罚。"④落实生态红线需要建立严格的、终身的领导干部责任追究制度,为生态文明建设制度落到实处提供了刚性约束。习近平"两个最严"的提出切中时弊,就是要在制度上和机制上另辟蹊径,尽早、尽快建立并完善起来,坚决遏制住生态环境持续恶化的趋势。

生态文明法治就是要把生态文明建设纳入法治的轨道,对破坏生态环境的行为予以法律制裁。这里提出最严密的法治,既是针对过去在生态文明建设中存在的一些有法不依、执法不严、违法不究现象而言,也是相对于经济、政治、

---

① 刘希刚,王永贵:《习近平生态文明建设思想初探》,载《河海大学学报(哲学社会科学版)》2014年第4期,第27–31页。
② 《习近平在海南考察时强调加快国际旅游岛建设 谱写美丽中国海南篇》,载《人民日报》,2013年4月11日。
③ 《习近平在中共中央政治局第六次集体学习时强调坚持节约资源和保护环境基本国策 努力走向社会主义生态文明新时代》,载《人民日报》,2013年5月25日。
④ 《习近平在中共中央政治局第六次集体学习时强调坚持节约资源和保护环境基本国策 努力走向社会主义生态文明新时代》,载《人民日报》,2013年5月25日。

文化、社会建设而言，对破坏生态环境的违法行为实行更严厉、更果断的法律惩治。制度建设强调的是静态的规定，法治建设强调的是动态的管理，只有将生态文明制度建设和法治建设协调统一起来，才能覆盖社会运行的方方面面。生态文明建设是一项系统的长期的社会工程，只有制定更为严格的制度，推进最严密的法治，才能在现阶段突破一切阻力，形成生态文明建设的新局面。①

推进"两个最严"刻不容缓。一是生态文明制度的缺失和现有的法规制度不健全。生态文明制度建设刚刚起步，涉及经济、社会、环境的方方面面，需要从国家层面组织力量进行顶层设计和部门协调。这个过程是复杂的、漫长的，与现实社会的迫切需求形成巨大反差。我国一些环境保护方面的法规是在20世纪80年代至90年代制定的，国家和社会层面的可持续发展理念尚未形成，多是应急立法，工具性色彩浓。如《中华人民共和国环境保护法》1989年颁布，一些条规陈旧，已经跟不上时代的发展。又如电子、饮料等废弃物剧增，我们却没有制定相关回收法，只在《中华人民共和国循环经济促进法》（2009年1月实施）第十五条比较笼统地做了规定，缺乏可操作性。由于人们的环境法治意识淡薄，在环境执法的过程中，执法不到位，行政权力干涉执法，环境监管不到位，导致环境侵权事件频发，出现有法不依、执法违法、守法成本高、违法成本低等一系列现象。任其下去必将严重阻碍生态文明建设的实施②。先污染后治理、边污染边治理现象短时期内难以根除。我国目前处在工业化发展中期阶段，钢铁、水泥、汽车、化工、交通、建筑等高能耗、高排放产业依然是我们的支柱产业。我们已有的法规、制度也是围绕着如何实现工业化、现代化而制定的，重规模和速度、轻质量和效益的倾向突出。生态文明建设则要求加快转变发展方式，淘汰落后产能，发展低能耗、低排放、低污染的战略性新兴产业、新能源产业、高科技产业等，但这些产业大多投资量大，且工艺、流程相对复杂，风险也大③。因此，尽管政府出台一系列优惠扶持政策，但传统高耗能污染企业依然缺乏减少排放的主动性和自觉性，节能减排、循环经济、低碳发展等难以成为经济发展的主流。社会也没有形成公众监督的平台和机制。

"资源约束趋紧，环境破坏严重、生态系统退化"的局面已使中华民族处在

---

① 赵建军：《最严格的制度　最严密的法治——学习习近平总书记关于生态文明建设的重要论述》，载《经济日报》，2014年10月21日。
② 赵建军：《最严格的制度　最严密的法治——学习习近平总书记关于生态文明建设的重要论述》，载《经济日报》，2014年10月21日。
③ 赵建军：《最严格的制度　最严密的法治——学习习近平总书记关于生态文明建设的重要论述》，载《经济日报》，2014年10月21日。

新的危急关头。我们不能等到调结构转方式完成后再来解决生态环境问题，必须通过强有力的制度和执行力来铲除生态破坏、环境危机产生的温床，形成生态文明建设的长效机制。传统发展理念导致地方领导干部热衷于片面追求经济增长。改革开放以来，一些地方领导把以经济建设为中心理解成了单纯追求经济的高速增长，使得国内生产总值增长率成为衡量地方发展与干部政绩考核的唯一指标，这也是导致资源枯竭环境恶化的根源之一。这种现象至今仍具有一定的普遍性，在传统发展理念的影响下，当经济发展与生态环境出现冲突时，一些领导干部还是会自觉不自觉地倾向于发展经济为主，生态文明建设往往就成为一纸空文。习近平多次强调，推进生态建设，既是经济发展方式的转变，又是思想观念的一场深刻变革。纠正片面追求国内生产总值增长率，关键在于转变观念和发展方式。在生态文明理念尚未树立、培育起来之前，只有通过最严格的制度和最严密的法治，才能为生态文明建设保驾护航。

实行"两个最严"贵在落实。一是实行最严格的干部考核评价制度，把握生态文明建设的正确方向。习近平总书记指出，完善经济社会发展考核评价体系，把资源消耗、环境损害、生态效益等体现生态文明建设状况的指标纳入经济社会发展评价体系，使之成为推进生态文明建设的重要导向和约束，再也不能以国内生产总值增长来论英雄了。根据主体功能区划完善干部考核改革，先行试点、分类指导、因地制宜，把领导干部任期生态环境目标责任制的执行情况纳入考核内容，实行重大环境责任事件"一票否决"不动摇。① 二是实行最严格的责任追究制度，保持生态文明建设的持久性。作为政府的决策部门在做出任何一项决策时，都要在生态文明意识的指导下进行，对于有损于生态环境的项目，即使带来的经济效益再大也是要坚决制止的。习近平同志指出，不以牺牲环境为代价去换取一时的经济增长，就要划定并坚守生态红线，不越雷池一步。而要做到这些，习近平同志强调：对那些不顾生态环境盲目决策、造成严重后果的人，必须追究其责任，而且应该终身追究。这样才能起到警示后人的作用。三是实行最严格的环境损害赔偿制度，减少对环境的污染和破坏。对于污染破坏环境的任何企业或个人，处以巨额环境损害赔偿罚款，让违法者付出沉痛的代价，使其不能为之、不敢为之，胆敢为之必遭重罚。要着力解决环保责任不落实、守法成本高、违法成本低等问题，制定严格的环境损害赔偿制度实施办法，完善"环境公益诉讼"制度，把间接财产损害和环境健康损害等

---

① 赵建军：《最严格的制度 最严密的法治——学习习近平总书记关于生态文明建设的重要论述》，载《经济日报》，2014 年 10 月 21 日。

因素考虑进去，具有可操作性和威慑力。四是建立最严密的环境执法体制，严格执行相关法律。制度再好，法规再严，如果没有严格的执法体制，高素质的执法队伍，亦如同摆设。在实际工作中，执法部门面对排污企业和单位，常常是只做经济处罚，很少追究其刑事责任。为此，要健全环境执法体制，配齐执法人员，配足经费。对于地方政府干预执法部门的行为、对于执法部门执法违法的行为，对于那些玩忽职守、不作为的行为，都要严格追究办事人的责任及责任单位的领导责任，视其情节，给予处分、撤职，甚至刑事处罚①。

"两个最严"既是生态文明建设的宣言书，也是指导我们沿着生态文明建设的正确方向前进的指南针。我们只要持之以恒地贯彻落实"两个最严"，就一定能实现美丽中国梦，走向生态文明建设新时代。习近平指出："抓紧制定和完善促进资源节约使用、有效利用的法律法规，制定更加严格的节约标准"、"还要进一步加大资源保护和节约的执法力度，严肃查处各种破坏和浪费资源的违法违规行为，提高浪费的成本。"② 既要完善相关法律法规，提高立法质量，做到有法可依，更要破除各地方政府为追求经济增长而对相关法律置若罔闻的行政不作为而带来的阻力，严格依法执政，尽最大可能给人民群众创造舒适、健康的生活工作环境。

7. 构建社会主义生态文化，引领生态建设新风尚。社会主义生态文化作为当代中国先进文化的重要组成部分，是我国生态文明建设的核心和灵魂。习近平坚持生态文明的理念和原则，强调推进生态文明建设必须要"树立尊重自然、顺应自然、保护自然的生态文明理念"，"坚持节约优先、保护优先、自然恢复为主的方针"③。

当今我国生态形势愈发严峻，诸如云南曲靖铬污染、湖南"毒大米"等事件层出不穷，给我国经济社会的可持续发展、人民最根本利益的保障带来严重的危机，这从根本上反映出了我国生态文化建设落后、人民的生态意识不强的现实。生态危机本质上就是生态文化的危机，正如习近平所说："我们衡量生态文化是否在全社会扎根，就要看这种行为准则和价值理念是否总觉体现在社会生活的方方面面。"剖析我国许多的生态问题，其深层次原因正是生态文化没有在全民心中扎根。有鉴于此，构建社会主义生态文化，提高全民生态意识，成

---

① 赵建军：《最严格的制度 最严密的法治——学习习近平总书记关于生态文明建设的重要论述》，载《经济日报》，2014年10月21日。
② 习近平：《干在实处 走在前列》，中共中央党校出版社2014年版，第192页。
③ 《习近平在中共中央政治局第六次集体学习时强调坚持节约资源和保护环境基本国策努力走向社会主义生态文明新时代》，载《人民日报》，2013年5月25日。

为当前生态文化建设的重中之重。没有先进地社会主义生态文化做支撑，环境保护和生态文明建设现状便无法得到彻底的改变①。在谈到如何构建和弘扬的社会主义生态文化时，习近平指出要充分发挥媒体的积极作用，切实推广绿色 GDP 观念的普及，在全社会形成一种积极向上的舆论导向，让生态文化的思想深入人心。在生态文明建设过程中要用科学的生态文化的生态思维方式和生态伦理处理生态问题，要坚持不懈的加强社会主义生态文化建设，使生态保护成为人们的自觉意识，并将生态保护意识落实到社会生产、生活的各个方面，共同建设美丽中国。

8. 树立节约优先、保护优先、自然恢复为主的生态保护理念。强调节约资源是保护生态环境根本之策的科学观点。习近平指出，要大力节约集约利用资源，推动资源利用方式根本转变，加强全过程节约管理，大幅降低能源、水、土地消耗强度，大力发展循环经济，促进生产、流通、消费过程的减量化、再利用、资源化。在十八届中央政治局第六次集体学习时，习近平指出："推进生态文明建设，必须全面贯彻落实党的十八大精神，以邓小平理论、'三个代表'重要思想、科学发展观为指导，树立尊重自然、顺应自然、保护自然的生态文明理念，坚持节约资源和保护环境的基本国策，坚持节约优先、保护优先、自然恢复为主的方针，着力树立生态观念、完善生态制度、维护生态安全、优化生态环境，形成节约资源和保护环境的空间格局、产业结构、生产方式、生活方式。"② 2013 年 12 月 12 日，习近平在中央城镇化工作会议上发表讲话指出："许多城市提出生态城市口号，但思路却是大树进城、开山造地、人造景观、填湖填海等。这不是建设生态文明，而是破坏自然生态。"这就要求城市的治理者在制定规划时，要从城市规划管理的角度考虑生态建设和保护的需要，科学规划并做好落地，"每个细节都要考虑对自然的影响，更不要打破自然系统。"城市的基础设施不能今天建明天拆，既浪费能源又破坏生态环境。习近平坚持生态文明的理念和原则，强调推进生态文明建设必须要"树立尊重自然、顺应自然、保护自然的生态文明理念"，"坚持节约优先、保护优先、自然恢复为主的方针"③，要求把生态文明建设作为一个复杂的系统工程，采取综合创新的方法

---

① 刘亚平，宋泽亮：《习近平生态文明建设思想探析》，载《大众科技》，2014 年第 11 期，第 239 - 241 页。
② 李萌，潘家华：《生态文明建设的科学指南——学习习近平总书记系列重要讲话体会之五十六》，载《前线》，2014 年第 10 期，第 62 - 65 页。
③ 《习近平在中共中央政治局第六次集体学习时强调坚持节约资源和保护环境基本国策努力走向社会主义生态文明新时代》，载《人民日报》，2013 年 5 月 25 日。

建设生态文明。建设生态文明需要树立系统思维、战略思维和底线思维。

习近平把生态文明建设看作一个系统工程,要求将其融入经济建设、政治建设、文化建设、社会建设的各方面与全过程,同时强调推进与生态文明建设要求相适应的生态观念、生态制度、生态安全、生态环境的协同行动;强调生态文明的宏观战略和微观行动相辅相成,在搞好宏观战略顶层设计的同时切实抓好生产、流通、分配、消费等各个环节的微观实践;强调"生态红线",指出"国土是生态文明建设的空间载体","节约资源是保护生态环境的根本之策"①,要求坚守耕地、森林、湿地、荒漠植被、资源能源、物种保护等方面的红线指标,保住生态文明的底线。

9. 加强政府职能建设,完善体制机制建设。生态文明建设是政府职能天然的一部分,政府在建设生态文明的过程中,应凭借其力量优势、组织优势和信息优势,把完善相应体制机制建设作为加强政府职能建设的发力点,为调动市场各主体的积极性提供科学的制度性保障,正如习近平所说:"推进生态文明建设,是涉及生产方式和生活方式根本性转变的战略任务,必须依靠法律和制度保障,没有一套有利于生态文明建设的制度,没有健全的国土空间开发、资源节约、生态环境保护的体制机制,就难以推动形成人与自然和谐发展现代化建设新格局。"② 首先应建立一系列生态问责机制,让各级政府生态文明建设之弦紧绷。习近平指出:"要抓紧建立科学的政府绩效评估体系,将资源节约责任和实际效果纳入各级政府目标责任制和干部考核体系中。"随着一系列明确地考核指标、严格地考核制度的建立和完善,将有效地激励各级政府树立生态政绩观念,切实履行生态文明建设的应尽职能。其次应建立一系列调动市场各主体活力的引导激励机制,让政府、企业、第三方社会组织以及社会的每个公民形成一股生态文明建设的合力,形成新时期生态文明建设最广大的统一战线。习近平指出"能否有效进行社会动员,是对执政能力的现实考验。"③

系统强调生态问题的刚性约束,使生态文明建设成为党的执政主题和政府责任。习近平阐述了生态文明建设的总方向、总要求、总措施,要求全党"以对人民群众、对子孙后代高度负责的态度和责任,真正下决心把环境污染治理好、把生态环境建设好,努力走向社会主义生态文明新时代,为人民创造良好

---

① 《习近平在中共中央政治局第六次集体学习时强调坚持节约资源和保护环境基本国策努力走向社会主义生态文明新时代》,载《人民日报》,2013年5月25日。
② 习近平,李克强,刘云山:《十八大报告学习辅导百问》,学习出版社2012年版,第49页。
③ 习近平:《之江新语》,浙江人民出版社2007年版,第156页。

生产生活环境"，"坚持节约资源和保护环境的基本国策"①，明确了党委和政府的生态文明建设责任，并提出了正确处理经济与环保关系、解决损害群众健康突出环境问题、完善生态文明建设制度体系等新要求。习近平要求各级党委和政府坚持以人为本建设生态文明的理念，将解决损害群众健康的突出环境问题作为污染治理的重点，打好攻坚战和持久战，"实施重大生态修复工程，增强生态产品生产能力"②，努力"为子孙后代留下天蓝、地绿、水清的生产生活环境。"③ 习近平还强调"把民生改善、社会进步、生态效益等指标和实绩作为重要考核内容，再也不能简单以国内生产总值增长率来论英雄了"④，这为各级各地领导干部转型经济发展方式指明了方向。习近平在《关于〈中共中央关于全面深化改革若干重大问题的决定〉的说明》中指出："我们要认识到山水林田湖是一个生命共同体，人的命脉在田，田的命脉在水，水的命脉在山，山的命脉在土，土的命脉在树。"⑤ 以此生态认知为基础，提出了生态问题统筹管理的思想。即主张实施遵循自然规律的用途管制和生态修复，由一个部门负责领土范围内所有国土空间用途管制职责，统一保护和修复山水林田湖，防止顾此失彼导致生态的系统性破坏。

二、生态文明建设改革的鲜明特点

（一）从定位上看，更加强调生态文明建设改革的基础地位。一方面，把加快生态文明建设作为我国全面深化改革的总目标之一。生态文明建设改革要纳入全面深化改革的目标设计之中，成为全面改革系统工程的重要根基和战略组成。另一方面，把生态文明建设改革全面融入经济、政治、文化、社会建设改革全过程。在经济、政治、文化、社会四大建设领域提出了新思路。这是生态文明理念、原则、目标融入和贯穿以上四大建设的具体体现，凸显了生态文明

---

① 《习近平在中共中央政治局第六次集体学习时强调坚持节约资源和保护环境基本国策努力走向社会主义生态文明新时代》，载《人民日报》，2013 年 5 月 25 日。
② 《习近平在中共中央政治局第六次集体学习时强调坚持节约资源和保护环境基本国策努力走向社会主义生态文明新时代》，载《人民日报》，2013 年 5 月 25 日。
③ 《习近平向生态文明贵阳国际论坛 2013 年年会致贺信强调携手共建生态良好的地球美好家园》，载《人民日报》，2013 年 7 月 21 日。
④ 《习近平在全国组织工作会议发表讲话干部考核再也不能简单以 GDP 论英雄》，载《京华时报》，2013 年 6 月 30 日。
⑤ 习近平：《中共中央关于全面深化改革若干重大问题的决定》，人民出版社 2013 年版，第 83 页。

建设改革的基础性地位和引领性作用①。

（二）从方向上看，更加突出源头保护的思路。《决定》明确提出，实行最严格的源头保护制度，从源头上保护好生态环境。一是从空间布局优化的源头促保护。包括对水流、森林、山岭等自然生态空间进行统一确权登记，形成归属清晰、权责明确、监管有效的自然资源资产产权制度。建立空间规划体系，划定生产、生活、生态空间开发管制界限。划定生态保护红线，建立国土空间开发保护制度。二是从环境准入控制的源头促保护。如强化节能节地节水、环境等的市场准入标准，建立健全防范和化解产能过剩的长效机制。三是从能源资源节约的源头促保护②。《决定》提出，要健全能源、水、土地节约集约使用制度，努力以高效的资源利用、最少的污染排放，实现生态环境保护的最大效益。

（三）从方法上看，更加注重系统推进的方式。《决定》强调了两个方面：一方面，综合运用各种手段，着力构建系统完整的生态文明建设制度体系。在法律上，实行最严格的损害赔偿和责任追究制度；在经济上，健全自然资源资产产权制度、实行资源有偿使用和生态补偿制度；在政策上，对限制开发区域和生态脆弱的国家扶贫开发重点县取消地区生产总值考核，逐步将资源税扩展到占用各种自然生态空间之上；在行政上，对领导干部实行自然资源资产离任审计，完善环境治理和生态修复制度；在公众参与上，及时公布环境信息，健全举报制度，加强社会监督等。另一方面，充分发挥生态文明建设改革的引领性作用，推动其他领域全方位的改革。把生态环境方面的制度与其他四大建设的各项制度相互衔接，成为一个完整的、无缝隙的制度体系，努力提升全面改革的综合成效和创新活力。

（四）从手段上看，更加凸显市场引导的作用。全面深化改革的核心，是紧紧围绕市场在资源配置中的决定性作用。推动生态文明建设改革，也必须借助市场的力量，增强生态文明体制改革的创新与活力。《决定》指出，要实行资源有偿使用制度和生态补偿制度。发展环保市场，推行节能量、碳排放权、排污权、水权交易制度等③。

（五）从保障上看，更加明确法治约束的导向。全会对此提出了明确要求。一是实行最严格的损害赔偿制度。严格环境执法，对造成生态环境损害的责任

---

① 陈蒙蒙：《以改革创新推进生态文明建设》，载中国环境网，2014年4月15日。
② 陈蒙蒙：《以改革创新推进生态文明建设》，载中国环境网，2014年4月15日。
③ 陈蒙蒙：《以改革创新推进生态文明建设》，载中国环境网，2014年4月15日。

者严格实行赔偿制度,依法追究刑事责任。二是完善自然资源监管体制。习近平总书记在《决定》的说明中指出,由一个部门负责领土范围内所有国土空间用途管制职责,对山水林田湖进行统一保护、统一修复是十分必要的。三是改革生态环境保护管理体制。加强环境保护基层执法力量。建立和完善严格监管所有污染物排放的环境保护管理制度,独立进行环境监管和行政执法。

(六)生态文明建设的理念凸显以人为本。我国在生态保护工作中出现的一系列问题归根到底是忽视了人的价值,忽视了社会发展的根本目的是实现人的自由全面发展,以往在社会建设中过分注重经济效益,在顶层设计中没有充分体现以人的发展为根本要求,忽视了人们赖以生存的环境,如果没有健康安全的生态环境,连人们最基本的生存权都保障不了,怎样构建社会主义和谐社会?怎样实现全面协调可持续的发展?人,就其范围而论,指的是最广大的人民群众,而不是少数某个人或利益集团;人就其属性而言,有自然属性和社会属性,自然属性指人作为自然生物具备的本能、形态和特征。社会属性指人作为社会生物所具有的形态和特征,社会属性是人的本质属性。马克思在《关于费尔巴哈的提纲》中指出"人的本质并不是单个人固有的抽象物。在其现实性上,它是一切社会关系的总和。"我国在《2012年中国人权事业的进展》白皮书中首次将生态文明建设写入人权保障。人类文明从原始文明到工业文明,再由工业文明走到生态文明,是人类不断实现自我价值的过程,是人与自然和谐相处的深化,是更高层次的追求。"坚持以人为本,重民生、办实事,解决人民群众最关心、最直接、最现实的利益问题,满足人民群众最基本、最紧迫的需求,是构建和谐社会的一项重要基础性工作。"① 凸显了习近平总书记生态文明建设以人为本的理念。

(七)生态文明建设的方式依靠制度保障。法治是国家治理的基本方式,在脆弱的生态面前,生态文明建设更需要最严格的制度、最严密的法治作保障。近年来我国频频出现的生态环境问题,法制的不健全、不完善无形中为某些生态破坏行为留下了漏洞,尤其是在面对公共资源的开发保护过程中,权责不明确,导致不负责任的肆意开发相关,严重威胁生态平衡。而且相关的法律法规和政策不完善,监督体制不健全,没有形成涵盖全社会的生态环境监督体系,而且在政府执法过程中也出现了许多问题,行政管理体制不顺,执法部门交叉

---

① 习近平:《之江新语》,浙江人民出版社2007年版,第245页。

管理，管理混乱①。在如此严峻的社会形势下，加强制度建设，完善体系建设迫在眉睫。法治建设更要运用法制的思维方式和法治方式解决社会矛盾问题。我国是社会主义法治国家，社会主义现代化的顺利进行需要法治建设作保障，社会的安定稳定也需要法治建设作支撑。建设生态文明，必须构建系统的完整的生态文明制度体系，整治和完善以往生态文明建设过程中出现的问题，"实行最严格的源头保护制度、损害赔偿制度、责任追究制度，完善环境治理和生态修复制度，用制度保护生态环境。"② 在生态环境建设的各方面完善制度体系建设，健全自然资源资产产权制度和用途管理制度，并建立相应的自然资源监督管理体制，用法制治理生态而不是人制。严格按照生态保护红线的要求，建立生态环境损害责任终身追究制，让所有破坏污染环境的行为都付出代价。实行资源有偿使用制度和生态补偿制度，弥补我国在生态补偿治理方面的诸多不足，创新补偿方式，改革单一的治理方式，由政府一元治理转变到多元共治，推行环境污染的第三发治理模式。改革生态环境保护管理体制，公开环境信息，保障人民的环境保护知情权、参与权，健全监督举报制度，让环境的治理和权力的运用呈现在阳光下，呈现在人民的监督下③。

三、习近平生态文明建设思想的理论意义及现实要求

习近平同志关于生态文明建设的重要论述，深刻阐明了推进生态文明建设的重要意义、指导思想、发展目标、实现路径，贯穿了马克思主义唯物辩证法和生态观的思想精髓，体现中华传统文化生态意蕴、表明我们党加强生态文明建设的坚定意志和坚强决心，贯穿着心系民生、为民谋福祉的真挚情感，科学认识生态文明建设规律的最新成果，它是重大的理论创新，是建设社会主义生态文明的理论指南，为我们准确把握和科学推进生态文明建设提供了强大的理论指引和思想武器。

（一）习近平生态文明建设思想是对人类生态文明发展趋势的积极探索。从人类文明史来看，不同的人与自然关系状态对应着不同类型的人类文明形态，生态文明是原始文明、农业文明、工业文明之后的最新人类文明形态。从当今世界的发展潮流来看，伴随着生态危机的全球扩展、生态环境保护运动的蓬勃

---

① 刘亚平，宋泽亮：《习近平生态文明建设思想探析》，载《大众科技》，2014年第11期，第239-241页。
② 《中共中央关于全面深化改革若干重大问题的决定》，载新华网，2013年11月16日。
③ 刘亚平，宋泽亮：《习近平生态文明建设思想探析》，载《大众科技》，2014年第11期，第239-241页。

发展，以绿色、循环和低碳为特征的可持续发展成为时代潮流，生态文明成为全球性的共识和行动。中国传统文化中"天人合一"、"道法自然"等哲学理念蕴含的丰富生态智慧，也与此相通。和平崛起的社会主义中国是全面发展进步的中国，不仅要在经济发展、政治进步、文化繁荣、社会和谐方面取得伟大成就，而且要在保护生态环境、促进人与自然和谐方面体现出社会主义制度的先进性。中国在全世界面前提出生态文明建设的国家战略，备受众多国际学者称赞，被寄予向全球传播生态文明的厚望。习近平生态文明建设思想，是在切实把握人类历史发展规律基础上，在更高层次上推进人类文明进程的伟大尝试；也是我们党对当今世界可持续发展理论和实践的丰富和深化，体现出发展理念的根本转换与重大创新[1]。

注重生态福利的民生观，开辟了人民福祉的新境界。习近平在天津考察工作时强调，良好生态环境是最公平的公共产品，是最普惠的民生福祉。随着群众物质文化生活水平的不断提高，人民群众对生态产品的需求越来越迫切，既要温饱更要环保，既要小康更要健康，生态环境质量已经成为影响人们生活幸福的重要指标，环境问题已成为突出的民生问题。山清水秀但贫穷落后不是我们的目标，生活富裕但环境退化也不是我们的目标。总书记的精辟论断，既是对生态产品的准确定位，又是对民生内涵的丰富发展，体现了对自然的尊重，对人民健康的尊重，彰显了以人为本的执政理念[2]。

（二）习近平生态文明建设思想是对马克思主义生态文明思想的创新性运用。"马克思主义既是生态文明思想的理论渊源，又是生态文明实践的重要价值基础。以生态文明的时代精神、实践要求丰富马克思主义，不断推进马克思主义的内涵性创新，这本身就意味着马克思主义'生态性'要素的增长和'生态化'过程的展开。"[3] 马克思主义生态文明思想的内容主要包括人与自然和社会有机统一的生态文明主体论、人与自然界物质交换的生态文明物质基础论、资本主义现实生态问题的制度批判论、人类主体性与自然优先性协调的生态文明价值论、人与自然和谐相处的生态文明理想与社会进步论、自然关爱精神与生态环境保护论。习近平生态文明建设思想是将马克思主义理论方法运用于解决

---

[1] 刘希刚，王永贵：《习近平生态文明建设思想初探》，载《河海大学学报（哲学社会科学版）》，2014年第4期，第27-31页。

[2] 黄兴国：《要金山银山 更要绿水青山——学习习近平同志关于生态文明建设的重要论述》，载《求是》，2014年第3期。

[3] 白煜：《论生态文明与马克思主义"生态化"》，载《河海大学学报（哲学社会科学版）》，2013年第1期，第17-20页。

中国生态环境问题所形成的理论成果，是对马克思主义生态文明思想的创新运用和真正实践。比如，把生态文明建设融入经济、政治、文化、社会建设各方面和全过程，是对人与自然和社会有机统一的生态文明主体论的坚持和运用；坚持节约优先、保护优先、自然恢复为主的方针，推进绿色、循环和低碳发展，反映了人与自然界物质交换理论的思想精髓；加强生态文明的制度建设，是对现实生态问题的制度批判论的吸收借鉴；树立尊重自然、顺应自然、保护自然的生态文明理念，是人类主体性与自然优先性协调的生态文明价值论的具体体现；形成合理消费的社会风尚，努力走向社会主义生态文明新时代，是人与自然和谐相处的生态文明理想与社会进步论的当代实践；坚守生态红线，加大自然生态系统和环境保护力度，是自然关爱精神和生态环境保护论的现实运用①。

（三）习近平生态文明建设思想反映出我们党对生态文明内涵属性与建设规律的理性认识。习近平生态文明建设思想是基于我们党长期探索生态环境问题的历史经验，在理性把握生态文明本质内涵、社会主义属性以及生态建设规律的基础上形成的②。首先，中国要建设的生态文明，体现着促进人与自然和谐相处的自然观、人的价值和自然价值相统一的价值观、考虑自然资源与生态环境承载力的发展观的有机统一，其核心内涵是在人与自然和谐相处的基础上实现人类社会的可持续发展。其次，生态文明内在地、逻辑地统一于社会主义的本质之中，贯穿于社会主义建设的各个领域，二者彼此契合、密不可分。但社会主义相比资本主义在人与自然和谐关系方面的制度优势，只为合理开发自然提供了可能性，并不能自发消除生态问题，社会主义的生态文明建设也需要体制改革、制度构建和机制完善。③再次，从环境建设规律视角看，生态系统问题突破生态圈将引起一系列相互交织的社会问题，这就是生态危机的社会化。离开社会制度建设而单独从自然生态视角出发来设计生态问题的解决方案，只会导致出现更大环境破坏与恶性循环。习近平生态文明建设思想是综合把握经济社会可持续发展规律、自然资源永续利用规律和自然环境保护规律的理论成果，反映出我们党对生态环境建设规律的清晰认识，即必须从建设生态文明的

---

① 刘希刚、王永贵：《习近平生态文明建设思想初探》，载《河海大学学报（哲学社会科学版）》，2014年第4期，第27-31页。
② 方浩范：《中国共产党领导人对生态文明建设理论的贡献》，载《延边大学学报（社会科学版）》，2013年第5期，第66-71页。
③ 刘希刚、王永贵：《习近平生态文明建设思想初探》，载《河海大学学报（哲学社会科学版）》，2014年第4期，第27-31页。

高度来进行顶层设计，才能彻底解决生态环境问题①。

（四）习近平生态文明建设思想是对我们党执政理念的丰富拓展。《中共中央关于全面深化改革若干重大问题的决定》指出要"推进国家治理体系和治理能力现代化"。生态文明是国家治理的重要领域和党的执政主题之一，中国共产党提出生态文明的治国理政目标，充分反映出作为一个现代化政党的执政理念的丰富与发展②。习近平生态文明建设思想是生态文明理念纳入党的执政领域和国家治理中所形成的思想成果，为巩固党的执政基础、提高党的执政水平发挥了重要的思想引领作用。一是应对生态问题成为党新的执政重点。生态环境问题威胁人民群众的生存和发展，如果应对不力往往会引起人民群众对党和政府的指责和疏离，导致社会不稳定。生态环境问题也关系着国家的生态安全、国际形象与外部发展空间。二是生态优先成为党新的执政导向。良好的生态环境是经济社会可持续发展、人民群众生活富足的基本前提。中国生态文明建设战略的实施表明我们党把"生态优先"确立为新的执政方向，将生态环境治理成效作为新的执政标准。三是生态利益成为党的重要执政目标。人人都有在良好生态环境中生存和发展的基本权利，生态问题越严重，生态利益越是成为人们最基本的生存权益。十八大之后，我们党把满足最广大人民群众的生态利益作为重要执政目标，成为全中国人民的福祉③。

（五）绿水青山就是金山银山的发展观，实现了发展理念的新提升。习近平一直强调既要金山银山，又要绿水青山。经济发展不一定要以损害环境为代价，保护环境也不意味着放弃、减缓经济的发展。习近平形象地指出，我们追求人与自然和谐、经济与社会和谐，就是要"两座山"，既要金山银山，更要绿水青山。改革开放以来，我们在长期的发展实践中，对"两座山"关系的认知，大致经历了三个阶段。第一个阶段，就是用绿水青山去换金山银山，只要经济发展，产生 GDP，就不去过多考虑资源环境承载能力，造成了资源约束趋紧、环境污染严重、生态系统退化等严重问题④。第二个阶段，既要金山银山也要绿水青山，开始注意到环境保护的重要性，采取了一些保护措施，但还只是就生

---

① 刘希刚，王永贵：《习近平生态文明建设思想初探》，载《河海大学学报（哲学社会科学版）》，2014 年第 4 期，第 27－31 页。
② 博红专，王川生：《中国共产党生态文明理念及对党的建设的意义》，载《四川理工学院学报（社会科学版）》，2013 年第 5 期，第 79－82 页。
③ 刘希刚，王永贵：《习近平生态文明建设思想初探》，载《河海大学学报（哲学社会科学版）》，2014 年第 4 期，第 27－31 页。
④ 黄兴国：《要金山银山　更要绿水青山——学习习近平同志关于生态文明建设的重要论述》，载《求是》，2014 年第 3 期。

态谈生态,并没有从全局的高度认识这个问题。第三个阶段,绿水青山就是金山银山,可以源源不断地带来财富,蓝天白云、青山绿水是长远发展的最大本钱,生态优势可以变成经济优势、发展优势,这是一种更高的境界。习近平同志的重要论述,深刻阐明了经济发展与环境保护的辩证关系,科学破解了经济发展和环境保护的"两难"悖论,充分体现了我们党对自然规律、经济社会发展规律的认识的深化,是对我们党发展理念的又一次重要提升①。

(六)建设美丽中国的宏伟目标,展现了时代发展的新愿景。习近平指出:"走向生态文明新时代,建设美丽中国,是实现中华民族伟大复兴的中国梦的重要内容。"从人类社会的演进历程来看,当前正处在向生态文明过渡的关键时期。生态文明建设是一场"绿色革命",是对传统工业文明的超越,它的核心是尊重自然、顺应自然和保护自然。生态文明新时代,就是实现人与自然协调发展、和谐共生的时代。美丽中国是生态文明建设的目标指向,描绘了生态文明建设的宏伟蓝图,关系人民福祉,关乎民族未来。

四、贯彻落实习近平生态文明建设思想的现实要求和着力点

生态文明建设是一项复杂的系统工程,要按照系统工程的思路,强化党的领导、国家意志和全民行动。贯彻落实习近平生态文明建设思想,要求党和政府把建设生态文明作为社会主义现代化建设的一项重大任务,把握历史大势,推动理论创新,着力实践落实,切实把生态文明理念融入中国特色社会主义经济、政治、文化和社会建设的各个领域和全过程,努力建立与生态文明相适应的发展方式、产业结构、消费模式和制度体系。为此,必须着重抓好以下几个方面的工作:

(一)遵循人类文明发展的历史规律,走向社会主义生态文明新时代。人类诞生后经过原始文明、农业文明进入以征服自然为主要特征的工业文明,世界工业化的发展导致出现全球性生态危机。对此有的地质学家宣称地球已经进入了"人类纪",即人类的活动已经成为一种介入大气、水、岩石和生物圈等各种自然过程的重要地质力量,全面而深刻地影响着整个地球表面的变化。全球生态危机实质上反映了人类活动与自然生态系统之间的良性互动关系被打乱,需要通过规范和引导人自身的活动来调节人与自然关系。生态文明是取代工业文

---

① 黄兴国:《要金山银山 更要绿水青山——学习习近平同志关于生态文明建设的重要论述》,载《求是》,2014年第3期。

明、延续人类生存、人与自然与社会和谐共生的最新文明形态①。不仅如此，生态文明没有在最先实现工业文明、最先爆发生态危机的西方发达国家中率先成为国家战略，反映出资本主义在人类生态文明向度上的局限性，这给社会主义引领人类生态文明进程提供了历史机遇。把习近平生态文明建设思想落到实处，需要遵循人类生态文明的历史趋势，始终坚持生态文明的价值理念和人与自然和谐发展的社会发展目标，把生态文明的价值目标与社会主义制度优越性结合起来，努力走向社会主义生态文明新时代。

（二）建构中国特色社会主义生态文明理论。中国生态文明建设既要面临着生态问题全球性的压力，又体现着中国基本国情和特殊发展阶段的特点。一方面，"地球生态环境的恶化，是西方发达国家上百年来，一味战胜自然、追求最大利润、过度奢侈消费的畸形工业化结果。"②

一方面，中国生态文明建设面临着发达国家消耗世界80%的资源、破坏殆尽的生态环境、西方极端环保主义反对压力的国际背景。另一方面，中国是一个人均自然资源不多、环境质量禀赋不高的国家，又处于工业化、城市化的发展阶段，生态文明建设的任务尤为艰巨。这一切都决定了中国不能像西方发达国家那样"先发展、后治理"，只能在马克思主义生态文明思想指导下探索具有中国特色的生态文明建设道路。首先，充分发挥马克思主义生态文明思想的指导作用。马克思主义生态文明思想是指导中国生态文明建设的思想武器，为辨别和借鉴各种生态理论、引领全社会的生态文明观念提供了理论指南。但目前关于马克思主义生态文明思想的理论范式、基本原则、理论内涵与时代价值的研究仍然不足，有待拓宽研究视角，扩大挖掘力度，取得更多成果。其次，正确定位社会主义生态文明的建设目标。根据马克思主义生态文明思想，人类利用改造自然，不应该只是损自然利人类的冲突过程，而应该是促进自然和人类共同繁荣的和谐过程。我们要在人类改造自然与"顺天法物"统一的基础上定位生态文明的建设目标，既体现"人的尺度"，又体现"自然界的尺度"，达到合目的性和合规律性的统一。③ 再次，构建中国特色社会主义生态文明理论。"自然环境与人的活动的相互作用是一种独特的物质变换过程，具有自己特殊的

---

① 刘希刚，王永贵：《习近平生态文明建设思想初探》，载《河海大学学报（哲学社会科学版）》，2014年第4期，第27-31页。
② 朱相远：《建设美丽中国的科学指南：学习习近平同志关于生态文明重要讲话中的哲学思想》，载《北京日报》，2014年5月12日。
③ 刘希刚，王永贵：《习近平生态文明建设思想初探》，载《河海大学学报（哲学社会科学版）》，2014年第4期，第27-31页。

规律，它们既不能归结为自然规律，也不能归结为社会规律。"① 我们需要在马克思主义生态文明思想指导下，从自然、社会与人本身的相互关系、相互作用中认识生态问题的本质，探索生态文明的建设规律，构建有中国特色的社会主义生态文明理论。

（三）发展先进生态文化，弘扬生态文化，增强生态意识。在全社会"加强生态文明宣传教育，增强全民节约意识、环保意识、生态意识，营造爱护生态环境的良好风气。"② 倡导生态价值观，引导人们尊重自然价值、环境价值和生态价值；把生态伦理道德纳入社会主义核心价值体系，发挥其社会道德约束力；培育人与自然和谐的生态文明意识，让尊重自然、保护生态成为全民行动。生态文化是人与自然和谐共存、协同发展的文化，是融合古今中外文明成果与时代精神、促进人与自然和谐共存的重要文化载体，是推进生态文明建设不可或缺的重要力量。公民生态意识的缺乏，实际上也是生态文化的缺乏。为此，应通过教育和各种宣传手段，帮助政府、组织和公民个人牢固树立尊重自然、顺应自然、保护自然的生态文明理念，树立天人合一的生态世界观、厚德载物的生态伦理观、顺应时中的生态实践观，为生态文明建设奠定坚实的思想道德基础。还应加快发展文化产业，生产更多蕴含绿色环保理念的文化产品，积极营造生态文化氛围，形成生态制度文化导向，从而在发展中统筹考虑生态环境目标和经济社会目标，实现人与自然的和谐发展。③

牢固树立生态红线观念，生态红线的观念一定要牢固树立起来。习近平同志强调，要牢固树立生态红线的观念。在生态环境保护问题上，就是要不能越雷池一步，否则就应该受到惩罚。这是对生态环境保护提出的新的更高要求。要结合贯彻落实《全国主体功能区规划》、《国务院关于加强环境保护重点工作的意见》，积极开展研究论证，尽快形成划定并严守生态红线的完整方案，抓好组织实施。红线，就是不能超出的界限、不能逾越的底线。生态红线观念的缺失，必然导致生态环境保护的随意性。对此，习近平同志特别强调，生态红线的观念一定要牢固树立起来。这体现了我们党保护生态环境的坚强决心和坚定意志。划定生态红线，是现实所逼，又是形势所需。长期的过度消耗、过度开

---

① 陈筠泉：《关于生态文明的几点思考》，载《马克思主义与现实》，2014年第1期，第5-7页。
② 《习近平在中共中央政治局第六次集体学习时强调坚持节约资源和保护环境基本国策努力走向社会主义生态文明新时代》，载《人民日报》，2013年5月25日。
③ 陶良虎：《建设生态文明 打造美丽中国——学习习近平总书记关于生态文明建设的重要论述》，载《理论探索》，2014年第2期，第10-11、68页。

发,使我国重要生态系统退化趋势明显。如不划定生态红线,生态欠账就还不上;一旦生态赤字过大,经济和文明就会濒临崩溃。当前,我国工业化、城镇化继续深入推进,一些地方仍在无节制地占土地、建园区、盖工厂,如果不划定生态红线,土地、林地、湿地、草原等生态资源就很难保住,最终将失去生存发展的根基。划定生态红线,必须系统思考、整体谋划。注重优化国土空间开发格局,划分生态功能区,统筹人口分布、经济布局、国土利用、生态环境保护,科学布局生产空间、生活空间、生态空间。在当前我国生态赤字较大、生态环境脆弱的情况下,生态红线必须高设,特别是林地、湿地、荒漠植被和物种四条生态红线更要设得高一些。否则,生态环境恶化的总态势就很难从根本上扭转,其他生态环境发展目标也很难实现①。生态红线一经划定,就要严格遵守,绝不能退让,退让就要受到惩罚。这就好比通电的高压线,是不能随意触碰的,否则就要付出代价。只有严起来,才能使禁止开发区、限制开发区、水源涵养地、生态屏障区、生态脆弱区得到切实有效保护,为子孙后代留下天蓝、地绿、水净的美好家园。

(四)突出生态优先,促进经济发展方式生态化转型。一个国家或地区的经济发展方式对其生态环境具有决定性影响,有什么样的经济发展方式就会有什么样的生态环境。可以说,经济发展方式落后和粗放是造成生态环境危机的重要根源,转变经济发展方式是减少污染、保护生态环境的关键举措②。经济发展方式不转变,建设生态文明就会成为一句空话。突出生态优先,转变发展方式,就是要从粗放型的以过度消耗资源破坏环境为代价的发展模式,向增强可持续发展能力的方式转变。要以减量化、再利用、能循环、无害化为原则,大力发展循环经济,坚决淘汰落后产能,降低经济发展对碳基能源的过度依赖,从源头上减少废物的产生。要加快培育以新能源、新材料等为重点的绿色技术、绿色产业,改善生态环境,提升生态质量。要不断提高资源产出效率。据统计,目前我国吨煤产出效率只有美国的28.6%,欧盟的16.8%,日本的10.3%。如果我国每吨标准煤的产出效率达到世界平均水平,目前的能耗量,就可产出超过14万亿美元的GDP③。转变发展方式,将为我国经济社会提供广阔的发展空

---

① 李军:《走向生态文明新时代的科学指南——深入学习贯彻习近平同志关于生态文明建设系列重要讲话精神》,载《人民日报》,2014年4月22日。
② 陶良虎:《建设生态文明 打造美丽中国——学习习近平总书记关于生态文明建设的重要论述》,载《理论探索》,2014年第2期,第10-11、68页。
③ 陶良虎:《建设生态文明 打造美丽中国——学习习近平总书记关于生态文明建设的重要论述》,载《理论探索》,2014年第2期,第10-11、68页。

间,也是生态文明建设的必由之路。与工业文明"原料—产品—废弃物"的非循环生产不同,生态文明要求的是实现由资源消耗型经济增长方式向生态循环型的经济发展方式的革命性转变,包括4个方面的内涵:发展目标从增长型经济转变为稳态型经济、物质流动方式从直线型经济转变为循环型经济、能量来源从化石型经济转变为阳光型经济、生产与消费模式从产品型经济转变为功用型经济①。

立足再生产全过程,制定完善环境经济政策。生产、流通、分配、消费的各个领域,都不同程度地利用资源、影响环境,单独在某一个或几个方面推行环境保护,都难以从根本上解决生态环境问题。要将生态环境保护作为重要因子纳入相关税种设计,建立健全环境税收政策体系。按照谁开发谁保护、谁受益谁补偿的原则,推动建立开发与保护地区之间、上下游地区之间、生态受益与生态保护地区之间的生态补偿机制。建立更好地反映市场供求关系、资源稀缺程度和环境损害成本的资源性产品价格形成机制。继续深化绿色信贷、排污权有偿使用和交易等政策。

(五)倡导绿色消费,共享低碳生活。生态文明从某种意义上说,也是消费文明。奢华的消费方式,不仅超出人的生理需求,而且超出自然界的承受界限,在加速污染环境的同时,也给人类自身带来一系列疾病。科学研究发现,高能耗、不健康的"异化消费",已成为人类退化的重大隐患②。因此,建设生态文明必须更新不可持续的消费方式。我国人口众多、人均资源稀少的特殊国情,决定了我们不应当也不可能模仿发达国家的消费模式,要以落实中央八项规定为契机,尽快建立与环境相协调、低能耗的生活消费体系,积极倡导适度、健康、低碳、绿色等消费模式,坚决反对和抵制浪费性、污染性消费,努力从消费终端促进生态文明建设。在生产领域,要在产业和税收政策方面扶持绿色产品生产,为绿色消费提供更多的市场选择;在城市交通建设领域,要重视公交出行、快速轨道交通系统和慢行系统的建设,让人民群众能够便捷地享用低碳出行;在城乡居住建设领域,要倡导绿色低碳建筑设计、建设和装修。

(六)完善生态文明建设制度体系,构建制度体系,加强生态制度保障。生态制度建设的核心是落实"最严格的制度"、"最严密的法治",建立系统完整

---

① 刘希刚,王永贵:《习近平生态文明建设思想初探》,载《河海大学学报(哲学社会科学版)》,2014年第4期,第27-31页。

② 陶良虎:《建设生态文明 打造美丽中国——学习习近平总书记关于生态文明建设的重要论述》,载《理论探索》,2014年第2期,第10-11、68页。

的生态文明制度体系，重中之重是把"生态红线"纳入干部政绩考核机制，建立严格的责任追究制度，探索构建 GEP（生态系统生产总值）考评指标体系。我国的生态文明还处于建设阶段，制度不完善、机制不健全，是"五位一体"的制度空白，生态文明体制改革更多的含义是体制建设。十八届三中全会提出，建设生态文明，必须建立系统完整的生态文明制度体系，用制度保护生态环境。要坚持全过程、全领域管控，构建起科学完备、运转有序的生态文明建设制度体系。从源头治理来看，要健全自然资源资产产权、国家自然资源资产管理体制、自然资源监管体制、实施主体功能区制度、建立空间规划体系、健全用途管制、建立国家公园体制等；从过程严管来说，要建立资源有偿使用制度、生态补偿制度、资源环境承载能力监测预警机制、污染物排放许可证制度等，把生态环境放在经济社会发展评价体系的突出位置，把资源消耗、环境损害、生态效益等体现生态文明建设状况的指标纳入经济社会发展评价体系，使之成为推进生态文明建设的重要导向和约束；从后果严惩来看，要建立生态环境损害责任终身追究制、实行损害赔偿制度等。习近平同志指出，只有实行最严格的制度、最严密的法治，才能为生态文明建设提供可靠保障。再也不能简单以国内生产总值增长率来论英雄，要把资源消耗、环境损害、生态效益等体现生态文明建设状况的指标纳入经济社会发展评价体系，增加考核权重，使之成为推进生态文明建设的重要导向和约束。建立责任追究制度，对那些不顾生态环境盲目决策、造成严重后果的人，必须追究其责任，而且应该终身追究。这些要求，催人警醒，意味着我们党将以更大勇气和决心推进生态文明建设。

（七）发挥主阵地作用，用新思路新举措推动环境保护新发展。环境保护是生态文明建设的主阵地，要遵循代价小、效益好、排放低、可持续的基本要求，继续探索环境保护新路。首先，要以环境保护优化经济发展，促进经济转型升级。在当前经济形势下，要密切关注和从严控制"两高一资"、低水平重复建设和产能过剩项目，把环境保护作为稳增长、转方式、调结构的重要引擎和关键抓手，以环境容量优化区域布局，以环境管理优化产业结构，以环境成本优化增长方式，以环境标准推动产业升级。其次，以三项重点工作为突破口，改善环境质量。以细颗粒物（PM2.5）防控为重点，深化大气污染防治；以饮用水安全保障为重点，强化重点流域和地下水污染防治；以解决农村生态环境问题为重点，深入推进村镇环境连片整治和土壤污染治理①。再次，以深化生态体

---

① 周生贤：《走向生态文明新时代——学习习近平同志关于生态文明建设的重要论述》，载《求是》，2013 年第 17 期，第 17-19 页。

制改革为动力,加快环境管理战略转型。以环境质量改善为目标导向,建立并完善适应生态文明建设新要求的环境管理体制,使环境管理从被动应对向主动防控转变,从控制局地污染向区域联防联控转变,从单纯防治一次污染物向既防治一次污染物又防治二次污染物转变,从单独控制个别污染物向多种污染物协同控制转变。

(八)实行最严格的制度、最严密的法治,为生态文明建设提供可靠保障。我国生态环境领域存在的问题,归根到底是体制机制问题。习近平同志强调,保护生态环境必须依靠制度、依靠法治。只有实行最严格的制度、最严密的法治,才能为生态文明建设提供可靠保障。一些地方之所以抓经济增长劲头大、抓生态保护力度弱,要害在于"GDP至上"的考核体系在发挥"指挥棒"作用。这样的考核方式不改变,各级干部就很难自觉建设生态文明。习近平同志明确指出,最重要的是要完善经济社会发展考核评价体系,把资源消耗、环境损害、生态效益等体现生态文明建设状况的指标纳入考评体系,再也不能以生产总值增长率论英雄。要采取分类考核办法,不搞"一刀切"。有的地方即使生产总值排位下滑,但在绿色发展方面搞上去了,在治理大气污染、解决雾霾方面作出了贡献,也是英雄。相反,对简单为了生产总值增长造成生态环境问题愈演愈烈,特别是对造成严重后果的,不但不能算政绩,而且要追究责任,甚至终身追究责任①。一些破坏生态、污染环境的行为之所以得不到有效制止,症结在于法律法规偏软、惩处不力。必须充分发挥法律的作用,将生态文明建设纳入法制化轨道,切实加强立法、执法等各个环节,真正做到有法可依、有法必依、执法必严、违法必究,形成依法保护生态环境的浓厚氛围。2015年,最高人民法院和最高人民检察院出台的《关于办理环境污染刑事案件适用法律若干问题的解释》已正式施行,标志着环境污染执法进入新的阶段;一些地方也已制定实施了各具特色的生态文明建设地方性法规,为规范各方行为提供了重要依据;有的城市设立了生态法庭、生态检察院、生态警察局,对环保违法行为形成了强大震慑。这些做法值得推广。坚持用制度管人、按法规办事,生态文明建设就有了坚强保障,建设美丽中国、走向生态文明新时代的美好愿景就一定能变成现实。

(九)增强生态产品生产能力。改革开放以来,随着我国经济社会快速发展,人民群众在对物质文化产品的需求不断增长的同时,对生态产品的需求也

---

① 李军:《走向生态文明新时代的科学指南——深入学习贯彻习近平同志关于生态文明建设系列重要讲话精神》,载《人民日报》,2014年4月22日。

越来越突出、越来越迫切。现在，吃绿色食品、饮干净水、吸新鲜空气、享宜人气候日益成为衡量人民生活水平和质量的一个重要标志；相反，一旦发生雾霾天气、企业污染、水源破坏等环境问题，公众反映就十分强烈，有的地方甚至引发群体性事件①。"人民对美好生活的向往，就是我们的奋斗目标。"面对人民群众对良好生态环境的期待和诉求，我们党坚持全心全意为人民服务的根本宗旨，从增强党执政能力、巩固党执政基础的高度，在更好提供物质文化产品的同时，更多地向人民群众提供生态产品。当前的一项重要任务，就是着力解决损害群众健康的突出问题，围绕治水、护林、净气、保土、降污等重点工程，打一场攻坚战、持久战。

习近平指出："良好生态环境是最公平的公共产品，是最普惠的民生福祉……"② 既然是公共产品，其生产行为就具有明显的公益性，在其生产过程中就要既发挥市场机制的作用，更发挥政府的作用。这就要求各级政府强化"抓生态就是抓民生"的理念，履行好公共服务职能。只有这样，才能把"增强生态产品生产能力"的要求落到实处，更好地满足人民群众对生态产品的需求。

（十）着力解决损害群众健康的突出环境问题，建设生态和谐社会。坚持以人为本保障人民群众生态需求，协调社会利益关系，促进全社会的生态和谐与公平；发展生态社会组织，扩大生态文明建设的社会参与；倡导生态型生活方式，建设适合国情的可持续消费社会。习近平同志指出，要以解决损害群众健康突出环境问题为重点，坚持预防为主、综合治理，强化水、大气、土壤等污染防治，着力推进重点流域和区域水污染防治，着力推进重点行业和重点区域大气污染治理。我国面临的环境问题比世界上任何国家都要复杂，解决起来的难度比任何国家都要大，任务更加艰巨。我们既要打好攻坚战，取得阶段性成果，逐步改善环境质量，让人民群众看到政府的决心，看到环境问题解决的希望，也要做好打持久战的准备。

（十一）完善工作格局，凝聚最强合力。要遵循"政府、企业、公众"协同参与规律，完善政府主导、企业主体、全民行动的基本工作格局，形成生态文明建设的最强合力。政府要把确保国家生态环境安全和基本环境质量作为重要的服务职责，充分发挥引导、支持和监督作用；企业要自觉践行保护生态环

---

① 李军：《走向生态文明新时代的科学指南——深入学习贯彻习近平同志关于生态文明建设系列重要讲话精神》，载《人民日报》，2014年4月22日。
② 中央文献研究室编：《习近平关于前面深化改革论述摘编》，中央文献出版社2014年版，第107页。

境的发展理念,尽快走上节约能源、循环发展、创新驱动的发展道路;公民个人要自觉养成保护生态环境的良好习惯,同时要积极参与制定、实施、监督、评判环保新政等工作①。

(十二)维护国家生态安全。保护生态环境是全人类的共同行动和世界各国的共同责任。中国在全世界高擎绿色发展旗帜,一方面,要扩大生态国际合作,借鉴各国先进生态环境治理经验;另一方面,要在国际关系中抵制生态掠夺和生态贸易壁垒,切实维护好国家的生态安全。

(十三)探索环境保护新路。习近平强调,决不以牺牲环境为代价去换取一时的经济增长。用生态文明的理念来看环境问题,其本质是经济结构、生产方式和消费模式问题,决不走先污染后治理、牺牲环境换取经济增长的老路,要探索走出一条环境保护新路。我们既要借鉴西方发达国家治理污染的经验教训,又要结合我国国情和发展阶段,改革创新,用新理念新思路新方法来进行综合治理,发挥体制和制度优势,尽量缩短污染治理进程,以最小的资源环境代价支撑经济社会持续健康发展。②

---

① 陶良虎:《建设生态文明 打造美丽中国——学习习近平总书记关于生态文明建设的重要论述》,载《理论探索》,2014年第2期,第10-11、68页。
② 周生贤:《走向生态文明新时代——学习习近平同志关于生态文明建设的重要论述》,载《求是》,2013年第17期,第17-19页。

第十二章

全面深化改革必须处理好若干重大关系

习近平指出，改革开放是前无古人的崭新事业，必须坚持正确的方法论，把握好全面深化改革的若干重大关系，在不断实践探索中推进。党的十八大以来，习近平站在新的历史起点上，围绕全面深化改革发表了一系列重要论述，不仅在对中国特色社会主义规律和全面深化改革内在规律的认识上达到了新高度，而且丰富和发展了唯物辩证的马克思主义方法论思想，为全面深化改革提供了方法论指导。贯彻落实党的十八大和十八届三中全会精神，全面深化改革，就必须深刻领会习近平关于全面深化改革的方法论思想。

一、必须坚持"摸着石头过河"与"加强顶层设计"的统一

改革开放是前无古人的崭新事业，必须在不断实践探索中推进。摸着石头过河，是富有中国特色、符合中国国情的改革方法。摸着石头过河就是摸规律，从实践中获得真知。摸着石头过河和加强顶层设计是辩证统一的，推进局部的阶段性改革开放要在加强顶层设计的前提下进行，加强顶层设计要在推进局部的阶段性改革开放的基础上来谋划①。加强顶层设计，是更加注重改革的系统性、整体性、协同性。当改革打响攻坚战，迫切需要把顶层设计和基层创新结合起来，在摸着石过河中把握规律，在统筹规划中推进改革②。《决定》表明，在思想方法上，中国能否做到"顶层设计和摸着石头过河相结合"，从而为改革提供具有系统性、整体性、协同性的方法论保证，是决定中国特色社会主义伟大事业成败的关键之一。而"顶层设计和摸着石头过河相结合"这一提法本身，就意味着一种向实践唯物主义思维方式的回归。"顶层设计"原本是一个工程学概念，后被扩展到各个领域。"顶层设计"主要是以社会实践系统的整体性和有

---

① 王连喜：《论习近平以人为本全面深化改革的哲学观》，载《特区实践与理论》，2014年第3期，第23-27页。
② 《统筹协调，上下呼应闯险滩》，载《人民日报》，2013年11月11日。

序性为前提,从系统结构的"顶端"或"高层"着手,去解决一些宏观的基础性问题,建构必要的基本理念和思路,如制定全局性的理念和目标,为各子系统提供指导性的原则和方法等①。"摸着石头过河"是对人类社会发展基本过程的一个形象比喻。总体上可以说,人类的发展从来没有现成的经验和完备的模式可以遵循,过去没有,今后也不会有。所以,在实践中探索、"摸着石头过河"总是一种宏观上的常态;对于建设中国特色社会主义这一前无古人的伟大探索来说,根本的途径更是只能如此。改革只有进行时,没有完成时。但是,"摸石头"最终目的是为了"过河";而"过河"本身即已经是一个有方向、有目的、有原则的"顶层设计"了。特别是相较于"只想过河却不问深浅"、"只摸石头不过河"或"既不过河也不摸石头"等其他选择而言,应该说"摸着石头过河"代表了一种主动、积极、稳妥地实施"顶层设计"的思路②。当前我们要的"过河",简单说就是实现民族振兴、国家富强、人民幸福的"中国梦"。这是一条艰难曲折的道路,我们为此而坚定不移地"摸着石头过河",这是绝不可以与没有原则的庸俗实用主义和机会主义相混同的。我国的改革开放是从摸着石头过河起步的,摸着石头过河是富有中国特色、符合中国国情的改革方法,也是我们党成功领导改革开放事业的高超智慧和宝贵经验。但是,改革开放作为决定当代中国命运的关键抉择,其实从一开始就有顶层设计。事实证明,摸着石头过河与加强顶层设计并非矛盾对立的,坚持两者辩证统一是我们党在改革方法论上的重大创新。坚持两者辩证统一,形成顶层决策和一线探索之间的良性互动,是全面深化改革必须坚持的重要方法。既要加强顶层设计又要善于运用好"摸着石头过河"的方法。"顶层设计"有助于对我国全面深化改革进行宏观科学把握,有助于调动社会各方面的力量促进改革全面协调发展;"摸着石头过河"是被中国改革开放伟大实践证明了的行之有效、历久弥新的科学正确的方法。在全面深化改革中正确地使用这两种方法,可以相得益彰,确保改革收到预期的效果。经过30多年的改革开放实践,当前党和国家领导人积累了丰富的改革经验,总结了改革的整体特点和规律,开辟了具有中国特色的现代化改革之路。这一切主要得益于顶层设计与摸着石头过河的紧密结合,摸着石头过河和加强顶层设计二者是辩证统一的,习近平总书记在十八届三中

---

① 李德顺:《从哲学高度关注全面深化改革》,载《哲学动态》,2014年第1期,第14-18页。
② 李德顺:《从哲学高度关注全面深化改革》,载《哲学动态》,2014年第1期,第14-18页。

全会报告中指出,"深入推进改革的捷径就是要辩证统一地处理好'顶层设计和摸着石头过河的关系',顶层设计的谋划是以局部的阶段性的改革实践为基础,而局部的阶段性的改革实践推进要以强化顶层设计为前提。"① 顶层设计承担着为改革整体谋划提供全局性、系统性规范的作用,摸着石头过河作为一种渐进的改革方法,是在实践基础上摸索规律、逐步推进,并辅之巨大的勇气和决心来推动的。因此,将摸着石头过河与顶层设计二者相结合,全面部署、统筹规划、逐步探索推进改革,不断完善和强化改革的总体方针和战略部署,这也是十八届三中全会所体现出的重要改革方法论②。坚持顶层设计与摸着石头过河的统一。顶层设计与摸着石头过河,不是非此即彼或厚此薄彼,而是有机统一,互相促进。全面深化改革,需要做好改革的顶层设计。习近平指出:"改革推进到现在,必须在深入调查研究的基础上提出全面深化改革的顶层设计和总体规划,提出改革的战略目标、战略重点、优先顺序、主攻方向、工作机制、推进方式,提出改革总体方案、路线图、时间表。"③ 所谓顶层设计,就是要对经济体制、政治体制、文化体制、社会体制、生态体制做出统筹设计,加强对各项改革关联性的研判,努力做到全局和局部相配套、治本和治标相结合、渐进和突破相促进。改革进入深水区,但是摸着石头过河的方法没有过时。摸着石头过河就是摸规律,从实践中获得真知。

随着改革的深入,我们确实积累了一些经验,认识了一些规律,但是实践在发展变化,我国各地情况差异较大,新情况、新问题层出不穷,提高改革决策科学性的要求越来越高,这就要求在基层一线大胆探索、先行先试,取得经验,形成共识。摸着石头过河,富有中国智慧,适合中国国情,符合人们对客观规律的认识过程,符合事物从量变到质变的辩证法。通过试点探索,投石问路,看得很准了再推开,是避免出现无法弥补的颠覆性失误的好方法④。坚持顶层设计与摸着石头过河的统一,首先,改革要在"自上而下"和"自下而上"的有机结合中推进。顶层设计要建立在深入调查研究的基础上,而不是坐在办公室里闭门造车,要力求完善、慎重,最大限度地减少改革的系统性风险,

---

① 竺乾威:《辩证看待顶层设计与摸着石头过河的关系》,载《北京日报》,2013年1月7日。
② 郑烨、徐萌萌:《论以习近平为首的新一届中央领导集体的改革思想》,载《甘肃理论学刊》,2014年第6期。
③ 中央文献研究室:《习近平关于全面深化改革论述摘编》,中央文献出版社2014年版,第31页。
④ 韩玉芳、何军:《习近平全面深化改革思想的方法论特征及其启示》,载《新视野》,2014年第6期,第4—8页。

基层探索要以顶层设计的相关理念来引领，为顶层设计的完善、优化提供更多依据；顶层设计要在分层对接中实现，基层探索要赋予顶层设计思路与活力，不断把改革开放引向深入。其次，在摸着石头过河中要勇于开拓，探索规律，"多做少说，务求实效"，"要按照已经认识到的规律来办，在实践中再加深对规律的认识，创造可复制、可推广的经验和制度，而不是脚踩西瓜皮，滑到哪里算哪里"。① 最后，要推进国家治理体系和治理能力的现代化。无论是顶层设计还是摸着石头过河，都是对国家治理体系和治理能力的考验。要实现党、国家、社会各项事务治理制度化、规范化、程序化；要更加注重治理能力建设，善于运用制度和法律治理国家，把各方面制度优势转化为管理国家的效能，提高党科学执政、民主执政、依法执政水平。

二、必须坚持胆子要大与步子要稳的统一

胆子大、步子稳，是全面深化改革进程中的一个极具现实意义的马克思主义哲学命题，是我国当前全面深化改革必须运用的一种重要的辩证思维方法，是"摸着石头过河"的经验总结和理论升华。习近平总书记指出："我国是一个大国，决不能在根本性问题上出现颠覆性错误，一旦出现就无法挽回、无法弥补。下一步改革将不可避免触及深层次社会关系和利益矛盾，牵动既有利益格局变化。全面深化改革涉及面广，重大改革措施可能牵一发而动全身，必须慎之又慎。要处理好尊重客观规律与发挥主观能动性的关系。"对此，习近平指出："一方面，要坚持一切从实际出发，按照客观规律办事，一张蓝图抓到底，抓好打基础利长远的工作，不能拍脑袋、瞎指挥、乱决策，杜绝短期行为、拔苗助长。另一方面，要鼓励地方、基层、群众大胆探索、先行先试，及时总结经验，勇于推进理论创新，不断深化对改革规律的认识。我们提出加强顶层设计和摸着石头过河相结合、整体推进和重点突破相促进，这是全面深化改革必须遵循的重要原则，也是历史唯物主义的要求"。习近平讲这段话意在强调，既要坚持实事求是，一切从实际出发，又要增强顶层设计的科学性，在政策执行的过程中要采用摸着石头过河的方法，通过先行先试不断地积累经验，及时地总结经验，实现整体推进和重点突破完美统一。这样，才能做到既胆子大，又

---

① 中央文献研究室：《习近平关于全面深化改革论述摘编》，中央文献出版社2014年版，第43页。

步子稳，才能使全面深化改革收到最大成效①。处理好胆子要大与步子要稳的关系。胆子要大，就是要坚定改革的决心和勇气；步子要稳，就是方向一定要准，就是要统筹考虑、行驶一定要稳，要统筹考虑、全面论证、科学决策。胆子要大与步子要稳相结合，才能既有闯的劲头，又不会犯根本性、方向性的错误。

习近平指出，搞改革，现有的工作格局和体制运行不可能一点都不打破，不可能都是四平八稳、没有任何风险。只要经过了充分论证和科学评估，只要是符合实际、必须做的，该干的还是要大胆干。强调步子要稳，就是各项改革必须有序推进，不能任由各地各部门自行其是、各自为战，不能跑急、跑偏、跑乱②。行稳才能致远，改革才能图治。把握好"稳"与"改"，既是经济工作主旋律，更是全面深化改革的辩证法③。改革开放是决定当代中国命运的关键一招。现在，推进改革矛盾多，难度大，但不改不行。习近平强调，我们要拿出勇气，坚持改革开放正确方向，"敢于啃硬骨头，敢于涉险滩。既勇于冲破思想观念的障碍，又勇于突破利益关系的藩篱"④。

习近平指出，下一步改革将不可避免触及深层次社会关系和利益矛盾，牵动既有利益格局调整。全面深化改革涉及面广，重大改革举措可能牵一发而动全身，必须慎之又慎。在越来越深的水中前行，遇到的阻力必然越来越大，面对的暗礁、潜流、旋涡可能越来越多。现阶段推进改革，必须识得水性、把握大局、稳中求进⑤。实践告诉我们，有的政策经过一段时间后发现有偏差，要扭转回来很不容易。因此改革措施的出台一定要经过大量调研、充分论证和科学评估，不能随便"翻烧饼"。胆子要大与步子要稳相结合，就是既要有排险闯关、突破自我、敢为人先的胆识，又要有把握规律、循序渐进、锲而不舍的智慧；点上试点胆子要大，勇于探索、敢闯敢试，面上推行步子要稳，审慎稳妥、稳扎稳打。坚持胆子要大与步子要稳的统一，首先，要有"明知山有虎，偏向

---

① 李新市：《科学把握和运用全面深化改革的方法——学习习近平总书记"用改革开放的办法解决改革开放中的矛盾"重要论述》，载《环渤海经济瞭望》，2015年第1期，第3－7页。
② 杜飞进：《深刻把握和自觉运用全面深化改革的辩证法——略论习近平同志关于全面深化改革的方法论思想》，载《新重庆》，2014年第3期，第5－7页。
③ 《统筹协调，上下呼应闯险滩》，载《人民日报》，2013年11月11日。
④ 中央文献研究室：《习近平关于全面深化改革论述摘编》，中央文献出版社2014年版，第41页。
⑤ 中央文献研究室：《习近平关于全面深化改革论述摘编》，中央文献出版社2014年版，第42页。

虎山行"的政治魄力。改革如逆水行舟，不进则退，"在中国这样一个拥有十三亿多人口的国家深化改革，绝非易事"。"全面深化改革是一场攻坚战，是对我们党执政能力的一次重大考验"。① 这就要求我们拿出政治勇气来，不怕担风险，坚定不移地干。其次，要有责任担当。深化改革，难免触动一些人的"奶酪"，碰到各种复杂关系的羁绊。要突破既得利益，一往无前推进改革，就需要有胆识、有智慧、有担当。不能瞻前顾后，犹豫观望，怕得罪人，更不能各取所需、挑三拣四甚至借改革之名强化局部利益。要改革就会有压力和阻力，包括自我革新的压力和阻力，要以对历史负责、对人民负责、对国家和民族负责的责任感和事业心承受这些压力和代价。最后，要有扎实细致的改革作风。全面深化改革是一个需要以坚韧不拔的精神步步推进的艰苦过程，要以抓铁有痕、踏石留印的劲头，做到言必信、行必果。"天下难事，必做于易；天下大事，必做于细"。步步为营，久久为功，做到"蹄疾而步稳"。②

处理好胆子要大与步子要稳的关系。胆子要大，就是要坚定改革的决心和勇气；步子要稳，就是要统筹考虑、全面论证、科学决策。胆子要大与步子要稳相结合，才能既有闯的劲头，又不会犯根本性、方向性的错误。习近平同志指出，提出改革举措当然要慎重，要反复研究、反复论证，但也不能因此就谨小慎微、裹足不前，什么也不敢干、不敢试。搞改革，现有的工作格局和体制运行不可能一点都不打破，不可能都是四平八稳、没有任何风险。只要经过了充分论证和评估，只要是符合实际、必须做的，该干的还是要大胆干。那么，怎么判断哪些该干哪些不该干呢？判断标准就是"四个有利于"，即只要有利于解放和发展社会生产力，只要有利于推动经济社会持续健康发展，只要有利于实现好、维护好、发展好最广大人民根本利益和切身利益，只要有利于巩固党的执政基础和执政地位，就要大胆试、大胆闯，就要坚决破、坚决改③。

三、必须坚持解放思想与实事求是的统一

解放思想，就是要打破本本主义和教条主义的束缚，研究新情况、解决新问题、开拓新思路。毕竟中国特色社会主义建设没有既成的思路可循，马克思

---

① 中央文献研究室：《习近平关于全面深化改革论述摘编》，中央文献出版社2014年版，第147页。
② 中央文献研究室：《习近平关于全面深化改革论述摘编》，中央文献出版社2014年版，第145-148页。
③ 杜飞进：《深刻把握全面深化改革的辩证法　习近平关于全面深化改革的方法论思想》，载《人民论坛》，2013年第36期，第32-35页。

的历史唯物主义为我们提供的也只是方法而不是教义，只有解放思想，才能冲破思想观念的障碍，看清各种利益固化的症结，找准突破的方向和着力点。而"'实事'就是客观存在着的一切事物，'是'就是客观事物的内部联系，'求'就是我们去研究。"① 实事求是是我们认识客观世界的一种唯物主义方法，要力争把握事物所固有的内在规律性，在尊重客观规律的前提下发挥主体创造性，只有这样才能达到预期效果，这是马克思主义的精髓。解放思想是为了更好地做到实事求是，最大限度凝聚改革共识，形成改革合力。只有在坚持正确思维方法的前提下把解放思想和实事求是统一起来，作为改革的指导原则，我们党才能推动各项事业向前发展。从本质上看，解放思想与实事求是二者是相辅相成、辩证统一的关系。实事求是要求必须是以解决现实问题为改革的出发点，要立足实际，科学寻找改革的方法论。

中共十八届三中全会报告指出，"发现和找准问题是深化改革的出发点……"。而解放思想要求改革过程中要勇于创新、大胆创新，找准问题所在的关键症结，瞄准突破口，探索解决问题的着力点和方案。目前，改革已进入深水期和攻坚期，"好吃的肉都吃完了，留下的只有难啃的硬骨头"，但必须迎难而上，勇于探索改革深水区，破除改革的桎梏。全会明确提出了，"要敢于涉险滩，敢于啃硬骨头，以更大的决心和勇气冲破思想观念的束缚，破除利益固化的藩篱。"藩篱，本意是指用竹木编织而成的篱笆或栅栏，引申为"边界、屏障"；利益固化的藩篱形象地比喻了所有与利益分沾相关的特权阶级的形成，以及当前地方保护主义和部门保护主义等竞争不规范、规则不统一的现象，而利益藩篱存在的根源是资源配置的扭曲和政府的过度干预②。因此，全会强调发挥市场在资源配置中的积极作用，限制政府权力膨胀，深化行政审批制度改革，取消不必要的审批，规范管理保留的审批事项，提高行政效率。总之，解放思想与实事求是是深化改革的重要方法论，是克服部门利益的掣肘，是与邓小平等国家领导人的思想一脉相承的③。处理好解放思想与实事求是的关系。解放思想是最根本的解放，是解放和发展生产力、解放和增强社会活力的总开关。全面深化改革要有新突破，就必须进一步解放思想。但解放思想不是思想的随意发散，而必须以实事求是为目的和准则。解放思想与实事求是是辩证统一的，

---

① 《毛泽东选集》（第3卷），人民出版社1991年版，第801页。
② 河南省中国特色社会主义理论体系研究中心：《深化改革要突破利益固化的藩篱》，载《光明日报》，2013年9月20日。
③ 郑烨，徐萌萌：《论以习近平为首的新一届中央领导集体的改革思想》，载《甘肃理论学刊》，2014年第6期。

解放思想就是找出症结、寻找答案、探索规律、追求真理的过程；而要做到实事求是，就必须坚持解放思想，勇于突破思想观念的障碍和利益固化的藩篱，勇于打破思想的僵化和利益的羁绊。全面深化改革要有新突破，就必须进一步解放思想。一方面，冲破思想观念的障碍，破除体制机制弊端，需要思想解放，领导改革开放这一前无古人、世所罕见的伟大事业，最要不得的是思想僵化、故步自封。另一方面，当前的改革，不仅要解放禁锢的头脑，而且要击碎固化的利益。而这同样需要解放思想。因为"思想不解放，我们就很难看清各种利益固化的症结所在，很难找准突破的方向和着力点，很难拿出创造性的改革举措"。① 一些人嘴上说思想解放，骨子里怕思想解放；一些部门抽象地赞成思想解放，具体地反对思想解放。说到底是一个利益问题。可见，影响改革的思想障碍很多不是来自体制外而是来自体制内，尤其来自各种既得利益的羁绊。在新形势下解放思想，不仅要有时不我待的历史紧迫感，更要有自外于既得利益的政治担当。当然，解放思想又必须以实事求是为目的和准则，不能脱离客观实际蛮干。"刻舟求剑不行，闭门造车不行，异想天开也不行"。②

　　解放思想与实事求是的辩证统一就在于，解放思想是探索规律、追求真理的过程，必然立足于实事求是的基础之上；而要做到实事求是，就必须打破束缚、解放思想。坚持解放思想与实事求是的统一，首先，要鼓励解放思想，敢试敢闯。习近平指出，对认识还不深入、但又必须推进的改革，要大胆探索、试点先行。有些改革涉及深层制度因素和复杂利益关系，一时难以在面上推开，要发挥改革试点的侦察兵和先遣队作用，找出规律，凝聚共识，为全面推开积累经验、创造条件。其次，要树立自我革新的勇气和境界，克服部门利益掣肘，摆脱局部利益的狭隘视野，穿透短视思维的迷雾，满足人民对公平正义的追求，涵养"计利当计天下利"的情怀。再次，要一切从实际出发，大兴调查研究之风。习近平多次强调调查研究是改革决策科学化的前提，他说："调查研究是谋事之基、成事之道。没有调查，就没有发言权，更没有决策权。"③ 要按照客观规律办事，扎实工作，一张蓝图抓到底，不能拍脑袋、瞎指挥、乱决策，杜绝短期行为、揠苗助长。最后，要通过体制机制创新，处理好活力和有序的关系。

――――――――

① 中央文献研究室：《习近平关于全面深化改革论述摘编》，中央文献出版社 2014 年版，第 139 页。

② 中央文献研究室：《习近平关于全面深化改革论述摘编》，中央文献出版社 2014 年版，第 37 页。

③ 中央文献研究室：《习近平关于全面深化改革论述摘编》，中央文献出版社 2014 年版，第 37 页。

社会发展需要充满活力,但这种活力又必须是有序活动的。"死水一潭不行,暗流汹涌也不行"。① 要通过深化改革,建立起充满生机和活力的体制机制,使解放思想与实事求是的统一得到体制机制的保障。

四、必须坚持整体推进与重点突破的统一

坚持统筹谋划,把握整体推进与重点突破相结合的基本方法,注重提高改革的系统性、整体性、协同性。辩证唯物主义认为,在复杂的事物发展过程中,有许多的矛盾存在,其中必有一种是主要的矛盾,由于它的存在和发展规定或影响着其他矛盾的存在和发展。研究任何过程,不能把过程中所有的矛盾平均看待,必须把它们区别为主要的和次要的两类,全力去找出主要矛盾。同样,在矛盾的诸方面,其发展也是不平衡的,必有一方面是主要的,即起主导作用的方面。事物的性质,主要是由取得支配地位的矛盾的主要方面所规定的。抓住了主要矛盾和矛盾的主要方面,一切问题就会迎刃而解。然而这种情形不是固定不变的,而是发展变化的,主要矛盾和次要矛盾、矛盾的主要方面和次要方面相互依赖、相互影响,在一定条件下又会相互转化。这就要求我们在全面深化改革过程中,必须坚持两点论与重点论的统一,既要全面看问题,又要分清主流和支流,既要整体推进制度体系构建,又要抓住重点集中力量予以突破。没有整体推进,难免会顾此失彼,使改革举步维艰;没有重点突破,也难免会乱了节奏,让改革久推不转②。正如毛泽东同志曾用弹钢琴比喻干工作,"要十个指头都动作",同时"要有节奏,要互相配合"。推进改革,也是如此。

整体推进,才能统筹协调,把握改革大局。自古不谋万世者,不足谋一时;不谋全局者,不足谋一域。我们的改革历来就是全面改革。虽然在某个时期,在某些领域可能快一点或慢一点,但总体上不存在哪些方面改了,哪些方面没有改。作为一场全面的社会变革,随着改革的不断深化,各个领域各个环节的关联性和互动性明显增强,每一项改革都会对其他改革产生重要影响,每一项改革又需要其他改革协同配合,必须全面考量、总体谋划,不能畸轻畸重,也难以单兵突进。要紧紧围绕党的十八大提出的"五位一体"总布局,全面推进经济体制、政治体制、文化体制、社会体制和生态体制改革,不断完善党的领导相关制度,更加注重改革措施的相互促进、良性互动、协同配合,促进现代

---

① 中央文献研究室:《习近平关于全面深化改革论述摘编》,中央文献出版社 2014 年版,第 17 页。
② 舒国增:《全面深化改革的哲学思考》,载《浙江日报》,2013 年 11 月 1 日。

化建设各个环节、各个方面相协调，促进生产关系与生产力、上层建筑与经济基础相协调。对看准了的改革，要下决心推进，争取早日取得成效。对涉及面广泛的改革，要同时推进配套改革，形成"1+1＞2"的叠加效应①。重点突破，才能以点带面，取得改革实效。整体推进不是平均使力、齐头并进，而要注重抓改革的重点领域和关键环节。重点领域"牵一发而动全身"，关系改革大局，是改革的重中之重；关键环节"一子落而满盘活"，关系改革成败，是改革的有力支点。

我国的改革是涉及经济体制、政治体制、文化体制、社会体制、生态文明体制和党的建设体制等各领域各方面的全面改革，如果不注重各项改革措施的协调配合，造成改革的"短板"，就会使改革效果大打折扣，甚至成为继续深化改革的阻碍。因此，全面深化改革必须更加注重各项改革的相互配合、相互促进、良性互动。但整体推进并不意味着没有重点，唯物辩证法的两点论不是均衡的两点论，而是有重点的两点论。因此，在全面推进各领域各方面改革的同时，必须注意突出重点，抓住影响全局的主要矛盾②。改革的整体推进是党的十八届三中全会提出全面深化改革的重要特点。习近平指出，过去，我们也提出过改革目标，但大多是从具体领域提的。十八届三中全会提出全面深化改革的总目标，并在总目标统领下明确了经济体制、政治体制、文化体制、社会体制、生态文明体制和党的建设制度深化改革的分目标。这是改革进程本身向前拓展提出的客观要求，体现了我们党对改革认识的深化和系统化。"这项工程极为宏大，零敲碎打调整不行，碎片化修补也不行，必须是全面的系统的改革和改进。"③ 宏观经济改革要与微观经济改革配套实施，经济、政治、文化、社会、生态各领域的体制改革也应协调推进，这样的改革才能有方向、有动力，才能确保改革成果惠及人民群众，不断提高人民群众的思想道德素质和科学文化素质，保障人民群众充分享有各方面合法权益。

当然，整体推进并不意味着没有重点，习近平指出："整体推进不是平均用力、齐头并进，而是要注重抓主要矛盾和矛盾的主要方面，注重抓重要领域和关键环节，努力做到全局和局部相配套、治本和治标相结合、渐进和突破相衔

---

① 舒国增：《全面深化改革的哲学思考》，载《浙江日报》，2013年11月1日。
② 杜飞进：《深刻把握和自觉运用全面深化改革的辩证法——略论习近平同志关于全面深化改革的方法论思想》，载《新重庆》，2014年第3期，第5-7页。
③ 中央文献研究室：《习近平关于全面深化改革论述摘编》，中央文献出版社2014年版，第27页。

接，实现整体推进和重点突破相统一。"① 坚持整体推进与重点突破的统一，首先，要整体谋划、配套改革、形成合力。随着改革开放不断深入，改革开放的关联性和互动性明显增强，每一项改革都会对其他改革产生重要影响，又都需要其他改革协同配合。单兵独进的改革已经不适应新形势的需要，要从改革的系统性出发，各项制度、政策和措施要协同推进，相互配合，防止畸重畸轻、封闭内耗、顾此失彼。其次，要突出重点。党的十八届三中全会提出全面深化改革的方案，是着眼于解决当前的突出矛盾和问题仅仅依靠单个领域的改革难以奏效而提出的。当前的突出矛盾和问题仍然是以经济建设为中心，发展是重中之重。"只有紧紧围绕发展这个第一要务来部署各方面改革，以解放和发展社会生产力为改革提供强大牵引，才能更好推动生产关系与生产力、上层建筑与经济基础相适应"②。以经济体制改革为重点，发挥经济体制改革牵引作用。

习近平指出，"整体推进不是平均用力、齐头并进，而是要注重抓主要矛盾和矛盾的主要方面，实现整体推进和重点突破相统一。"十八届三中全会用"六个紧紧围绕"描绘了全面深化改革的路线图，突出强调以经济体制改革为重点，发挥经济体制改革牵引作用。在全面深化改革中，我们要坚持以经济体制改革为主轴，努力在重要领域和关键环节改革上取得新突破，以此牵引和带动其他领域改革，使各方面改革协同推进、形成合力③。再次，要点面结合。改革中的"点"有主次。抓准主要矛盾，牵住牛鼻子，用"小切口"解决"大问题"。十八大以来，简政放权这一"马前卒"疾步快跑，200多项行政审批事项取消或下放，推动政府"自我革命"；"营改增"渐次铺开，对进一步理顺中央和地方财税关系形成倒逼。改革中的"面"，并不意味着单兵突进。改革不断深入，各领域各环节改革的关联性互动性明显增强，每项改革都会对其他改革产生重要影响，每项改革又都需要其他改革协同配合。必须增强系统性、整体性、协同性。深化改革不能眉毛胡子一把抓。选择一些重点领域和关键环节作为突破口，以点带面，牵一发而动全身，对改革大局尤为关键④。最后，要有序推进

---

① 中央文献研究室：《习近平关于全面深化改革论述摘编》，中央文献出版社2014年版，第44页。
② 中央文献研究室：《习近平关于全面深化改革论述摘编》，中央文献出版社2014年版，第47页。
③ 何建辉：《深刻把握全面深化改革的哲学智慧》，载《当代江西》，2014年第11期，第28-29页。
④ 《统筹协调，上下呼应闯险滩》，载《人民日报》，2013年11月11日。

改革。"立治有体,施治有序",① 要做到系统治理、依法治理、源头治理、综合施策,"该中央统一安排的各地不要抢跑,该尽早推进的不要拖延,该试点的不要面上仓促推开,该深入研究后再推进的不要急于求成,该先得到法律授权的不要超前推进。要避免在时机尚不成熟、条件尚不具备的情况下一哄而上,欲速而不达"。② 做好从垂直到扁平、从单向到体系、从政策到法治、从治标到治本的改革大文章。

五、必须坚持改革、发展、稳定的统一

处理好改革发展稳定的关系,才能促进社会和谐稳定。改革是动力,发展是目的,稳定是前提。尤其当下的中国正处于社会转型期,社会各个层面都发生着日益深刻的变化,利益格局错综复杂,文化思潮多元激荡,核心价值观的整合与引领作用仍然有很大的发挥空间,尤其是国内外反华势力相互勾结蠢蠢欲动,因此稳定压倒一切仍然是改革发展的必要前提。要妥善协调好各方的利益关系,科学处理社会问题,改革发展稳定统一于构建和谐社会的理念与行动③。稳定是改革发展的前提,必须坚持改革发展稳定的统一。改革是发展中国特色社会主义的强大动力,发展是解决中国一切问题的总钥匙,稳定是改革发展的前提,这是改革发展稳定的基本关系。作为中国特色社会主义的三个重要支点,改革发展稳定的关系贯穿改革开放全过程。发展是解决经济社会一切问题的关键,改革是经济社会发展的主要动力,稳定是改革发展的前提和保证,三者存在着不可分割的内在联系,是内在统一的有机整体。改革发展稳定的关系贯穿于改革开放的全过程,把改革的力度、发展的速度和社会可承受的程度统一起来,是30多年改革开放取得成功的重要经验。

习近平指出,稳定是改革发展的前提,必须坚持改革发展稳定的统一。只有社会稳定,改革发展才能不断推进;只有改革发展不断推进,社会稳定才能具有坚实基础。当前,改革发展稳定相互交融的态势更加明显,改革面临着更深层次的利益调整,发展面临着错综复杂的矛盾和问题,稳定也面临着诸多风险和挑战。这样的复杂环境,对于我们处理好改革发展稳定的关系,把改革的

---

① 中央文献研究室:《习近平关于全面深化改革论述摘编》,中央文献出版社2014年版,第26页。
② 中央文献研究室:《习近平关于全面深化改革论述摘编》,中央文献出版社2014年版,第49页。
③ 杨玉洪,唐俭军:《正确把握全面深化改革的政治原则——学习习近平总书记关于深化改革的重要论述》,载《白城师范学院学报》,2014年第6期,第1—4、19页。

力度、发展的速度和社会可承受的程度统一起来,提出了更高要求。习近平同志深刻指出,把改善人民生活作为正确处理改革发展稳定关系的结合点。这不仅明确指出了改革发展稳定的价值指向,而且为处理好改革发展稳定的关系提供了一把金钥匙。坚持改革、发展、稳定的统一。

改革、发展、稳定三者关系,始终是中国现代化建设中总揽全局的重大关系。对此,习近平在很多场合有着详尽的论述和深刻的理解,他说:改革是经济社会发展的强大动力,发展是解决一切经济社会问题的关键,稳定是改革发展的前提。"稳"也好,"改"也好,是辩证统一、互为条件的。一静一动,静要有定力,动要有秩序,关键是把握好三者之间的度。要把握好改革的力度,改革不是小打小闹,不是修修补补,而是"一种革命","不失时机地推进重要领域和关键环节改革";要把握好发展的速度,中国的现代化是后发追赶型的,时不我待,保持一定的增长速度是历史发展的必然要求;要把握好社会的可承受程度,30多年来,中国改革遵循从易到难、从农村到城市、从外围到核心、从增量到存量的顺序不断推进。在社会稳定中推进改革、发展,在改革、发展中促进社会稳定,是中国特色社会主义道路的一条成功经验。坚持改革、发展、稳定的统一。

首先,"要把改善人民生活作为正确处理改革发展稳定关系的结合点"。① 习近平要求,"在全面深化改革进程中,遇到关系复杂、难以权衡的利益问题,要认真想一想群众实际情况究竟怎样?群众到底在期待什么?群众利益如何保障?群众对我们的改革是否满意?"② 这不仅明确指出了改革发展稳定的价值指向,而且为处理好改革发展稳定的关系提供了一把金钥匙。其次,要"把改革的力度、发展的速度和社会可承受的程度统一起来"。③ 习近平指出,要巩固稳中向好的发展态势,促进经济社会大局稳定,为全面深化改革创造条件。同时要积极推动全面深化改革,以改革促发展、促转方式调结构、促民生改善。要增强改革措施、发展措施、稳定措施的协调性,把握好当前利益和长远利益、局部利益和全局利益、个人利益和集体利益的关系,在保持社会稳定中推进改革发展,通过改革发展促进社会稳定。最后,要引导群众理性合法表达利益诉

---

① 中央文献研究室:《习近平关于全面深化改革论述摘编》,中央文献出版社2014年版,第36页。
② 中央文献研究室:《习近平关于全面深化改革论述摘编》,中央文献出版社2014年版,第41页。
③ 中央文献研究室:《习近平关于全面深化改革论述摘编》,中央文献出版社2014年版,第36页。

求,营造安定团结的社会氛围。要通过制度安排,依法保障人民权益,让全体人民依法平等享有权利和履行义务;各级领导干部要提高运用法治思维和法治方式深化改革、推动发展、化解矛盾、维护稳定能力;要积极推进理念创新、手段创新、基层工作创新,特别要把握好舆论引导的时、度、效,提高各级领导干部的思想政治能力、动员组织能力、驾驭复杂矛盾能力。①

当前,改革发展稳定相互交融的态势更加明显,改革面临着更深层次的利益调整,发展面临着错综复杂的矛盾和问题,稳定也面临着诸多风险和挑战。这样的复杂环境,对于我们处理好改革发展稳定的关系,把改革的力度、发展的速度和社会可承受的程度统一起来,提出了更高要求。改革啃硬骨头、涉险滩,归根结底是为了克服既得利益的掣肘,破除各方面体制机制弊端,促进更好发展、增进人民福祉;发展以实现好、维护好、发展好最广大人民根本利益为价值指向,是以人为本的科学发展;稳定是广大人民群众最大、最根本的利益,没有稳定,一切都无从谈起。只有紧紧围绕改善人民生活深化改革、推动发展、维护稳定,才能达到改革发展稳定三者最大程度的统一,才能让改革红利释放到最大限度,发展绩效达到最高水平。

六、必须坚持人民主体性与党的领导方向性的统一

紧紧依靠人民推进改革,让发展成果更多、更公平惠及全体人民。发展为了人民,发展依靠人民,发展成果由人民共享,这并不是共产党用来争取群众的空洞口号,而是由历史唯物主义的内在精神决定的。唯物史观认为,人民群众是历史的主体和历史的创造者,"历史活动是群众的活动,随着历史活动的深入,必将是群众队伍的扩大。"②

唯物史观与群众史观的内在精神是一致的,承认实践活动之于人类社会历史的本体地位,承认实践的内在矛盾在根本上推动社会历史的发展和社会形态的更替,也就必然承认人民群众的历史主体地位,这是整个马克思主义理论的精髓与骨架,不坚持群众史观,也就偏离或放弃了马克思主义。人民群众是改革的主体,必须相信和依靠人民,尊重人民首创精神。我国改革开放在认识和实践上的每一次突破和创新;改革开放中每一个新生事物的产生和发展;改革开放每一个方面经验的创造和积累,无不来自亿万人民的聪明智慧。没有人民

---

① 韩玉芳,何军:《习近平全面深化改革思想的方法论特征及其启示》,载《新视野》,2014年第6期,第4-8页。
② 《马克思恩格斯文集》第1卷,人民出版社2009年版,第287页。

支持和参与，任何改革都不可能取得成功。我们要把坚持尊重人民首创精神同加强和改善党的领导结合起来，相信和依靠人民，让一切有利于社会进步的创造愿望得到尊重；创造活力得到支持；创造能力得到发挥；创造成果得到肯定，调动群众投身改革的积极性、主动性、创造性。要把群众利益作为改革的出发点和落脚点，把人民是否满意作为衡量改革成败的根本标准，坚持人民利益至上。

习近平指出，尊重人民主体地位，紧紧依靠人民推动改革是改革开放的一条宝贵经验。他说："改革开放在认识和实践上的每一次突破和发展，改革开放中每一个新生事物的产生和发展，改革开放每一个方面经验的创造和积累，无不来自亿万人民的实践和智慧。"① 一方面，人民群众是改革开放伟大事业的主体力量，改革开放以来，从实行家庭联产承包责任制到兴办乡镇企业、推行村民自治，许多具有里程碑意义的重大创举，都不是事先由上面设计好的，而是由基层率先突破的。坚持依靠人民的主体性原则是坚持党的领导的正确方向的根本前提。另一方面，坚持党的领导是确保实现人民主体地位的根本保障。正是由于我们党坚持党的群众路线，坚持党的正确领导，人民群众的改革开放事业才能取得举世瞩目的伟大成就。当前，面对复杂多变的国际形势和艰巨繁重的改革发展稳定任务，实现两个一百年的奋斗目标，实现中华民族伟大复兴的中国梦，更要进一步坚持紧紧依靠人民推动改革开放这一宝贵经验，在党中央统一部署和领导下，统筹协调、总体推进，始终坚持把尊重人民群众首创精神和坚持在党的领导下推进改革统一起来②。

坚持依靠人民的主体性原则和坚持党的领导的方向性原则的统一，首先，要做到一切为了人民，人民群众对美好生活的向往，就是我们共产党人的奋斗目标，决策任何一项重大改革，都要站在人民立场上，从人民群众的最大利益出发，向人民群众负责，取信于民，把人民群众满意不满意、拥护不拥护、支持不支持作为衡量一切工作的标准；其次，要做到改革依靠人民，坚持党的从群众中来、到群众中去的群众路线，拜人民群众为师，向人民群众学习，建立社会参与机制，问计于民，广泛听取群众意见和建议，及时总结群众创造的新鲜经验，不断提高改革决策的科学性；最后，改革成果要惠及人民，以维护群

---

① 中央文献研究室：《习近平关于全面深化改革论述摘编》，中央文献出版社2014年版，第138页。
② 韩玉芳，何军：《习近平全面深化改革思想的方法论特征及其启示》，载《新视野》，2014年第6期，第4–8页。

众利益为核心,问需于民,让群众得实惠,使人民群众享受到发展成果,看到美好前景,不断为深化改革开放夯实群众基础。

七、必须坚持问题倒逼改革与全面深化改革的统一

改革由问题倒逼而产生。习近平指出:"我们中国共产党人干革命、搞建设、抓改革,从来都是为了解决中国的现实问题。"① 改革开放以前,我们国家最大的现实问题就是长期在计划经济体制下形成的生产力水平低、人民生活水平低。没有这些问题的压力,就不会有改革开放。改革又在不断解决问题中而深化。改革开放极大地解放了社会生产力,30多年来中国经济高速增长,全面建设小康社会取得重大进展,人民生活水平大幅度提高。但是随着改革的深入暴露出来的问题也越来越多,国内外环境也都在发生极为广泛而深刻的变化,我国进入了只有加快转变经济发展方式才能实现持续健康发展的阶段,很多深层次问题还没有得到根本扭转。究其根本原因,就在于制约转变经济发展方式的体制机制弊端还没消除。因此必须要抓住制约转变经济发展方式的体制症结深化改革,形成有利于加快转变经济发展方式、推动科学发展的制度安排和利益导向,才能实现问题倒逼改革与全面深化改革的统一,抓住和用好可以大有作为的重要战略机遇期②。

要坚持问题倒逼改革与全面深化改革的统一,首先,要增强推进改革的信心和勇气。下一步深化改革的攻坚任务十分艰巨,改革越来越多触及现有利益格局,社会各方面利益意识明显增强,政治、文化、社会体制改革涉及更深层次重大问题,从这个意义上说,全面深化改革也是问题倒逼改革,是一系列问题倒逼的必然结果,改革开放中的矛盾只能用改革开放的办法来解决,要毫不动摇地推进改革开放。其次,要有"强烈的问题意识","以重大问题为导向",只有抓住重大问题、关键问题进行规律性和方向性研究,才能带动一系列矛盾和问题的解决。抓住影响经济社会发展全局、影响人民群众切身利益和对体制有支柱性意义的重要领域和关键环节作为深化改革的突破口,务求在这些领域取得突破性进展。最后,要把握全面深化改革的总目标。全面深化改革的总目

---

① 中央文献研究室:《习近平关于全面深化改革论述摘编》,中央文献出版社2014年版,第8页。
② 韩玉芳,何军:《习近平全面深化改革思想的方法论特征及其启示》,载《新视野》,2014年第6期,第4—8页。

标是完善和发展中国特色社会主义制度、推进国家治理体系和治理能力现代化①。这一总目标不是推进一个或几个领域的改革，而是推进所有领域改革，体现了我们党对改革认识的深化和系统化。实现了国家治理体系和治理能力的现代化，全面深化改革的任务就完成了。

八、必须坚持战略思维与底线思维的统一

改革的战略思维是要把握全面深化改革的社会主义方向，是战略定力和政治定位。习近平指出："我国的改革面临十分复杂的国内国际环境，各种思想观念和利益诉求互相激荡。要从纷繁复杂的事物表象中把准改革脉搏，在众说纷纭中开好改革药方，没有很强的战略定力是不行的。"② 改革不是改向，不是对社会主义制度的否定。要保持政治坚定性，明确政治定位。改革的底线思维是要把原则的坚定性和策略的灵活性结合起来，既不能以原则性损害灵活性，又不能以原则性束缚灵活性。改革中的"结果"有好坏。全面深化改革要从坏处准备，努力争取最好的结果，做到有备无患、遇事不慌，牢牢把握主动权，坚持底线思维。"坚持底线思维"，是对矛盾双方在一定条件下相互转化的对立统一规律的深刻把握，是一种包括辩证法、实践论在内的系统思维。坚持底线思维，对于准确判断前进道路上的各种风险挑战，及时采取应对之策，化挑战为机遇，创造性地开展工作，具有重要意义。坚持底线思维，就是要用两点论看待问题，既看到面临的机遇和有利因素，又看到面临的挑战和不利因素，未雨绸缪、科学研判、守住底线、不破红线，及时防范化解各种风险，并促进形势向好的方面转化，牢牢把握全面深化改革的正确方向和各项工作的主动权。③习近平引述晚清洋务派代表人物张之洞的话："旧者不知通，新者不知本。不知通则无应敌制变之术，不知本则有菲薄名教之心。"认为这就是因把握不好守成和变革的分寸形成共识之难。现在党内外对深化改革思想认识上有较大差异，但越是思想认识不统一就越要善于寻求最大公约数。习近平还要求，各地区各部门要善于把自觉维护中央大政方针的统一性严肃性和因地制宜、充分发挥主观能动性结合起来，既坚决按中央确定的方向、目标、原则办事，又勇于探索、

---

① 韩玉芳，何军：《习近平全面深化改革思想的方法论特征及其启示》，载《新视野》，2014年第6期，第4-8页。
② 中央文献研究室：《习近平关于全面深化改革论述摘编》，中央文献出版社2014年版，第18-19页。
③ 《习近平在中共中央召开党外人士座谈会主持会议并发表重要讲话》，载《人民日报》，2013年7月30日。

勇于创造。可见,坚持改革战略思维和底线思维的统一,就是坚定的社会主义方向和积极稳妥的推进策略的统一,是既抓住机遇、乘势而上,又迎接挑战、化解风险的统一,是既要全党统一意志,又要尊重基层自主性和积极性的统一。坚持战略思维与底线思维的统一,首先,要坚定道路自信、理论自信、制度自信,百里不同风,千里不同俗,不能照抄照搬别人的制度模式,避免因水土不服造成严重后果。要站在战略的高度,以"登泰山而小天下"的气度和胸襟,把改革方向、抓改革大事、谋改革全局。其次,要善于凝聚改革共识,求同存异,"把最大公约数找出来,最大限度集中群众智慧,把党内外一切可以团结的力量广泛团结起来,把国内外一切可以调动的积极因素充分调动起来,汇合成推进改革开放的强大力量"[1]。最后,要准确把握改革形势,"不改不行,改慢了不行,过于激进也不行"。善于审时度势,未雨绸缪、科学研判,守住底线、不破红线,特别是把住方向的底线和各项改革的边界,把握好改革的节奏和博弈的策略,能够变不利为有利,变被动为主动,标本兼治,注意防范和积极化解各种改革风险,不断促进形势向好的方向转化。

---

[1] 中央文献研究室:《习近平关于全面深化改革论述摘编》,中央文献出版社 2014 年版,第 31 页。

第十三章

全面深化改革必须坚持正确的方法论

党的十八大以来,习近平总书记就全面深化改革作出了一系列重要论述。这些重要论述,是对马克思主义观点、立场、方法的生动实践和创新发展,彰显了中国共产党人的辩证思维和哲学智慧。深刻把握其中的哲学智慧,对于我们领会和落实好党中央的各项决策部署、扎实做好各项改革工作具有十分重要的指导意义。因此,从哲学和方法论的层面深刻认识把握全面深化改革所涉及的基本问题,具有重要的理论意义和实践意义。

一、全面深化改革的科学思维方法

当前,我国正处于经济社会转型期,经济体制深刻变革、社会结构深刻变动、利益格局深刻调整、思想观念深刻变化。社会变革如此深刻、如此广泛、如此复杂前所未有,世所罕见。全面深化改革进入了攻坚阶段和深水区,迫切要求树立科学思维方式,提高科学思维能力。习近平总书记系列重要讲话蕴含的历史思维、民本思维、战略思维、辩证思维、法治思维、系统思维、底线思维和创新思维等诸多科学思维方式和方法,形成了内涵丰富的治国理政方法论,是对马克思主义方法论的拓展和升华,为推进全面深化改革、实现中华民族伟大复兴的中国梦提供了思想武器。

(一)历史思维。历史思维是指通过对历史事实的分析、综合、比较、归纳、概括,研究和解决问题的科学思维方式。历史思维是历史认识论中最根本的问题。历史体现了人类思想的全部发展过程。马克思说,我们仅仅知道一门唯一的科学,即历史科学。恩格斯说,历史就是我们的一切。我党历代领导人都倡导读史。毛泽东认为,读历史是智慧的事。他告诫全党:指导一个伟大的革命运动的政党,如果没有革命理论,没有历史知识,没有对于实际运动的深刻的了解,要取得胜利是不可能的。邓小平、江泽民、胡锦涛等党和国家领导人也高度重视对历史经验的学习与运用。重视学习历史和总结运用历史经验,善于从认识和把握历史规律中找到前进的正确方向和正确道路,是我们党90多年来领导中国革命、建设、改革不断取得胜利的一个重要法宝①。

"欲知大道，必先为史。"历史是一个民族、一个国家形成发展与盛衰兴亡的生动记录。读史可以明智，知古方能鉴今。"鉴于往事，资于治道。"从学史读史，到知史用史，才能把源自历史的思想、知识和经验教训，转化为思维方法，转化为明辨是非、知行合一、鉴往知来的素养能力。在国内外环境变化更加深刻，经济社会发展形势更加复杂，全面深化改革任务更加艰巨的新形势下，更需要我们用历史的视野、历史的思维、历史的方法去分析问题、谋划大局、推动发展。习近平许多重要讲话都体现了深远的历史眼光、深厚的历史智慧和深邃的历史思维。习近平同志许多重要讲话都体现了深远的历史眼光、深厚的历史智慧和深邃的历史思维。习近平强调，历史是最好的教科书，学习党史、国史，是坚持和发展中国特色社会主义，把党和国家各项事业继续推向前进的必修课②。

习近平多次指出："历史是最好的教科书。"新一届中央政治局常委上任伊始，就用参观《复兴之路》展览的方式，重温了中国人民为实现中华民族复兴走过的百年历史进程。习近平在谈到反腐倡廉建设时指出，要研究我国反腐倡廉历史，研究和了解我国古代廉政文化，考察我国历史上反腐倡廉的成败得失可以给人以深刻的启迪，有利于我们运用历史智慧推进反腐倡廉建设。他还倡导学习党史、国史，指出"中国革命历史是最好的营养剂。多重温这些伟大历史，心中就会增加很多正能量"。在调研指导群众路线教育实践活动在西柏坡考察时指出，毛泽东同志当年提出的"两个务必"，包含着对我国几千年历史治乱规律的深刻借鉴，包含着对我们党艰苦卓绝奋斗历程的深刻总结，包含着对胜利了的政党永葆先进性和纯洁性、对即将诞生的人民政权实现长治久安的深刻忧思，思想意义和历史意义十分深远③。

习近平总书记系列重要讲话中贯穿着深厚的历史思维和意识。习近平特别注重吸取"历史智慧"，推动中国特色社会主义事业，增强中国特色社会主义理论自信、制度自信和道路自信。关于历史人物的评价，习近平强调，"对历史人

---

① 袁北星：《马克思主义科学方法论的丰富和发展——论习近平总书记系列重要讲话的方法论意义》，载《政策》，2014 年 12 期，第 76 - 79 页。

② 丁文锋：《论习近平全面深化改革的思维方式和领导方法》，载《〈资本论〉与全面深化经济体制改革——陕西省〈资本论〉研究会 2014 年学术年会论文集》，2014 年版，第 1 - 10 页。

③ 袁北星：《马克思主义科学方法论的丰富和发展——论习近平总书记系列重要讲话的方法论意义》，载《政策》，2014 年 12 期，第 76 - 79 页。

物的评价,应该放在其所处时代和社会的历史条件下去分析,不能离开对历史条件、历史过程的全面认识和对历史规律的科学把握,不能忽略历史必然性和历史偶然性的关系。不能把历史顺境中的成功简单归功于个人,也不能把历史逆境中的挫折简单归咎于个人。不能用今天的时代条件、发展水平、认识水平去衡量和要求前人,不能苛求前人干出只有后人才能干出的业绩来"①。这些对历史的评价性认识,澄清了历史认知问题上的大是大非,维护了历史的客观性和历史认知的真理性。

关于反腐倡廉,习近平强调,"研究我国反腐倡廉历史,了解我国古代廉政文化,考察我国历史上反腐倡廉的成败得失,可以给人以深刻启迪,有利于我们运用历史智慧推进反腐倡廉建设。"② 关于盛世修史,2014年2月26日,习近平指出,要高度重视修史修志,让文物说话、把历史智慧告诉人们,激发我们的民族自豪感和自信心。强调修史修志、吸取历史智慧,坚定实现中华民族伟大复兴的信心和决心。关于治理体系的选择,习近平强调,一个国家选择什么样的治理体系,是由这个国家的历史传承、文化传统、经济社会发展水平决定的。习近平强调,我们今天的社会制度和各项具体管理制度,是在我国历史传承、文化传统、经济社会发展的基础上长期发展、渐进改善、内生性演化的结果。习近平指出:"我们要虚心学习借鉴人类社会创造的一切文明成果,但我们不能数典忘祖,不能照抄照搬别国的发展模式,也绝不会接受任何外国颐指气使的说教。"③ 关于走中国道路的选择,习总书记简单地回顾了中国人民选择中国道路的曲折历程后指出,独特的文化传统,独特的历史命运,独特的国情,注定了中国必然走适合自己特点的发展道路。我们走出了这样一条道路,并且取得了成功。中国特色社会主义是近代以来中国社会发展的必然选择。

历史是最好的教科书。以史为鉴,可以知兴替。习总书记从四个"走出来"的历史新视角,深刻论述了中国特色社会主义"三个自信"的客观依据。习近平指出,中国特色社会主义来之不易,它是在改革开放30多年的伟大实践中"走出来的",是在中华人民共和国成立60多年的持续探索中"走出来的",是在近代以来170多年中华民族发展历程的深刻总结中"走出来的",是在对中华

---

① 习近平:《在纪念毛泽东同志诞辰120周年座谈会上的讲话》,载新华网,2013年12月26日。
② 《积极借鉴我国历史上优秀廉政文化,不断提高拒腐防变和抵御风险能力》,载人民网,2013年4月22日。
③ 习近平:《在纪念毛泽东同志诞辰120周年座谈会上的讲话》,载新华网,2013年12月26日。

民族5000多年悠久文明的传承中"走出来的",具有深厚的历史渊源和广泛的现实基础。他强调:"历史和现实都告诉我们,只有社会主义才能救中国,只有中国特色社会主义才能发展中国,这是历史的结论、人民的选择。"① 习近平强调,要深刻领会这一点,并且明确指出:"中国特色社会主义是改革开放新时期开创的,也是建立在我们党长期奋斗基础上的,是由我们党的几代中央领导集体团结带领全党全国人民历经千辛万苦、付出各种代价、接力探索取得的","是党和人民长期实践取得的根本成就"。进而言之,它"承载着几代中国共产党人的理想和探索,寄托着无数仁人志士的意愿和期盼,凝聚着千千万万革命先烈的奋斗和牺牲,凝聚着全国各族人民的奋斗和实践,是近代以来中国社会发展的必然选择。"② 2013年1月5日,习近平在新进中央委员会的委员、候补委员学习贯彻党的十八大精神研讨班开班式上的重要讲话中,又从六个时间段分析了社会主义思想从提出到现在的历史过程:(1)空想社会主义产生和发展;(2)马克思、恩格斯创立科学社会主义理论体系;(3)列宁领导十月革命胜利并实践社会主义;(4)苏联模式逐步形成;(5)新中国成立后我们党对社会主义的探索和实践;(6)我们党作出进行改革开放的历史性决策、开创和发展中国特色社会主义。

(二)群众思维。群众观点和群众路线是历史唯物主义的重要内容坚持群众观点和群众路线是无产阶级政党的本质特征。群众观点和群众路线从思维科学的角度考察,也就是群众思维。人民群众是历史的主体,是推动社会发展进步的决定力量,是创造人间奇迹的真正英雄。离开了人民群众,我们就将"失去根基,失去血脉,失去力量",我们就将一事无成。共产党人的力量源自群众路线,尊重群众,问计于民,依靠人民的智慧和力量。邓小平的改革胆略就是从人民创造历史的活动中吸取思想营养和前进力量。邓小平反复指出,"改革开放中许许多多的东西都是群众在实践中提出来的"③,"农村搞家庭联产承包,这个发明权是农民的。农村改革中的好多东西,都是基层创造出来,我们把它拿来加工提高作为全国的指导"④。正是依靠人民的理解、支持和参与,邓小平领导的改革才能胜利推进。改革开放30多年认识和实践上的每一次突破和发展,

---

① 习近平:《在新进中央委员、候补委员学习贯彻党的十八大精神研讨班上的讲话》,载《人民日报》,2013年1月6日。
② 习近平:《紧紧围绕坚持和发展中国特色社会主义,深入学习宣传贯彻党的十八大精神》,载《人民日报》,2012年11月19日。
③ 《邓小平年谱》(下),中央文献出版社2004年版,第1350页。
④ 《邓小平文选》(第3卷),人民出版社1993年版,第382页。

无不来自人民群众的实践和智慧。正是基于这样的判断,习近平改革思维同样紧紧依靠人民推动改革。深入学习习近平总书记系列重要讲话,我们深切地感受到,贯穿其中的根本立场就是人民大众的立场、人民利益的立场,体现着深沉的民本意识。

习近平强调指出:"在任何时候任何情况下,与人民同呼吸共命运的立场不能变,全心全意为人民服务的宗旨不能忘,群众是真正英雄的历史唯物主义观点不能丢,始终坚持立党为公、执政为民。"①"我们党领导人民全面建设小康社会、进行改革开放和社会主义现代化建设的根本目的,就是要通过发展社会生产力,不断提高人民物质文化生活水平,促进人的全面发展。检验我们一切工作的成效,最终都要看人民是否真正得到了实惠,人民生活是否真正得到了改善……"② 2012年11月15日上午,在党的十八届一中全会上当选的中共中央总书记习近平和其他6位中央政治局常委在人民大会堂东大厅同中外记者见面时,习总书记在讲话中谈得最多的就是"责任"和"人民"。他有一段十分精彩的话语:"我们的人民热爱生活,期盼有更好的教育、更稳定的工作、更满意的收入、更可靠的社会保障、更高水平的医疗卫生服务、更舒适的居住条件、更优美的环境,期盼孩子们能成长得更好、工作得更好、生活得更好。人民对美好生活的向往,就是我们的奋斗目标。"③

"人民对美好生活的向往就是我们的奋斗目标",这是庄严的宣示和郑重的承诺。习总书记强调:"在前进道路上,我们一定要坚持从维护最广大人民根本利益的高度,多谋民生之利,多解民生之忧,在学有所教、劳有所得、病有所医、老有所养、住有所居上持续取得新进展。我们要坚持党的群众路线,坚持人民主体地位,时刻把群众安危冷暖放在心上,及时准确了解群众所思、所盼、所忧、所急,把群众工作做实、做深、做细、做透。要正确处理最广大人民根本利益、现阶段群众共同利益、不同群体特殊利益的关系,切实把人民利益维护好、实现好、发展好。"④"我们一定要始终与人民心心相印、与人民同甘共苦、与人民团结奋斗,夙夜在公,勤勉工作,努力向历史、向人民交出一份合

---

① 习近平:《在党的群众路线教育实践活动工作会议上的讲话》,载《党建研究》,2013年第7期。
② 习近平:《全面贯彻落实党的十八大精神要突出抓好六个方面工作》,载《求是》,2013年第1期。
③ 《习近平在十八届中共中央政治局常委同中外记者见面时强调人民对美好生活的向往就是我们的奋斗目标》,载《人民日报》,2012年11月16日。
④ 习近平:《全面贯彻落实党的十八大精神要突出抓好六个方面工作》,载《求是》,2013年第1期。

格的答卷。"① 所有这些，都集中体现了我们党对人民的尊重，体现了我们党以人为本、执政为民的理念和全心全意为人民服务的不变宗旨，更体现了我们党始终站在人民群众这一边、站在人民利益这一边的根本立场。在第十二届全国人民代表大会第一次会议闭幕会上，习近平进一步指出，我们要随时随刻倾听人民呼声、回应人民期待，保证人民平等参与、平等发展权利，维护社会公平正义，在学有所教、劳有所得、病有所医、老有所养、住有所居上持续取得新进展，不断实现好、维护好、发展好最广大人民根本利益，使发展成果更多更公平惠及全体人民，在经济社会不断发展的基础上，朝着共同富裕方向稳步前进②。习近平说，领导不是百事通不是万能的。要做群众的先生，先做群众的学生。领导干部要放下架子甘当小学生，多同群众交朋友，多向群众请教。"人民群众中有的是能者和智者，要虚心向他们求教问策，把政治智慧的增长、执政本领的增强、领导艺术的提高深深扎根于人民群众的实践沃土之中，不断从人民群众中吸收营养和力量"，要"从群众中寻找解决问题的方案和办法，使作出的决策和决策的执行充分体现民心民意"。③

人民是历史的主人，也是改革的主人。只有为了人民，改革才能得到人民的拥护和支持；只有依靠人民，改革才能克服各种阻力与障碍。如果不紧紧依靠人民，不让人民成为改革的主体、改革的受益者，那么，所有的改革措施都将难以推行，一切改革都将付诸东流。

其一是必须坚持改革为了人民。30多年来，改革开放的历程，就是人民生活水平大幅度提高、人民各项权益得到不断充实和保障的过程。以习近平同志为总书记的党中央，始终把人民放在心中最高的位置，坚持以人为本，明确提出，全面深化改革必须以促进公平正义、增进人民福祉为出发点和落脚点。明确全面改革的出发点和落脚点，把促进公平正义、增进人民福祉作为全面深化改革、开展各项工作的重要依据和评价标准，实现发展成果更多更公平惠及全体人民，是对人民群众公平意识、民主意识、权利意识增强的回应，是对人民过上更好生活新期待的回答。

---

① 习近平：《顺应时代前进潮流　促进世界和平发展——在莫斯科国际关系学院的演讲》，载《人民日报》，2013年3月24日。

② 习近平：《在第十二届全国人民代表大会第一次会议上的讲话》，载《人民日报》，2013年3月18日。

③ 丁文锋：《论习近平全面深化改革的思维方式和领导方法》，载《〈资本论〉与全面深化经济体制改革——陕西省〈资本论〉研究会2014年学术年会论文集》，2014年版，第1-10页。

其二是要把坚持尊重人民首创精神和坚持在党的领导下推进改革统一起来。这一重要论述，进一步深化了我们党对共产党执政规律、社会主义建设规律、人类社会发展规律的认识。人民群众是中国特色社会主义事业的依靠力量，中国共产党是中国特色社会主义事业的领导核心。改革开放作为坚持和发展中国特色社会主义的必由之路，当然也必须紧紧依靠人民群众，必须坚持党的领导[1]。对此，习近平有着深刻的理解和体会。他明确指出，人民群众的创造和实践，是改革智慧和社会活力的不竭源泉。只有紧紧依靠人民推动改革，改革才能成功。改革开放在认识和实践上的每一次突破和发展，改革开放中每一个新生事物的产生和发展，改革开放每一个方面经验的创造和积累，无不来自亿万人民的实践和智慧。改革发展稳定任务越繁重，我们越要加强和改善党的领导，越要保持党同人民群众的血肉联系，善于通过提出和贯彻正确的路线方针政策带领人民前进，善于从人民的实践创造和发展要求中完善政策主张，使改革发展成果更多更公平地惠及全体人民，不断为深化改革开放夯实群众基础，这也是改革开放的基本经验之一[2]。回顾改革开放历史，每一次重大改革决策，都是党中央在集中全党智慧、反映全国各族人民愿望基础上作出的。每当改革开放处于重要关头，都是党中央旗帜鲜明、高瞻远瞩，排除各种干扰，坚定不移向前推进的。没有党的坚强领导，改革开放不可能取得今天的辉煌成就，改革开放的步伐不可能如此坚定而扎实。所以，改革发展稳定任务越繁重，我们越要加强和改善党的领导，越要发挥党的主心骨作用，越要把坚持尊重人民首创精神和坚持在党的领导下推进改革统一起来。

其三是必须把群众路线与实事求是的思想路线紧密结合和统一起来，最大限度凝聚改革共识[3]。习近平指出，群众路线是我们党的根本工作路线，它同党的实事求是思想路线是相辅相成、在本质要求上完全统一的。多年来的改革实践证明，只有把最大公约数找出来，最大限度凝聚改革共识，形成改革合力，才能在改革开放上形成聚焦，做事方能事半而功倍。而要最大限度凝聚改革共识，形成改革合力，就必须掌握好改革节奏，对条件已经成熟、各方面要求强烈的改革，要下定决心加快推进；对各方面认识还不一致、但又必须突破的改

---

[1] 杜飞进：《深刻把握全面深化改革的辩证法　习近平关于全面深化改革的方法论思想》，载《人民论坛》，2013年第36期，第32-35页。
[2] 李海青：《习近平关于全面深化改革的方法论》，载《中国特色社会主义研究》，2014年第6期，第30-32页。
[3] 杜飞进：《深刻把握全面深化改革的辩证法　习近平关于全面深化改革的方法论思想》，载《人民论坛》，2013年第36期，第32-35页。

革,要处理好各方面利益关系,尽可能寻求最大公约数、凝聚改革共识;对实践发展有要求、但操作上一时还不那么有把握的改革,可以先行试点,取得经验后再推开。只要能够寻求最大公约数,凝聚改革共识,才能形成推进改革的强大合力。

(三)辩证思维。辩证思维是思维的核心。客观地而不是主观地、发展地而不是静止地、全面地而不是片面地、系统地而不是零散地、普遍联系地而不是孤立地观察事物、分析问题、解决问题,在矛盾双方对立统一的过程中把握事物发展规律,是坚持马克思主义唯物辩证方法论的基本要求①。实践证明,我们想问题、作决策、办事情,对辩证思维掌握得越全面、了解得越深入,对我国经济社会发展规律的把握就会越全面,对推动科学发展的理论和实践的认识就会越深刻、行动就会越自觉。习近平运用唯物辩证法分析党和国家事业发展的各种问题,体现出卓越的辩证思维。他在总结"总体国家安全观"时指出,"既重视外部安全,又重视内部安全;既重视国土安全,又重视国民安全;既重视传统安全,又重视非传统安全;既重视发展问题,又重视安全问题;既重视自身安全,又重视共同安全"②。

这是准确把握国家安全形势变化新特点新趋势所作出的选择。他在谈到发展问题时指出,既要充分看到这些年来我国发展成绩巨大,有利条件不断增多的情况,这是我们继续前进的坚实基础;又要清醒看到发展中的困难、问题和不利因素,继续前进还面临不少制约和障碍。他在判断国内外经济形势时指出,面对错综复杂、快速变化的形势,我们要保持清醒头脑,既看到我国经济社会发展基本面长期向好的态势,也要看到国际国内各种不利因素的长期性、复杂性、曲折性,不回避矛盾,不掩盖问题。在全面深化改革问题上,2013年7月21-23日,习近平在湖北考察改革发展工作时说,必须从纷繁复杂的事物表象中把准改革脉搏,把握全面深化改革的内在规律,特别是要把握全面深化改革的重大关系,处理好解放思想和实事求是的关系、整体推进和重点突破的关系、顶层设计和摸着石头过河的关系、胆子要大和步子要稳的关系、改革发展稳定的关系。这里提出了要处理好的五对改革的辩证关系。2013年11月,他在中共十八届三中全会上又指出,在推进改革中,要坚持正确的思想方法,坚持辩证法,处理好解放思想和实事求是的关系、整体推进和重点突破的关系、全局和

---

① 袁北星:《马克思主义科学方法论的丰富和发展——论习近平总书记系列重要讲话的方法论意义》,载《政策》,2014年12月,第76-79页。

② 罗彦军:《习近平一周内3次提"国家安全"》,载《南方日报》,2014年4月20日。

局部的关系、顶层设计和摸着石头过河的关系、胆子要大和步子要稳的关系、改革发展稳定的关系。这里在五对改革辩证关系基础上增加了"全局和局部的关系",即提出了要处理好的六对改革辩证关系。坚持改革辩证思维,目的是辩证施治改革,使各项改革发挥最大效能①。体现了辩证唯物主义事物普遍联系的观点。"胆子要大,就是改革再难也要向前推进,敢于担当,敢于啃硬骨头,敢于涉险滩。步子要稳,就是方向一定要准,行驶一定要稳,尤其是不能犯颠覆性错误"②。

胆大、心细与胆大步稳,讲的都是改革辩证法。关于经济形势,他强调在充分肯定我国经济社会发展基本面健康的前提下,我们决不能低估当前和今后一个时期所面临的风险和挑战,主要是世界经济低速增长态势仍将延续总需求不足和产能相对过剩的矛盾有所上升,企业生产经营成本上升和创新能力不足的问题并存经济发展和资源环境的矛盾有所加剧;关于经济增长,他强调,经济增速完全有可能继续保持较高的水平;增长必须是实实在在和没有水分的增长,是有效益、有质量、可持续的增长。

辩证唯物主义认为,事物之间是普遍联系的。随着经济全球化的深入发展、交通通信日益一体化,事物之间的联系越来越紧密,越来越复杂,越来越整体化。如不改变不合理的产业结构、资源利用方式、能源结构、空间布局、生活方式,就不可能走出一条既有金山银山,又有绿水青山的环境保护新路;如果不能走中国特色社会主义政治发展道路,就不可能树立正确的政绩观,就不能建立体现生态文明要求的目标体系、考核办法、奖惩机制,就有可能重新走上"先污染后治理"的老路。事物之间的复杂性、关联性要求改革举措必须要有整体性,习近平强调,全面深化改革是一项复杂的系统工程,需要加强顶层设计和整体谋划,加强各项改革关联性、系统性、可行性研究。我们要在基本确定主要改革举措的基础上,深入研究各领域改革关联性和各项改革举措耦合性,深入论证改革举措可行性,把握好全面深化改革的重大关系,使各项改革举措在政策取向上相互配合、在实施过程中相互促进、在实际成效上相得益彰③。

正是从辩证的观点出发,习近平对于全面深化改革的一系列重大关系作出

---

① 汪青松,成利平:《邓小平改革胆略与习近平改革思维》,载《理论探讨》,2014年第6期,第24-27页。
② 中央文献研究室:《习近平关于全面深化改革的论述摘》,中央文献出版社2014年版,第51页。
③ 辛向阳:《习近平全面深化改革思想的鲜明特征》,载《探索》,2014年第5期,第4-7页。

了深刻论述。比如，他特别强调，要坚持改革的正确路径，处理好顶层设计和摸着石头过河的关系。他指出：摸着石头过河，是富有中国特色、符合中国国情的改革方法。摸着石头过河就是摸规律。实行改革开放，发展社会主义市场经济，我们的老祖宗没有讲过，其他社会主义国家也没有干过，只能通过实践、认识、再实践、再认识的反复过程，从实践中获得真知①。我国改革开放就是这样走过来的，是先试验、后总结、再推广不断积累的过程，是从农村到城市、从沿海到内地、从局部到整体不断深化的过程。这种渐进式改革，避免了因情况不明、举措不当而引起的社会动荡，为稳步推进改革、顺利实现目标提供了保证。摸着石头过河，符合人们对客观规律的认识过程，符合事物从量变到质变的辩证法。

我们是一个大国，决不能在根本性问题上出现颠覆性失误，一旦出现就无可挽回、无法弥补。要采取试点探索、投石问路的方法，取得了经验，达成了共识，看得很准了，感觉到推开很稳当了，再推开，积小胜为大胜。当然，摸着石头过河也是有规则的，要按照已经认识到的规律来办，在实践中再加深对规律的认识，而不是脚踩西瓜皮，滑到哪里算哪里。摸着石头过河和加强顶层设计是辩证统一的，推进局部的阶段性改革开放要在加强顶层设计的前提下进行，加强顶层设计要在推进局部的阶段性改革开放的基础上来谋划。我们要加强宏观思考和顶层设计，更加注重改革的系统性、整体性、协同性，同时也要继续鼓励大胆试验、大胆突破，不断把改革开放引向深入②。

关于正确处理改革发展稳定的关系，习近平指出：我们要坚持把改革的力度、发展的速度和社会可承受的程度统一起来，把改善人民生活作为正确处理改革发展稳定关系的结合点，在保持社会稳定中推进改革发展，通过改革发展促进社会稳定。"稳"也好，"改"也好，是辩证统一、互为条件的。一静一动，静要有定力，动要有秩序，关键是把握好这两者之间的度。此外，习近平同志对于正确处理好整体推进和重点突破的关系、全局和局部的关系、尊重客观规律和发挥主观能动性的关系等也都做了精辟的论述。

（四）系统思维。系统思维是思维的精髓。系统思维是把事物的条件、过程、结果及其对未来的可能影响作为一个完整系统来分析统筹的科学思维方式。

---

① 孙业礼：《正确把握全面深化改革的方向、总目标和方法论——学习〈习近平关于全面深化改革论述摘编〉》，载《求是》，2014年第13期，第19-22页。

② 孙业礼：《正确把握全面深化改革的方向、总目标和方法论——学习〈习近平关于全面深化改革论述摘编〉》，载《求是》，2014年第13期，第19-22页。

实现经济社会发展目标,要用系统思维,从全局视角出发,分析社会发展动力,把握社会运转规律,寻找社会优化路径,确保社会系统结构合理、运行顺畅,最终实现人的全面发展和社会的可持续发展。

全面深化改革是一项复杂的系统工程。习近平指出,"全面深化改革是一个复杂的系统工程","是关系党和国家事业发展全局的重大战略部署,不是某个领域某个方面的单项改革"。全面深化改革,就是要以经济体制改革为重点,牵引政治、文化、社会等各个领域的改革。相比之前的改革,全面深化改革的力度、广度、深度都大大增加了。在力度上,全面深化改革有明确的路线图和时间表,确定到 2020 年在重要领域和关键环节改革上取得决定性成果,形成系统完备、科学规范、运行有效的制度体系①。在广度上,全面深化改革是经济、政治、文化、社会、生态文明五位一体的改革,还包括国防和军队改革、党的建设制度改革,是涵盖伟大事业和伟大工程的改革。在深度上,全面深化改革是在深水区里的改革,就是要涉险滩、啃硬骨头、破瓶颈,要突破利益固化的藩篱,必然涉及深层次问题、深层次矛盾,涉及利益关系的深度调整,其复杂程度、敏感程度、艰巨程度前所未有。各领域改革紧密联系、相互交融,任何一个领域的改革都会牵动其他领域,也需要其他领域改革密切配合。如果各领域改革不配套,各方面改革措施相互牵扯,全面深化改革就很难推进下去,即使勉强推进,效果也会大打折扣。因此,必须既解决好生产关系中的问题,又要解决好上层建筑中的问题,系统、全面地推进各项改革,才能产生综合效应。可见,全面深化改革这项工程之浩大和复杂,必须是全面的系统的改革,是各领域改革的联动和集成,这样才能够在国家治理体系和治理能力上形成总体效应、取得总体效果。习近平指出:"我们要统筹谋划深化改革各个方面、各个层次、各个要素,注重推动各项改革相互促进、良性互动、协同配合。"② 结构功能论的方法,实际上就是习近平总书记强调的系统思维方法。这种系统论的方法要求改革的全面深化要注重做好顶层设计;要注重把握改革各领域的关系结构以及各领域内部诸要素之间的关系结构,切实把各要素放到系统结构中来认识,注重把握改革措施的耦合性与联动效应;要注重分析系统结构是否合理,结构运行是否相对稳定协调,系统功能发挥如何;要注重把握系统结构中的重

---

① 方涛:《全面深化改革必须加强顶层设置——学习习近平总书记关于全面深化改革的论述》,载《内蒙古统战理论研究》,第 31-33 页。
② 中央文献研究室:《习近平关于全面深化改革论述摘编》,中央文献出版社 2014 年版,第 44 页。

点领域与关键环节并推进其改革,把握系统结构中的短板因素并切实予以解决,等等。

党的十八大提出的中国特色社会主义事业经济、政治、文化、社会与生态建设五位一体的总布局,就鲜明地体现了这样一种全面协调、统筹兼顾的系统论思维特别是结构功能思维。随着中国社会的日益复杂化,随着改革中各种结构性问题的凸显,系统论的方法原则将更具有普遍的适用意义①。实际上,改革越推进,难题固然会愈益凸显,难度固然会不断增大,但长期改革也会积聚巨大的改革势能,形成巨大的改革惯性。因此,在改革进程中,当难题与硬骨头凸显而改革又具有足够的动力支持时,化量变为质变的突进性改革的条件就具备了。而当前中国的改革就正处在这样一个关键节点上。

正如十八大以后习近平强调指出的:"现在我国改革已经进入攻坚期和深水区,我们必须以更大的政治勇气和智慧,不失时机深化重要领域改革。……停顿和倒退没有出路。我们要坚持改革开放正确方向,敢于啃硬骨头,敢于涉险滩,既勇于冲破思想观念的障碍,又勇于突破利益固化的藩篱。"② 也正是通过这种把握时机的突进性改革,面临各种阻碍的中国改革方能得以切实深化。任何事物都是有机的整体,生产力与生产关系、经济基础与上层建筑的结构关系是一个矛盾运动的系统。

随着改革的不断深入,其关联性和互动性日益增强,这就要求我们注重各项改革的相互促进、良性互动,必须把推进经济、政治、文化、社会、生态等各方面改革有机衔接起来。正是在这一背景下,习近平提出了改革的系统思维。习近平指出:"改革开放是一个系统工程,必须坚持全面改革,在各项改革协同配合中推进。"③ 运用系统思维推进改革,就要把摸着石头过河与顶层设计相结合、基层探索与整体谋划相结合,自下而上与自上而下相结合,重点突破与整体推进相结合,注重改革的系统性、整体性、协同性,使各项改革在政策取向上相互配合、在实施过程中相互促进、在实际成效上相得益彰。改革开放是一项系统工程,必须坚持全面改革,在各项改革协同。社会主义社会是全面发展的社会,社会主义的改革也是全面的改革,包括经济体制改革、政治体制改革、

---

① 李海青:《习近平关于全面深化改革的方法论》,载《中国特色社会主义研究》,2014年第6期,第30-32页。
② 《习近平在广东考察时强调:做到改革不停顿 开放不止步》,载新华网,2012年12月11日。
③ 中央文献研究室:《习近平关于全面深化改革论述摘编》,中央文献出版社2014年版,第36页。

文化体制改革、社会体制改革、生态体制改革等，对外开放也是改革的内容之一。

作为一项系统工程，各项改革既相互联系又相互影响，既相互促进又相互制约。所以习近平指出："改革开放是一场深刻而全面的社会变革，每一项改革都会对其他改革产生重要影响，每一项改革又都需要其他改革协同配合。要更加注重各项改革的相互促进、良性互动，整体推进，重点突破，形成推进改革开放的强大合力。"为此要按照党的十八大提出的要求，全面深化经济体制改革、政治体制改革、文化体制改革、社会体制改革以及其他各方面改革，不断在制度建设和创新方面迈出新步伐，不断把改革开放引向深入①。

习近平在论及改革政策层面具体操作时指出，要弄清楚整体政策安排与某一具体政策的关系、系统政策链条与某一政策环节的关系、政策顶层设计与政策分层对接的关系、政策统一性与政策差异性的关系、长期性政策与阶段性政策的关系。他在听取京津冀协同发展专题汇报时强调，要着力加大对协同发展的推动，自觉打破自家"一亩三分地"的思维定式，抱成团朝着顶层设计的目标一起做，充分发挥环渤海地区经济合作发展协调机制的作用。中央成立全面深化改革领导小组，也为改革的总体性、系统性推进提供了重要的组织保证。

（五）底线思维。底线思维是思维的最后防线。底线思维强调凡事从坏处准备，努力争取最好的结果，做到有备无患、遇事不慌，牢牢把握主动权。实践证明，从最坏处着眼谋划工作，以积极态度准备各种预案后果敢行动，从长远看，反而可能收获最好的结果，这就是底线思维的辩证法。

坚持"底线思维"的认识方法是唯物辩证法的内在要求。依据唯物辩证法的观点分析，"突出问题和矛盾"与"成绩"之间往往会发生转化，转化则意味着事物发生了质变。以实践为特征的唯物辩证法不只是要科学地"解释世界"，而且还要"改造世界"。"底线思维"不仅要解释，而且还要改变当前改革中的"突出问题和矛盾"，实现向"成绩"方面的转化，实现向"好"的方面的转化；克服和防止"突出问题和矛盾"加剧，而由此导致其他严重影响我国深化改革发展稳定的社会现象发生。故此，习近平总书记强调，"要做到有备无患"，即防"患"于未然，防止向"坏处"的方面转化。②

---

① 李海青：《习近平关于全面深化改革的方法论》，载《中国特色社会主义研究》，2014年第6期，第30-32页。

② 司庸之：《试论习近平"底线思维"的哲学方法论意蕴》，载《新疆社科论坛》，2014年第2期，第5-8页。

坚持"底线思维"的认识方法是全面深化改革的必然要求。改革开放30多年来，在中国共产党的领导下，中国特色社会主义事业取得了举世瞩目的成就，与此同时，我们必须清醒地认识到，我们党面临着新的挑战，我们的事业也存在着突出的问题和矛盾。当前，中国的改革已进入"深水区"，"牵一发而动全身"，"需要解决的都是难啃的骨头"，① 等等。所以，习近平强调，要进一步解放思想，坚定不移地推进经济体制、政治体制、文化体制、社会体制、生态文明体制和党的领导体制等各个方面的改革，要"敢于啃硬骨头，敢于涉险滩"、义无反顾，一抓到底，不断在全面深化改革上取得新突破。

2014年4月1日，习近平在比利时布鲁日欧洲学院演讲时提及中国深化改革的问题，再次强调"这个时候需要'明知山有虎，偏向虎山行'的勇气，不断把改革推向前进。"由此可见，我国全面深化改革所面临的诸多问题和矛盾之艰难、之紧要、之艰巨。② 在如此形势下，我们更要注意运用全面深化改革和发展的正确方法。方法正确，事半功倍；方法错误，事倍功半，全面深化改革将受挫受损。习近平讲道，要注意方法论，要更加注重改革的系统性、整体性、协同性，这些都需要讲辩证法。这里的"方法论"、"辩证法"，不言而喻，也包含"底线思维"的方法。习近平提出的"坚持底线思维"，是对矛盾双方在一定条件下相互转化的对立统一规律的深刻把握，是一种蕴含了辩证法、实践论的系统思维。坚持底线思维，对于准确判断前进道路上的各种风险挑战，及时采取应对之策，化挑战为机遇，创造性地开展工作，具有重要意义。

在中国特色社会主义道路上推进改革开放和现代化建设，是一项前无古人的事业，充满风险和挑战。我们的事业越向前发展，面临的风险和挑战就越多，面对的不可预料的事情也就越多。坚持底线思维，就是要用两点论看待问题，既看到面临的机遇和有利因素，又看到面临的挑战和不利因素，既充分肯定取得的成绩，又清醒认识存在的问题，未雨绸缪、科学研判，守住底线、不破红线，及时防范化解各种风险，并促进形势向好的方向转化，牢牢把握全面深化改革的正确方向和各项工作的主动权。坚持底线思维，就是要用两点论看待问题，既看到面临的机遇和有利因素，又看到面临的挑战和不利因素，既充分肯定取得的成绩，又清醒认识存在的问题，守住底线、不破红线③。党的十八届

---

① 《习近平在比利时布鲁日欧洲学院演讲》，载新华网，2014年4月1日。
② 司庸之：《试论习近平"底线思维"的哲学方法论意蕴》，载《新疆社科论坛》，2014年第2期，第5–8页。
③ 杜飞进：《深刻把握全面深化改革的辩证法　习近平关于全面深化改革的方法论思想》，载《人民论坛》，2013年第36期，第32–35页。

三中全会吹响了全面深化改革的新号角，把改革创新精神贯彻到治国理政各个环节，此时需要发扬"明知山有虎，偏向虎山行"的胆略与勇气，不断把改革推向前进。习近平改革思维在强调勇于攻坚克难、敢于迎难而上、努力创新的同时，又提出底线思维，即提出改革怎么改、改什么的"政治原则和底线"。改革是全新的探索，不可避免地会经常遭遇风险与挑战，需要运用底线思维确定边界。底线思维是有守和有为的有机统一，凡事从坏处准备，从底线出发，不断逼近顶线，努力争取最好的结果，让改革蹄疾而步稳①。

党的十八大以来，习近平多次强调，要坚持底线思维，不回避矛盾，不掩盖问题，做到有备无患、遇事不慌，牢牢把握主动权。既不走封闭僵化的老路，也不走改旗易帜的邪路，是运用底线思维确定的中国特色社会主义道路上改革的最大边界。2012年12月习近平在十八届中央政治局第二次集体学习时说，世界在发展，社会在进步，不实行改革开放死路一条，搞否定社会主义方向的"改革开放"也是死路一条。在方向问题上，我们头脑必须十分清醒。我们的方向就是不断推动社会主义制度自我完善和发展，而不是对社会主义制度改弦易张②。坚守中国特色社会主义道路、理论、制度，坚定不移地沿着中国特色社会主义道路前进，不断将改革开放引向深入，清晰地凸显了习近平改革的底线思维③。在实施改革创新思维的同时坚持底线思维，体现着以习近平为总书记的党中央领导集体应对错综复杂形势考验和推动新一轮改革的治理智慧。习近平指出：要善于运用底线思维的方法凡事从坏处准备，努力争取最好的结果，做到有备无患、遇事不慌，牢牢把握主动权。底线思维是一种科学的思维方法。掌握这种思维方法就能做到认真评估决策处事的风险，估算可能出现的最坏情况，从而处变不惊，守住最后防线。《礼记中庸》说："事预则立，不预则废。"这个"预"就是有备无患、遇事不慌。这是古人对底线思维高度凝练的概括。

底线思维是一种典型的后顾性思维取向是公共管理科学中的一种重要思维方式。底线思维注重的是对危机、风险、底线的重视和防范，管理目标上侧重于防范负面因素，堵塞管理漏洞，防止社会动荡。底线起着"最起码保证"的作用。同样道理底线思维起着与"最理想境界"、"效益最大化"相对应的"最

---

① 《以底线思维定边界——我们需要怎样的"改革思维"之五》，载《人民日报》，2014年3月17日。
② 中央文献研究室：《习近平关于全面深化改革的论述摘编》，中央文献出版社2014年版，第15页。
③ 顾海良：《习近平改革思想蕴含的底线思维在根本性问题上不犯颠覆性错误》，载《人民论坛》，2013年第36期，第24-26页。

低防线"、"危机最小化"的作用。基于这种底线思维所进行的底线管理是公共管理体系中的一个不可或缺的重要环节。现在，我们比历史上任何时期都更接近中华民族伟大复兴的目标，但越是接近美梦成真时，面临的风险和挑战就会越多，面对的不可预料的事情就会越多。我们必须增强忧患意识，做到居安思危、未雨绸缪。运用底线思维，既要有逢山开路、遇河架桥的勇气，也要有管控风险、防守底线的智慧和能力。底线是由量变到质变的临界值，一旦突破底线，事物性质就会发生根本性变化，这就要求我们必须严守一些重要方面的警戒线和生死线①。

习近平在谈到经济工作时指出，要深刻认识和高度重视经济运行中的突出矛盾和问题，深刻认识和全面把握国际经济形势，坚持底线思维，切实做好工作。他在谈到政治问题时指出，中国决不能在根本性问题上出现颠覆性错误，在改革方向上必须坚定不移走中国特色社会主义道路，不走封闭僵化的老路，不走改旗易帜的邪路。他在谈到宣传工作时指出，党性原则要大张旗鼓讲、理直气壮讲、坚持不懈讲，不要躲躲闪闪、含糊其辞。习近平在谈到民生工作时指出，要"守住底线、突出重点、完善制度、引导舆论"，保障低收入群众基本生活，做好家庭困难学生资助工作等。习近平在谈到生态环境保护时指出，绝不以牺牲环境为代价去换取一时的经济增长，"要牢固树立生态红线的观念"。另一方面，树立底线思维绝不是瞻前顾后、畏缩不前，"增强忧患意识，充分看到发展中的困难、问题和不利因素，不是消极泄气，而是要避免犯脱离实际、超越阶段而急于求成、急躁冒进的错误，真正做到既尽力而为又量力而行"。②改革是一场深刻的革命，涉及重大利益关系调整，总会存在这样那样的风险和困难。搞改革，不可能都是四平八稳、没有任何风险。只要经过充分评估，证明是符合实际、必须做的，"该干的还是要大胆干"。对最坏情况做到心中有底，在实际工作推进中规避防范，在执行路径举措上因势利导使之朝着好的方面发展，争取最好结果。

（六）法治思维。法治思维，就是按照法治的观念和逻辑来观察、分析和解决问题的思维方式。法治思维是思维的基石。法治思维是一种法治观念和法治意识，本质是对法律怀有敬畏之心。它要求思维主体崇尚法治、尊重法律，自

---

① 袁北星:《马克思主义科学方法论的丰富和发展——论习近平总书记系列重要讲话的方法论意义》，载《政策》，2014 年 12 月，第 76 - 79 页。

② 袁北星:《马克思主义科学方法论的丰富和发展——论习近平总书记系列重要讲话的方法论意义》，载《政策》，2014 年 12 月，第 76 - 79 页。

觉将法律付诸实践，善于运用法律手段来解决问题。马克思、恩格斯在强调法律权威性时说："所有通过革命取得政权的政党或阶级，就其本性来说，都要求由革命创造的新的法律基础得到绝对承认，并被奉为神圣的东西。"① 当前，依法治国已成为一种社会共识。要让法治成为一种思维方式：一是树立法治信仰。二是克服特权思想。三是增强程序意识。"法令行则国治，法令弛则国乱。"法治是治国理政的基本方式。

从党的十一届三中全会首次确立"有法可依、有法必依、执法必严、违法必究"的社会主义法制建设方针，到党的十八大报告强调"科学立法、严格执法、公正司法、全民守法"方针，再到党的十八届四中全会对全面推进依法治国的战略部署，充分体现了我们党矢志不移地坚持依法治国、依法执政、依法行政共同推进，坚持法治国家、法治政府、法治社会一体建设，不断开创依法治国新局面的价值取向②。习总书记强调，更加注重发挥法治在国家治理和社会管理中的重要作用，全面推进依法治国，加快建设社会主义法治国家。习近平强调："各级领导干部要提高运用法治思维和法治方式深化改革、推动发展、化解矛盾、维护稳定能力，努力推动形成办事依法、遇事找法、解决问题用法、化解矛盾靠法的良好法治环境，在法治轨道上推动各项工作。"③

这里不仅强调"法治思维"，而且提出要运用"法治方式"，强调从"思维"到"行为"的高度统一。在十八届三中全会对全面深化改革作出部署后，他又强调，"凡属重大改革都要于法有据"，要确保在法治轨道上推进改革。公平正义是保障现代社会健康有序发展的根本要求。习近平强调，我们要努力让人民群众在每一个司法案件中都感受到公平正义。他指出，公正司法是维护社会公平正义的最后一道防线，决不能让不公正的审判伤害人民群众感情、损害人民群众权益。坚持司法为民，促进社会公平正义是政法工作核心价值追求。习近平要求政法工作者要"肩扛公正天平、手持正义之剑"，以实际行动维护社会公平正义，让人民群众切实感受到公平正义就在身边。坚持司法为民，必将为全面深化改革、建设法治国家凝聚更加深厚的民意基础。2012年12月4日，习近平在首都各界纪念现行宪法公布施行三十周年大会上的讲话中就指出："各级领导干部要提高运用法治思维和法治方式深化改革、推动发展、化解矛盾、

---

① 《马克思恩格斯全集》第36卷，人民出版社1976年版，第238页。
② 袁北星：《马克思主义科学方法论的丰富和发展——论习近平总书记系列重要讲话的方法论意义》，载《政策》，2014年12月，第76-79页。
③ 《十八大以来习近平同志关于依法治国的重要论述》，载新华网，2014年3月29日。

维护稳定能力,努力推动形成办事依法、遇事找法、解决问题用法、化解矛盾靠法的良好法治环境,在法治轨道上推动各项工作。"①

全面深化改革涉及方方面面的利益关系,有的牵涉复杂的部门利益,有的还要触动一些人的"奶酪"。越是利益关系复杂敏感,越要运用法治思维依法改革。习近平说:"凡属重大改革要于法有据,需要修改法律的可以先修改法律,先立后破,有序进行。有的重要改革举措,需要得到法律授权的,要按法律程序进行。"②"要以宪法为最高法律规范,继续完善以宪法为统帅的中国特色社会主义法律体系,把国家各项事业和各项工作纳入法制轨道,实行有法可依、有法必依、执法必严、违法必究,维护社会公平正义,实现国家和社会生活制度化、法制化"③。"全面贯彻实施宪法,是建设社会主义法治国家的首要任务和基础性工作。"④习总书记强调:"落实依法治国基本方略,加快建设社会主义法治国家,必须全面推进科学立法、严格执法、公正司法、全民守法进程。"⑤宪法和法律规定了公民的基本权利和义务,也是每个公民享有权利、履行义务的根本保证。"要依法保障全体公民享有广泛的权利,保障公民的人身权、财产权、基本政治权利等各项权利不受侵犯,保证公民的经济、文化、社会等各方面权利得到落实,努力维护最广大人民根本利益,保障人民群众对美好生活的向往和追求。"⑥关于坚持党的领导,更加注重改进党的领导方式和执政方式。习总书记指出:"依法治国,首先是依宪治国;依法执政,关键是依宪执政。新形势下,我们党要履行好执政兴国的重大职责,必须依据党章从严治党、依据宪法治国理政。"⑦运用法治思维,党的十八届三中全会制定的许多改革举措涉及现行法律规定,全面深化改革总体方案与具体做法,规范细致,程

---

① 习近平:《在首都各界纪念现行宪法公布施行30周年大会上的讲话》,载《人民日报》,2012年12月5日。
② 中央文献研究室:《习近平关于全面深化改革的论述摘编》,中央文献出版社2014年版,第47页。
③ 习近平:《在首都各界纪念现行宪法公布施行30周年大会上的讲话》,载《人民日报》,2012年12月5日。
④ 习近平:《在首都各界纪念现行宪法公布施行30周年大会上的讲话》,载《人民日报》,2012年12月5日。
⑤ 习近平:《在首都各界纪念现行宪法公布施行30周年大会上的讲话》,载《人民日报》,2012年12月5日。
⑥ 习近平:《在首都各界纪念现行宪法公布施行30周年大会上的讲话》,载《人民日报》,2012年12月5日。
⑦ 习近平:《在首都各界纪念现行宪法公布施行30周年大会上的讲话》,载《人民日报》,2012年12月5日。

序很全,就是为了保证改革制度化、规范化、程序化、法治化,保证改革不走样、不走调,不变味、不变质。

(七)创新思维。创新思维是思维的原动力。创新思维是指以突破常规、新颖独创的方法和视角去思考解决问题的思维方式。"创新是一个民族进步的灵魂,是一个国家兴旺发达的不竭动力,也是一个政党永葆生机的源泉"。创新思维是开拓人类认识新领域,形成人类认识新成果的思维活动,其实质是对原有思维模式的超越。创新思维能力,就是超越陈规、开拓进取,善于探求事物发展难题的多种解决办法和途径的能力。创新是中华民族传统文化的优秀基因,也是建设中国特色社会主义的根本动力。中国特色社会主义就是将马克思主义基本原理同当代中国经济社会发展实践相结合的创新成果①。习近平指出,我们这一代共产党人的任务,就是继续把坚持和发展中国特色社会主义这篇大文章写下去。要在这篇大文章上抒写出更加辉煌的新篇章,必须把创新摆在国家发展全局的核心位置,将改革创新贯穿于经济社会发展各个领域各个环节。他在谈到制度创新时指出,要坚持以实践基础上的理论创新推动制度创新,构建系统完备、科学规范、运行有效的制度体系,使各方面制度更加成熟更加定型。他首次提出"总体国家安全观",强调以人民安全为宗旨,以政治安全为根本,以经济安全为基础,以军事、文化、社会安全为保障,以促进国际安全为依托,走出一条中国特色国家安全道路。他在谈到宣传思想工作创新时指出,"重点要抓好理念创新、手段创新、基层工作创新,努力以思想认识新飞跃打开工作新局面,积极探索有利于破解工作难题的新举措新办法"。他还强调,要着力打造融通中外的新概念新范畴新表述,讲好中国故事,传播好中国声音②。时代在发展,实践在深入。多年的改革开放深刻改变了我国的面貌,同时发展进程中的一些深层次问题日益凸显,如何才能实现更好发展?各项改革稳步推进,社会主义市场经济体制初步建立,同时发展仍然面临诸多体制性机制性障碍,体制创新任务艰巨,如何进一步深化改革?正确回答和破解这些课题迫切需要提高创新思维能力,打破思维定式、改变思维习惯,超越已有思维方式的局限,不迷信、不盲从,做到因时而动、与时俱进结合实际创造性地贯彻落实党的理论和路线方针政策,不断开拓中国特色社会主义事业新局面不断丰富和发展中

---

① 袁北星:《马克思主义科学方法论的丰富和发展——论习近平总书记系列重要讲话的方法论意义》,载《政策》,2014年12月,第76-79页。
② 袁北星:《马克思主义科学方法论的丰富和发展——论习近平总书记系列重要讲话的方法论意义》,载《政策》,2014年12月,第76-79页。

国特色社会主义理论体系。习总书记内政外交的基本思路和施政理念引起了中国人民乃至世界人民的关注也是"创新思维"的典范。内政上"中国梦"成为强烈而清晰的施政目标。外交上，中国在重视"大国外交"的同时致力于追求"新安全观"。[①] 坚持不懈的理论创新，需要打破思维定式，实施改革创新思维。习近平改革思维把解放思想提升到创新思维的高度。解放思想、实事求是，是党的思想作风，也是坚持创新思维的基本遵循。解放思想是创新的前提，实事求是是创新的条件，两者统一于改革开放实践。只有解放思想，不断研究新情况、解决新问题，才能打破思想僵化，破除错误观念，坚持实事求是。解放思想是实事求是的客观要求。在我国这样的社会主义大国搞改革，需要思想解放和过人勇气。如果思想保守、封闭僵化，不可能有改革开放的新局面。习近平在纪念邓小平110周年诞辰座谈会上的讲话中指出，开拓创新是邓小平最鲜明的领导风范[②]。实行改革开放的历史性决策以来，中国人民的面貌、社会主义中国的面貌、中国共产党的面貌发生了历史性变化；但旧的问题解决了，新的问题又产生了。改革是由问题倒逼而产生，又在不断解决问题中得以深化。改革开放永无止境，要求解放思想永无止境。2013年11月12日，习近平在党的十八届三中全会上说，领导我们这样前无古人、世所罕见的伟大事业，最要不得的是思想僵化、故步自封。解放思想是前提，是解放和发展社会生产力、解放和增强社会活力的总开关。没有解放思想，我们党就不可能在"十年动乱"结束不久做出把党和国家工作中心转移到经济建设上来、实行改革开放的历史性决策，开启我国发展的历史新时期；没有解放思想，我们党就不可能在实践中不断推进理论创新和实践创新，有效化解前进道路上的各种风险挑战，把改革开放不断推向前进，始终走在时代前列。改革的全过程都需要解放思想，解放思想的过程是理论创新的过程。没有思想解放，就难以冲破固有思想观念的束缚，难以把改革开放推进到新阶段。在改革开放过程中，邓小平反复强调思想要更加解放一些，步子要再大一些。正因为不断解放思想，才有邓小平"中国特色社会主义"命题的提出；也正因为不断解放思想，才有邓小平社会主义本质论、社会主义初级阶段论、社会主义市场经济论这些指导改革的全新理论

---

① 丁文锋：《论习近平全面深化改革的思维方式和领导方法》，载《〈资本论〉与全面深化经济体制改革——陕西省〈资本论〉研究会2014年学术年会论文集》，2014年版，第1-10页。

② 习近平：《在纪念邓小平同志诞辰110周年座谈会上的讲话》，载《人民日报》，2014年8月21日。

的创立①。随着社会发展和时代进步,我们面对的客观实际也在发生变化,我们的思想认识也相应地变革和前进,这才是真正意义上的实事求是。"改革,最本质的要求就是创新。"全面深化改革,关键要有新的谋划、新的举措。要克服前进道路的诸多困难,奋力推进改革开放和现代化建设取得新进展、实现新突破、迈上新台阶,使十八届三中全会所描绘的改革新蓝图、新愿景、新目标早日成为现实。

当前改革处在深水区与攻坚期,国内矛盾错综复杂,国际因素复杂多变,新情况新问题不断涌现,只有创新思维,才能攻坚克难,不断将改革引向深入。有学者认为,党的十八届三中全会把市场在资源配置中的"基础性作用"修改为"决定性作用",就是一次重大的理论创新,就是习近平创新思维的成果②。进一步分析会看到,第五个现代化的提出是习近平改革思维创新的更大成果。在20世纪60年代,我国确定以工业现代化、农业现代化、国防现代化、科学技术现代化为内容的"四个现代化"国家发展战略;党的十八届三中全会确立全面深化改革的总目标,把"推进国家治理体系和治理能力现代化"设定为第五个现代化。外国媒体都评价,"第五个现代化"是现代化视野下的新概念。

(八)战略思维。战略思维是对全局性、长远性、根本性问题进行谋划的思维方式,是科学世界观和方法论在实际工作中的具体运用。战略思维就是高瞻远瞩、统揽全局,善于把握事物发展总体趋势和方向的能力。善于统揽全局,统揽全局是战略思维的本质和核心。毛主席在《中国革命战争的战略问题》一文中指出:"研究带全局性的战争指导规律,是战略学的任务。"这句话就指出了战略思维的本质和核心就是要善于统揽全局。③ 战略思维对高层领导尤其是一把手极其重要。习近平同志指出,要善于观大势、谋大事;正确认识和积极顺应中国和世界发展大势,正确认识和妥善处理党和国家面临的大事,善于把握和平、发展、合作、共赢的国际大势善于把握富强、民主、文明、和谐的国内大势。党的十八大之后,习近平担任党的总书记、国家主席、军委主席,身负领导党和国家的重大责任,在改革问题上、在发展问题上、在处理国际关系的问题上,站得高、看得远。紧紧抓住了事关改革全局的重大问题,凸显了总书记登泰山而小天下、登东山而小鲁的胸怀全局的魄力和气度。比如,谈到中

---

① 汪青松,成利平:《邓小平改革胆略与习近平改革思维》,载《理论探讨》,2014年第6期,第24-27页。
② 陶文昭:《习近平五大改革思维》,载《当代社科视野》,2014年第1期,第27-28页。
③ 杨在峰:《马克思主义的世界观和方法论——学习习近平系列讲话的体会》,载《法制与社会》,2014年第32期,第192-193页。

国的发展问题,习总书记多次讲到要谋大势、讲战略、重运筹。他指出:"和平发展道路能不能走得通,很大程度上要看我们能不能把世界的机遇转变为中国的机遇,把中国的机遇转变为世界的机遇,在中国与世界各国良性互动、互利共赢中开拓前进"。谈到中国的改革问题,习总书记在十八届三中全会上首次提出,我们的改革是全面深化改革,提出要推进经济、政治、文化、社会、生态文明各领域全面改革。总书记指出:"任何一个领域的改革都会牵动其他领域,同时也需要其他领域改革密切配合。如果各领域改革不配合,各方面改革措施相互牵扯,全面深化改革就很难推进下去,即使勉强推进,效果也会大打折扣。"运用战略思维,准确把握世界格局变化和中国发展方位。战略思维是思维的制高点。战略思维是指从全局视野和长远眼光把握事物发展总体趋势和方向的科学思维方式。"善其谋而后动,成道也。"我们党历来重视战略思维。毛泽东说:"指挥全局的人,最要紧的,是把自己的注意力摆在照顾战争的全局上面……如果丢了这个去忙一些次要的问题,那就难免要吃亏了。"把握战争主导权是如此,做好其他任何工作也是如此。具备总揽全局的战略思维能力,才能从整体和长远的战略高度去思考处理问题,形成正确的战略规划和战略行动①。十八大以来,习近平对国家的长远发展、大政方针进行了谋篇布局,从治国方略、治党方略到两个百年的中国梦的提出,提出了一系列治国理政的战略思想和战略观点,体现了大国领袖的宏伟的战略思维。他强调要"加强战略思维,增强战略定力,更好统筹国内国际两个大局"。他首次提出要增强"战略定力",体现了新的国际战略观及其宏大的战略思想、明晰的战略目标和系统的战略布局。他强调领导干部要从整体思路上把握问题,从做好整体工作出发,找准本职工作在全局中的位置,增强工作合力,做到全党一盘棋、全国一盘棋。全面深化改革是一场攻坚战,要做好其中每一项具体工作,必须运用战略思维,既要仰望星空,胸怀战略全局,又要脚踏实地,做好本职工作。以习近平同志为总书记的新一届中央领导集体对世界格局和中国方位的准确把握和清醒认识,为我们应对各种风险挑战,牢牢把握发展战略机遇期,积极稳妥推进改革提供了基本遵循和行动指南。②

习近平指出:"改革开放是前无古人的崭新事业,必须坚持正确的方法论。"

---

① 袁北星:《马克思主义科学方法论的丰富和发展——论习近平总书记系列重要讲话的方法论意义》,载《政策》,2014年12月,第76-79页。
② 袁北星:《马克思主义科学方法论的丰富和发展——论习近平总书记系列重要讲话的方法论意义》,载《政策》,2014年12月,第76-79页。

现在，我国的进一步发展面临一系列突出矛盾和挑战。解决这些矛盾、应对这些挑战，必须进一步推进改革开放，特别是要在增强改革开放的系统性、整体性和协调性上下功夫。统筹谋划，提高改革开放决策的科学性。实现"两个一百年"的奋斗目标应以改革开放为抓手，提出相应的战略举措。也就是说，要有全面深化改革开放的总体设计和总体规划包括战略目标、战略重点、优先顺序、主攻方向、工作机制、推进方式，以及总体方案、路线图、时间表等。我们强调要加强习近平全面深化改革的思维方式和领导方法改革的顶层设计，就是要对经济体制、政治体制、文化体制、社会体制、生态文明体制改革作出统筹设计，加强对各项改革关联性的研判，努力做到全局和局部相配套、治本和治标相结合、渐进和突破相促进。改革也要辨证施治，既要养血润燥、化瘀行血又要固本培元、强筋壮骨，使各项改革发挥最大效能。这就需要我们提高战略思维能力，既突出重点又统筹兼顾既立足当前又放眼长远，既熟悉国情又了解世界①。从中国特色社会主义前途命运看改革，需要以战略思维谋划改革全局，以战略定力迎接各种挑战。习近平把中国特色社会主义事业置于当代世界发展的坐标之中，提出国家富强、民族振兴、人民幸福的中国梦，以这一具有最大公约数的共同理想凝聚中国力量，运用战略思维谋划设计改革，启动全面深化改革新征程就能站得高、看得远，就能把解决具体问题与解决深层次问题相结合，把局部利益与全局利益相结合，把眼前需要与长远谋划相结合，把国内形势与国际环境相结合，实现整体推进和重点突破相统一，在解决改革突出问题中实现改革战略突破，在把握改革战略全局中推进各项改革工作。

二、全面深化改革的科学领导方法

党的十八大提出要更加注重改进党的领导方式和执政方式，保证党领导人民有效治理国家。十八届三中全会提出，要实现国家治理能力与治理体系的现代化。与时俱进地实现领导方式方法的转变，不仅是改革进入攻坚阶段的客观需要也是全面建成小康社会的必然要求。

（一）用"中国梦"激励人心实现目标。中国梦是十八大以来，总书记带领新一届中央领导集体参观中国国家博物馆"复兴之路"展览现场提出的一个宏伟目标。2012年11月，习近平总书记在参观"复兴之路"展览时，提出了实

---

① 丁文锋：《论习近平全面深化改革的思维方式和领导方法》，载《〈资本论〉与全面深化经济体制改革——陕西省〈资本论〉研究会2014年学术年会论文集》，2014年版，第1—10页。

现中华民族伟大复兴的"中国梦",在十二届全国人大一次会议上的讲话中更是全面系统地阐述了这个思想。这一个宏伟目标的提出,体现了总书记深邃的唯物史观的眼光。实现中华民族的伟大复兴是近代以来中华民族各界仁人志士的最伟大梦想。总书记在复兴中国的中国梦中明确提出:"现在,我们比历史上任何时期都更接近中华民族伟大复兴的目标,比历史上任何时期都更有信心、有能力实现这个目标"。充分体现了总书记的道路自信、理论自信、制度自信。也说明习总书记充分把握了人类社会发展的客观规律,对国际国内局势有一个清晰的定位,显示了共产党人深邃的唯物史观的眼光。参观中国国家博物馆"复兴之路"展览现场提出实现中华民族伟大复兴的中国梦时,总书记同时强调,中国梦归根到底是人民的梦,是每个中国人的梦。每一时代的理论思维都是一种历史的产物。"中国梦"的提出,既饱含着对近代以来中国历史的深刻洞悉,又彰显了全国各族人民的共同愿望和宏伟愿景是在实现"两个一百年"的宏伟奋斗目标基础上,推进实现"中国梦"的新的战略思想。以习近平同志为总书记的党中央用"中国梦"阐述了科学社会主义在新的历史条件下的新特征就如何在社会主义初级阶段的背景下实现中华民族伟大复兴在发展中国家的基础上建设现代化在亿多人口的国度中实现共同富裕在以西方为主导的世界格局中实现大国的和平发展等方面的问题作了全面概括和回答①。

"中国梦"为坚持和发展中国特色社会主义打开了新的视野,已经成为凝聚全党全国各族人民团结奋斗的一面旗帜。中国特色社会主义道路,是一条经过多年艰辛探索,为多年成功实践所证明的符合中国国情的道路是一条给中国带来巨大发展成就的正确道路。因此,必须增强对中国特色社会主义的理论自信、道路自信、制度自信,坚定不移地沿着这条道路奋勇前行。同时,要大力弘扬民族精神和时代精神,促进全国各族人民大团结,为实现"中国梦"提供强大的内在动力。"中国梦"的提出,最根本的要求是让我们把眼光放远,充满自信地看到中国特色社会主义一定会有灿烂的明天。

(二)用"治大国若烹小鲜"强调高度负责的治国理念。习近平总书记在接受金砖国家媒体联合采访时说:"这样一个大国,这样多的人民,这么复杂的国情,领导者要深入了解国情,了解人民所思所盼,要有'如履薄冰,如临深渊'的自觉,要有'治大国若烹小鲜'的态度。""治大国若烹小鲜",语出老

---

① 丁文锋:《论习近平全面深化改革的思维方式和领导方法》,载《〈资本论〉与全面深化经济体制改革——陕西省〈资本论〉研究会 2014 年学术年会论文集》,2014 年版,第 1—10 页。

子《道德经》第六十章。"小鲜",即"小鱼"。唐玄宗曾对这一名句作过解释"烹小鲜者,不可挠,治大国者不可烦,烦则伤人,挠则鱼烂矣。"在中国的文化传统中,管理向来被视为一种智慧,它的最高目标是艺术化。"治大国若烹小鲜",象征的就是一种高超的治国艺术,是中华民族独有的治国理政经验。① 改革开放以来,中国经济高速发展了多年,发展中产生的问题以及长期累积的困难不少。面对13亿多人口,改革进入攻坚期和深水区,诸多矛盾共存的发展重要时期,习近平总书记坦言国家的真实情况,引用《道德经》的"治大国若烹小鲜",强调既不能操之过急,也不能松弛懈怠,才能把事情办好,道出了人民内心的期待。一是要常怀"如履薄冰,如临深渊"的危机感,永不懈怠。"烹小鲜"要求小心专注,继续"摸着石头过河",切实找准规律,把握好度,促成整个社会和谐共进。二是要做工作不能过头也不能缺位。"烹小鲜"需要对火候、味道精细掌控,张弛有度进行安排,凸显了我们党对新的历史条件下社会管理规律的深刻理解。三是要不折腾,不劳民。"烹小鲜"不能多搅动翻腾。具体到治国理政,就是要防止"情况不明决心大,稀里糊涂办法多"。第四,就是以严谨细致的态度对待每件事,不马虎,敢担当。"烹小鲜"是小事也是难事。这也是提醒我们各级领导干部,要以对党、对人民、对历史高度负责的态度时刻保持清醒的头脑,认真地做好每一件事情,尽量做到决策不失误②。

(三)用"空谈误国,实干兴邦"强调扑下身子干实事的精神。实干是连接认识与实践的一座桥梁。反对空谈,强调实干,注重落实,是我们党的优良传统。2011年3月16日《求是》杂志第六期,习近平在《关键在于落实》一文中指出:"'空谈误国,实干兴邦',这是千百年来人们从历史经验教训中总结出来的治国理政的一个重要结论。"党的十八大将"求真务实"写进党章,确定为党的思想路线的重要组成部分。中共十八大后,习近平在参观"复兴之路"展览时再次强调:实现中华民族伟大复兴是一项光荣而艰巨的事业,需要一代又一代中国人共同为之努力。"空谈误国,实干兴邦。"要求全党同志在党的十八大精神引领下,牢记"两个务必",求真务实、攻坚克难、开拓创新,为实现伟大"中国梦"而努力奋斗。

---

① 丁文锋:《论习近平全面深化改革的思维方式和领导方法》,载《〈资本论〉与全面深化经济体制改革——陕西省〈资本论〉研究会2014年学术年会论文集》,2014年版,第1-10页。
② 丁文锋:《论习近平全面深化改革的思维方式和领导方法》,载《〈资本论〉与全面深化经济体制改革——陕西省〈资本论〉研究会2014年学术年会论文集》,2014年版,第1-10页。

历史从来不是空洞的言语。在民族复兴之路上，能留下怎样的印迹，关键取决于踏踏实实地干了些什么。落实"空谈误国，实干兴邦"的要求，我们必须做到：一是要坚定信念不动摇。二是要树立正确的务实观。"务实"与"形式主义"格格不入，也绝不是强调主观的"实用主义"和"识时务"的庸俗观，其本质内涵在于"不唯书、不唯上、只唯实"。三是要用创新的精神推动务实。将主观与客观、理论与实践相统一，坚持上级精神与本地实际相结合，是求真务实的内在要求。

习近平总书记指出，全面建成小康社会靠实干，基本实现社会主义现代化靠实干，实现中华民族伟大复兴靠实干。实干是全面贯彻落实党的十八大精神、实现中华民族伟大复兴中国梦的根本途径。这个实干的途径，也是培育和增强中国特色社会主义自信的根本途径。怎样在大干社会主义实践中培育和增强中国特色社会主义自信呢？（1）树立实干兴邦的理念，提高对真抓实干极端重要性认识，树立事业是干出来的，不是说出来的实干观点。一切难题，只有在实干中才能破解；一切办法，只有在实干中才能见效；一切机遇，在实干中才能抓住和用好。（2）一分部署，九分落实。抓落实是把全面深化改革的思想认识和决策部署落到实践中的根本要求。改革是动真碰硬，绝不是做样子、做表面文章，只说不做不行，说了做了没有成效也不行，唯有真抓实干才是根本之策。空谈误国，实干兴邦，习总书记强调要"把抓落实作为推进改革工作的重点"，做到"一分部署，九分落实"，务求实效；强调抓落实要有狠劲，"以抓铁有痕、踏石留印的劲头"，"聚焦、聚神、聚力抓落实"，做到"抓实、再抓实"，"做到言必信、行必果"。（3）培养"逢山开路、遇河架桥"的革命精神。发扬"踏石留印、抓铁有痕"的革命干劲；坚持善始善终，善做善成，真抓实干、开拓进取的优良作风。（4）为了社会主义现代化事业，要夙兴夜寐地真干、实干、苦干、巧干。习总书记指出："所谓真干，就是不弄虚作假、不欺上瞒下，不做表面文章，不搞形式主义，真正诚心诚意、尽力尽责、一干到底。所谓实干，就是坚持一切从实际出发，察实情、讲实话，鼓实劲、出实招，办实事、求实效，扎扎实实把各项工作不断推向前进。所谓苦干，就是把兢兢业业、吃苦耐劳的精神贯穿于各项工作中。所谓巧干，就是尊重客观规律，讲究工作方法，坚持改革创新，以科学精神和科学态度努力工作，力求取得事半功倍的成效。"[①]（5）深入一线"接地气"，扑下身子摸民情。一定要做到眼睛亮能发现

[①] 习近平：《领导干部要树立正确的世界观权力观事业观》，载《学习时报》，2010年9月6日。

问题，耳朵灵能掌握信息，嗅觉敏能见微而知著，嘴巴勤能指出问题，手脚快能化解矛盾，切实做到用脚步丈量民情、用脑袋思考民利、用行动破解难题。

(6) 干在实处，走在前列。干在实处，就要拿出狮子率队的狠劲、燕子垒窝的恒劲、蚂蚁啃骨头的韧劲、老牛爬坡的拼劲，甩开膀子干，鼓足劲头干，切实把党的路线方针政策和一切重大战略部署落到实处，做到不达目标誓不休、不获全胜不收兵。通过这些如火如荼干事业的实践，培育和增强中国特色社会主义自信。有了这些自信，就有了我们实干兴邦的动力源泉，坚定了实现社会主义现代化和实现中华民族伟大复兴中国梦的理想信念。

(四) 引用"夙夜在公、勤勉工作"，强调勤勤恳恳、全心全意为人民服务。夙夜在公语出《诗经召南采蘩》"被之僮僮，夙夜在公"，意思是夜以继日地勤于政事公务。中华民族历来就有"敬业乐群"、"恪尽职守"的传统美德。"业精于勤荒于嬉"。夙夜在公，宣扬的是一种恭敬严肃、认真负责、任劳任怨、踏实奉献的态度，体现的是一种勤奋、刻苦和谨慎的作风，彰显的是一种珍惜生命、珍视未来的人生观念。人民群众是我们的力量源泉。人民对美好生活的向往，就是我们的奋斗目标。一切为了人民群众、一切依靠人民群众，坚持人民群众的主体地位。历史唯物主义认为：人民群众是历史的创造者。无产阶级政党只有一切为了人民、一切依靠人民、为人民造福，才能顺应历史趋势，引导世界潮流。十八届一中全会结束后，在新一届中央政治局常委与中外记者见面会上习近平强调："我们一定要始终与人民心心相印、与人民同甘共苦、与人民团结奋斗，夙夜在公，勤勉工作。"①

在十二届全国人大一次会议上，当选为国家主席的习近平发表讲话时说："我将忠实履行宪法赋予的职责，忠于祖国忠于人民，恪尽职守，夙夜在公，为民服务为国尽力。"② 习近平两次履新都用"夙夜在公"回应人民的期待和信任，表达出一种强烈的使命感和责任感，体现了我们党将始终坚持为人民服务的决心。就是要求我们：一要增强发展的危机感；二要增强时间的紧迫感；三要增强工作的责任感。要以党的好干部焦裕禄、杨善洲等为榜样爱岗敬业、勤勉工作，锐意进取、敢于拼搏，努力向历史、向人民交一份合格的答卷。

(五) "把群众的安危冷暖时刻放在心上"，坚定不移走群众路线。习近平经常强调，在新的形势下，我们要坚持好党的群众路线，"对困难群众，我们要

---

① 《习近平：一定要与人民心心相印、同甘共苦、团结奋斗》，载光明网，2012 年 11 月 15 日。
② 《习近平：恪尽职守夙夜在公 为民服务为国尽力》，载搜狐新闻，2013 年 3 月 17 日。

格外关注、格外关爱、格外关心千方百计帮助他们排忧解难，把群众的安危冷暖时刻放在心上，把党和政府的温暖送到千家万户"。① 党的群众路线是关系党的事业兴衰成败的重大问题，任何时候都必须牢牢坚持。当前，党面临长期执政的考验和危险，社会结构和社会环境的深刻变化，对进一步贯彻落实好群众路线提出了新的更高要求。一要把提高做群众工作的水平作为"第一能力"。善于研究和把握群众工作的特点和规律，大力提高自身政治理论素质，增强服务群众的本领。二要把体察民情、倾听民声作为"第一责任"。"安民之要在于察其疾苦"，"为政，通下情为急"。三要把群众满意作"第一标准"。清醒认识"为了谁、依靠谁、我是谁"，站稳群众立场围绕为人民谋利益、为人民创政绩，使各项决策和各方面工作符合实际情况、符合客观规律、符合人民意愿，以为民务实清廉的良好形象赢得民心，以惠民安民富民的工作实绩接受历史的检验②。

（六）以"踏石留印、抓铁有痕"促进作风建设。作风建设是党的建设永恒的主题。习近平总书记在十八届中央纪委二次全会上指出作风建设"要以踏石留印、抓铁有痕的劲头抓下去，善始善终、善做善成，防止虎头蛇尾，让全党全体人民来监督，让人民群众不断看到实实在在的成效和变化"③。新一届中央领导集体执政伊始，就顺应人民群众对党风廉政建设的新期待，作出了关于改进工作作风、密切联系群众的"八项规定"，并采取了一系列重要措施。好作风只能在从严治党中形成，在党建实践中铸就。"踏石留印、抓铁有痕"八个字，斩钉截铁，掷地有声，向全党发出了扎实深入推进作风建设，以良好作风正党风、纠政风、转民风的时代强音。最典型的例子，是党的十八大以来，党中央以作风建设为切入点，从严管党治党。从制定出台改进工作作风、密切联系群众的"八项规定"，到开展党的群众路线教育实践活动；从整治中秋国庆期间公款送礼等不正之风，到整治"会所歪风"；从狠刹"舌尖上的浪费"到禁办奢华晚会……每一项工作都抓得有声有色、抓铁有痕。近两年来，全党全国党风政风为之一新，党心民心为之大振④。针对人民群众深恶痛绝的"形式主

---

① 《习近平到河北阜平看望慰问困难群众时强调：把群众安危冷暖时刻放在心上 把党和政府温暖送到千家万户》，载《人民日报》，2012年12月31日。
② 丁文锋：《论习近平全面深化改革的思维方式和领导方法》，载《〈资本论〉与全面深化经济体制改革——陕西省〈资本论〉研究会2014年学术年会论文集》，2014年版，第1–10页。
③ 习近平：《有腐必反有贪必肃把权力关进笼子里》，载东方网，2013年1月22日。
④ 杨在峰：《马克思主义的世界观和方法论——学习习近平系列讲话的体会》，载《法制与社会》，2014年第32期，第192–193页。

义、官僚主义、享乐主义、奢靡之风",习近平总书记要求全党深入开展群众路线教育实践活动,坚决消除损害党群关系、干群关系的"四风"问题。提出"老虎"、"苍蝇"一起打,从严治党,取信于民。

(七)以"打铁还需自身硬",加强党的执政能力建设。最朴实的话语最有力量。"打铁还需自身硬",是习近平总书记面对各国媒体反复提及的一句中国传统白话,无论是新一届政治局常委记者见面会,还是赴基层调研,都多次强调。治国在政,为政在人。"打铁还需自身硬",最直接的含义是我们自身还不够硬,必须坚持党要管党、从严治党从我做起、从现在做起、从身边的事情做起,切实解决存在的突出问题。这是对全体人民作出的庄严承诺。"打铁还需自身硬",形象地点出了当前党所面临的挑战,指明了8700多万共产党员努力的方向。

(八)以"政贵有恒"与"钉钉子"的精神树立"功成不必在我"的历史观、发展观、政绩观。习近平在参加十二届全国人大一次会议上海代表团的审议时提出了一个意蕴深远的命题,即"发扬钉钉子的精神"。钉钉子往往不是一锤子就能钉好的,而是要一锤一锤接着敲,才能把钉子钉实。并且只有钉下一颗再钉一颗,不断钉下去,才能管住长远。干事业就好比钉钉子。有了好的发展机遇和条件,明确了发展的方向,就需要沿着目标久久为功、坚持不懈。《尚书》有言:"政贵有恒。"党和人民多年奋斗的历程也充分证明,无论顺境还是逆境,只要始终坚守崇高理想、保持坚定信念,一代接着一代,一步一个脚印地干下去,宏伟目标就一定能实现。中国特色社会主义是前无古人的伟大事业,需要一代又一代人"发扬钉钉子精神"。正如习近平指出的那样,"领导干部在抓落实过程中,还要有'功成不必在我'的理念和境界"。①

---

① 习近平:《关键在于落实》,载《求是》,2011年第6期。

参考文献

一、著作类

[1]《马克思恩格斯选集》第 1 卷，北京：人民出版社 1995 年版。

[2]《马克思恩格斯选集》第 2 卷，北京：人民出版社 1995 年版。

[3]《马克思恩格斯选集》第 3 卷，北京：人民出版社 1995 年版。

[4]《马克思恩格斯选集》第 4 卷，北京：人民出版社 1995 年版。

[5]《马克思恩格斯全集》第 4 卷，北京：人民出版社 1995 年版。

[6]《马克思恩格斯文集》第 1 卷，北京：人民出版社 2009 年版。

[7] 马克思：《1844 年经济学哲学手稿》，北京：人民出版社 1985 年版。

[8]《列宁选集》第 1 卷，北京：人民出版社 1995 年版。

[9]《毛泽东选集》第 1 卷，北京：人民出版社 1991 年版。

[10]《毛泽东选集》第 2 卷，北京：人民出版社 1991 年版。

[11]《毛泽东选集》第 3 卷，北京：人民出版社 1991 年版。

[12]《毛泽东选集》第 4 卷，北京：人民出版社 1991 年版。

[13]《毛泽东选集》第 5 卷，北京：人民出版社 1977 年版。

[14]《毛泽东文集》第 2 卷，北京：人民出版社 1993 年版。

[15]《毛泽东文集》第 3 卷，北京：人民出版社 1996 年版。

[16]《毛泽东文集》第 7 卷，北京：人民出版社 1999 年版。

[17]《毛泽东著作专题摘编》（上册），北京：中央文献出版社 2003 年版。

[18]《毛泽东传》（上册），北京：中央文献出版社 2003 年版。

[19]《建国以来毛泽东文稿》（第 12 册），北京：中央文献出版社 1998 年版。

[20]《邓小平文选》第 1 卷，北京：人民出版社 1994 年版。

[21]《邓小平文选》第 2 卷，北京：人民出版社 1994 年版。

[22]《邓小平文选》第 3 卷，人民出版社 1993 年版。

[23]《江泽民文选》第 2 卷，北京：人民出版社 2006 年版。

[24]《江泽民文选》第 3 卷，北京：人民出版社 2006 年版。

[25]《江泽民文选》第1卷,北京:人民出版社2006年版。

[26] 胡锦涛:《坚定不移沿着中国特色社会主义道路前进 为全面建成小康社会而奋斗——在中国共产党第十八次全国代表大会上的报告》,北京:人民出版社2012年版。

[27] 习近平:《之江新语》,杭州:浙江出版社联合集团2013年版。

[28]《鲁迅书信集》(下卷),北京:人民文学出版社1976年版。

[29]《陈独秀文章选编》(中册),上海:三联书店1984年版。

[30]《十八大以来重要文献选编》(上),北京:中央文献出版社2014年版。

[31] 中共中央宣传部:《习近平总书记系列重要讲话读本》,人民出版社2014年版。

[32] 国务院新闻办公室等单位编译:《习近平谈治国理政》,北京:外文出版社2014年版。

[33] 中共中央文献研究室:《习近平关于实现中华民族伟大复兴的中国梦论述摘编》,北京:中央文献出版社2013年版。

[34] 中共中央文献研究室:《习近平关于全面深化改革论述摘编》,北京:中央文献出版社2014年版。

[35] 中共中央文献研究室、中央党的群众路线教育实践活动领导小组办公室:《习近平关于党的群众路线教育实践活动论述摘编》,北京:中央文献出版社2014年版。

[36]《〈中共中央关于全面推进依法治国若干重大问题的决定〉辅导读本》,北京:人民出版社2014年版。

[37]《构建社会主义和谐社会的伟大纲领》,北京:人民出版社2006年版。

[38]《中共中央文件选集》第2册,北京:中共中央党校出版社1983年版。

[39]《十六大以来重要文献选编》(上册),北京:中央文献出版社2005年版。

[40]《中国共产党第十七次全国代表大会文件汇编》,北京:人民出版社2007年版。

[41]《十六大以来重要文献选编》(中),北京:中央文献出版社2006年版。

[42] 中共中央文献研究室编:《建国以来重要文献选编》(第十册),北京:中央文献出版社1994年版。

[43] 中共中央文献研究室编:《三中全会以来重要文献选编》(下册),北京:人民出版社1982年版。

[44]《中共中央关于全面深化改革若干问题的决定》,北京:人民出版社2013年版。

[45]《中国共产党第十八届三中全会文件汇编》,北京:人民出版社2013年版。

[46]《〈中共中央关于全面深化改革若干重大问题的决定〉辅导读本》,北京:人民出版社2013年版。

[47] 何毅亭:《学习习近平总书记重要讲话》,北京:人民出版社2013年版。

[48] 王海明:《伦理学原理》,北京:北京大学出版社2001年版。

[49] 程恩富等主编:《外国经济学说与中国研究报告(2013)》,北京:社会科学文献出版社2013年版。

[50] 乔俊武：《思维论》，北京：科学技术文献出版社2009年版。

[51] [美] 罗伯特·达尔：《论民主》，李柏光、林猛译，北京：商务印书馆1999年版。

[52] [英] 卡尔·波兰尼：《大转型：我们时代的政治与经济起源》，杭州：浙江人民出版社2007年版。

[53] [匈] 卢卡奇：《历史与阶级意识》，北京：商务印书馆1999年版。

[54] [美] 塞缪尔·P. 亨廷顿：《变化社会中的政治秩序》，北京：生活·读书·新知三联书店1989年版。

[55] 世界银行：《2006年世界发展报告：公平与发展》，北京：清华大学出版社2006年版。

[56] [美] 杰里米·里夫金，特德·霍华德：《熵：一种新的世界观》，上海：上海译文出版社1987年版。

[57] [美] 康芒斯：《制度经济学》，北京：商务印书馆1983年版。

[58] 宋惠昌等：《政治哲学》，北京：中共中央党校出版社2003年版。

[59] [美] 罗尔斯：《正义论》，何怀宏等译，北京：中国社会科学出版社1988年版。

[60] [德] 马克斯·韦伯：《经济与社会》，北京：商务印书馆1977年版。

[61] [英] 亨利·梅因：《古代法》，沈景一译，北京：商务印书馆1959年版。

[62] [美] 埃德加·博登海默：《法理学——法哲学和方法》，邓正来译，北京：中国政法大学出版社1999年版。

二、论文类

[1] 王立胜：《中国特色社会主义改革理论的新发展——学习习近平关于全面深化改革的论述》，载《东岳论丛》，2014年第7期。

[2] 马光明：《全面深化改革与推进反腐倡廉建设》，载《观察与思考》，2014年第1期。

[3] 唐任伍：《论习近平的改革思想》，载《河北经贸大学学报》，2014年第1期。

[4] 游伯笙：《全面深化改革只有进行时没有完成时——学习习近平同志关于全面深化改革论述》，载《福州党校学报》，2014年第5期。

[5] 马光明：《全面深化改革与推进反腐倡廉建设》，载《观察与思考》，2014年第1期。

[6] 方涛：《为什么要全面深化改革？——学习习近平总书记关于改革的重要论述》，载《柴达木开发研究》，2014年第3期。

[7] 包心鉴：《全面深化改革：决定当代中国前途和命运的关键抉择》，载《中国延安干部学院学报》，2014年第1期。

[8]《十八届三中全会精神学习问答（续一）》，载《黄埔》，2014年第2期。

[9] 孙业礼：《正确把握全面深化改革的方向、总目标和方法论——学习〈习近平关于全面深化改革论述摘编〉》，载《求是》，2014年第13期。

[10] 陈可：《全面深化改革与国家治理现代化的理性思考》，载《山东行政学院学报》，2014年第9期。

[11] 李新市：《科学把握和运用全面深化改革的方法——学习习近平总书记"用改革开放的办法解决改革开放中的矛盾"重要论述》，载《环渤海经济瞭望》，2015年第1期。

[12] 孟根其其格：《全面深化改革推进国家治理体系和治理能力现代化》，载《理论研究》，2014年第1期。

[13] 李伟：《全面深化改革 推进国家治理现代化》，载《广西经济》，2014年第8期。

[14] 魏艳：《在深化改革中推进国家治理体系和治理能力现代化》，载《科技资讯》，2014年第24期。

[15] 杨茂林：《在深化改革中推进国家治理体系和治理能力现代化》，载《前进》，2013年第12期。

[16] 吴桂韩：《在全面深化改革中推进国家治理现代化》，载《理论学习》，2014年第10期。

[17] 王春玺：《加强和改善党对全面深化改革的领导》，载《前线》，2013年第12期。

[18] 郭建宁：《全面深化改革与国家治理现代化》，载《理论视野》，2014年第8期。

[19] 阳国亮：《论正确把握坚持社会主义市场经济改革方向》，载《桂海论丛》，2014年第2期。

[20] 曾培炎：《实行社会主义市场经济是我国经济体制改革的必然选择》，载《求是》，2013年第20期。

[21] 郑有贵：《坚持社会主义市场经济改革方向是中国道路的要义》，载《当代中国史研究》，2014年第1期。

[22]《全面深化改革为什么必须坚持社会主义市场经济改革方向？》，载《新长征》，2014年第1期。

[23] 杨剑慧：《坚持社会主义市场经济改革方向问题的思考》，载《中共山西省直机关党校学报》，2014年第4期。

[24] 邱乘光：《解放思想 解放生产力 增强社会活力》，载《西藏发展论坛》，2014年第2期。

[25] 颜晓峰：《进一步解放和增强社会活力》，载《政工学刊》，2013年第12期。

[26] 王连喜：《论习近平以人为本全面深化改革的哲学观》，载《特区实践与理论》，

2014 年第 3 期。

[27] 李德顺:《从哲学高度关注全面深化改革》,载《哲学动态》,2014 年第 1 期。

[28] 郑烨,徐萌萌:《论以习近平为首的新一届中央领导集体的改革思想》,载《甘肃理论学刊》,2014 年第 6 期。

[29] 韩玉芳,何军:《习近平全面深化改革思想的方法论特征及其启示》,载《新视野》,2014 年第 6 期。

[30] 杜飞进:《深刻把握和自觉运用全面深化改革的辩证法——略论习近平同志关于全面深化改革的方法论思想》,载《新重庆》,2014 年第 3 期。

[31] 何建辉:《深刻把握全面深化改革的哲学智慧》,载《当代江西》,2014 年第 11 期。

[32] 杨玉洪,唐俭军:《正确把握全面深化改革的政治原则——学习习近平总书记关于深化改革的重要论述》,载《白城师范学院学报》,2014 年第 6 期。

[33] 习近平:《在党的群众路线教育实践活动工作会议上的讲话》,载《党建研究》,2013 年第 7 期。

[34] 习近平:《全面贯彻落实党的十八大精神要突出抓好六个方面工作》,载《求是》,2013 年第 1 期。

[35] 丁文锋:《论习近平全面深化改革的思维方式和领导方法》,载《〈资本论〉与全面深化经济体制改革——陕西省〈资本论〉研究会 2014 年学术年会论文集》,2014 年版。

[36] 袁北星:《马克思主义科学方法论的丰富和发展——论习近平总书记系列重要讲话的方法论意义》,载《政策》,2014 年第 12 期。

[37] 李海青:《习近平关于全面深化改革的方法论》,载《中国特色社会主义研究》,2014 年第 6 期。

[38] 杜飞进:《深刻把握全面深化改革的辩证法 习近平关于全面深化改革的方法论思想》,载《人民论坛》,2013 年第 36 期。

[39] 汪青松,成利平:《邓小平改革胆略与习近平改革思维》,载《理论探讨》,2014 年第 6 期。

[40] 辛向阳:《习近平全面深化改革思想的鲜明特征》,载《探索》,2014 年第 5 期。

[41] 方涛:《全面深化改革必必须加强顶层设置——学习习近平总书记关于全面深化改革的论述》,载《内蒙古统战理论研究》。

[42] 司庸之:《试论习近平"底线思维"的哲学方法论意蕴》,载《新疆社科论坛》,2014 年第 2 期。

[43] 赫崇飞,刘歌德,王继辉:《重温社会基本矛盾理论促进社会公平正义——学习十八届三中全会关于全面深化改革若干重大问题的决定》,载《毛泽东思想研究》,2014 年第 6 期。

[44] 黄敏：《公平正义：全面深化改革的核心价值》，载《中共郑州市委党校学报》，2014年第4期。

[45] 顾海良：《习近平改革思想蕴含的底线思维在根本性问题上不犯颠覆性错误》，载《人民论坛》，2013年第36期。

[46] 陶文昭：《习近平五大改革思维》，载《当代社科视野》，2014年第1期。

[47] 杨在峰：《马克思主义的世界观和方法论——学习习近平系列讲话的体会》，载《法制与社会》，2014年第32期。

[48] 习近平：《关键在于落实》，载《求是》，2011年第6期。

[49] 杨雪英，沈春梅：《公平正义：全面深化改革的重要价值取向》，载《求实》，2013年第9期。

[50] 许耀桐，刘祺：《当代中国国家治理体系分析》，载《理论探索》，2014年第1期。

[51] 肖钧：《深化改革必须践行核心价值观》，载《发展论坛》，2014年5月21日。

[52] 庄保，叶萍：《全面深化改革与践行社会主义核心价值观》，载《特区实践与理论》，2014年第1期。

[53] 蒋国栋，吴学凡：《深化反腐倡廉与加强党的建设——兼论习近平反腐倡廉思想》，载《大连干部学刊》，2015年第1期。

[54] 熊琼，蔡娟：《社会主义核心价值观：全面深化改革的价值意蕴》，载《河南师范大学学报（哲学社会科学版）》，2014年第6期。

[55]《全面深化改革为什么必须坚持社会主义市场经济改革方向？》，载《新长征》，2014年第1期。

[56] 卫兴华：《关于坚持社会主义市场经济的改革方向问题》，载《毛泽东邓小平理论研究》，2014年第2期。

[57] 王俊：《关于全面深化改革的哲学思考》，载《大连干部学刊》，2014年第2期。

[58] 何建辉：《深刻把握深化改革的哲学智慧》，载《当代江西》，2014年第11期。

[59] 陈和香，陈少雷：《对当前全面深化改革的哲学思考》，载《特区实践与理论》，2014年第1期。

[60] 孙婀娜：《关于全面深化改革的哲学思考》，载《才智》，2013年第2期。

[61]《中共中央关于全面深化改革若干重大问题的决定》，载《求是》，2013年第22期。

[62] 习近平：《关于〈中共中央关于全面深化改革若干重大问题的决定〉的说明》，载《求是》，2013年第22期。

[63] 程言君：《深化改革加快中国特色社会主义建设的规律基础》，载《海派经济学》，2012年第3辑。

[64] [俄] 杰柳辛：《邓小平和社会主义现代化理论》，载《国外中共党史研究动

态》，1995年第2期。

[65] 初春华，刘文欣：《关于加强反腐倡廉制度体系建设的思考》，载《中共天津市党委学报》，2009年第1期。

[66] 李韬，林金纬：《中国软实力提升：问题与出路》，载《红旗文稿》，2013年第13期。

[67] 汪玉凯：《我国现阶段政治体制改革的若干思考》，载《政策》，2013年第12期。

[68] 薄贵利：《推进政府治理现代化》，载《中国行政管理》，2014年第5期。

[69] 刘熙瑞：《创新社会治理贵在"三个思路"》，载《人民论坛》，2014年第16期。

[70] 时和兴：《国家治理变迁的困境及其反思：一种比较观点》，载《当代世界与社会主义》，2014年第1期。

[71] 易丽丽：《地方社会管理新设机构探索：经验特征与分析》，载《中国行政管理》，2014年第2期。

[72] 戴安良：《关注与改善民生：深化改革的新的着力点》，载《学校党建与思想教育》，2009年第3期。

[73] 李泉：《治理理论的谱系与转型中国》，载《复旦学报（社会科学版）》，2012年第6期。

[74] 郁建兴，王诗宗：《治理理论的中国适用性》，载《哲学研究》，2010年第11期。

[75] 孙秀艳：《论"均量改革"——习近平全面深化改革思想的一种尝试性解释框架》，载《东南学术》，2014年第6期。

[76] 俞可平：《增量民主与政治改革》，载《财经》，2012年第15期。

[77] 吴桂韩：《准确把握马克思主义学习型政党的深刻内涵》，载《湖北行政学院学报》，2010年第2期。

[78] 《学习型组织理论之父与中央党校教授钟国兴对话录》，载《理论学习资料》，2010年第5期。

[79] 曾峻：《保护改革的动力资源》，载《探索与争鸣》，1998年第7期。

[80] 林毅夫：《中国改革的成功关键和成本》，载《宏观经济》，2010年第3期。

[81] 布成良：《渐进式改革的张力——中国改革的特点、风险及前景》，载《当代世界与社会主义》，2008年第5期。

[82] 杜赞奇：《从历史和比较的观点看中国改革》，载《开放时代》，2009年第8期。

[83] 胡宁生：《国家治理现代化：政府、市场和社会新型协同互动》，载《南京社会科学》，2014年第1期。

[84] 庞立平：《全面深化改革需要加强顶层设计和整体谋划》，载《领导之友》，2014年第4期。

[85] 俞可平：《作为一种新政治分析框架的治理和善治理论》，载《新视野》，2001年第5期。

[86] 戴长征：《中国政府的治理理论与实践》，载《中国行政管理》，2002年第2期。

[87] 郁建兴，刘大志：《治理理论的现代性与后现代性》，载《浙江大学学报（人文社会科学版）》，2003年第2期。

[88] 聂平平：《治理理论的语义阐释及其话语分析》，载《江西社会科学》，2004年第7期。

[89] 庞兰强：《治理理论与行政主体的多元化》，载《社会科学辑刊》，2006年第2期。

[90] 吴志成，潘超：《全球化视域中的治理理论分析》，载《理论探讨》，2006年第1期。

[91] 范铁中：《西方国家治理理论对我国构建和谐社会的启示》，载《理论前沿》，2007年第13期。

[92] 娄成武，谭羚雁：《西方公共治理理论研究综述》，载《甘肃理论学刊》，2012年第2期。

[93]《深入学习中国特色社会主义理论体系　努力掌握马克思主义立场观点方法》，载《求是》，2010年第7期。

[94] 贾高建：《深刻认识全面深化改革的整体性要求——马克思主义哲学的方法论视角》，载《马克思主义与现实》，2014年第1期。

[95] 黄奇帆：《全面深化改革必须以促进社会公平正义、增进人民福祉为出发点和落脚点》，载《党建研究》，2014年第5期。

[96] 赵树丛：《为实现中国梦创造更好生态条件——深刻领会习近平同志关于生态文明建设的重要讲话精神》，载《国土绿化》，2013年10月。

[97] 习近平：《扎实做好保持党的纯洁性各项工作》，载《求是》，2012年第6期。

[98] 马誉炜：《在解放思想中统一思想　积极投身全面深化改革的生动实践》，载《政工学刊》，2014年第1期。

[99] 冯学工：《马克思主义中国化的最新理论成果——读〈习近平总书记系列重要讲话读本〉》，载《领导之友》，2014年第10期。

[100] 胡承槐：《马克思主义的总体方法论及其现实意义》，载《浙江社会科学》，2014年第7期。

[101] 涂小雨：《中国梦与马克思主义中国化——深入学习习近平总书记一系列重要讲话精神》，载《山西社会主义学院学报》，2013年第4期。

[102] 徐学绫，张勇：《马克思主义人本思想中国化的新发展——习近平"中国梦"释论》，载《九江学院学报（社会科学版）》，2013年第2期。

[103] 杨佳斯：《"中国梦"——马克思主义中国化的新话语》，载《金田》，2014年

第3期。

[104] 陈阳波等:《习总书记为何反复强调这些》,载《人民论坛》,2013年第22期。

[105] 冯颜利:《中国梦是马克思主义中国化时代化大众化的精神旗帜——深入学习贯彻习近平总书记关于实现中华民族伟大复兴中国梦的思想》,载《中共贵州省委党校学报》,2014年第5期。

[106]《紧紧围绕坚持和发展中国特色社会主义学习宣传贯彻党的十八大精神》,载《求是》,2012年第23期。

[107] 何隆德:《治国之大道,执政之方略》,载《领导之友》,2014年第12期。

[108] 丁威,陈剑:《习近平治国理政思想浅探——学习习近平总书记系列重要讲话精神》,载《探索》,2014年第3期。

[109] 周大仁:《习近平治国理政思想初探》,载《领导科学论坛》,2014年第14期。

[110] 朱继东:《习近平治国理政方略对道德建设的引领作用》,载《思想政治工作研究》,2014年第2期。

[111] 韩庆祥:《全面深入把握习近平治国理政思想的十个重要方面》,载《中国特色社会主义研究》,2014年第6期。

[112] 孙景民:《习近平治国理政思想探析》,载《人民论坛》,2014年第32期。

[113]《习近平治国理念》,载《人民论坛·学术前沿》,2014年第1期。

[114] 宋福范:《习近平思考治国理政目标的鲜明特点》,载《中国特色社会主义研究》,2014年第6期。

[115] 岳雪侠:《马克思主义中国化的第三次飞跃——中华优秀传统文化与中国特色社会主义理论的有机结合》,载《文化学刊》,2015年第1期。

[116] 王伟光:《当今中国马克思主义的重要文献——习近平总书记系列重要讲话精神的学习体会》,载《求是》,2014年第4期。

[117] 李君如:《新一轮改革是对邓小平改革思想的坚持和发展》,载《求是》,2014年第17期。

[118] 唐洲雁,韩冰:《全面深化改革必须坚持和拓展中国特色社会主义道路——学习习近平总书记系列重要讲话体会之七十一》,载《前线》,2015年第1期。

[119] [俄] 波尔加科夫:《邓小平与中国改革观》,载《国外中共党史研究动态》,1995年第3期。

[120] 徐绍刚:《全面深化改革必须坚持辩证法》,载《秘书工作》,2014年第1期。

[121] 董亚明:《必须充分认识全面深化改革的重大意义》,载《红河探索》,2013年第6期。

[122] 魏建克:《习近平深化改革话语的"九大新论"》,载《江西理工大学学报》,2014年第4期。

[123] 赵凌云,苏娜:《习近平同志关于全面深化改革的十个重要论点》,载《红旗

文稿》2014年第23期。

[124] 王莉：《在新的历史起点上全面深化改革——学习习近平总书记系列重要讲话体会之五十五》，载《前线》，2014年第10期。

[125] 朱明仕，孙佳特：《市场在资源配置中起决定性作用的制度基础与政府职能》，载《长春师范大学学报》，2014年第9期。

[126] 李鑫：《论全面深化改革与践行群众路线的辩证统一性》，载《吉林省教育学院学报》，2014年第9期。

[127] 刘明福：《习近平治国大思维》，载《决策与信息》，2014年第3期。

[128] 赵付科，季正聚：《习近平全面深化改革思想论纲》，载《中共中央党校学报》，2014年第6期。

[130] 孙秀艳：《论"均量改革"——习近平全面深化改革思想的一种尝试性解释框架》，载《东南学术》，2014年第6期。

[131] 习近平：《深化改革需研究六方面重大问题》，载《决策导刊》，2013年第9期。

[132] 徐彬，李华：《总体方法论视角下的"总体性改革"》，载《浙江社会科学》，2014年第7期。

[133] 林毅夫：《中国改革的成功关键和成本》，载《宏观经济》，2010年第3期。

[134] 王侃：《中国共产党对马克思主义总体性理论的不懈追求》，载《浙江社会科学》，2014年第7期。

[135] 张国祚：《谈谈"底线思维"》，载《求是》，2013年第19期。

[136] 伍义林：《底线思维是积极的改革方法论》，载《中国党政干部论坛》，2014年第5期。

[137] 筱陈：《善于底线思维》，载《领导文萃》，2013年第13期。

[138] 刘哲昕：《法治视野下领导干部如何把握好底线思维》，载《领导科学》，2014年第24期。

[139] 王乐平：《领导工作要坚持底线思维》，载《领导科学论坛》，2014年第20期。

[140] 章洋，章忠民：《"底线思维"：科学的改革方法论》，载《现代管理》，2013年第4期。

[141] 谢璐妍：《领导干部底线思维的"底线"》，载《理论探索》，2015年第1期。

[142] 贾月成：《全面深化改革学说：习近平治国理政之核心》，载《毛泽东思想研究》，2014年第3期。

[143] 吴传毅：《习近平治国理政的基本框架与核心思想》，载《求索》，2014年第9期。

[144] 程冠军：《习近平传统文化观在治国理政中的生动体现——专访中央党校哲学部教授、博士生导师，中国实学研究会常务副会长、国际儒学联合会宣传出版委员会副主

任王杰》，载《领导文萃》，2014年第22期。

[145] 吴学凡，苑晶：《当前我国网络反腐运行机理探析——以网络反腐事件为例》，载《中共贵州省委党校学报》，2013年第6期。

[146] 李志昌：《制度功能之哲学分析》，载《哲学分析》，2011年第4期。

[147] 邹燕秋：《当前反腐败制度建设的缺陷及其完善对策》，载《理论与改革》，2014年第4期。

[148] 苏智：《切实加强和改进反腐倡廉制度建设》，载《求知》，2014年第10期。

[149] 周生贤：《走向生态文明新时代——学习习近平同志关于生态文明建设的重要论述》，载《求是》，2013年第17期。

[150] 李萌，潘家华：《生态文明建设的科学指南——学习习近平总书记系列重要讲话体会之五十六》，载《前线》，2014年第10期。

[151] 陶良虎：《建设生态文明　打造美丽中国——学习习近平总书记关于生态文明建设的重要论述》，载《理论探索》，2014年第2期。

[152] 刘希刚，王永贵：《习近平生态文明建设思想初探》，载《河海大学学报（哲学社会科学版）》2014年第4期。

[153] 刘亚平，宋泽亮：《习近平生态文明建设思想探析》，载《大众科技》，2014年第11期。

[154] 陈蒙蒙：《以改革创新推进生态文明建设》，载中国环境网，2014年4月15日。

[155] 白煜：《论生态文明与马克思主义"生态化"》，载《河海大学学报（哲学社会科学版）》，2013年第1期。

[156] 刘希刚，王永贵：《习近平生态文明建设思想初探》，载《河海大学学报（哲学社会科学版）》，2014年第4期。

[157] 方浩范：《中国共产党领导人对生态文明建设理论的贡献》，载《延边大学学报（社会科学版）》，2013年第5期。

[158] 傅红专，王川生：《中国共产党生态文明理念及对党的建设的意义》，载《四川理工学院学报（社会科学版）》，2013年第5期。

[159] 朱相远：《建设美丽中国的科学指南：学习习近平同志关于生态文明重要讲话中的哲学思想》，载《北京日报》，2014年5月12日。

[160] 康伟：《习近平治国理政战略思想的六个形象化表达——基于中国特色社会主义话语体系的梳理》，载《湖北行政学院学报》，2014年第6期。

[161] 陈筠泉：《关于生态文明的几点思考》，载《马克思主义与现实》，2014年第1期。

[162] 付子堂，陈建华：《运用法治思维和法治方式推动全面深化改革》，载《红旗文稿》，2013年第23期。

[163] 丁威,陈剑:《基于大国视角的中国治理问题与习近平治国理政思想论略》,载《党政干部学刊》,2014年8月。

[164] 习近平:《在全国组织部长会议上的讲话》,载《党建研究》,2012年第1期。

[165] 习近平:《扎实做好保持党的纯洁性各项工作》,载《求是》,2012年第6期。

[166] 陈春生:《运用法治思维和法治方式推进改革》,载《河北日报》,2014年12月31日。

[167] 陈金钊:《"法治改革观"及其意义——十八大以来法治思维的重大变化》,载《法学评论》,2014年第6期。

[168] 刘长春:《发挥法治对改革的引领推动和保障作用》,载《理论视野》,2015年第1期。

[169] 慎海雄:《运用法治思维和法治方式推进改革》,载《唯实》,2014年第12期。

[170] 王乐泉:《论改革与法治的关系》,载《中国法学》,2014年第6期。

[171] 蔡小玲:《为改革和中国梦插上法治翅膀》,载《今日海南》,2014年第11期。

[172] 李翠兰,黄文杰:《全面深化改革必须加强和改善党的领导》,载《吉林省社会主义学院学报》,2014年第1期。

[173] 本报评论员:《深刻认识全面深化改革的重大意义》,载《解放军报》,2013年11月14日。

[174] 习近平:《关于〈中共中央关于全面深化改革若干重大问题的决定〉的说明》,载《人民日报》,2013年11月16日。

[175]《中共中央关于全面深化改革若干重大问题的决定》,载《人民日报》,2013年11月16日。

[176] 习近平:《改革是由问题倒逼而产生》,载《新京报》,2013年11月14日。

[177] 胡鞍钢:《"全面深化改革"的非凡意义》,载《北京日报》,2013年11月18日。

[178] 习近平:《完善和发展中国特色社会主义制度 推进国家治理体系和治理能力现代化》,载《人民日报》,2014年2月18日。

[179] 习近平:《切实把思想统一到党的十八届三中全会精神上来》,载《人民日报》,2014年1月1日。

[180] 任仲平:《标注现代化的新高度 论把握全面深化改革总目标》,载《人民日报》,2014年4月14日。

[181] 本报评论员:《把握全面深化改革总目标——二论认真贯彻落实十八届三中全会精神》,载《人民日报》,2013年11月15日。

[182] 朱剑红:《改革开放激活力生动力 中国经济,世界奇迹》,载《人民日报》,2013年11月21日。

[183] 习近平:《在联合国教科文组织总部的演讲》,载《人民日报》,2014年。

[184] 评论员:《坚持社会主义市场经济改革方向》,载《兵团日报》,2013年11月20日。

[185] 王伟光:《牢牢把握全面深化改革的正确方向》,载《光明日报》,2013年12月3日。

[186] 习近平:《在十八届中央政治局第九次集体学习时的讲话》,载《人民日报》,2013年10月2日。

[187] 中国社会科学院中国特色社会主义理论体系研究中心:《坚持社会主义市场经济的改革方向》,载《人民日报》,2013年12月30日。

[188] 习近平:《深化改革开放,共创美好亚太——在亚太经合组织工商领导人峰会上的演讲》,载《人民日报》,2013年10月8日。

[189] 习近平:《在同出席博鳌亚洲论坛二〇一三年年会的之外企业家代表座谈会时的讲话》,载《人民日报》,2013年4月9日。

[190] 本报评论员:《坚持社会主义市场经济改革方向——五论认真贯彻落实十八届三中全会精神》,载《人民日报》,2013年11月20日。

[191] 习近平:《毫不动摇坚持和发展中国特色社会主义》,载《人民日报》,2013年1月6日。

[192]《如何理解"三个进一步解放"》,载《开封日报》,2013年11月27日。

[193]《统筹协调,上下呼应闯险滩》,载《人民日报》,2013年11月11日。

[194] 竺乾威:《辩证看待顶层设计与摸着石头过河的关系》,载《北京日报》,2013年1月7日。

[195] 河南省中国特色社会主义理论体系研究中心:《深化改革要突破利益固化的藩篱》,载《光明日报》,2013年9月20日。

[196] 舒国增:《全面深化改革的哲学思考》,载《浙江日报》,2013年11月1日。

[197]《习近平在中共中央召开党外人士座谈会习近平主持会议并发表重要讲话》,载《人民日报》,2013年7月30日。

[198] 习近平:《在新进中央委员、候补委员学习贯彻党的十八大精神研讨班上的讲话》,载《人民日报》,2013年1月6日。

[199] 习近平:《紧紧围绕坚持和发展中国特色社会主义,深入学习宣传贯彻党的十八大精神》,载《人民日报》,2012年11月19日。

[200] 习近平:《在十八届中共中央政治局常委同中外记者见面时强调人民对美好生活的向往就是我们的奋斗目标》,载《人民日报》,2012年11月16日。

[201] 习近平:《顺应时代前进潮流 促进世界和平发展——在莫斯科国际关系学院的演讲》,载《人民日报》,2013年3月24日。

[202] 习近平:《在第十二届全国人民代表大会第一次会议上的讲话》,载《人民日报》,2013年3月18日。

[203] 罗彦军：《习近平一周内3次提"国家安全"》，载《南方日报》，2014年4月20日。

[204] 《以底线思维定边界——我们需要怎样的"改革思维"之五》，载《人民日报》，2014年3月17日。

[205] 习近平：《在首都各界纪念现行宪法公布施行30周年大会上的讲话》，载《人民日报》，2012年12月5日。

[206] 习近平：《在纪念邓小平同志诞辰110周年座谈会上的讲话》，载《人民日报》，2014年8月21日。

[207] 习近平：《领导干部要树立正确的世界观权力观事业观》，载《学习时报》，2010年9月6日。

[208] 《习近平到河北阜平看望慰问困难群众时强调：把群众安危冷暖时刻放在心上 把党和政府温暖送到千家万户》，载《人民日报》，2012年12月31日。

[209] 胡锦涛：《在中国共产党第十七次全国代表大会上的报告》，载《人民日报》，2007年10月15日。

[210] 胡锦涛：《在省部级主要领导干部提高构建社会主义和谐社会能力专题研讨班上的讲话》，载《人民日报》，2005年6月27日。

[211] 《为什么全面深化改革必须以促进社会公平正义、增进人民福祉为出发点和落脚点？》，载《内蒙古日报》，2013年11月26日。

[212] 丁元竹：《以实现公平正义推进全面深化改革》，载光明网，2014年4月1日。

[213] 张军扩、侯永志、王辉：《深化改革 释放动力 促进社会公平正义》，载《人民日报》，2014年3月11日。

[214] 《把培育和弘扬社会主义核心价值观作为凝魂聚气强基固本的基础工程》，载《光明日报》，2014年2月26日。

[215] 中共中央党校中国特色社会主义理论体系研究中心：《为全面深化改革打下牢固精神根基》，载《经济日报》，2014年1月5日。

[216] 《全面深化改革开放离不开社会主义核心价值观》，载《本溪日报》，2014年10月13日。

[217] 包心鉴：《凝聚全党全社会价值共识的重要纲领——学习〈关于培育和践行社会主义核心价值观的意见〉》，载《光明日报》，2014年2月24日。

[218] 《大力弘扬社会主义核心价值观——四论学习贯彻习近平在省部级专题研讨班重要讲话》，载《人民日报》，2014年2月22日。

[219] 《习近平就反腐工作提四个重点要求：强调讲规矩》，载《南方日报》，2015年1月14日。

[220] 李显锋：《反腐倡廉重在制度建设》，载《中国纪检监察》，2015年1月28日。

[221] 《习近平再度发声反腐 加强制度建设成重点》，载《人民日报》，2013年1月

23日。

[222]《习近平就反腐工作提四个重点要求：强调讲规矩》，载《南方日报》，2015年1月14日。

[223] 王尔德：《习近平：反腐要抓好四个方面制度建设》，载《21世纪经济报道》，2015年1月14日。

[224]《习近平在十八届中央纪委二次全会上发表重要讲话强调更加科学有效地防治腐败　坚定不移把反腐倡廉建设引向深入》，载《人民日报》，2013年1月23日。

[225]《走进中央纪委监察部网站：透视互联网时代的反腐新平台》，载《人民日报》，2014年5月6日。

[226]《习近平在党的群众路线教育实践活动工作会议上的讲话》，载荆楚网，2013年7月31日。

[227] 李军：《走向生态文明新时代的科学指南——深入学习贯彻习近平同志关于生态文明建设系列重要讲话精神》，载《人民日报》，2014年4月22日。

[228]《习近平在中共中央政治局第六次集体学习时强调坚持节约资源和保护环境基本国策　努力走向社会主义生态文明新时代》，载《人民日报》，2013年5月25日。

[229] 孙春兰：《加快生态文明建设　着力打造美丽家园——学习习近平同志关于生态文明建设的重要论述》，载《人民日报》，2013年9月11日。

[230]《习近平向生态文明贵阳国际论坛2013年年会致贺信强调携手共建生态良好的地球美好家园》，载《人民日报》，2013年7月21日。

[231]《习近平在海南考察时强调加快国际旅游岛建设　谱写美丽中国海南篇》，载《人民日报》，2013年4月11日。

[232]《习近平在纳扎尔巴耶夫大学演讲全面阐述中国对中亚国家睦邻友好合作政策　共建丝绸之路经济带》，载《人民日报海外版》，2013年9月9日。

[233] 赵建军：《最严格的制度　最严密的法治——学习习近平总书记关于生态文明建设的重要论述》，载《经济日报》，2014年10月21日。

[234]《习近平在全国组织工作会议发表讲话干部考核再也不能简单以GDP论英雄》，载《京华时报》，2013年6月30日。

[235] 许耀桐：《改革与法治关系的四个片面认识——确保在法治轨道上推进改革》，载《北京日报》，2014年9月29日。

[236] 肖凤城：《"良法是善治之前提"——纵论推进法治与推进改革之间的关系》，载《解放军报》2014年10月27日。

[237] 冯玉军：《让改革与法治良性互动》，载《人民日报》，2014年11月11日。

[238]《全面深化改革必须加强和改善党的领导》，载《青岛日报》，2014年1月11日。

[239] 刘云山：《加强和改善党对全面深化改革的领导》，载《人民日报》，2013年

11月19日。

[240] 刘毅：《全面深化改革必须加强和改善党的领导》，载《四川日报》，2013年11月27日。

[241] 杨春贵：《全面深化改革必须坚持正确的方法论——深入学习习近平同志关于全面深化改革的重要论述》，载《人民日报》，2014年3月25日。

[242] 习近平：《改革已进入深水区顶层设计在逐项落实》，载《京华时报》，2014年3月30日。

[243] 邹春霞：《习近平首提"总体国家安全观"》，在《北京青年报》，2014年4月16日。

[244] 习近平：《坚定制度自信不是要故步自封》，载《新华每日电讯》，2014年2月18日。

[245]《中国梦 人民的梦——国家主席习近平在十二届全国人大一次会议闭幕会讲话侧记》，载《人民日报》，2013年3月18日。

[246] 习近平：《在纪念毛泽东诞辰120周年座谈会上的讲话》，载《人民日报》，2013年12月27日。

[247]《习近平在十八届中共中央政治局常委同中外记者见面时强调人民对美好生活的向往就是我们的奋斗目标》，载《人民日报》，2012年11月16日。

[248] 习近平：《共圆中华民族伟大复兴的中国梦》，载《人民日报》，2014年2月19日。

[249] 习近平：《借鉴历史拒腐防变》，载《大公报》，2013年4月21日。

[250] 习近平：《领导干部要爱读书读好书善读书 推动学习型政党学习型社会建设》，载《人民日报》，2009年5月14日。

[251] 杨凯：《历史周期律警示什么》，载《人民日报海外版》，2012年12月29日。

[252] 习近平：《毫不动摇坚持和发展中国特色社会主义》，载《人民日报》，2013年1月6日。

[253]《努力克服不良文风 积极倡导优良文风》，载《学习时报》，2010年5月17日。

[254]《承前启后 继往开来 继续朝着中华民族伟大复兴目标奋勇前进》，载《人民日报》，2012年11月30日。

[255]《李克强出席中德工商界晚宴并发表演讲》，载《人民日报》，2011年1月7日。

[256]《建设社会主义文化强国 着力提高国家文化软实力》，载《人民日报》，2014年1月1日。

[257]《顺应时代前进潮流 促进世界和平发展》，载《人民日报》，2013年3月24日。

[258]《领导者要有治大国如烹小鲜的态度》,载《人民日报》,2013年3月20日。

[259]《习近平在参观〈复兴之路〉展览时的讲话》,载《人民日报》,2012年11月30日。

[260]《习近平在同各界优秀青年代表座谈时的讲话》,载《人民日报》,2013年5月5日。

[261] 李海青:《习近平关于全面深化改革的方法论》,载《中国特色社会主义研究》,2014年第6期。

[262] 余霞:《马克思主义中国化的最新成果——学习贯彻习近平总书记系列重要讲话精神理论研讨会综述》,载《江西日报》,2014年3月10日。

[263] 孙思敬:《马克思主义中国化的最新成果》,载《解放军报》,2014年4月25日。

[264] 习近平:《人民对美好生活的向往就是我们的奋斗目标》,载《人民日报》,2012年11月16日。

[265] 习近平:《要群众信任,决不仅仅靠权力》,载《人民日报》,2005年5月30日。

[266]《在庆祝中国共产党成立90周年大会上的讲话》,载《人民日报》,2011年7月1日。

[267]《坚定不移沿着中国特色社会主义道路前进 为全面建成小康社会而奋斗》,载《人民日报》,2012年11月18日。

[268]《习近平在中共中央政治局第十一次集体学习时的讲话》,载《人民日报》,2013年12月5日。

[269]《增强改革的系统性整体性协同性 做到改革不停顿开放不止步》,载《人民日报》,2012年12月12日。

[270]《习近平总书记深情阐述"中国梦"》,载《人民日报》,2012年11月30日。

[271]《顺应时代前进潮流 促进世界和平发展》,载《人民日报》,2013年3月24日。

[272]《习近平在十八届中共中央政治局常委同中外记者见面时的讲话》,载《人民日报》,2012年11月16日。

[273]《深刻领会党的十八大报告主题 加深对关系全局的四个重大问题的认识》,载《人民日报》,2012年11月9日。

[274]《庆祝中国共产党成立90周年大会在京隆重举行 胡锦涛发表重要讲话》,载《人民日报》,2011年7月2日。

[275]《中共中央关于加强和改进新形势下党的建设若干重大问题的决定》,载《人民日报》,2009年9月28日。

[276]《总结运用党的建设经验 切实提高党建工作水平》,载《人民日报》,2009年

9月2日。

[277]《在全党大兴学习之风 依靠学习和实践走向未来》，载《人民日报》，2013年3月2日。

[278]《中国共产党第十八届中央委员会第三次全体会议公报》，载《人民日报》，2013年11月3日。

[279]《紧紧围绕坚持和发展中国特色社会主义学习宣传贯彻党的十八大精神》，载《人民日报》，2012年11月19日。

[280]《坚定不移全面深化改革开放 脚踏实地推动经济社会发展》，载《人民日报》，2013年7月24日。

[281] 本报评论员：《深刻认识全面深化改革的重大意义》，载《解放军报》，2013年11月14日。

[282]《坚持社会主义市场经济改革方向》，载《河北日报》，2013年11月20日。

[283]《坚持社会主义市场经济改革方向》，载《吉林日报》，2013年11月26日。

[284]《全面深化改革要坚持社会主义市场经济方向》，载《经济日报》，2013年11月15日。

[285]《坚持社会主义市场经济改革方向》，载《兵团日报》，2013年11月20日。

[286] 中共中央党校中国特色社会主义理论体系研究中心：《为全面深化改革打下牢固精神根基》，载《经济日报》，2014年1月5日。

[287]《凝心聚力 深化改革 弘扬和践行社会主义核心价值观》，载《淮安日报》，2014年9月21日。

[288]《全面深化改革开放离不开社会主义核心价值观》，载《本溪日报》，2014年10月13日。

[289] 龚雯，田俊荣，吴秋余：《市场取向，效率公平为百姓》，载《人民日报》，2013年11月10日。

[290] 皮树义，朱剑红，陆娅楠：《三中全会，历史抉择树航标》，载《人民日报》，2013年11月8日。

[291] 杜跃进，高鹤君：《没有全面深化改革就没有中国梦》，载《经济参考报》，2013年11月11日。

[292] 王姝：《全面深化改革是一项复杂的系统工程 需要加强顶层设计和整体谋划》，载《金融时报》，2013年11月14日。

[293]《全面深化改革 需加强顶层设计》，载《长沙晚报》，2013年11月14日。

[294] 毛承之：《全面深化改革主要"深"在顶层设计》，载《长江时评》，2013年11月14日。

[295]《全面深化改革 推进生态文明》，载《中国环境报》，2014年1月2日。

[296] 鹿心社：《建设生态文明 增进民生福祉——深入学习贯彻习近平同志关于生

态文明建设的重要论述》,载《人民日报》,2014年4月22日。

[297] 梁勇,李志萌:《建设生态文明 增进人民福祉——深入学习贯彻习近平总书记关于生态文明建设的讲话精神》,载《人民日报》,2014年10月28日。

[298] 本报评论员:《坚持社会主义市场经济改革方向——五论认真贯彻落实十八届三中全会精神》,载《人民日报》,2013年11月20日。

[299] 本报评论员:《唱好经济体制改革重头戏——三论把抓落实作为推进改革的重点》,载《人民日报》,2014年3月7日。

[300] 郑新立:《坚持社会主义市场经济改革方向》,载《经济日报》,2013年11月20日。

[301] 《习近平再度发声反腐 加强制度建设成重点》,载《人民日报》,2013年1月23日。

[302] 李金英:《深入推进反腐倡廉建设改革创新》,载《宁夏日报》,2013年12月18日。

[303] 徐墉:《为全面深化改革提供法治保障 市人大传达党的十八届三中全会精神 王金财出席并讲话》,载《杭州日报》,2013年11月20日。

[304] 康来云:《全面深化改革呼唤哲学智慧》,载《河南日报》,2014年2月12日。

[305] 强卫:《深刻领会习近平同志关于治国理政思维的重要讲话精神》,载《江西日报》,2013年8月16日。

[306] 胡坚:《学习习近平总书记十八大以来系列重要讲话的体会:实现领导方式方法的转变》,载《浙江日报》,2013年8月30日。

[307] 李捷:《百年追梦与民族自强》,载《光明日报》,2013年1月4日。

[308] 杨秋宝:《全面深化改革开放的战略思维》,载《光明日报》,2013年11月29日。

[309] 《增量改革的成绩与调整》,载《北京青年报》,2013年3月10日。

[310] 程恩富:《要分清两种市场决定性作用论》,载《环球时报》,2013年12月10日。

[311] 《习近平强调:以更大的政治勇气和智慧深化改革》,载新华网,2013年1月1日。

[312] 李君如:《习近平的全面深化改革思想》,载人民网,2013年12月25日。

[313] 《习近平接受俄媒体专访引用〈时间都去哪儿了〉》,载新华网,2014年2月9日。

[314] 施芝鸿:《准确把握全面深化改革的总目标》,载人民网,2013年12月5日。

[315] 胡锦涛:《坚定不移沿着中国特色社会主义道路前进 为全面建成小康社会而奋斗》,载新华网,2012年11月19日。

[316] 习近平:《切实把思想统一到党的十八届三中全会精神上来》,载新华网,2013

年12月31日。

[317] 顾伯冲：《在"三个进一步解放"中全面深化改革》，载人民网，2013年12月12日。

[318] 周小毛：《"三个进一步解放"是全面深化改革的重要条件和目标指向》，载红网，2013年12月11日。

[319]《习近平在纪念毛泽东同志诞辰120周年座谈会上的讲话》，载新华网，2013年12月26日。

[320]《积极借鉴我国历史上优秀廉政文化，不断提高拒腐防变和抵御风险能力》，载人民网，2013年4月22日。

[321]《习近平在比利时布鲁日欧洲学院演讲》，载新华网，2014年4月1日。

[322]《习近平有腐必反有贪必肃把权力关进笼子里》，载东方网，2013年01月22日。

[323] 李君如：《习近平的全面深化改革思想》，载人民网，2013年12月25日。

[324] 储信艳：《习近平：做好为改革付出必要成本的准备》，载中国网，2013年10月8日。

[325]《习近平强调：作风建设要经常抓深入抓持久抓》，载中国新闻网，2014年5月9日。

[326]《习近平论党的作风建设》，载新华网，2014年7月29日。

[327]《习近平从严治党使制度成为硬约束而不是橡皮筋》，载人民网，2014年10月8日。

[328] 辛闻：《习近平：反腐高压态势不放松 要做好"破和立"》，载中国网，2015年1月14日。

[329]《习近平重要论述》，载新华网河北频道，2014年3月7日。

[330] 习近平：《坚定不移走中国特色社会主义政治发展道路，不断推进社会主义政治制度自我完善和发展》，载中国共产党新闻网，2014年8月6日。

[331]《习近平的法治观：依法改革依法反腐 促公平正义》，载中国法院网，2014月10月20日。

[332]《习近平就党风廉政和反腐提出4点要求》，载新浪新闻网，2015年1月13日。

[333] 新华社评论员：《抓好建章立制 做好"破""立"文章——三论贯彻落实十八届中央纪委五次全会精神》，载新华网，2015年1月16日。

[334]《中共中央关于全面深化改革若干重大问题的决定》，载新浪新闻网，2013年11月15。

[335]《为什么要加强和改善党对全面深化改革的领导？》，载人民网，2013年11月28日。

[336]《改革是由问题倒逼而产生 又在不断解决问题中深化》，载新浪新闻，2013

年11月14日。

[337]《国家主席习近平发表二〇一五年新年贺词》，载新华网，2014年12月31日。

[338]张玉峥：《群众路线教育实践发力点在基层》，载东北新闻网，2013年8月12日。

[339]中国社会科学院世界社会主义研究中心课题组：《苏联亡党亡国20年祭——俄罗斯人在诉说》，载中华人文文化网，2013年3月20日。

[340]《习近平在十二届全国人大一次会议闭幕会上发表重要讲话》，载新华网，2013年3月17日。

[341]《把权力关进制度的笼子里》，载新华网，2013年1月23日。

[342]《中国共产党十八届三中全会公报发布（全文）》，载新华网，2013年11月14日。

[343]《十二届人大一次会议闭幕会习近平讲话（实录)》，载中国网，2013年3月17日。

[344] Butterfly：《全面深化改革必须加强和改善党的领导》，载张家界在线，2013年11月23日。

[345]邱乘光：《如何理解"三个进一步解放"》，载大江网，2013年12月5日。

[346]人民日报评论员：《坚持做好"三个进一步解放"——三论认真贯彻落实十八届三中全会精神》，载人民网，2013年11月18日。

[347]《贯彻落实三中全会精神　坚持做好'三个进一步解放'》，载新华网，2013年11月17日。

[348]李林：《用法治思维和法治方式保障全面深化改革的顺利进行》，载中国社会科学在线，2013年12月25日。

[349]白龙，赵婀娜，于洋，马跃峰：《深化改革需法治保障　提升司法公信开展法制教育》，载中国新闻网，2012年11月12日。

[350]杨春贵：《科学运用马克思主义世界观方法论——学习习近平同志关于用唯物辩证法观察形势处理问题的重要论述》，载厦门网，2013年8月19日。

[351]《中共中央关于全面深化改革若干重大问题的决定》，载新华网，2013年11月16日。

[352]《习近平在主持党外人士座谈会的讲话："从群众最期盼领域改起，从制约发展最突出问题改起"》，载新华网，2013年12月10日。

[353]《为什么全面深化改革必须以促进社会公平正义、增进人民福祉为出发点和落脚点?》，载人民网，2013年11月28日。

[354]《全面深化改革为何须以促进社会公平正义为出发点落脚点》，载西安新闻网，2013年11月26日。

[355]丁元竹：《以实现公平正义推进全面深化改革》，载光明网，2014年4月1日。

[356]《全国政协委员陈进行:深化改革 推进生态文明建设》,载新华网,2014年3月6日。

[357] 湖北日报评论员:《五论学习贯彻习近平总书记视察湖北重要讲话精神:绿水青山是最好的金山银山》,载荆楚网,2013年8月5日。

[358] 施芝鸿:《准确把握全面深化改革的总目标》,载人民网,2013年12月5日。

[359]《习近平最新讲话:全面深化改革 坚守我们的社会主义核心价值观》,载新华网,2014年2月17日。

[360] 王玉革:《杨占辉主讲全面深化改革与践行社会主义核心价值观》,载山东省社科联网,2014年10月22日。

[361]《让核心价值观为全面深化改革护航》,载今视网,2014年3月12日。

[362] 冯建华,李永杰:《全面深化改革必须牢牢把握正确方向》,载中国社会科学在线,2013年12月23日。

[363] 李晓宇:《全面深化改革 实现伟大民族复兴的中国梦》,载中国青年网,2013年11月13日。

[364] 张英:《三中全会:以"顶层设计"全面深化改革》,载张家界在线,2013年11月15日。

[365] 人民日报评论员文章:《把握全面深化改革总目标》,载新华网,2013年11月14日。

[366] 新华社评论员:《把握全面深化改革的总目标——一论学习贯彻党的十八届三中全会精神》,载新华网,2013年11月13日。

[367] 刘东超:《优秀传统文化为治国理政提供丰厚思想营养》,载光明网,2014年9月15日。

[368] 孙来斌:《中国梦的精神滋养和文化追求》,载光明网,2014年9月17日。

[369] 辛鸣:《光大生长于中华文化沃土的道德光辉》,载光明网,2014年9月18日。

[370] 刘芳:《崇德修身:培育和践行社会主义核心价值观的本质诉求》,载光明网,2014年9月19日。

[371] 徐平:《优秀传统文化是中华民族伟大复兴的坚强基石》,载光明网,2014年9月22日。

[372] 周溯源:《优秀传统文化是文化强国的历史支撑》,载光明网,2014年9月23日。

[373] 韩振峰:《习近平对待中国传统文化的方法论思想》,载光明网,2014年9月24日。

[374] 韩星:《社会主义核心价值观植根于中华文化沃土》,载光明网,2014年9月25日。

[375] 郑必坚：《全面深化改革的重大意义》载新华网，2013年12月4日。

[376] 张建华：《英国调查报告认为"中国梦"吸引力将超越"美国梦"》，载新华网，2014年3月23日。

[377] 《习近平在广东考察时强调：做到改革不停顿开放不止步》，载新华网，2012年12月11日。

[378] 于伟国：《马克思主义中国化的最新成果——坚持用习近平总书记重要讲话精神指导实践推动工作》，载中国共产党新闻网，2013年11月4日。

[379] 金民卿：《马克思主义中国化理论创新进展》，载中国共产党新闻网，2014年1月28日。

[380] 韩庆祥，陈远章：《马克思主义中国化时代化大众化的典范》，载新浪新闻，2013年8月19日。

[381] 《习近平在中央党校秋季进修班开学典礼讲话》，载人民网，2009年11月18日。

[382] 《为什么全面深化改革必须坚持社会主义市场经济改革方向》，载新华网，2013年11月24日。

[383] 习近平：《永远做可靠朋友和真诚伙伴》，载人民网，2014年8月2日。

[384] 《十二届人大一次会议闭幕会习近平讲话（实录）》，载中国网，2013年3月17日。

[385] 田改伟：《推进改革全面深化需法治护航》，载中国改革论坛网，2014年10月23日。

[386] 《习近平在广东考察时强调：做到改革不停顿开放不止步》，载新华网，2012年12月11日。

[387] 《中央党校原副校长李君如做客人民网，以"邓小平给我们留下了什么"为题与网友在线交流》，载中国网，2014年8月22日。

[388] 《习近平就党风廉政和反腐提出4点要求》，载新浪新闻网，2015年1月13日。

[389] 本报评论员：《发挥经济体制改革牵引作用——四论认真贯彻落实十八届三中全会精神》，载人民网，2013年11月19日。

[390] 龚雯，许志峰，王珂：《人民日报披露全面深化改革方向、方法》，载人民网，2013年11月11日。